高等学校管理类专业教材

市场营销学

第三版

MARKETING

THIRD EDITION

主　编 杨　慧

副主编 李建军　吴忠华

中国社会科学出版社

图书在版编目（CIP）数据

市场营销学/杨慧主编．—3版．—北京：中国社会科学出版社，2011.2

ISBN 978-7-5004-9473-7

Ⅰ.①市…　Ⅱ.①杨…　Ⅲ.①市场营销学—高等学校—教材　Ⅳ.①F713.50

中国版本图书馆CIP数据核字（2011）第012134号

策划编辑　卢小生（E-mail：georgelu@vip.sina.com）
责任编辑　卢小生
责任校对　刘　娟
封面设计　杨　蕾
技术编辑　李　建

出版发行　中国社会科学出版社
社　　址　北京鼓楼西大街甲158号　　邮　编　100720
电　　话　010-84029450（邮购）
网　　址　http://www.csspw.cn
经　　销　新华书店
印　　刷　北京新魏印刷厂　　装　订　广增装订厂
版　　次　2011年2月第3版　　印　次　2011年2月第5次印刷
开　　本　787×960　1/16　　插　页　2
印　　张　28　　印　数　21200-27200册
字　　数　512千字
定　　价　38.00元

前　　言

在《市场营销学》第三版出版之际，我们想说明以下四个问题：

一　第三版的特点

为了使本书修订后能更好地满足读者的需要，在修订过程中，我们征询了许多专家、读者的意见，参阅了大量的国内外文献，对本书的结构与内容做了较大的调整与改进。我们的愿望是，《市场营销学》第三版能体现以下特点，来回报始终支持我们的读者。

（一）时代感强

体现时代感是第三版的一个重要努力方向。为了充分满足读者对教材阅读的现实需求，我们对第三版的内容与结构做了新的调整，较之前两版更具时代气息。在结构上，吸取了国内外教材的最新体例，大胆创新，使第三版的结构更为新颖、合理。在内容上，第三版删去了前两版中内容陈旧过时的部分，新增了大量营销理论与实践应用的最新研究成果。比如，增加了顾客战略、网络营销等章节，并对前两版的多数章节进行了内容更新，每章内容都力求富有时代特征。

（二）启发性强

为了加深读者对营销理论知识的理解，增强读者对营销理论的感悟，第三版增加了启发性元素。在每章的开头设置一篇与本章内容相关联的开篇小故事，以启发读者的思考。在每章的结尾设置案例分析与讨论，以引导和启发读者进行实践性思考，使教材的导读性进一步增强。

（三）实用性强

考虑到《市场营销学》是一门应用性与实用性较强的课程，为了充分体现这一特征，我们在第三版中增加了许多实用性的内容。一方面，从内容上加大了“怎么做”而非“为什么做”的比重，以体现内容上的可操作性；另一方面，通过每章的案例分析和讨论，进一步缩短了理论与实践的距离。在每篇结尾，我们设置了实训科目，帮助读者融合各章的知识点，提高理论结合实际的能力。第三版不仅实用性增强，而且趣味性和可读性也得到了充分的体现。

二 读者适用范围

本教材主要为经济类、管理类专业的本科大学生编写的，也可作为工商管理硕士（MBA）和经济管理专业硕士研究生的教学参考。由于本书时代感强，信息量大，案例丰富，因此，本书也是一本适合广大管理理论工作者及实践工作者的实用参考文献。

三 写作及分工情况

本书由杨慧任主编，李建军、吴忠华任副主编。本书的修订大纲由杨慧总体设计，李建军、吴忠华、韩小明、柯建春、朱文敏、王晓春、汪华林、吴登开等参与大纲的讨论。李建军承担了教材修订的审稿工作。各章的修改与撰写分工是：杨慧（第一、十六章）、李建军（第六、七、八章）、吴忠华（第三、十章及市场篇、战略篇和策略篇的“实训内容和操作步骤”设计）、韩晓明（第十一、十二章）、柯建春（第二、四章）、朱文敏（第十四、十五、十六章）、王晓春（第十三章）、汪华林（第五、九章）、吴登开（第十七章）。最后由杨慧总纂定稿。

四 致谢

首先，感谢曾经阅读过本书前两版的读者及对本书提过宝贵意见的专家、学者，是他们的无私奉献才使本书以较高质量再版。其次，要感谢第一版和第二版的相关作者，他们由于工作调动等原因，没有参与第三版的修订工作，但他们对本书的贡献却是永远的。他们是：吴志军、许基南、刘菊华、钟运动、丁美东、雷平、邱文华、胡琳瑜等。再次，要感谢中国社会科学出版社的领导及编辑们，是他们的热情指导与辛勤劳动才使本书顺利地与读者见面。最后，要感谢正在阅读的您——亲爱的读者，谢谢您阅读本书，但愿这本凝聚着我们智慧与心血的《市场营销学》第三版能给您以裨益，同时也真诚地希望您不吝赐教。

本书在写作过程中直接或间接借鉴了国内外大量的论著、教材、期刊等，在此一并致谢。

编 者

2010 年 10 月 18 日

目　　录

概述篇

市场篇

战略篇

策略篇

管理篇

概 述 篇

第一章　导论

【学习目的】通过学习本章内容，应该掌握：

1. 掌握市场营销的内涵以及市场营销的相关概念
2. 了解市场营销学的理论框架及市场营销的基本内容
3. 了解市场营销的产生及发展历程
4. 了解市场营销的主要学派以及各个学派的代表人物及其主要思想
5. 了解市场营销学及其与其他相关学科的联系

【开篇故事】流水声音卖高价

费涅克是一名美国商人。在一次休假旅游中，小瀑布的水声激发了他的灵感。他带上立体声录音机，专门到一些人烟稀少的地方旅游。他录下了小溪、小瀑布、小河流水、鸟鸣等声音，然后回到城里复制出录音带，高价出售。想不到他的生意十分兴隆，尤其买“水声”的顾客川流不息。费涅克了解许多城市居民饱受各种噪声干扰之苦，却又无法摆脱。这种奇妙的商品，能把人带入大自然的美妙境界，使那些久居闹市的人暂时忘却尘世的烦恼，还可以使许多失眠者在水声的陪伴下安然进入梦乡。

营销无处不在，留心处处皆商机。在我们抱怨生意难做时，却有无数的商机在我们身边溜走或等待我们去发掘。发掘新的商机，比跟在别人后面亦步亦趋更有发展前景，因为谁是新商机的发现者，谁就是市场的独占者，没有竞争，任君驰骋。不过，需要强调的一点是，只有在需求存在时，营销创新才能构成新的商机，否则一文不值。(参见徐曙光，中国质量新闻网，2004 年 6 月 1 日)

市场营销学作为商品经济发展过程中形成的一门相对独立的综合性经济应用学科，它综合运用经济学、心理学、社会学、新闻学、传播学、公共关系学、数学、统计学等学科的理论和方法，形成了现代市场营销理论。

第一节　市场营销的核心概念

一　什么叫市场营销

市场营销有狭义和广义两种解释。狭义的解释是由美国市场营销协会定义委员会对市场营销学下的定义，认为："营销是一项有组织的活动，它包括创造'价值'，将'价值'沟通输送给顾客，以及维系管理公司与顾客间关系，从而使得公司及其相关者受益的一系列过程。"这个定义把市场营销看做是沟通公司与顾客的流通过程，强调商品交换和销售活动。广义的解释是由美国哈佛大学教授马尔科姆·麦克纳（Malcolm Mcnair）提出的，他认为："市场营销创造与传递生活标准给社会。"这个定义强调了市场营销的职能是履行交换关系，强调消费者的需求与欲望是市场经营的出发点和归宿，强调市场营销的生命力在于创新。

从现代市场观念看，市场营销以广义的解释更为贴切。在这里，我们将市场营销学定义为：市场营销学是研究与市场有关的人类综合性商业活动及其规律性的科学，它是以市场为对象，研究卖方的产品或劳务如何转移到消费者手中的全过程。即：通过调查、识别和开发目前尚未满足的需要与欲望，估量与确定适当的产品、服务、计划和策略，以便为目标市场服务，满足消费者需要，同时提高企业的市场占有率和经济效益。

从这个定义中可以看出，市场营销学有如下特点：（1）市场营销学研究的是一种商业活动。那些与商业无关的活动，如纯粹生产或制造过程、政党活动、人民团体集会等均不属此范围。（2）市场营销学研究的是一种商业综合活动的过程。如市场营销组合，人们可以针对不同的市场环境，组合各种市场手段和策略以达到市场营销目标，满足消费者需求。（3）市场营销学研究的主要目的是满足消费者需要，但并不是仅仅到此为止，而是要力求使消费者获得满足并满意，愿意继续购买与使用，或能引起其他潜在消费者的兴趣。(4) 劳务的提供同样可以满足消费者需要，故也属市场营销学研究的范畴。

二 市场营销的相关概念

(一) 需要、欲望和需求

营销者必须努力理解目标市场的需要、欲望和需求。需要和欲望构成了营销活动的起点。需要描述了人类的基本需要，是指没有得到某些基本满足的感受状态，需要是与生俱来的。人们通过水、空气、食品、衣服和住所来满足自己的生理需要，通过娱乐、教育和文娱生活等来满足自己的安全、归属、受人尊重的需要和自我实现的需要。这些需要存在于人类自身生理和社会之中，市场营销者可用不同方式去满足它们，但不能凭空创造。当人们趋向某些特定的目标以获得满足时，需要就变成了欲望。欲望是因人而异的，根据个人受不同文化及社会环境影响，表现出来的欲望也各不相同。美国人需要食品，欲望是想要得到汉堡包、薯条和软饮料。而在中国，人们需要食品，可能会通过豆浆、油条等来满足自己的欲望。市场营销者无法创造需要，但可以影响欲望，开发及销售特定的产品和服务来满足欲望。需求是指人们有能力购买并愿意购买某个具体产品的欲望。苹果的手机 iPhone 相信很多人都非常喜欢，但是并不是所有人都能够并愿意购买一部苹果手机。一个公司在研发一种新产品时，不仅要估量有多少人想要本公司的产品，而且更应该去了解多少人真正愿意并且具有这样的购买能力。市场营销者总是通过各种营销手段来影响需求，并根据对需求的预测结果决定是否进入某一产品（服务）市场。

(二) 产品与商品

产品是指能够提供给市场，被人们使用和消费，并能满足人们某种需求的任何东西，包括有形产品和无形产品。有形产品如衣服、食品和房子等；无形产品如服务、观念和信息。在商品经济社会里，只有用于交换的劳动产品才是商品，商品是使用价值与价值的统一体。商品的价值不在于拥有它，而在于它给人们通信带来对欲望的满足。人们买移动电话不是为了观赏，而是为了得到它的通信和娱乐功能。所以，营销者必须清醒地认识到，商品不管其事态如何，如果不能满足人们的需要和欲望，营销就会失败。

(三) 价值与满足

价值一般是指凝结在商品中的社会必要劳动时间，而在市场营销学中，价值是指消费者对产品满足各种需要的能力的评估。价值反映了顾客对有形和无形利益及成本的认知。价值大部分可被看做是质量、服务和价格的组合，被称为顾客价值三合一。价值随着质量和服务的提高而提高，随着价格的提高而减少。

价值是营销的核心概念。营销被视为识别、创造、传播、传递和监控客户价值的过程。满足是消费者对产品使用后的绩效的评价与期望绩效的比较。一个人对产品表现与他的期望值的对比产生了满足的大小。如果产品表现低于客户的期望，那么顾客的满足度低；如果产品的表现与顾客的期望相等，那么顾客是满意的；如果产品的表现超出了顾客的期望，那么顾客的满足度高。

（四）交换和交易

一个人可以通过四种方式获得一种产品。一是自行生产产品或者服务，如种庄稼、捕鱼或自我按摩；二是强取豪夺，如抢劫或盗窃；三是向人乞讨，如乞丐乞讨食物；四是交换，以一定的利益让渡从供方获得相当价值的产品或服务，如产品或服务交换以得到人们期望的东西。

交换是指人们从他人处取得所需之物，并以自己拥有之物作为回报的过程。商品交换有别于自产自用或强取豪夺等获取商品的方式，它是市场经济社会最基本的活动行为，是市场营销活动的核心。交换要得以实现，必须具备以下五个条件：(1) 至少要有两方。(2) 每一方都有被对方认为有价值的东西。(3) 每一方都有沟通信息和传递货物的能力。(4) 每一方都有可以自由接受或拒绝对方产品的权利。(5) 每一方都认为与另外一方进行交换是适当的，是称心如意的。

交换能否发生，取决于交易双方能否找到交换的条件，即交换以后双方能否得到新的价值满足。交换被描述成一个价值创造的过程，即交换通常使双方较交换前变得更好。

交换不仅是一种现象，更是一种过程。只有当交换双方克服了各种交换障碍，达成了交换协议，我们才能称其为“交易”。交易是达成意向的交换活动，交易的最终实现需要双方对意向和承诺的完全履行。交易中不仅有货币和产品或服务之间的交换，而且还有双方互换产品或服务。一次交易包括很多实质性的内容：至少有两个有价值的产品或服务、买卖双方的承诺、协议的时间和地点。通常，交易应建立一套法律制度来支持和强制交易双方履行承诺。

（五）市场

传统的市场是指买方和卖方聚集在一起进行交换的实地场所。现代经济学说的市场是指一个特定产品或某类产品进行交易的一切交换关系的总和，包括买方和卖方，还有供求关系。

除了把市场作为买方和卖方的集合外，营销者还经常采用市场这个术语来覆盖各种各样的顾客。他们把卖方看成行业，买方则构成市场。我们在现实生活中经常能够听到的诸如产品市场、劳动力市场、地方市场这样的术语。

主要的顾客市场包括消费者市场、企业市场、全球市场和非营利市场。市场营销学则主要研究作为销售者的企业的市场营销活动，即研究企业如何通过整体市场营销活动，适应并满足买方的需求，以实现经营目标。构成市场的三个主要因素为有某种需要的人、为满足这种需要的购买能力和购买欲望（即市场 = 人口 + 购买力 + 购买欲望）。这三个因素相互制约，缺一不可，只有三者结合起来才能构成现实的市场，才能决定市场的规模和容量。如果一个国家或地区虽然人口众多，但收入很低，购买力有限，就不能构成容量很大的市场。又如购买力虽然很大，但人口很少，也不能成为很大的市场。只有人口既多，购买力又高，才能成为一个有潜力的大市场；但如果产品不符合需要，不能引起人们的购买欲望，对销售者来说，仍然不能成为现实的市场。因此，这三个因素是统一的整体。市场经营者在判断市场的容量时不仅要结合人口数量还应该考虑可能存在的欲望和支付力，才能准确地判断市场的容量。

（六）市场营销与市场营销者

在交换双方中，如果一方比另一方更主动、更积极地寻求交换，我们就将更为积极的一方称为市场营销者，不大积极的一方称为潜在顾客。换句话说，所谓市场营销者，是指希望从别人那里取得资源并愿意以某种有价值的东西作为交换的人。市场营销者要善于刺激潜在顾客对公司产品的需求。但是，如果认为这就是市场营销者的全部职责，那就太局限了。市场营销者承担的职能非常广泛，包括市场调研、产品设计、营销策划、售后服务等。市场营销者可以是卖方，也可以是买方。当买卖双方都表现积极时，我们就把双方都称为市场营销者，并将这种情况称为相互市场营销。

第二节　市场营销学的理论体系与基本内容

市场营销学在其发展过程中，不断地吸纳了经济学、管理学、社会学、行为学等多门学科的相关理论，并形成了自己的理论体系。

市场营销学的理论基础是生产目的论和价值实现论。市场营销的基本观念是企业的一切经济活动都必须以消费者的需要为转移，企业只能生产那些适销对路、消费者能够接受的东西。企业的利润等目标能否实现，企业能否在激烈竞争和瞬息万变的市场上求得长期生存和发展，取决于消费者是否购买本企业的产品。因此，市场营销学的全部研究都是围绕产品的适销对路、扩大市场销售而展开的，并为此提供理论、思路和方法。

市场营销学主要是对下列三个问题展开研究：（1）消费者的需求和欲望及

其形成、影响因素、满足方式等（即消费者行为）；（2）供应商如何满足并影响消费者的欲望和购买行为（即供应商行为）；（3）辅助完成交易行为（即市场中介行为），机构及其活动能够如何满足消费者欲望行为（即市场营销结构行为）。

在理论体系上，本书分为理论篇、市场篇、战略篇、策略篇和管理篇五部分，其结构如图 1－1 所示。

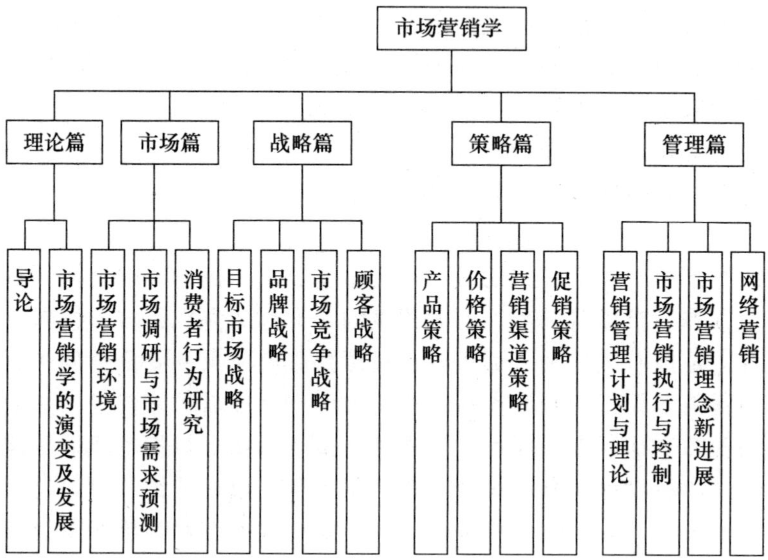

图 1－1　本书结构

第三节　市场营销学的产生与发展

市场营销学是一门应用性很强的学科，是一门建立在经济科学、行为科学和现代管理学等学科理论基础上的综合性应用科学，具有经验性、实践性、综合性等特点。市场营销学产生于企业经营管理活动中的大量实践经验，是企业经营管理获得实践经验的概括和总结。企业经营实践的发展推动了市场营销学理论的发展，而市场营销学理论的发展也对企业的经营管理活动起了指导作用。当今，市场营销学已成为与企业管理、经济学、行为科学、心理学、数学等学科相结合的应用边缘管理学科。西方市场营销学的产生与发展同商品经济的发展、企业经营哲学的演变密切相关。市场营销学的发展经历了四个阶段。

一　市场营销学的形成阶段

市场营销学于20世纪初创建于美国，后来流传到欧洲、日本和其他国家，在实践中不断完善和发展。它的形成阶段大约在1900—1930年。

人类的市场经营活动，是从市场开始的。但直到20世纪之前，市场营销还没有成为一门独立的学科。进入19世纪，随着工业革命对生产力的解放，西方的资本主义有了很大的发展，资本主义的基本矛盾也日益突出，经济危机频繁爆发。到19世纪末20世纪初，美国等西方主要资本主义国家完成了资本主义工业革命，机器化代替了手工生产，大型企业普遍实行了泰罗的科学管理方法，使得劳动生产率大幅度提高，商品生产的增长速度超过了市场需求的增长速度，市场竞争日益激烈，销售成为企业最为关心的问题。于是，一些企业开始重视市场研究，并着手开展一些以市场为导向的营销活动。企业界在经营观念和经营策略上的变化，引起了学术界的注意，一些经济学家开始研究商品销售问题。此时，与此相适应的市场营销学进入创立阶段。

从19世纪末开始，就有一些学者开始了对于推销、产品、广告、定价、产品设计、品牌业务、包装业务、实体分配等营销行为的研究。到了20世纪初，一些学者已开始比较系统地提出了促销和分销方面的有关理论，而Marketing一词开始出现在美国大学的讲坛上。1904年，克鲁西（W. E. Kreusi）在美国的宾夕法尼亚大学第一次讲授了产品的市场营销（The Marketing of Products）课程，出现了“市场营销”（Marketing）这个词。1910年，R. S. 巴特勒（Ralph Start Butler）在威斯康星大学讲授了一门名为《市场营销方法》的课程（巴特勒在这一年还出版了一本名为《市场营销方法》的小册子）。1912年，哈佛大学教授赫杰特齐在走访了大企业主并了解其如何进行市场营销活动后，编写了市场营销教科书，并由美国哈佛大学出版社出版，成为世界第一本以分销和广告为主要内容的市场营销学教程，标志着市场营销学已从经济学分离出来，成为一门独立的学科。

不过，形成时期的市场营销学研究是建立在卖方市场基础上的，与现代市场营销原理、概念不尽相同。其研究内容比较狭窄，主要研究有关商业推销术、分销、广告等问题，市场营销学本身还没有明确的理论原则和完整的理论体系。而且有关市场营销的研究和学习仅限于某些大学的课堂中，尚未引起公众的重视，也未应用于企业实际营销活动。

二　市场营销的应用阶段

从20世纪30年代到第二次世界大战结束，是市场营销学的应用阶段。在此之前，市场营销尽管已经开始受到一部分企业的重视，但是，由于市场资源短缺，产品总体上供不应求的基本状况并没有大的改变，所以，大多数企业对于市场营销的理论与实践并不十分关注，企业经营行为本身尚未为市场营销理论的形成奠定基础。而进入20世纪以后，随着西方垄断资本集团的逐步形成，使生产力出现了高度发展，产品供应越来越丰富，不少产品出现了供过于求的现象。市场供应的迅速增加和有效需求的不足，使社会经济矛盾日趋尖锐，终于在1929年导致了世界性的经济大危机。1929—1933年的经济危机造成整个西方世界商品积压、企业倒闭、市场萧条、失业上升，已直接威胁到企业的生存。这时，企业界广泛关心的首要问题已经不是扩大生产和降低成本，而是如何把产品销售出去。为了使自己处于不败之地，解决产品的销售问题，企业家开始重视市场调查，提出了“创造需求”的口号，致力于扩大销路，并在实践中积累了丰富的资料和经验。与此同时，市场营销学科研究大规模展开。一些著名大学的教授将市场营销研究深入各个问题，调查和运用大量世界资料，形成了许多新原理。比如，1932年，弗雷德·E. 克拉克（Fred E. Clark）和韦尔德写的《农产品市场营销》一书，对美国农产品市场营销进行了全面而深入的论述。书中指出，市场营销系统的主要目标是：“使产品从种植者那里顺利地转移到使用者手中。这一过程包括了三个重要而且互相有关的内容：集中（购买剩余农产品）、平衡（调节供求）、分散（将农产品化整为零）。”书中还详细研究了营销者在其中执行的7种市场营销职能：集中、存储、融资、承担风险、标准化、销售和运输。1940年，拉尔夫·S. 亚历山大（Ralph S. Alexander）、萨菲斯（F. M. Surface）、埃尔德（R. F. Elder）和奥尔德森（W. Alderson）在其所著的《市场营销》一书中继续强调市场营销的商品化职能包含适应顾客需要的过程，销售是“帮助或说服潜在顾客购买商品或服务的过程”。1937年，全美各种市场研究机构联合组成“美国市场营销协会”（American Marketing Association，AMA）。参加该协会的成员不仅有从事经济理论研究的学者，还有各方面的经营管理者，大家共同探讨市场营销学的理论及应用问题，并设立专门为企业管理人员讲授市场营销学的讲习班，培训企业销售人才，从而确立了市场营销学的地位。这一时期的市场营销学著作虽然已基本形成了一定的框架体系，但是，市场营销学的研究范围仍局限于流通领域，着重研究如何在更大的规模上推销生产出来的产品，重视研究推销术和广告术，并没有真正进入以市场需求为导向的营销观念阶段。这也是由当时企业的营销观念和营销实践尚不成熟所决定的。

三 市场营销的发展繁荣阶段

第二次世界大战后，特别是从20世纪50年代到80年代初，是市场营销学的发展阶段。第二次世界大战虽然是人类一次惨绝人寰的浩劫，但是，由于战争的需要，一大批新的科技成果也在这次战争中诞生。战争结束以后，美国原来急剧膨胀的军事工业，迅速向民用工业转移，促使社会生产力水平大大提高，社会产品数量剧增，花色品种不断翻新。但是，一些资本主义国家呈现的经济“起飞”，同生产资料私人占有之间的矛盾却进一步尖锐化。“生产过剩”的危机比第一次世界大战前更加频繁，它们吸取了1929—1933年经济大危机的教训，采取实行高工资、高福利、高消费和缩短劳动时间的政策，不断刺激消费者的消费需求。尽管如此，生产和消费之间的矛盾仍然非常尖锐。因为劳动生产率的提高远远超过了人们的消费水平提高后所能实现的消费能力。买方市场全面形成，社会需求的复杂化和多样化，需求周期的缩短使得企业面临着一个非常复杂的需求市场。在这种复杂的市场环境下，以推销术为主体的旧的市场营销学已经完全不适应企业的需要。于是，许多市场学者纷纷提出生产者的产品或劳务要适应消费者的需求和愿望，以及营销活动的实质就是企业对动态环境的创造性的适应的观点，并通过他们的著作予以论述。

1957年，哥伦比亚大学教授霍华德（J. Howard）出版了《营销管理：分析和决策》一书，该书从管理角度研究了市场营销，指出市场营销的实质是企业对不断变化的环境的创造性适应过程。1960年，美国营销学者伊·杰·麦卡锡（E. J. Mccarthy）出版的《基础营销学》一书中发展了霍华德的观点，并提出了市场营销的管理导向，突出了市场营销战略管理的重要性，与传统的市场营销著作形成了鲜明的对比。麦卡锡在该书中提出了著名的4P理论即市场营销组合四要素——产品（product）、价格（price）、地点（place）和促销（promotion）。1967年，被世界公认为当代最有影响力的市场营销学者之一的菲利普·科特勒出版了《营销管理：分析、计划与控制》一书。菲利普·科特勒在这本书中提出了一整套全面、系统的现代市场营销管理理论，明确指出：“营销管理是通过创造、建立和保持与目标市场之间的有益交换和联系，以实现组织的各种目标而进行的分析、计划、执行和控制过程。”他还指出，市场营销是市场有关的人类活动，既适用于营利组织，也适用于非营利组织。这一理论扩大了市场营销的研究范围及可应用的领域，使市场营销理论在更大的范围内产生了更加广泛积极的社会效应。

这样，市场营销学的研究范围就突破了流通领域，深入了生产领域和消费领域，进入了企业生产经营的全过程。市场营销的研究方法也从静态变为动态，强调供给与需求之间的整体协调活动。西方经济学者，把这一变革与发展称之为“市场营销革命”，从而使市场营销学获得了新的生命力。

四　市场营销的创新发展阶段

20世纪80年代至今，西方市场营销理论的发展进入了创新发展时期。80年代后，国际竞争日益加剧，营销环境日益复杂，对于某些特殊复杂的营销环境而言，一般的营销理论及方法已经显露出某些局限和不足。为了克服这些一般营销理论的局限，许多学者提出了许多重要的概念和原理。比如，雷维·辛格和菲利普·科特勒1981年提出的“营销战略”，克里斯汀·格罗鲁斯1981年提出的“内部营销”、西奥多·莱维特1983年提出的“全球营销”、巴巴拉·B. 杰克逊1985年提出的“关系营销”等。其中，在理论上发展最为突出的是菲利普·科特勒于1984年提出的“大市场营销理论”。他认为，在以往的营销组合中，必须加入两个新的重要因素——权利（power）和公共关系（public relations），从而将麦卡锡的“4P”发展为“6P”。这两个新的营销战略手段的目标是打开被封闭或者被保护的市场，即“进入某特定的市场或者在某特定的市场上开展经营，运用经济、心理、政治和公共关系等手段，以获得外国或者地方各有关方面的合作和支持。”之后，他又把“6P”发展为“10P”，即增加了探索（probing）、市场细分（partitioning）、目标优选（prioritizing）和市场定位（positioning）四个要素，并将原有的“6P”称为战术性市场营销组合，新增加的“4P”被称为战略性市场营销组合。“大市场营销组合理论”将市场营销组合从战术营销转向战略营销，意义十分重大，被称为市场营销理论的“第二次革命”。20世纪90年代，劳特朋提出，要用新的“4C”——消费者的欲望和需求（consumer's needs and wants）、消费者获取满足的成本（cost）、购买的方便性（convenience）和沟通（communication）取代传统的“4P”，这也是营销观念的变革。

在这一过程中，人们研究得比较多的还有品牌营销、质量营销、管理营销、战略营销、整合营销、知识营销、文化营销，其中，理论研究较为成熟、实际应用比较广泛的新理论有绿色营销、关系营销、网络营销和全球营销。

五　市场营销学的学派

市场营销理论于20世纪初诞生在美国，研究美国早期市场营销思想形成与发展的主要影响因素，考察各主要学术流派及其代表人物的学术思想，有利于我们更加深入地了解和掌握市场营销学。

20世纪初，美国出现了大批从事市场营销实际工作或教学科研的人。根据西奥多·巴特尔教授的观点，当时研究营销学学者大致分为四个学派：威斯康星学派（主要以研究农产品分配问题为主）、哈佛学派（以案例研究为特点）、纽约学派（侧重于批发、零售机构的研究）和中西部学派（运用综合分析方法，构成了传统市场营销理论的基础）。各学派的具体介绍参见本书第二章第一节。

第四节　市场营销学与相关学科

营销学是一门应用性很强的科学，属于微观管理的应用性学科。从市场营销学的学科属性看，它是建立在经济科学、行为科学、现代管理科学基础之上的一门交叉性应用科学，也是一门管理边缘学科。其交叉性、边缘性表明，营销学是各门学科的综合，这也是现代新兴学科发展的趋势。多种学科交叉渗透、兼容并蓄，又表明了市场营销学的巨大生命力。随着实践的发展，市场营销学不但交叉运用多门科学的知识，而且广泛吸收了经济学、心理学、社会学、管理学、人类学、文化学、传播学、运筹学、信息学、会计学和统计学等学科的知识。

一　市场营销学与经济学

市场营销学与经济学的联系很紧密，它借鉴了许多经济学的概念与理论，经济学是其重要的理论基础。通过对美国市场营销理论发展的四个阶段的研究发现，营销学是在20世纪五六十年代正式从经济学母体中分离，之后不断成长壮大。而且由于早期从事市场营销方面研究的学者基本上都是经济学家，因而其长期被作为经济学的一个分支来看待。事实上，市场营销学并不是经济学的分支学科，应属于管理学的范畴，其研究的范围比经济学宽，程度比经济学更为深入。

20世纪50年代，一些市场营销研究者正式把营销从传统的经济学研究转入管理学研究。霍华德最早使用“营销管理”这个词，他在《市场营销管理：分析与决策》一书中用管理学观点研究了营销的应用性。他指出：“营销管理是公司管理的一个部分，它设计的是比销售更广的领域。”霍华德的著作标志着营销管理时代的来临。正如韦伯斯特的评价：“是管理方法把营销学的研究带入到切实和现实主义的境地，它强调问题的解决、在竞争中的计划、执行和控制。”营销走向管理导向是一个历史性飞跃。因为传统上营销属于经济研究的范畴，但是，经济学往往着重于效用、资源、分配、生产等研究，其中心是研究人与社会如何花费时间选择使用稀缺生产资源去生产各种商品并把它们用于消费，所以，经济学中对营销的研究是片面的。营销研究必须是企业的活动，其核心是交换。经济学强调资源配置如何决定生产和消费，而营销所关注的是在特定的资源分配条件下交换的过程。在市场经济条件下，个人可以自由选择如何购买或者卖往哪里，对于这样一个现实存在的交换，市场营销是一个基本的渠道，它强调消费者的欲望和需求。同时又从社会学或心理学等人文学科摄取营销发展可用的营养。

当然，经济学对营销学也是功不可没的。

（一）古典经济学的贡献

亚当·斯密提出的许多概念被广泛地用于市场营销领域。他认为，交换是人类的天性之一，市场机制的产生因此是不可抗拒的。他给市场所下的定义被早期的市场营销理论广为采用。他还指出，所有经济活动的目的都是为了满足消费。"顾客就是上帝"是市场营销先驱对亚当·斯密这种观点的最好的诠释。

（二）相关经济学科的贡献

其他经济学家也提出其他有用的概念。例如，经济学中的偏好、无差异曲线、边际效用、机会成本和理性等经济学概念被运用于消费者行为分析；微观经济学中的垄断竞争理论为市场细分、确定目标市场和市场定位等现代营销战略的核心概念其提供了理论支撑；产业组织经济学中一些理论对营销战略的制定也有重要的影响，如波特竞争优势理论认为，厂商如果能够以比竞争对手更低的成本进行生产，或以独特的方式为购买者创造价值，就能获得持续的竞争优势；销售渠道的建立是经济学中劳动分工这一基本原理在市场营销中的反映；市场营销学者还借用了金融理论中有关信用的概念、财政学中有关连锁店发展的税收概念。此外，市场营销学中还用到了一些经济学概念，比如，恩格尔定律用于市场分析、销售中用到货币理论的信用概念、地租理论用于解释市场营销机构的位置和布局、根据凯恩斯学派的观点提出政府干预市场营销活动理论等。

（三）经济学概念对市场营销学的影响

经济学概念对市场营销学理论的影响是十分明显的。经济学为市场营销学提供了许多的概念和理论，为市场营销学的发展奠定了理论基石。现在，市场营销学与经济学的结合更加紧密，形成了一些交叉的课程，如消费经济学、零售经济学、广告经济学和市场营销经济学等。随着经济学新理论和新分析工具的出现，经济学将进一步促进市场营销学的发展。

二　市场营销学与心理学

心理学是研究人们的心理、意识和行为以及个体如何作为一个整体，与其周围的自然环境和社会环境发生关系，其研究对象就是人。而人正是市场营销活动的主体，也是市场营销学研究的对象。由于两者研究对象的相同，也就逐步形成了一门专门研究营销心理活动的新学科——市场营销心理学。市场营销心理学早期的研究集中于广告促销心理行为的研究。1903 年，美国心理学家斯科特的《广告论》是市场营销心理学最早的著作。进入 60 年代后，定价心理研究和消费者心理研究成为市场营销心理学研究的主要内容。此时，英国的大学开始讲授"消费者心理学"。70 年代末，以德国学者彼得·萨尔曼的《市场心理学》为代表，市场营销心理学进入了一个完善和成熟期，其研究领域几乎涵盖了营销活动的全过程。它不仅仅限于研究营销活动中广告促销心理和消费者的心理，同时也研究市场细分和厂商对中间商、推销人员的心理策略。因此，心理学的对市场营销的贡献不可谓不大。

（一）心理学各学派对市场营销学的贡献

与经济学一样，心理学在其发展过程中也出现了不同的思想学派及不同解释。最初由威廉·冯特（Wilhelm Wundt）于1897年创立的“结构主义”学派认为，人的心理由感觉、意象和情感三种基本的心理元素构成。市场营销学借用了该学派的本能、欲望与感觉等术语。

1900年，约翰·杜威（John Dewey）创立的“功能主义”学派开始了对人类心理的第二次探索。杜威研究了在个体适应环境的调整中心理经验的重要性，其研究的重点是人的行为而不是意识。

与此同时，奥地利心理学家西格蒙德·弗洛伊德创立了心理学的第三个学派，即“精神分析”学派。弗洛伊德对无意识的心理过程很感兴趣，并通过临床研究来探索精神病的原因。他提出的许多概念和方法被市场营销中采纳，用于研究消费者的潜意识以解释市场行为。

当以上三个学派正在蓬勃发展并吸引了全世界的注意时，约翰·B. 沃森（John B. Watson）抛弃了诸如感觉、知觉、意象等概念，于1913年提出了“行为主义”的新概念，其基础是行为来自刺激，行为可以学习并且习惯化。根据行为主义者的说法，人们一样可以条件反射，并且可以有意识地对某种刺激作出反应，消费者对销售刺激也有模式化的反应。

第五个心理学学派是“格式塔学派”。该学派认为，行为是自己、生理和心理等各种因素综合作用的结构。

（二）心理学概念在市场营销领域的应用

心理学概念在市场营销领域的运用十分广泛。在市场营销文献中，我们经常可以看到许多市场营销学的理论运用了心理学的概念。例如，消费者购买行为分析中主要应用了心理学的认知理论和动机理论；心理标准是在众多市场细分标准中最为重要的标准之一；产品作为厂商和消费者之间联系的物质纽带，其实也是心理策略运用的载体；包装具有识别、美化和联想等心理功能，能产生唤起注意、引起兴趣、启发欲望和导致购买行为等心理过程；与包装策略一样，认知理论也是品牌策略的心理学基础；针对消费者心理来制定价格，是一个重要的定价策略，也是企业常用的一个定价策略；分销渠道中应用心理学分析的主要目的是找到激励渠道成员积极推销企业的产品的方法；促销中的沟通和教育用了相关的心理学理论。

（三）心理学研究方法的贡献

市场营销学者不仅借鉴了心理学的概念，还借鉴了心理学的研究方法，如运用观察法、实验法、投射法、问卷调查法、深度访谈法等开展市场调查及营销活动。

三 市场营销学与社会学

社会学不像经济学和心理学那样与市场营销有着紧密的联系，目前还没有专门的论著研究市场营销与社会学的关系。但作为研究交换这一基本的社会活动的市场营销学，应用社会学的一些概念、原理和方法，来研究市场营销活动，能更好地揭示出其中蕴涵的内在规律。

社会学的核心观点认为，人是社会人，是作为一个或多个群体的成员，是某种文化的代表，是他所处的时代环境和文化的产物。人们会随着自身所处社会环境的习俗、制度和价值观的变化而发生改变。自尊、情感、愉悦和非理性等都是人们行动的社会原因。这些观点和其中的概念在市场营销学中都有应用。

（一）社会学家对市场营销学的贡献

在早期市场营销文献中，有一些市场营销学者有意识地钻研并借用社会学概念。例如，市场营销先驱詹姆斯·哈格蒂（James Hagerty）就是一位社会学家。然而，他除了对市场营销系统方面感兴趣外，很少表现出其社会学背景对市场营销思想研究的影响。社会学家的兴趣往往与营销学者不同。社会学概念在市场营销思想中不受重视，主要因为市场营销被认为是一种商业系统的概念，而不是作为一种社会系统的概念。商业观念在市场营销领域中占支配地位，因而就掩盖了企业经营的社会背景。市场营销被看做是企业满足社会需求的方式，而不是社会成员为实现自我满足所采取的途径和手段。在通过市场营销的商业运作来塑造个体和社会行为的进程中，社会价值经常被置于商业价值之下。

（二）社会学概念在市场营销领域中应用

市场营销学者曾依据社会历史的变迁来解释市场营销的发展，并将对这些变迁的反应称作市场营销系统的“应变”。大量的社会学概念被引入市场营销理论体系。例如，影响消费者购买行为的主要因素，如参照群体、家庭、社会阶层、文化和亚文化等，都是社会学中重要的概念，它们是消费者行为分析的重要的理论基础；分析组织市场时，所涉及的组织、权力和地位等概念也是社会学概念；社会学家对未来社会发展的预测常常被市场营销学者借来分析消费的变化趋势；在新产品扩散中，市场营销学应用了社会学的创新传播理论，同时，该理论对营销沟通策略设计、产品定位、产品生命周期“延伸”策略均有重要的影响；社会学对社会成员之间的冲突进行了深入研究，形成了一些正确对待冲突的观点和方法，这些是解决渠道成员间冲突的重要工具；竞争与合作的概念是社会学用来描述社会成员和社会群体相互联系的方式，同时也被市场营销学用来说明渠道成员之间的关系类型，它对于处理渠道成员的关系具有重要的指导意义；关系与网络也是社会学的概念，现也已借用到市场营销学当中。

四 市场营销学与管理学

对市场营销学的概念体系发展起到重要作用的另外一个学科就是管理学。通过泰罗（Taylor）、甘特（Gantt）、吉尔布雷思（Gilbreth）的开拓和创新，科学管理理论得到了很大发展，它对市场营销的影响早就得到了公认。

从管理学引入市场营销领域的概念有以下一些：

（1）科学管理。工作的形成、员工的挑选和培训、工人和监督者之间的合作、管理者和被管理者之间的责任分配等概念都引入了市场营销职能和市场营销机构的管理。

（2）任务。以最低成本和最高效率完成一项工作的方法和观念逐渐被应用于对销售人员的时间和责任的研究，包括访问路线、销售定额分配、培训、补偿、激励、监督和评估销售人员的业绩。

（3）智能化管理。引入了对采购、计划、检查、人力控制和产品保养实行职能化管理的观念。

（4）科学方法。阐明问题、收集信息、整理分析得出结论的步骤经修正用于市场调查，形成形势分析、信息调查、制订方案、收集信息等营销术语。

（5）简单化。当一个既定目标可通过较少的工作投入得以实现时，就可以做到人均产出增加、闲置设备减少、监督简化和易于控制。产品线简化这一概念也作为一个市场营销术语而被接受。

（6）多样化。多样化概念在尝试满足消费者的不同需要、保持灵活和获取利润中产生，这一概念预示着产品线的增加。市场营销学中的差异营销即由此演变而来。

（7）标准化。标准化用于市场领域中原材料、工具、设备、方法、检查和时间表的统一化，也用于市场营销领域中的连锁店在经营、标准产品、列、作业程序、控制方法、商品分类等方面的统一，还用于统一的大规模生产和销售。

五 市场营销与其他学科

其他学科也为市场营销思想的发展作出了贡献。例如，市场营销的很多概念来自人类学和传播学；市场营销很多的方法来自统计学、信息学和运筹学等。总之，市场营销的发展是一个兼容并蓄的过程。市场营销作为一门独立的学科，具有综合性、边缘性和实践性等明显特征。

【案例】

“纳爱斯”怎样后来居上

“我们就是在与外国企业的竞争合作中做大的!”纳爱斯化工股份公司董事长庄启传说。庄启传说这句话是很有“底气”的:纳爱斯已在国内连续8年居于“老大”地位,所创利润占全行业的96%。目前纳爱斯的产值比全国洗涤行业前10名中其他9名企业的产值总量加起来还要多。包括德国汉高在华的4个洗涤生产厂和宝洁的两个工厂在内,遍布全国的19个省的29家企业,它们的生产线每天在生产着浙江纳爱斯化工股份有限公司的产品,为纳爱斯做贴牌生产。而在雕牌崛起之前,宝洁、联合利华和汉高基本上把持着中国的洗衣粉市场,本土品牌走上合资道路似乎已是趋势。

作为后来者的雕牌却奇迹般地成了日化企业里的一个异军,以强劲的势头一路高歌。一方面,它有力地狙击了外资品牌在中国的地位,以物美价廉的实惠,让老百姓“只选对的,不买贵的”;另一方面,雕牌的价格狂潮已经有效地肃清了一些让正规企业无比头疼的“杂牌军”,成为民族工业代言人的口号。

从一个濒临破产的国有企业到成为竞争激烈的洗涤市场的全国知名的品牌,雕牌面临着和许多企业类似的困境,经历了一个成功品牌所经历的挫折和荣耀。

一　开发洗衣皂——第一桶金

当地的《丽水日报》称纳爱斯的发展“创造了一个神话”。偏居于浙江省西南的纳爱斯公司的前身是“丽水五·七化工厂”,是个仅有几十名员工的手工作坊,在全国118家定点肥皂企业中排在第117位。曾经面对积压的产品,发动全体职工上街下乡卖肥皂。最初,纳爱斯将突破点锁定在洗衣皂上。当时,这个领域的地方货各自为政,根本没有全国性品牌。从产品的品质上看属于低端产品:块大、粗糙、外观蜡黄、无包装,再加上味道实在不敢让人恭维。所以,有一个俗名叫“臭肥皂”,但臭肥皂却是人们洗衣必备的东西。要在洗衣皂上打开缺口,就得从内在品质上改造。所以,雕牌超能皂就以其特有的颜色(蓝色)与造型(中凹)出现在老百姓的面前。但初入市场,新奇的颜色和包装带来的不是消费者的青睐,反而被误以为又是一种玲珑剔透的香皂,雕牌超能皂备受冷落。面对窘境,一个在日后被许多企业引为经典的著名广告策划案在纳爱斯公司悄悄出台。1993年6月21日，《浙江日报》刊登了纳爱斯公司的免费大赠送广告，广告列举了雕牌超能皂的四大优点，并告诉读者只要剪下报上的广告券就能免费领取超能皂一块，还有机会抽得免费港澳游。众多消费者由此免费领略到了用超能皂洗衣的诸多好处，而口碑相传也在消费者心中留下了雕牌的良好形象。紧接着雕牌透明皂又快速上马，一手可握的形状、淡淡的清香、中档的价位，使其迅速被成千上万的消费者接受，成为洗衣皂销量第一的品牌。无可否认，广告是雕牌洗衣皂销售成功的一个重要因素，但其成功的真正原因在于：创造了一个市场，并在这个市场迅速成为领导品牌。当然，创造市场并不是想象中得那么容易，要让一个新产品被消费者接受，并在短时间不被其他竞争对手模仿和赶超，同时自己还要在这个新市场中占据领导地位，其困难可想而知。

洗衣皂的成功为纳爱斯掘到了第一桶金，在正式进入洗衣粉市场之前，纳爱斯做了足足7年的肥皂，为日后重拳出击日化界市场积累了相当的资本。

二 首次出击洗衣粉市场——败局落幕

任何成功的模式都不能简单地模仿，因为市场是复杂的。在这一点上，和许多企业一样，纳爱斯也有过教训。

借广告之力，纳爱斯对洗衣粉市场开始了第一轮冲击。第一次听到雕牌洗衣粉的广告是“只选对的，不买贵的”，对于想念雕牌起家全靠广告的人来说，雕牌解释这个原因的理由很多，比如，这并非是一个新市场，纵然广告做得凶，消费者的购买意识有限；部分地区反映，雕牌的质量不佳；奇强在各大农村刷墙壁广告做现场演示；全国的民营企业低价争夺市场份额等。

而且，雕牌在推出广告前不曾做好与其配合的价格和渠道。当时，雕牌洗衣粉一箱的价格要比市场均价高出10元左右。批发商自然不会大规模进货，从而限制了其渠道的扩大。居高的价格以及质量问题，使雕牌纵有广告优势也难现辉煌。1998年下半年，雕牌洗衣粉逐渐退出市场，第一次的洗衣粉之战以不为人知的败局落幕。

三 再度出击——两翼突进

1999年正值中国洗衣粉市场重新洗牌的一年。由于奇强的崛起，四大国际品牌唯我独尊的格局受到了强烈冲击。1999年11月，联合利华主动“跳水”，新产品全面降价。降幅高达40%，引发市场的连锁反应；汰渍、碧浪等价格相继下调，高端洗衣粉平均价格一举从过去的每350克5元跌至3.5元。

在汹涌澎湃的市场巨变中，纳爱斯看到了新的市场机遇——以品牌推广为营销核心的各大国际品牌在奇强的冲击下影响力开始减弱；而过分强调销售忽视品牌建设的奇强，也暴露出了品牌影响力较弱的软肋。市场上缺乏强势品牌的中低档产品。认定了这个目标以后，掌门人庄启传为雕牌安上了两支强力的翅膀：用广告推动品牌，以价格拉动市场。

1999年，雕牌对外宣告其建成了全世界第四台全自动喷粉设备，生产效率大大提高。雕牌洗衣粉的价格因此一举降至一箱29元，跌破了30元的心理防线，一步到位的价格让同行措手不及。挥舞着零售1.8元/袋的价格，雕牌打入农村这块肥沃的市场。

与价格相对应的是，雕牌的“亲情”广告：“妈妈，我能帮你干活了。”在1.5亿元广告费的支撑下开始了狂轰滥炸。这则广告虽然有争议但十分成功，它打破了常规的洗衣粉功能性宣传，以独特的视角、真情的流露出人意料地受到了广大消费者的欢迎。让雕牌带着浓浓的亲情，走进了千家万户。自广告推出后，光是媒体上各种讨论文章就给雕牌赚足了眼球。如果说雕牌透明皂的广告起到了提升知名度的作用，那么洗衣粉的广告则完成了对品牌的塑造。就在这一年，雕牌洗衣粉奇迹般的跃居第2位，业界惊呼：狼来了！

在广告和低价背后，庄启传也看到了营销网络在与国际品牌竞争中的决定性作用。为了迅速扩展网络，庄启传在同经销商签订合同时，突破常规，开出了让经销商预付一定资金，年终按比例返利的条件。这样的诱惑，加上雕牌有目共睹的广告力度，众多经销商纷纷入局；作为另一个安慰，雕牌洗衣粉100箱加赠14箱的促销手法更加快了经销商“投诚”的速度。雕牌庞大的营销网络几乎一蹴而就。低价、广告，再加上庞大的销售网络，经过一年的“狂飙突进”，雕牌洗衣粉的销量从3万吨一步跨到35万吨。2000年，雕牌洗衣粉再接再厉，继洗衣皂之后又拿到一个第一。年终总结中，庄启传不无自豪地确信：自己“不仅成为中国肥皂行业的龙头，也成为了中国洗衣粉行业的龙头”。

四　优势捆绑多品种出击——全面开花

鉴于洗衣粉市场快速启动的压力和透明皂销售季节的来临，纳爱斯以透明皂为龙头，与洗衣粉实行“优势捆绑”销售，再次引爆透明皂市场。

接着，纳爱斯又开始多品种出击：雕牌牙膏、纳爱斯香皂……一个个出笼了。2000年，纳爱斯在广告上的投入超过1.5亿元，而利润达到3.4亿元。2001年，纳爱斯还增加了水晶皂、沐浴露、洗发水等产品。在相关产品的开发和推广中，纳爱斯希望自己的所有产品都能够脱颖而出，以多个盈利点，为自己辉煌的未来押上更多的筹码。

纳爱斯不仅扩张速度极其惊人，而且几乎每进军一个新的领域，都有着不小的收获。这在日化界是绝无仅有的特例，也是雕牌充分利用口若悬河品牌优势的结果。在涉足新的产品时，雕牌都显得有条不紊。如雕牌牙膏，一上市，广告就标新立异，以离异家庭的情感为纽带，“真情付出，心灵交汇”深入人心，再加上高密度的播放，短短时间就完成了知名度与美誉度的建立。雕牌多方位出击并不是乱开花，而是开发一批，储备一批，推出一批，淘汰一批，始终走在竞争对手的前面。如水晶皂、肥皂粉的面世，就更加细分了市场。由此看来，正是有了清醒的认识和充分的准备，纳爱斯才推出一个，成功一个，这与很多日化企业的多品种销售的不温不火形成了强大的反差。

2001 年，庄启传着手改变营销体系，从完全依靠经销商转为全国实行分公司建制，直接操作超市、商场，力图实现渠道扁平化，增强市场反应能力，减少中间成本。纳爱斯着眼于更远的市场大局。（资料来源：引自《新月中国市场》2002 年 9 月）

问题讨论

1. 作为市场的后来者，雕牌系列产品在市场形态成熟稳定、竞争对手异常强大的情况下，能取得如此成功，其成功的因素主要有哪些？

2. 如果你是该公司的首席营销官，面对新世纪、新时代、新的市场环境，你会在市场营销方面做出哪些举动？

【本章小结】

1. 市场营销学是研究与市场有关的人类综合性商业活动及其规律性的科学，它是以市场为对象，研究卖方的产品或劳务如何转移到消费者手中的全过程。

2. 需要描述了人类的基本需要，是指没有得到某些基本满足的感受状态，需要是与生俱来的。欲望因人而异，个人因受不同文化及社会环境的影响，其表现欲望也不相同。需求是指人们有能力购买并愿意购买某个具体产品的欲望。

3. 产品是指能够提供给市场，被人们使用和消费，并能满足人们某种需求的任何东西，包括有形产品和无形产品。而商品是用来交换的产品。

4. 交换能否发生，取决于交换以后双方能否得到新的价值的满足。交易是达成意向的交换活动，交易的最终实现需要双方对意向和承诺的完全履行。

5. 市场是指一个特定产品或某类产品进行交易的一切交换关系的总和，包括买方和卖方，还有供求关系。

6. 市场营销者，是指希望从别人那里取得资源并愿意以某种有价值的东西作为交换的人。市场营销者要善于刺激潜在顾客对公司产品的需求。

7. 市场营销学自20世纪初诞生以来，其发展经历了四个阶段：形成阶段、应用阶段、发展繁荣阶段和创新发展阶段。

8. 20世纪初研究营销学的学者大致可分为四个学派：威斯康星学派（主要以研究农产品分配问题为主）、哈佛学派（以案例研究为特点）、纽约学派（侧重于批发、零售机构的研究）和中西部学派（运用综合分析方法，构成了传统市场营销理论的基础）。

9. 营销学是一门应用性很强的科学，是一门交叉性应用科学，也是一门管理边缘学科。广泛吸收了经济学、心理学、社会学、管理学、人类学、文化学、传播学、运筹学、信息学、会计学和统计学等学科的知识。

【思考与练习题】

1. 什么是市场营销学？市场营销学有哪些特点？
2. 市场营销学中的核心概念有哪些？这些核心概念的内涵是什么？
3. 市场营销学的发展经历了哪几个阶段？各个阶段都有什么特点？
4. 早期的市场营销学有哪些学派？各个学派中的代表人物有哪些？
5. 为什么说市场营销学是一门应用性很强的科学，是一门交叉性应用科学，也是一门管理边缘学科？
6. 经济学、心理学、社会学和管理学对市场营销学各有什么贡献？

第二章　市场营销学的演变与发展

【学习目的】通过学习本章内容，应该掌握：

1. 市场营销学早期学术流派
2. 六种市场营销观念的概念与特点
3. 市场营销组合的概念及其扩充与演变
4. 21世纪市场营销哲学视野的重点

【开篇故事】张瑞敏的“买卖观”

海尔集团首席执行官张瑞敏对企业管理常有与众不同的观点。对于普通企业的营销人员来说，做生意莫过于千方百计地推销产品，扩大市场占有率。但在张瑞敏看来，营销的本质不是“卖”，而是“买”。这一见解真可谓惊世骇俗。张瑞敏的观点是：“从本质上讲，营销不是卖出东西而是买。买进来的是用户的意见，然后根据用户意见改进，达到用户的满意，最后才能得到用户的忠诚度，企业也才能获得成功。”此观点别具一格，独具匠心。不以“卖”求“买”，也不以“卖”强“买”，更不是“一锤子买卖”，而是以“买”促“卖”。

然而，我们许多厂商至今尚未意识到这一点，在生产经营过程中一味地注重“卖”而轻视了“买”。对他们来说，恨不得今天晚上生产出来的产品，第二天就能卖出去。这样的想法当然没有错，但总有些美中不足，因为，你的产品在市场上卖得好不好，是不是受消费者欢迎，最终还得要顾客说了算，从这个角度上来说，善于倾听顾客意见，要比单纯地把产品卖出去显得更为重要。只有既重卖又重买，才能实现双赢。遗憾的是，我们有的厂商面对一些消费者反映的问题仍不太重视，或束之高阁，或不理不睬，久而久之，使消费者对其企业和产品产生了反感，失去了信心，最终失去了市场，自断了财路。

有道是"欲将取之，必先予之"。作为企业经营者，我们能否从张瑞敏的"买卖观"中受到一些启迪。如果我们的企业家都能参透其中深刻的辩证思维，并用行动理顺"买卖"的关系，那么，企业在竞争激烈的市场上就能立于不败之地。

第一节 市场营销学早期的学术流派

市场营销理论于20世纪初诞生在美国，研究美国早期市场营销思想形成与发展的主要影响因素，考察各主要学术流派及其代表人物的学术思想，有利于我们更加深入地了解和掌握市场营销学。我们可以将美国早期市场营销学的主要学术流派大致分为威斯康星学派、哈佛学派、纽约学派和中西部学派四大学派。

一 威斯康星学派

20世纪初，威斯康星大学成为激进的自由经济思想的论坛。当时，该校著名学者有 W. A. 斯科特（W. A. Scott）、约翰·R. 康芒斯（John R. Commons）、理查德·T. 埃利（Richard T. Ely）和 H. C. 泰勒（H. C. Taylor）。很自然，该校充当了市场营销思想发展史上的开路先锋。它吸引了许多早期市场营销先驱，如琼斯、哈格蒂、希巴德（Benjamin H. Hibbard）、尼斯托姆、巴特勒等。他们将这一领域中的概念加以集中，并首先在课程和著作中使用了"市场营销"一词，第一次讲授了农产品市场营销课程，并通过对外联系，传播了市场营销知识，对学术和农业市场营销的研究都起到了促进作用，对美国早期市场营销的发展作出了重要贡献。

（一）本杰明·H. 希巴德

他之所以产生研究市场营销的动机，主要是由于他的工作环境所致。住在依阿华州北部时，他观察到，农民总是以很低的价格销售产品，但同样的产品被转售时，价格却提高了许多。因此，1902 年在依阿华大学农业经济系任教时，尽管调研经费相当匮乏，他还是独自承担了对谷物市场的研究，并取得了令人瞩目的成果。1903 年，他被威斯康星大学邀请去负责市场营销的调查研究。在那里，他开设了也许是第一门经过精心组织的农产品合作市场营销课程，而且在学刊上发表了许多有关日用品市场营销方面的文章。1921 年，他出版了《农产品的市场营销》（*Marketing of Agricultural Products*）一书，并一举成为著名的市场营销学家。

（二）西奥多·麦克林

在希巴德任教于依阿华大学后的几年，当时还是该校学生的麦克林对市场营销产生了兴趣。1911 年，他刚刚完成研究生课程就在大学担任讲师，并成为大学分校校长霍尔登（P. G. Holden）的助手。这使得他有机会在全美国进行调查研究。同希巴德一样，麦克林也强烈地感觉到，农民的辛勤劳动并未在市场上得到等价回报。于是，他决定对市场营销进行进一步的研究。1913 年，他来到威斯康星大学，对这个课题进行了研究，并于 1917 年获得哲学博士学位。麦克林之所以选择威斯康星大学，主要是由于希巴德也于同年调到那里。1915—1916 年和 1918—1919 年间，他曾在堪萨斯农业学院讲授农业市场营销。在 1919—1930 年间，他一直是威斯康星大学的教授。之后，他去了加利福尼亚州，担任州市场部主任。后来，他又回到威斯康星大学，并写成了他对市场营销文献的主要贡献之一的《有效的农业市场营销》（1921 年出版）。

（三）保罗·H. 尼斯托姆

尼斯托姆对市场营销的兴趣来源于其他方面的学术研究，而且是在其获得哲学博士后才产生的。他先后做过农场帮工、零售店员、大学教师、税务特别调查员等。尼斯托姆后来的兴趣主要在经济学，尤其是对零售业税收的研究。1913 年，他在威斯康星大学政治经济学院任助教时，便出版了《零售与商店管理》（*Retail Selling and Store Management*）一书，该书的原稿曾于 1911 年作为油印教材被大学分校使用。1914 年完成经济学博士学业，其博士论文则作为第二部书于次年出版，名为《零售经济学》（*Economics of Retailing*）。1921—1927 年，他担任了零售业研究联合会和联合销售公司的负责人，遨游商海，著述工作也暂告中止。1928 年，他重返讲坛，并出版了《时尚经济学》（*Economics of Fashion*）一书。该书为其实际经历的结晶。随后他开设了“消费经济学”课程，并于 1929 年出版了《消费经济学》（*Economics of Consumption*）一书。尼斯托姆在将市场营销发展成为一门管理学科方面起了奠基性作用。

（四）拉尔夫·斯达·巴特勒

曾担任过宝洁（P&G）公司东区销售部经理助理的巴特勒，1910 年进入威斯康星大学，任商业管理系助教，并负责大学函授学院的发展工作。在工作实践和教学研究中，特别是通过对现有商业文献进行系统研究，发现没有一篇涉及商业销售战略方面的文章。于是，在准备函授课程时，他特别强调了制造商在运用中间商和广告之前必须考虑的各种市场营销功能，他为这种活动取名为“市场营销方法”，于1910年出版了《市场营销方法》一书。次年对该材料进行修订补充，并以《卖与买》（*Selling and Buying*）为名出版，成为一套14本系列教材中的一本，不久，该书更名为《市场营销》，作为此间该学科领域的唯一教材，被很多学校使用了几年。1911年，经进一步扩展材料，他在威斯康星大学开设了这门课。尽管同样内容的课程在其他学校也有讲授，但巴特勒首先使用“市场营销”（Marketing）一词，并第一个在教材中采用了这一术语。

（五）纽厄尔·H. 考米什和弗洛伊德·L. 沃恩

考米什也是一个在威斯康星大学影响下成长起来的市场营销学者。他分别于1915年和1925年获得硕士和博士学位。日常工作中与希巴德和麦克林的接触使他受益匪浅。环境的影响，加之早先在农场的经历，促使他完成了《农产品的合作市场营销》一书。

沃恩也是威斯康星大学早期学者之一，1923年在该校获得博士学位。之前他曾有过教学经历，并曾在联邦贸易委员会工作。1920年，他与W. H. S. 史蒂文森合著了关于谷物市场营销的《谷物贸易》（第一卷）一书。离开大学后，他于1929年出版了《市场营销与广告》一书。

总而言之，当时，威斯康星大学的学生和教师都为市场营销学科的最终建立作出了贡献。出于学术研究或实际应用的需要，加之校园中活跃的学术气氛的影响，他们之间互相激励，最终创造出一些新鲜事物。他们将这一领域中的概念加以集中，并首先在课程和著作中使用了“市场营销”一词，第一次讲授了农产品市场营销课程，并通过对外联系，传播了市场营销知识，对学术和农业市场营销的研究都起到了促进作用。这所大学对美国早期市场营销思想的发展作出了重要贡献。

二　哈佛学派

哈佛大学不但培养了自己学校的人才，也为去那里暂时就读的学生的日后发展助益甚大，它对市场营销的贡献是杰出又独特的。哈佛大学的学者们是市场营销理论早期发展的重要参与者，他们的主要贡献是对市场营销问题（包括一般性问题和专业化问题）的编辑整理。早期在哈佛大学对市场营销思想作出重要贡献的先驱主要有：彻林顿（Cherington）、肖（Shaw）、科普兰（Copeland）、托达尔（Todal）、梅纳德（Maynard）、博登（Borden）等。

（一）保罗·T. 彻林顿

彻林顿是哈格蒂的学生。他为完成社会学博士论文，收集了许多有关市场营销渠道和惯例的资料。尽管在认识哈格蒂之前他就对商业感兴趣，但这种个人关系和影响对他市场营销思想的形成有很大关系。1902 年，彻林顿获理学学士学位，1908 年获文学硕士学位，并担任了费城商业博物馆出版社的编辑。离开费城之后，彻林顿便在哈佛大学讲授市场营销，并全身心投入了市场营销的研究工作。作为一名早期市场营销学者，彻林顿的名著有《广告的商业作用》（*Advertising as Business Force*）（1912 年）和《市场营销概论》（*Elements of Marketing*）（1920 年）。

（二）梅尔文·T. 科普兰

1906 年，科普兰作为 F. W. 陶西格教授指导下的一名经济学研究生，对棉花行业的研究产生了兴趣。通过实地调查和查阅有关文献资料，他对棉花行业及市场营销活动已十分了解。后来，他作为享受出国奖学金的学者，还特别考察了棉花加工制造业。1912 年，他出版了《美国棉花制造业》一书。同年，他返回哈佛大学商学院研究生院，并接手开设了“商业组织”课程的工作。两年后，该课程更名为“市场营销”。他的市场营销思想还进一步受到盖伊的影响，1912 年，科普兰开始用“案例教学”方法授课，在其早期教学生涯中就较早地实践了案例教学方法。经过不断的研究和实践总结，科普兰于 1920 年出版了《市场营销中的若干问题》一书，1924 年《商业原理》一书问世。

（三）哈里·R. 托达尔

同许多其他市场营销作者一样，托达尔也是从经济学进入市场营销领域的。1915 年，托达尔在哈佛大学获得博士，之后，他分别在麻省理工学院（1915—1916 年）和波士顿大学（1916—1920 年）教授经济学。1918—1920 年，他在哈佛大学任经济学讲师。1920 年他成为工商管理研究生院副教授。1921 年，他出版了《销售管理中的若干问题》一书。

（四）尼尔·H. 博顿

博顿的市场营销思想及其对市场营销理论的贡献，在某种程度上是由于他既是哈佛大学工商管理学院的学生，又是一名教师。他于 1919 年在科罗拉多大学获文学学士学位后，来到哈佛大学，开始接触由科普兰等人已发展多年的案例教学法。因此，无论是他的市场营销思想，还是他对案例教学的强调与钟爱，都极大地受到周围同事的影响和诱导。1922 年，他获得 MBA 学位后，在商业研究所曾一度专门收集市场营销案例。次年，他在科普兰的领导下讲授市场营销，并以科普兰的《市场营销问题》一书为教材，他还帮助丹尼尔·斯塔奇讲授广告学。

斯塔奇原来攻读心理学专业，后来对广告学产生了兴趣，尽管他也引用一些案例，但这与哈佛大学的教学方法有所不同。斯塔奇离校后，博顿立即承担起广告学的教学任务，并开始试行案例教学，并于1927年出版了《广告问题》一书。

哈佛大学与威斯康星大学比较，后者的市场营销学者往往是完成学业后又到其他地方任教的人，而哈佛大学的大部分学者是在那里学习后又继续任教的人。哈佛大学的学者是市场营销理论早期发展的重要参与者，但他们主要的贡献是对市场营销问题（包括一般性问题和专业化问题）的编辑整理。

三　纽约学派

相对来说，代表纽约学派的哥伦比亚大学和纽约大学对早期市场营销思想贡献则不很突出，但也有一些奠基性的工作，他们的成就特点主要是通过科学研究机构取得的。纽约学派的重要人物有休·E. 安格纽。

在安格纽思想和著作的形成中，职业因素起了很大作用，尤其在广告和沟通方面。1902年，安格纽从密执安大学毕业后便买下了一家地方性报纸，成功的直邮广告，诱发了他对这种推销方法的兴趣。1912年，他接管了伊利诺伊的一家报纸，并发表了几篇广告的研究文章，由此引发的讨论又促使他更加深入地进行了研究。1916年到华盛顿大学任教，随后不久便一直投入广告业，直至1920年去了纽约大学执教，丰富的实践和教学经验，使其成为日后该地区最早的市场营销思想家。

四　中西部学派

中西部学派对美国早期市场营销思想的发展贡献巨大。其主要贡献在于对市场营销理论的集成与提炼，开展了市场营销职能和原理的研究，并将此学科加以定型，不断丰富和发展了市场营销理论体系。其主要代表人物有韦尔德、克拉克、艾维、邓肯、康沃斯、韦德勒、梅纳德及贝克曼。

（一）L. D. H. 韦尔德

韦尔德在明尼苏达大学工作时，了解到当地农民对产品进入市场的有关市场营销很感兴趣，便用大量的时间研究了产品在离开农场后的市场营销过程，并在该校讲授农业市场营销课程。1913年韦尔德讲此课时，还没有这方面的教科书，他便用自己的知识和实践经验来发展充实。他实地研究了明尼阿波利斯商会的谷物流通过程及期货贸易的运作，他甚至实际跟踪了黄油和鸡蛋的运输全过程，考察了通过纽约、芝加哥和其他地方的市场营销渠道企业（如批发商、零售商等）。他还对定价方法、商品交换、拍卖市场及明尼苏达联合运输协会进行了调查。1914年，韦尔德在美国经济联合会上宣读了论文《市场营销》，这是第一次将市场营销的题目公之于众。4年后，在里士满同样的一次会议上，他联合了五六位对市场营销感兴趣的人共同探讨教学问题。小团体以后每年聚会讨论一次，并迅速壮大起来，成为日后全国市场营销教师协会的核心。1916 年出版了《农产品市场营销》一书。

（二）弗雷德·E. 克拉克

克拉克对市场营销的兴趣是受多种因素的影响而产生的。年轻时，他曾挨家挨户推销过日用工业品。当研究生时，他第一次接触了市场营销知识。而真正对其研究与写作产生影响的因素则是在他任教以后。克拉克在农场长大，在英格兰大学学习后，又去了伊利诺伊大学攻读经济学研究生。在那里，他受到商学院和经济系负责人大卫·金利（David Kinley）的影响，最终扩大了他对实用经济学和私人买卖的兴趣。同其他早期市场营销学者一样，他也受到威斯康星大学的韦尔德、尼斯托姆、巴特勒、肖等人的影响。1914—1919 年，在完成他的学术培训后，克拉克接手了一项教学任务。这门课使他的兴趣由经济学转向市场营销。1918 年，他为自己的课程准备了第一份油印讲稿《市场营销原理》。同年，该书在其任教的密执安大学采用。经济学系主任亨利·C. 亚当斯对他的写作给予大力支持。克拉克 1919 年到西北大学任教后，那里的系主任希尔曼也这样鼓励、帮助过他。他的讲稿分别被密执安、明尼苏达和西北大学用作教材，并于 1922 年出版成书。

（三）保罗·W. 艾维

艾维的职业生涯与克拉克是并行的。在劳伦斯大学获得文学学士后，他与克拉克同时在伊利诺伊大学攻读硕士。他们同时于 1913 年获得学位之后，艾维也先后在密执安大学、依阿华大学、内布拉斯加大学任教。1923 年，他也来到西北大学（当时克拉克在那里已工作了 4 年）。几年后，又去南加利福尼亚州大学任教。艾维同克拉克一样，在任教期间，对他的经历和经商经验加以提炼，出版了《市场营销原理》一书。之后，又出版了一系列著作，尤其是零售推销方面的著作。

（四）保罗·D. 康沃斯

康沃斯的市场营销兴趣和观念颇受其父亲（热衷于社会变革的长老会人物）和许多大学教授的影响。其经济学老师在威斯康星大学受过培训，他由此产生了对私人财产、利润及个人动机的浓厚兴趣。他担任联邦贸易委员会检查员的经历，也使他认识到“激进自由主义”、压力集团的操纵以及私人企业中个体利益的重要性。1915 年在威斯康星的一次短期培训中，他首次接触市场营销课程。当时，他对巴特勒《市场营销》一书中的有关材料进行了深入研究，获益巨丰，这对他 1915 年在匹茨堡大学（一所有强烈职业倾向的学校）讲市场营销课程十分有用。他给学生指定的参考书是尼斯托姆的《零售经济学》。1921 年，他出版了第一本著作《市场营销方法与政策》，主要研究了中间商的作用等。1924 年，他来到伊利诺伊大学执教，更清楚地认识到农业市场营销的重要性，强调市场营销原理的强化培训，而不是职业培训。

（五）沃尔特·C. 韦德勒

哈格蒂开创了市场营销领域的先河，而韦德勒就是他 1905 年开设这门课时被录取的早期学生之一。在俄亥俄大学读研究生时，他主要辅助哈格蒂和 M. B. 哈蒙德工作。后者是一位劳动经济学家，韦德勒也是他的学生。他面临着选择市场营销还是劳动经济学为专业的抉择。一方面，他对市场营销较熟悉，因为他曾在一家干货批发公司干过帮工，也有亲戚朋友从事批发活动；另一方面，他的学术兴趣又在劳动经济学上。在哈佛大学攻读博士期间，他申请去听彻林顿的市场营销课，但未能如愿。然而，他回俄亥俄大学时，向他敞开大门的是市场营销而非劳动经济学。后来，他与人合著了《市场营销原理》一书。

第二节　市场营销观念的演变与发展

市场营销哲学，就是企业在开展市场营销活动的过程中，在处理企业、顾客和社会三者利益方面所持的态度、思想和观念。了解市场营销哲学的演变，对于企业更新观念，自觉地适应快速变化的市场新形势，加强市场营销管理，具有十分重要的意义。

现代企业的市场营销管理哲学可归纳为生产观念、产品观念，推销观念、市场营销观念、客户观念和社会市场营销观念六种。这些观念时隐时现，相互碰撞，深刻地影响着组织或个人的营销实践。

一　传统观念

在六种市场营销哲学观念中，生产观念、产品观念和推销观念通常被称为传统观念。

（一）生产观念

这种营销观始于产业革命完成之时，是最古老的一种营销思想。当时，资本主义的经济和技术比较落后，消费者并不十分富裕，需求量大而购买力不高，整个市场处于生产满足不了消费需求，消费者的选择余地很小，甚至没有选择的余地，产品处于供不应求的状态。销售与消费只是被动地适应生产，企业生产什么，市场就销售什么，生产多少就销售多少。所以，当时支配企业的是生产观念。该营销观认为，厂家只要能向顾客提供买得起、买得到的产品，就会实现销售。生产的关键就在于能否降低成本，扩大产量，增加销售网点，提供价廉的产品。毫无疑问，企业的重点在于生产，而不是市场。美国福特汽车公司就是当时持这一营销观的典型代表，亨利·福特曾宣称："不管顾客需要什么颜色的汽车，我只有黑色。"当然，福特公司也是当时运用此营销观最成功的公司之一。福特公司由于发明了流水线生产技术，使汽车成本大幅度降低，产量大幅度增加，从而使价格一直居高不下的汽车大幅度降价，汽车开始走进千家万户。

生产观念的特点是：（1）生产是企业生产经营活动的中心和基本出发点；（2）降低成本、扩大产量是主要手段；（3）追求的目标是短期利润；（4）忽视产品的质量、品种与推销，不考虑消费者的需求；（5）坚持"我生产什么、商家就卖什么、消费者就买什么"的经营思想；（6）只适应于"卖方市场"的需要。

这种观念产生于社会生产力水平不高，消费需求水平较低的历史时期。因此，其以降低成本、提高产量为主的经营观念，顺应了当时企业与经济发展的需要，对企业的发展、社会的进步起到了积极的推动作用。这种营销观念作为特定历史阶段的产物，就必然存在一定的历史局限性。

（二）产品观念

这种观念产生于20世纪30年代以前，比生产观念出现的时间稍晚，但两者并存时期较长。它与生产观念的相同之处，就是同样以生产为中心，忽视市场的存在。所不同的是，企业绝大部分的精力都用于抓产品质量，提高生产技术水平上。因为这一观念认为，消费者受有限购买力的困惑，希望购买到的有限产品中每一件都是高质量的产品。质量好坏是影响消费者购买的决定性因素。作为企业关键在于努力生产和追求质量好、性能强的产品。产品观念的特点是：（1）生产与质量是企业生产经营活动的基本出发点。"质量第一"而不是"顾客第一"作为生产经营中心，表现出面向标准而不是面向需求的质量与产品导向。（2）提高质量和产量是企业的主要手段。（3）追求的目标依然是短期利润。（4）忽视消费者的需求与推销活动。（5）坚持"拥有高质量产品，就拥有购买者"的经营思想。（6）仅适应于供不应求的"卖方市场"。

（三）推销观念

这种观念源于20世纪30年代以后，由于机器大工业的发展与当时生产的无政府状态之间的矛盾，爆发了第一次世界经济大危机。在西方一些国家，不适销商品堆积如山，工商企业、银行纷纷倒闭，大量工人失业，市场购买力急剧下降，市场出现商品供应量远远大于市场实际购买力的现象，买方市场开始逐渐形成。销售积压产品已成为各企业的首要任务。推销观念开始逐步代替生产观念和产品观念。一些企业开始谋求可靠的中间商代销产品；另一些企业开始运用推销手段和广告宣传，招待顾客；还有一些企业开始加强推销技巧的培训，增加推销人员的数量。企业经营者普遍认为，在市场上能否站稳脚跟的关键不是在于能提供什么商品、什么价格、什么质量，而是看你用什么手段把已经生产出来的产品推销出去。当消费者存在不愿购买的倾向时，只有强力推销才能将产品卖出去。同过去相比，这一阶段的企业开始把注意力转向市场，但仅停留在产品生产出来以后再推销出去阶段。

推销观念的特点主要表现在：（1）现有产品是企业生产经营活动的中心与出发点。（2）促销宣传与强力推销是主要营销手段。（3）追求的目标还是停留在短期利润上。（4）忽视消费者的需求，注重生产后现有产品的推销。（5）坚持“好坏都得靠吆喝”的经营思想。（6）适应于未成熟的“买方市场”。

二　市场营销观念

（一）市场营销观念

市场营销观念是作为上述诸观念的挑战而出现的一种企业经营哲学。尽管这种思想由来已久，但其核心原则直到20世纪50年代中期才基本定型。市场营销观念认为，实现企业各项目的关键在于正确确定目标市场的需要和欲望，而且比竞争者更有效地传送目标市场所期望的物品或服务，进而比竞争者更有效地满足目标市场的需要和欲望。西奥多·莱维特（Theodore Levitt）曾对推销观念和市场营销观念作过深刻的比较，指出，推销观念注重卖方需要；市场营销观念则注重买方需要。推销观念以卖主需要为出发点，考虑如何把产品变成现金；而市场营销观念则考虑如何通过制造、传送产品以及与最终消费产品有关的所有事物来满足顾客的需要。从本质上说，市场营销观念是一种以顾客需要和欲望为导向的哲学，是消费者主权论在市场营销管理中的体现。

（二）市场营销观念与顾客让渡价值

在现代市场营销观念指导下，企业应致力于顾客服务和顾客满意。而要实现顾客满意，需要从多方面做工作，并非人们所想象的“只要价格低，则万事大吉”。事实上，消费者在选择卖主时，价格只是其考虑的因素之一，消费者真正看重的是顾客让渡价值。

顾客让渡价值是指顾客总价值与顾客总成本之间的差额。顾客总价值是指顾客购买某一产品与服务所期望获得的一组利益，包括产品价值、服务价值、人员价值和形象价值等，顾客总成本是指顾客为购买某一产品所耗费的时间、精神、体力以及所支付的货币资金等。因此，顾客总成本包括货币成本、时间成本、精神成本和体力成本等。

顾客在购买产品时，总希望把有关成本包括货币、时间、精神和体力等降到最低限度，同时又希望从中获得更多的实际利益，以使自己的需要得到最大限度地满足。因此，顾客在选购产品时，往往从价值与成本两个方面进行比较分析，从中选择出顾客让渡价值最大的产品作为优先选购的对象。

企业为战胜竞争对手，吸引更多的潜在顾客，就必须向顾客提供比竞争对手具有更多顾客让渡价值的产品。这样，才能使自己的产品为消费者所注意，进而购买本企业的产品。为此，企业可从两个方面改进自己的工作：一是通过改进产品、服务、人员与形象，提高产品的总价值；二是通过降低生产与销售成本，减少顾客购买产品的时间、精神与体力的耗费，从而降低货币与非货币成本。

（三）市场营销观念与顾客满意

进入 20 世纪 90 年代，正当国内企业纷纷导入企业形象识别（corporation identity，CI）之时，日美等西方国家代之而起的是与 CI 思想方法颇有不同的 CS。CS 是英语 customer satisfaction 的缩写，意为“顾客满意”。如果把 CS 营销战略与 CI 策划相比，可以发现，CI 考虑问题的起点是企业，CS 考虑问题的起点是顾客，CI 要建立的是企业形象，CS 要建立的是企业为顾客服务，使顾客感到满意的系统，CI 仍然摆脱不了推销的色彩。因此，就经营理念而言，CS 要比 CI 更深一层，更高一筹。

构成 CS 营销战略的主要思想和观念方法，很早就有企业在无意中运用过，而 CS 成为一种潮流则出现于 20 世纪 90 年代。CS 营销战略中最重要的就是站在顾客的立场上考虑和解决问题，把顾客的需要和满意放到一切考虑因素之首。这一点说起来容易，做起来却很难。而能否真正做到这一点，则是 CS 营销战略能否取得成功的关键所在。

热情、真诚、为顾客着想的服务给顾客带来满意，而令人满意又是顾客再次上门的主要因素。生意是否成功，就要看顾客是否再上门。美国的一份商业杂志发表的一项研究报告指出：“公司利润的 25%—85% 来自再次光临的顾客，而吸引他们再来的因素，首先是服务质量的好坏，其次是产品本身，最后才是价格。”据美国汽车业的调查，一个满意的顾客会引来 8 笔潜在生意，其中至少有 1 笔成交；而一个不满意的顾客会影响 25 个人的购买意愿。争取一位新顾客所花的成本是保住一位老顾客所花成本的 6 倍。

（四）市场营销观念的特征

1. 以消费者需求为企业生产经营的出发点。长期以来，企业生产经营活动的重点和起点一直是放在企业自身的生产过程上。在产品生产之前，从不考虑市场的需求，而是按照企业自身的生产技术条件来安排生产；当产品生产出来以后，可采取一系列手段进行促销或推销。其产销过程是：生产→销售→消费。而市场营销观念则视顾客需求为企业生产经营活动的出发点。只有按照消费者的需求组织生产，生产出来的产品才能适销对路。因此，成立专门的市场调研部门，培养专门的市场调研人才，花费大量的人力和物力了解消费者的需求特点与需求动向已成为企业一项十分重要的工作。企业这时的产销过程已发生了很大的变化：需求→生产→销售→消费。这一变化使得顾客需求由过去处于被动地位转为主动地位，成为企业整个生产经营过程的起点。

2. 完整营销是主要的营销手段。与过去的营销观相比，市场营销观念的营销手段有着显著的差异。生产观念和产品观念的营销手段注重的是成本的降低，质量与产量的提高；推销观念注重的是商品的宣传与推销。这些观念受特定历史环境的影响，只注重营销手段的某一侧面，显得手段单一，往往出现顾此失彼的被动局面。而市场营销观念则强调，只有通过各种手段的合理配合，满足选择的顾客群的需要，才能实现企业的营销目标。这就是说，企业的营销活动是一项完整的活动，包括产品调查与预测、产品开发与设计、生产组织与财务分析、产品分析、分销渠道、仓储运输、销售与公关、包装商标、广告宣传等诸多方面，贯穿于生产经营活动的全过程。市场营销观念认为，把各项手段综合起来，有机配合，形成一个完整的体系，就一定能使各项手段产生出放大的效果。

3. 开始重视追求企业的长远利润。随着市场营销观念的建立，企业尽管追求利润的目标没变，但开始注重企业的长期利润。人们已经认识到，企业追求利润的手段应是建立在满足消费者需求的基础上。消费需求被满足的程度越大，预示着企业在顾客心目中的信誉越高，企业盈利的可能性越大；反之，需求被满足的程度越低，企业盈利的可能性越小。因此，企业在营销某种产品时，应首先注重商品对消费者需求的满足程度，然后再考虑企业盈利的大小。

三　客户观念

随着现代营销战略由产品导向转变为客户导向，客户需求及其满意度逐渐成为营销战略成功的关键。各行业的企业都试图通过卓有成效的途径，及时准确地了解和满足客户需求，进而实现企业目标。事实上，不同子市场的客户存在着不同的需求，甚至同属一个子市场的客户的个别需求也会经常变化。为了适应不断变化的市场需求，企业的市场营销战略必须及时调整。在此背景下，越来越多的企业开始由奉行市场营销观念转变为奉行客户观念或顾客观念（customer concept）。

所谓客户观念，是指企业注重收集每一位客户以往的交易信息、人口统计信息、心理活动信息、媒体习惯信息以及分销偏好信息等，根据由此确认的不同客户终生价值，分别为每一位客户提供各自不同的产品或服务，传播不同的信息；通过提高客户忠诚度，增加每一位客户的购买量，从而确保企业的利润增长。市场营销观念与之不同，它强调的是满足每一个细分市场的需求，而客户观念则强调满足每一位客户的特殊需求，如图 2－1 所示。

	起点	焦点	手段	目标
推销观念	工厂	产品	推销和促销	通过增加销售量，实现利润增长
市场营销观念	目标市场	客户需要	整合营销	通过提高客户满意度，实现利润增长
客户观念	单个客户	客户需要和客户价值	一对一营销整合和价值链	通过提升客户占有率、客户忠诚度和客户终生价值，实现利润增长

图 2－1 推销观念、市场营销观念与客户观念的区别

四 社会市场营销观念

（一）社会市场营销观念的提出

社会市场营销观念是对市场营销观念的修改和补充。它产生于 20 世纪 70 年代西方资本主义国家出现能源短缺、通货膨胀、失业增加、环境污染严重、消费者保护运动盛行的时期。1971 年，杰拉尔德·扎尔特曼（Gerald Zaltman）和菲利普·科特勒（Philip Kotler）最早提出了“社会市场营销”（social marketing）概念，促使人们将市场营销原理运用于保护环境、计划生育、改善营养、使用安全带等具有重大推广意义的社会目标。这一概念提出后，得到了世界各国和有关组织的广泛重视，斯堪的纳维亚地区国家、加拿大、澳大利亚和若干发展中国家率先运用了这一概念。一些国际组织，如美国的国际开发署、世界卫生组织和世界银行等也开始承认这一理论的运用是推广具有重大意义的社会目标的最佳途径。

鉴于市场营销观念回避了消费者需要、消费者利益和长期社会福利之间隐含着冲突的现实，社会市场营销观念提出，企业的任务是确定各个目标市场的需要、欲望和利益，并以保护消费者或提高社会福利的方式，比竞争者更有效、更有利地向目标市场提供能够满足其需要、欲望和利益的物品或服务。社会市场营

销观念要求市场营销者在制定市场营销政策时，要统筹兼顾三方面的利益，即企业利润、消费者需要的满足和社会利益。

（二）宏观市场营销

随着对保护消费者权益和保护生态环境等社会问题的关注，学术界日益重视市场营销的宏观效果，更加强调宏观市场营销问题。

宏观市场营销是把市场营销活动与社会联系起来，着重阐述市场营销与满足社会需要、提高社会经济福利的关系，它是一种重要的社会过程。宏观市场营销的存在是由于社会化大生产及商品经济社会要求某种宏观市场营销机构及营销系统来组织整个社会所有的生产者与中间商的活动，组织整个社会的生产与流通，以实现社会总供需的平衡及提高社会的福利。

通过宏观市场营销活动，引导商品或劳务从生产者手中流转到消费者手中，可以有效地调节商品社会供需的基本平衡，实现社会的发展目标，提高社会及广大消费者的福利。从总体或从社会的角度来考察的市场营销活动，属宏观市场营销，它是在企业市场营销活动基础上产生的。其一，宏观市场营销囊括了国民经济各行业的营运活动。其二，宏观市场营销活动是通过宏观市场营销机构来实现的。这些市场营销机构，包括中间商机构（包括批发商和零售商）、交通运输部门、仓储机构及市场营销活动的附属机构如金融保险机构等。其三，宏观市场营销活动还通过宏观市场营销系统来实现。

宏观市场营销与微观市场营销的差异在于：宏观市场营销是一种社会经济活动过程，其目的在于求得社会生产与社会需求之间的平衡，满足社会需要，实现社会目标。微观市场营销是一种企业经济活动过程，其目的在于满足目标顾客的需要，实现企业的目标。前者是指引导经济物品从生产者流转到消费者，有效地使供给与需求相适应，以促进社会目标实现的社会经济过程；后者是指一个企业或组织为实现其目标而预测顾客需要，并引导满足其需要的物品从生产者流转到顾客的经营活动过程。前者强调社会福利，后者强调企业或组织福利。

（三）绿色市场营销的兴起

所谓绿色市场营销，是指企业在市场营销中要重视保护地球生态环境，防治污染，充分利用并回收再生资源以造福后代。绿色市场营销问题是全球范围内跨国界经营的又一新的热点问题。1987 年，联合国环境与发展委员会发表了题为《我们共同的未来》的宣言，促成“绿色市场营销”观点的萌芽；1992 年，联合国环境与发展大会通过的《21 世纪议程》强调，“要不断改变现行政策，实行生态与经济的协调发展”，又为绿色市场营销理论的形成奠定了基础。

绿色市场营销要求企业在开展市场营销活动的同时，努力消除和减少生产经营对生态环境的破坏和影响。具体来讲，企业在选择生产技术、生产原料、制造程序时，应符合环境保护标准；在产品设计和包装装潢设计时，应尽量减少产品包装或产品使用的剩余物，以降低对环境的不利影响；在分销和促销过程中，应积极引导消费者在产品消费使用、废弃物处置等方面尽量减少环境污染；在产品售前、售中、售后服务中，应注意节省资源，减少污染。可见，绿色市场营销的实质，就是强调企业在进行市场营销活动时，要努力把经济效益与环境效益结合起来，尽量保持人与环境的和谐，不断改善人类的生存环境。

第三节 市场营销组合的扩充与演变

市场营销组合是现代市场营销理论的一个重要概念。1953 年，尼尔·博登（Neil Borden）率先提出了“市场营销组合”（marketing mix）这一术语，意思是说，市场需求在某种程度上会受到“营销变量”（营销要素）的影响，为了达到既定的市场营销目标，企业需要对这些要素进行有效的组合。此后，许多学者都围绕“市场营销组合”展开了深入的研究，纷纷从各自的角度提出了对“市场营销组合”的不同理解，使市场营销组合不断扩充与演变。

一 市场营销组合的扩充

市场营销组合中所包含的可控变量很多，而迄今为止影响最大的关于市场营销组合要素的概括是由麦卡锡（E. J. McCarthy）于 1960 年在《基础营销》一书所提出的4P 组合。此后，菲利普·科特勒将其扩充成大市场营销的6P 组合和战略营销计划过程中的 10P 组合。此外，布姆斯（Booms）和比特纳（Bitner）还提出过服务营销的 7P 组合。

（一）市场营销组合的基本框架：4P

1. 市场营销组合的构成。在麦卡锡提出的 4P 组合中，将市场营销要素概括为产品（product）、价格（price）、渠道（place）和促销（promotion）4 类。由于这四个名词的英文首字母都是 P，所以称为 4P 组合。

其中，“产品”代表企业提供给目标市场的物品和服务的组合，包括产品质量、设计、买卖权（即在合同规定期间内按照规定的价格买卖某种物品和服务的权利）、品牌名称、包装、尺码或型号、安装服务、品质保证、售后服务等。

“价格”代表顾客购买商品时的价格，包括价目表所列的价格（list price）、折扣（discount）、折让（allowance）、支付期限、信用条件等。

“渠道”代表企业为将其产品送达目标市场（或目标顾客）所进行的各种活

动，包括中间商选择、渠道管理、仓储、运输以及物流配送等。

“促销”代表企业为宣传介绍其产品的优点和为说服目标顾客购买其产品所进行的种种活动，包括广告、销售促进、宣传、人员推销等。

2. 市场营销组合的特点。

（1）市场营销组合因素对企业来说都是“可控因素”。企业根据目标市场的需要，可以决定自己的产品结构，制定产品价格，选择分销渠道（地点）和促销方法等。对这些市场营销手段的运用和搭配，企业有自主权。但这种自主权是相对的，不能随心所欲，因为企业市场营销过程不但受本身资源和目标的制约，而且要受各种微观和宏观环境因素的影响和制约，这些是企业所不可控制的变量，即“不可控因素”。因此，市场营销管理人员的任务就是适当安排市场营销组合，使之与不可控制的环境因素相适应，这是企业市场营销能否成功的关键。

（2）市场营销组合是一个复合结构。4 个 P 之中又各自包含若干小的因素，形成各个“P”的亚组合，因此，市场营销组合是至少包括两个层次的复合结构。企业在确定市场营销组合时，不仅要求 4 个 P 之间的最佳搭配，而且要注意安排好每个 P 内部的搭配，使所有这些因素达到灵活运用和有效组合。

（3）市场营销组合是一个动态组合。每一个组合因素都是不断变化的，是一个变量；同时又是互相影响的，每个因素都是另一因素的潜在替代者。在 4 个大的变量中，又各自包含着若干小的变量，每一个变量的变动，都会引起整个市场营销组合的变化，形成一个新的组合。

（4）市场营销组合要受企业市场定位战略的制约，即根据市场定位战略设计、安排相应的市场营销组合。

（二）大市场营销：6P

1. 大市场营销的含义。把企业的市场营销因素分为可控因素与不可控因素，并把可控因素概括为4P 传统理论，在西方已有 40 多年的历史。但是，随着国际市场竞争的日趋激烈，许多国家政府干预加强。在这种新形势下，市场营销理论又有了新的发展。菲利普·科特勒 1984 年提出，企业能够影响自己所处的市场营销环境，而不应单纯地顺从和适应环境。因此，在市场营销组合的 4P 之外，还应该再加上两个 P，即权力（power）与公共关系（public relations），成为 6P。这就是说，要运用政治力量和公共关系，打破国际或国内市场上的贸易壁垒，为企业的市场营销开辟道路。他把这种新的战略思想称为“大市场营销”（megamarketing）。

2. 大市场营销的特点。与一般的市场营销相比，大市场营销具有以下特点：

（1）大市场营销的目的是打开市场之门，进入市场。在一般市场营销活动中，对于某一产品来说，市场已经存在，面临的首要问题是了解市场对这种产品的需求特点，以便根据市场需求特点开展有针对性的营销活动，满足市场需要，实现企业经营目标。在大市场营销条件下，企业面临的首要问题是如何进入市场，影响和改变社会公众、顾客、中间商等企业营销活动对象的态度和习惯，使企业营销活动能顺利开展。

（2）大市场营销的涉及面比较广。在一般市场营销活动中，企业营销主要与顾客、经销商、广告代理商、资源供应者、市场研究机构发生联系。在大市场营销条件下，企业营销活动除了与上述方面发生联系外，还涉及更为广泛的社会集团和个人，如立法机构、政府部门、政党、社会团体、工会、宗教组织等，企业必须争取各方面的支持与合作。

（3）大市场营销的手段较为复杂。在一般市场营销活动中，企业市场营销的基本手段是4P及其组合；在大市场营销条件下，企业的营销组合是6P因素的组合。就权力而言，在开展大市场营销时，为了进入特定市场，必须找到有权打开市场之门的人，这些人可能是具有影响力的企业高级管理人员、立法部门或政府部门的官员等。营销人员要有高超的游说本领和谈判技巧，以便能使这些“守门人”采取积极合作的态度，达到预期目的。然而，单纯靠权力，有时难以使企业进入市场并巩固其在市场中的地位，而通过各种公共关系活动，逐渐在公众中树立起良好的企业形象和产品形象，往往能收到更广泛持久的效果。

（4）大市场营销既采用积极的诱导方式，也采用消极的诱导方式。在一般市场营销活动中，交易各方遵循自愿、互利的原则，通常以积极的诱导方式促成交易。在大市场营销条件下，对方可能提出超出合理范围的要求，或者根本不接受积极的诱导方式。因此，有时要采用消极的诱导方式，“软硬兼施”，促成交易。但消极的诱导方式有悖于职业道德，有可能引起公众包括对方的反感，因此要慎用或不用。

（5）大市场营销投入的资本、人力、时间较多。在大市场营销条件下，由于要与多个方面打交道，逐步消除或减少各种壁垒，企业必须投入较多的人力和时间，花费较大的资本。

（三）市场营销战略分析框架：10P

随着对营销战略计划过程的重视，科特勒又提出了战略营销计划过程必须优先于战术营销组合（即4P组合）的制定，战略营销计划过程也可以用4P来表示，分别是：探查（probing）、分割（partitioning）、优先（prioritizing）和定位（positioning）。

探查是指市场营销调研，其含义是在市场营销观念的指导下，以满足消费者需求为中心，用科学的方法，系统地收集、记录、整理与分析有关市场营销的情报资料，从而提出解决问题的建议，确保营销活动顺利进行。市场营销调研是市场营销的出发点。

分割是指市场细分，即根据消费者需要的差异性，运用系统的方法，把整体市场划分为若干消费者群的过程。

优先是指对目标市场的选择，即在市场细分的基础上，企业选择所要进入的那部分市场，或要优先最大限度地满足的那部分消费者。

定位即是指市场定位，其含义是根据竞争者在市场上所处的位置，针对消费者对产品的重视程度，强有力地塑造出本企业产品与众不同的、给人印象深刻的个性或形象，从而使产品在市场上、企业在行业中确定适当的位置。

科特勒认为，只有在搞好战略营销计划过程的基础上，战术性营销组合的制定才能顺利进行。因此，企业首先必须做好探查、分割、优先和定位 4 项营销战略计划，并精通于产品、渠道、价格和促销 4 种营销战术。此外，企业还要有善于运用公共关系和政治权力两种营销技巧的能力。这样，一个包含 10P 要素的全面的市场营销战略分析框架就清晰可见了。

（四）服务市场营销组合：7P

随着 20 世纪 70 年代以来服务业的迅速发展，越来越多的证据显示，产品营销组合要素构成并不完全适用于服务营销。因此，有必要重新调整营销组合以适应服务市场营销的新情况。于是，布姆斯和比特纳将服务业市场营销组合修改、扩充为 7 个因素，即产品、价格、渠道、促销、人员（people）、有形展示（physical evidence）和过程（process）。

1. 产品。服务产品必须考虑的是提供服务的范围、服务质量、服务水平、品牌、保证，售后服务等。服务产品的这些因素组合的差异相当大，例如，一家供应数种菜肴的小餐馆和一家供应各色大餐的五星级大饭店的因素组合就存在明显差异。

2. 价格。价格方面要考虑的因素包括价格水平、折让和佣金、付款方式和信用。在区别一项服务和另一项服务时，价格是一种识别方式，顾客可从一项服务的价格感受到其价值的高低。而价格与质量间的相互关系，也是服务定价的重要考虑因素。

3. 渠道。服务提供者的所在地以及其地缘的便利性都是影响服务营销效益的重要因素。地缘的便利性不仅是指实体意义上的便利，还包括传导和接触的其他方式。所以分销渠道的类型以及其涵盖的地区范围都与服务便利性密切相关。

4. 促销。促销包括广告、推销、销售促进、公共关系等各种市场营销沟通方式。

5. 人员。在服务企业担任生产或操作性角色的人员，在顾客看来，其实就是服务产品的一部分，其贡献也和其他销售人员相同。大多数服务企业的特点是操作人员可能承担服务表现和服务销售的双重任务。因此，市场营销管理者必须和作业管理者协调合作。企业工作人员的任务极为重要，尤其是那些经营“高接触度”服务业务的企业，所以，营销管理者还必须重视雇员的挑选、培训、激励和控制。此外，对某些服务而言，顾客与顾客间的关系也应引起重视。因为某顾客对一项服务产品质量的认知，很可能要受到其他顾客的影响。

6. 有形展示。有形展示会影响消费者和顾客对于一家服务企业的评价。有形展示包含的因素有：实体环境（装潢、颜色、陈设、声音）、服务提供时所需用的装备实体（如汽车租赁公司所需要的汽车），以及其他实体性信息标志（如航空公司所使用的标志、干洗店将洗后的衣物加上的“包装”等）。

7. 过程。在服务企业，人员的行为很重要，而过程即服务的传递过程也同样重要。表情愉悦、专注和关切的工作人员，可以减轻必须排队等待服务的顾客的不耐烦感，还可以平息技术上出问题时的怨言或不满。整个系统的运作政策和程序方法的采用、服务供应中器械化程度、员工决断权的适用范围、顾客参与服务操作过程的程度、咨询与服务的流动等，都是市场营销管理者需特别关注的问题。

二　市场营销组合的演变

在一些学者将4P的理论框架不断进行扩充和完善的同时，也有一些学者认为，随着世界经济的发展，市场营销环境发生了很大的变化，消费个性化、人文化、多样化特征日益突出，传统的4P组合已经越来越不能够适应新的情况。为此，他们分别提出新的市场营销组合来变革4P组合。

（一）4C组合

20世纪90年代，美国营销专家罗伯特·劳特伯恩（Robert Lauterborn）提出用新的4C组合取代4P组合。其主要内容包括：

1. 顾客（customer）。4C组合认为，消费者是企业一切经营活动的核心，企业重视顾客要甚于重视产品，这体现在两个方面：（1）创造顾客比开发产品更重要；（2）消费者需求和欲望的满足比产品功能更重要。

2. 成本（cost）。4C组合将营销价格因素延伸为生产经营全过程的成本，包括：（1）企业生产成本，即企业生产适合消费者需要的产品成本。价格是企业营销中值得重视的，但价格归根结底是由生产成本决定的，再低的价格也不可能低于成本。（2）消费者购物成本。它不仅指购物的货币支出，还包括购物的时间耗费、体力和精力耗费以及风险承担（指消费者可能承担的因购买到质价不符或假冒伪劣产品而带来的损失)。值得注意的是，近年来，出现了一种定价的新思维，以往企业对于产品价格的思维模式是“成本 + 适当利益 = 适当价格”，新的模式则是“消费者接受的价格 - 适当的利润 = 成本上限”。也就是说，企业界对于产品的价格定义，已从过去由厂商的“指示”价格，转换成消费者的“接受”价格，我们可以把这看做是一场定价思维的革命。新的定价模式将消费者接受价格列为决定性因素，企业要想不断追求更高利润，就不得不想方设法降低成本，从而推动生产技术、营销手段进入一个新的水平。

3. 便利（convenience）。4C 论强调企业提供给消费者的便利比营销渠道更重要。便利，就是方便顾客，维护顾客利益，为顾客提供全方位的服务。便利原则应贯穿于营销的全过程：在产品销售前，企业应及时向消费者提供充分的关于产品性能、质量、使用方法及使用效果的准确信息；顾客前来购买商品，企业应给顾客以最大的购物方便，如自由挑选、方便停车、免费送货等；产品售完以后，企业更应重视信息反馈，及时答复、处理顾客意见，对有问题商品要主动包退包换，对产品使用故障要积极提供维修方便，对大件商品甚至要终身保修。目前国外经营成功的企业，无不在服务上下大工夫，很多企业为方便顾客，还开办了热线电话服务、咨询导购、代购代送，遇到顾客投诉及时答复，并根据情况及时为顾客安排专人维修和排除故障。与传统的渠道战略相比，新的 4C 组合更重视服务环节，强调企业既出售产品，也出售服务；消费者既购买到商品，也购买到便利。

4. 沟通（communication）。4C 组合用沟通取代促销，强调企业应重视与顾客的双向沟通，以积极的方式适应顾客的情感，建立基于共同利益之上的新型的企业、顾客关系。如克里斯廷·格罗鲁斯（Christian Gronroos）认为，企业营销不仅仅是企业提出承诺，单向劝导顾客，更重要的是追求企业与顾客的共同利益，“互利的交换与承诺的实现是同等重要的”。同时，强调双向沟通，应有利于协调矛盾，融合感情，培养忠诚的顾客，而忠诚的顾客既是企业稳固的消费者，也是企业最理想的推销者。

4C 组合是站在消费者的立场上重新反思营销活动的诸要素，是对传统 4P 理论的发展和深化。显然，4C 组合有助于营销者更加主动、积极地适应市场变化，并有助于营销者与顾客达成更有效的沟通。

（二）4R 组合

近年来，美国学者唐·舒尔茨（Don Shultz）提出了基于关系营销的 4R 组合，受到广泛的关注。4R 阐述了一个全新的市场营销四要素，即关联（relevance）、反应（response）、关系（relationship）和回报（return）。

1. 与顾客建立关联。在竞争性市场中，顾客具有动态性。顾客忠诚度是变化的，他们会转向其他企业。要提高顾客的忠诚度，赢得长期而稳定的市场，重要的营销策略是通过某些有效的方式在业务、需求等方面与顾客建立关联，形成一种互助、互求、互需的关系。

2. 提高市场反应速度。在今天相互影响的市场中，对经营者来说，最现实的问题不在于如何控制、制订和实施计划，而在于如何站在顾客的角度及时地倾听顾客的希望、渴望和需求，并及时答复和迅速作出反应，满足顾客的需求。

3. 关系营销越来越重要了。在企业与顾客的关系发生了根本性变化的市场环境中，抢占市场的关键已转变为与顾客建立长期而稳固的关系，从交易变成责任，从顾客变成朋友，从管理营销组合变成管理和顾客的互动关系。

4. 回报是营销的源泉。对企业来说，市场营销的真正价值在于其为企业带来短期或长期的收入和利润的能力。

总之，4R 理论以竞争为导向，在新的层次上概括了营销的新框架，体现并落实了关系营销的思想。即通过关联、反应和关系，提出了如何建立关系、长期拥有客户、保证长期利益的具体操作方式，这是一个具有里程碑意义的进步。反应机制为互动与双赢、建立关联提供了基础和保证，同时也延伸和升华了便利性。而"回报"则兼容了成本和双赢两方面的内容。这样，企业为顾客提供价值和追求回报相辅相成、相互促进，客观上达到了一种双赢的效果。

这里需要说明的是，从 4P、4C 到 4R，反映了营销观念在融合和碰撞中不断深入、不断整合的趋势。因此，这三者不是简单的取代关系而是发展和完善的关系。由于企业情况千差万别，企业环境和营销还处于发展之中，因而至少在一个时期内，4P 还是营销的一个基础要素框架，4C 也是很有价值的理论和思路。4R 不是取代 4P 和 4C，而是在 4P、4C 基础上的创新与发展，所以，不可把三者割裂开来甚至对立起来。根据企业的实际，把三者结合起来指导营销实践，有助于取得更好的效果。

第四节 市场营销哲学新视野

21 世纪的世界营销舞台正发生着巨大的变化。数据技术的迅猛发展，全球化的快速渗透，非营利组织对于市场营销的空前关注和重视，社会对企业营销道德和社会责任的更高要求，以及信息技术对市场营销的深远影响，都不断跃入市场营销哲学关注的新视野中。

一 非营利组织对营销的重视

过去，市场营销只在营利性的企业中广泛应用，但在最近，许多非营利组织也开始在其战略制定中越来越多地考虑市场营销问题，如大学、医院、博物馆、体育馆甚至是教堂。特别是一些大学面临报名人数下降、成本上升的问题，需要采用市场营销手段争取生源和经费。它们正在重新确定目标市场，改进沟通和促销方式，以便更好地满足学生的欲望和需要。不少社会团体也都面临着巨大的营业赤字，它们也必须加大对赞助人的市场营销力度，以便削减赤字。类似这样的非营利组织还有很多，它们与企业的一个重要区别在于它们受到“无利润分配机制”的作用。这决定了它们有一些独特的行为方式和准则，同时也意味着它们开展市场营销活动将不可避免地带有其独特性。非营利组织市场营销实践的开展与理论研究的深入，将会给既有的市场营销哲学带来新的思考。

二 来自市场道德和社会责任的要求

随着全球消费者保护运动和环保运动的成熟，今天的市场营销人员需要为他们的行为对社会和环境造成的影响负起更大的责任。企业的市场道德和社会责任受到越来越多的关注，不论是发达国家的跨国公司，还是发展中国家的中小企业，都会时不时地成为这个话题的中心。

社会责任和环保运动在未来会对企业的要求越来越严格。许多有远见的公司已经接受了它们对周围世界的职责，并把对社会负责的行动看做是一个未来经营的更好机会。也就是说，通过服务于它们的顾客和社区，为他们提供最好的长期利益来获利。这些现象使得市场营销者们对于市场营销哲学有了更多探讨。

三 全球化背景下的市场营销

全球化使得世界越变越小，几乎所有的公司，无论大小，不管它们愿意不愿意，都或多或少地参与到国际贸易和全球竞争当中。跨国公司把它们的触角伸到了世界每一个角落，而发展中国家的中小企业除了不得不面对来自海外的竞争之外，也同样获得了在家门口得到国际订单的机会。

因此，世界各国的企业管理人员现在都以全球化而不是本地的视角看待公司所在的行业、竞争者和营销机会。越来越多的市场营销者开始思考与国际市场营销相关的命题，而对这些命题的追索，又往往引发市场营销哲学层面的更多讨论。

四 数字时代的到来

一些新兴的技术创造了新数字时代，计算机、电信、信息、交通和其他连接技术领域的快速进展对公司向顾客让渡价值的方式产生巨大影响。市场营销人员利用强大的计算机工具，可以开发出非常详细的数据库，并利用这些数据库帮助他们定位每一位顾客，以便为他们提供专门满足其个性化需要以及购买模式的产品或服务。

技术带来了新一代的沟通和广告工具，从手机、传真机、光盘到在机场和购物中心使用的交互式电视，营销人员可以利用精心定位的信息与选定的顾客沟通。顾客利用电子商务可以在自己家里设计产品或服务，并且完成订购和付款。最后通过快递，他们可以在 24 小时之内收到自己采购的商品。从测试新产品所使用的虚拟现实显示技术，到销售这些产品的在线虚拟商店，技术的巨大新进展对营销的各个领域都有影响。

互联网的迅猛发展和迅速普及，使得世界各地各种各样的个人或商务计算机用户相互连接，并让他们接触各类信息。许多公司已经在网上开展业务，希望能争取到新的客户，并且建立更好的客户关系。它们通过网络销售图书、玩具、光盘、家具、金融服务等。

新兴的数据技术和信息技术的发展为市场营销人员提供了空前激动人心的新机会，使得数据库营销、网络营销、体验营销、顾客关系管理、交叉销售等全新的市场营销概念呈现于营销者面前，不断地影响着他们的市场营销观念，为市场营销哲学的发展提供新的启示。

【案例】

麦当劳的特许经营之路

1937 年，狄克·麦当劳与兄弟迈克·麦当劳在洛杉矶东部开了一家汽车餐厅。他们制作的汉堡包味美价廉，深受顾客欢迎。虽然每个汉堡包只卖 15 美分，但年营业额仍超过了 25 万美元。不过，随着其他汽车餐厅越来越多，经营也越来越艰难。

针对这种情况，麦当劳兄弟大胆进行了特许经营，开始出售麦当劳的特许经营权。1953 年，一个名叫福斯的人仅向麦当劳兄弟支付了 1000 美元，便取得了麦当劳的特许经营权，在凤凰城开了一家麦当劳快餐店。但是，在早期，加盟店除了获得一周货款和快捷服务的基本说明外，其他什么都没有。无论在财务上还是在经营上，加盟店都必须完全依靠自己。也正因为如此，许多麦当劳加盟店便随心所欲地改变麦当劳汉堡包口味或者经营品种，严重损害了麦当劳的声誉。十几家麦当劳加盟店的经营状况普遍笼罩在失败的阴影之中。

这时，克罗克出现了。当时，克罗克只是一位纸杯和搅拌机的推销商，但是，对于麦当劳巨大的发展潜力，他比麦当劳兄弟还要清楚。当时正值美国进入经济高速发展的阶段，人们的生活、工作节奏加快，用于吃饭的时间越来越短；特别是个人大量拥有汽车后，途中快速用餐的需求也出现了。克罗克知道，像麦当劳这样干净卫生，经济合算，品质优良而且方便快捷的快餐店，一定会大受欢迎。

克罗克经过与麦当劳兄弟洽谈，成为麦当劳在全美唯一的特许经营代理商。1954 年，克罗克作为麦当劳特许经营的代理商，替麦当劳兄弟处理特许经营权的转让事宜。

1961 年，麦当劳兄弟以 270 万美元的价格把麦当劳全部转让给了克罗克，从此麦当劳走上了以特许经营方式快速发展的高速公路。1968 年，麦当劳有 1000 家店铺，1978 年达到 5000 家。经过 40 余年的发展，麦当劳已有 2.8 万余家店铺，遍布全球 128 多个国家和地区。如今，麦当劳已被公认为世界名牌快餐店之一，其金色的拱形“M”标志，在世界市场上已成为不用翻译即懂的大众文化，其企业形象更是在消费者心目中深深扎根。

在全球的麦当劳餐厅中，有 70% 的餐厅是由特许经营者经营管理的。美国麦当劳的 1.3 万家门店中，特许经营比例高达 86%。麦当劳作为世界上最成功的连锁经营者之一，以其引以为自豪的连锁经营方式，成功地实现了异城市场拓展和国际化经营。在其连锁经营的发展历程中，积累了许多非常宝贵的经验。

首先，克罗克改变了原来麦当劳系统中特许人与受许人互不相干的状况，他认为，特许人的成功取决于受许人的成功。只有当每个受许人富裕了，整个特许经营系统才能变得更强大。因此，克罗克非常重视加盟店的经营情况。在早期，每一家加盟店的特许费只有 950 美元，其他费用是按加盟店的营业额的 1.9% 收取的，所以总部的利润与加盟店的经营状况密切相关，总部与加盟店的经济利益是一致的。

一般特许经营总部往往受金钱的诱惑而“剥削”加盟店，如收取很高的特许费，贩卖原材料、器材和成品给加盟店等，从而破坏长久的合作关系。克罗克坚决反对这种做法。在麦当劳特许经营系统中，总部收入的主要来源是加盟店交纳的特许费和权利金，以及为加盟店提供咨询和指导等各项服务的费用。虽然也向加盟店出售一些器材和产品，但坚持不牟取暴利。在采购方面，克罗克坚持不收回扣的原则，让各加盟店享受集体采购的优惠。

麦当劳的诚意换来了加盟者的忠诚。相互制约、共存共荣的合作关系，为加盟者各显神通创造了条件，使各加盟者的营销良策层出不穷，这又为麦当劳品牌价值的提升立下了汗马功劳。

其次，不采用区域特许权制度。尽管出售区域特许权更容易赚钱，但同时也增大了风险。如果一家加盟店不成功，麻烦还不算大；但是，如果这家店拥有整个区域的特许经营权，那后果就可想而知了。在克罗克看来，“如果你卖出一大块区域的特许权，那就等于把当地的业务全部交给了他。他的组织代替了你的组织，你便失去了控制权”。因此，麦当劳一次只卖一个餐馆的特许权。同时，麦当劳规定，表现优异的加盟者可以拥有多家加盟店，而表现不好的加盟者只能拥有一家店铺。

再次，麦当劳对加盟者的财务状况有非常明确且严格的要求。在加盟之初，加盟者必须先支付加盟费。如果加盟者购买的是新店铺，则需要支付总成本的40%；如果是旧店铺，加盟者则只需要支付成本的25%。这些资金必须来自加盟者个人的自有资金，即加盟者所持有的现金、证券、债券等。由于每家店的情况不同，所以，收取加盟金的多少也没有严格量化。通常个人非借贷资金在17.5万美元以上，麦当劳才会考虑其是否能参与加盟。少数情况下，麦当劳还允许设备租赁，这仅仅是针对那些特别优秀的候选人。这些人的自有资金可能无法达到麦当劳的要求，但他们在其他各个方面都相当优秀，甚至超过通常的标准。这种情况下，可以采用设备租赁的模式，即麦当劳先代为购买设备，而后将它们租给加盟者。不过，即使如此，麦当劳仍然要求加盟者起码拥有10万美元以上的自有资金。当然，这些钱不是白白支付的。麦当劳为加盟者提供了一整套员工培训、人力资源、服务运作、设计、市场营销、机械设备和采购等服务，从而确保加盟店的表现和麦当劳品牌的一致性，确立麦当劳领先的地位。运作顾问从加盟者加入麦当劳体系之初就开始提供一对一的服务，帮助加盟者达到麦当劳的QSCV标准。近10年来，麦当劳于各区城设立了国际汉堡包大学，目前全球已有7所，分别位于德国、巴西、澳大利亚、日本、美国、英国和中国香港，每年有超过5000名来自世界各地的学生到汉堡包大学参与训练课程。正是这样严格的挑选制度和完善的后续服务，保证了麦当劳往往加盟一家就成功一家。

最后，对所有加盟者实行统一的、独特的经营方针。其实，早在克罗克在芝加哥东北部开设了第一家真正意义上的现代麦当劳特许经营店时，该店就体现了克罗克的经营方针，那就是重视品质、服务、卫生和经济实惠，也就是麦当劳著名的具有战略意义的QSCV。

Q（quality）是指质量、品质。麦当劳对原料的标准要求极高，面包不圆和切口不平都不用，奶浆接货温度要在4℃以下，高一度就退货。一片小小的牛肉饼要经过40多项质量控制检查。任何原料都有保存期，生菜从冷藏库拿到配料台上只有2个小时的保鲜期，过时就扔。生产过程采用计算机控制和标准操作，汉堡包的脂肪含量应该在17%—20.5%之间，并且拒绝使用添加剂。另外，还规定肉饼必须由83%的肩肉与17%的上等五花肉混制；炸薯条所用的土豆是专门培育、精心挑选的，并经过适当的存储时间调整淀粉和糖的含量。若炸薯条超过7分钟、汉堡包超过10分钟未售出，就要毫不吝惜地扔掉，因为麦当劳对顾客的承诺是永远让顾客享受品质最新鲜、味道最纯正的食品，从而建立起高度的信用。

S（service）是指服务，包括店铺建筑的舒适感、营业时间的方便性和销售人员的服务态度等。微笑是麦当劳的特色，所有员工都面露微笑、活泼开朗地和顾客交谈、工作，让顾客感觉满意。员工一进入麦当劳，就接受系统训练。全体员工实行快捷、准确和友善的服务，顾客排队不用超过2分钟；在顾客点完所要食品后，服务员要在1分钟内将食品送到顾客手中。餐厅还提供多种服务，如为小朋友过欢乐生日会、为团体提供订餐和免费送餐服务等。

C（cleanliness）是指卫生、清洁。麦当劳员工规范中，有一项条文是“与其靠着墙休息，不如起身打扫”，全世界上万家连锁店的所有员工都必须遵守这一条文。员工上岗操作前须严格用杀菌洗手液洗手消毒，规定两手揉搓至少20秒钟再冲洗，再用烘干机将手烘干。如果接触了头发、衣服等东西就要重新洗手消毒，各个岗位的员工都要不停地做清洁工作。所有的餐盘、机器都会在打烊后彻底清洗消毒，地板要刷洗干净，餐厅门前也要保持清洁。

V（value）是指价值，意为“提供最有价值的高品质的物品给顾客”。麦当劳的食品经过科学配比，营养丰富并且价格合理。让顾客在清洁的环境中享受快捷的营养美食，这些因素结合起来，就叫“物有所值”。现代社会逐渐形成高品质化的需要水准，而且消费者的喜好也趋于多样化，麦当劳强调价值，就是要创造和附加新的价值。

按规定，每家麦当劳加盟店的汉堡包品种、质量、价格都必须一致，甚至店面装修与服务方式也完全一样。所有麦当劳快餐店使用的调味品、肉和蔬菜的品质都由总店统一规定标准。为了使各加盟店都能够达到令消费者满意的服务与标准化，麦当劳建立了严格的检查监督制度。

正是以这一套经营理念为核心，麦当劳创下了世界最大连锁体系的记录。英中创业实验室发现，不仅在美国，即使在日本，以麦当劳为代表的连锁经营的产业，也很少受到社会经济状况的影响。

麦当劳的成功，已使其当之无愧地成为这一领域的标杆企业，值得后来的连

锁加盟企业细细品味与学习。(资料来源：世界经理人网站)

问题讨论

1. 讨论麦当劳经营的成功之道。
2. 结合现实，谈谈我国快餐企业在经营中存在的不足。

【本章小结】

市场营销管理哲学，就是企业在开展市场营销管理过程中，在处理企业、顾客和社会三者利益方面所持的态度、思想和观念。现代企业的市场营销管理哲学可归纳为生产观念、产品观念、推销观念、市场营销观念、客户观念和社会市场营销观念六种。市场营销组合是现代市场营销理论的一个重要概念，意思是说，市场需求在某种程度上会受到“营销变量（营销要素）”的影响，为了达到既定的市场营销目标，企业需要对这些要素进行有效的组合。市场营销组合中所包含的可控变量很多，而迄今为止影响最大的关于市场营销组合要素的概括是4P组合。此后，市场营销组合在多个情境下被扩充成6P、10P或者7P。另外，也有学者认为，传统的4P组合已经越来越不能够适应新的情况，于是他们分别提出4C、4R这样新的市场营销组合来变革4P组合。数据技术的迅猛发展，全球化的快速渗透，非营利组织对于市场营销的空前关注和重视，社会对企业营销道德和社会责任的更高要求，以及信息技术对市场营销的深远影响，都不断跃入市场营销哲学关注的新视野之中，使得市场营销哲学有了新的思考空间。

【思考与练习题】

1. 试述市场营销学的主要学派及其代表人物。
2. 市场营销管理哲学的演变经历了哪几个阶段？
3. 4P市场营销组合有哪些特点？
4. 市场营销组合发生了怎样的扩充和演变？
5. 新世纪市场营销哲学有哪些新的关注点？
6. 掌握以下重要概念：生产观念、产品观念、推销观念、市场营销观念、客户观念、社会市场营销观念、4P、6P、10P、7P、4C、4R。

市 场 篇

第三章　市场营销环境

【学习目的】 通过学习本章内容，应该掌握：

1. 营销环境的概念，认识营销环境和企业营销行为的关系
2. 微观营销环境的构成要素及对营销行为的影响
3. 宏观营销环境的构成要素及对营销行为的影响
4. 了解营销环境分析的基本方法

【开篇故事】一“令”不能制“二虎”

有一个人在荆州做县官时，山上的老虎常出来吃人和家畜。老百姓要求县官除去饿虎，这位县官只下了一道驱逐老虎的命令，叫人刻在很高的岩石上，凑巧那只老虎因故离开了荆州，他就得意地认为他的命令生效了。

不久，他被调至另一个地方做官。这个地方的老百姓非常刚强，很不容易治理。他认为，刻在荆州岩石上的命令既然能够制服凶恶的老虎，就也能够镇住能识文断字的老百姓，于是便托人去荆州描摹那个石刻。

结果，他不但没有治理好这个地方，反而因为治理不当而丢了官。

第一节 市场营销环境概述

一 市场营销环境的概念及其特点

美国著名市场营销学专家菲利普·科特勒将市场营销环境定义为：市场营销环境是由企业营销职能外部的因素和力量所组成，这些因素和力量影响营销管理者成功地保持和发展同其目标市场顾客交换的能力。企业营销管理职能外部的因素和力量的内容广泛，它是一个多因素、多层次且不断变化的综合体。一般来说，企业市场营销环境具有以下特点：

（一）市场营销环境的差异性与同一性的统一

市场营销环境的差异性不仅表现在不同企业受不同环境的影响，而且同样一种环境因素的变化对不同企业的影响也不同。由于外界环境对企业作用的差异性，使企业采取的营销策略各有其特点。市场营销环境的同一性表现为在同一国家或同一行业中，企业所面对的市场营销环境又有其共同性。市场营销环境的同一性，使企业有了一个公平竞争的前提和保证，由此也可以揭示和反映企业之间生产经营的优劣，是否充分发挥了其内部能量和优势。

（二）市场营销环境的多变性与相对稳定性的统一

一般来说，科技、经济、政治与法律因素的变化相对其他因素变化要比较快些和强一些，它们对企业市场营销的影响就相对较短且跳跃性较大，特别是科技因素的变化最快最强，它是促使企业技术改造和产品创新的主要动力之一。而自然、社会和人口因素的变化则相对较弱较慢一些，但它们对企业市场营销的影响则相对较长期和稳定。市场营销环境相对稳定性的特点，使企业对调查其现状和预测其变化并采取相应的对策提供了可能。

（三）市场营销环境的不可控性与企业的能动性的统一

市场营销环境的多变性决定了其不可控性的特点，它要求企业必须不断适应变化着的市场营销环境。当然，企业对其市场营销环境的适应，不仅仅是一种被动地适应，它可以充分发挥其主观能动性。企业可以在变化的市场营销环境中寻找新机会，主动调整市场经营战略，并可能在一定条件下转变市场营销环境中的某些可能被改变的因素，从而为企业创造出一个良好的外部条件。

（四）市场营销环境的关联性与其相对分离性的统一

从较长历史时期对整个市场营销环境进行考察，我们不难发现，各种环境因素总是程度不同地相互关联的。比如，市场价格不但受市场供求关系的影响，而且还要受科技进步及财政金融政策和税收政策的影响。然而，在某一特定时期，且从某些特定市场营销环境因素的特殊变化去考察，我们又会发现市场营销环境中的某些因素又彼此相对分离，而且这些彼此相对分离的市场营销环境因素对企业市场营销活动的影响程度也不同，正是这种相对分离性为企业分清主次环境威胁和机遇提供了可能性。比如，战争或社会动乱时期，军事和政治因素的影响十分明显，而在和平时期，科技、经济和自然因素的作用则更突出，科技主要影响企业产品的质量及其更新换代的速度，而产业政策则主要影响企业的投资方向和投资结构。

二　市场营销环境分析的主要内容

市场营销环境的内容十分广泛而又复杂，在分析其主要内容之前，先将其做一个大致的分类。由于观点和角度的不同，有的学者将市场营销环境划分为一般环境、策略环境、科技环境、国际环境和市场总和环境五大类；美国营销学家麦克塞将其分为公司目标及资源环境、竞争环境、组织与技术环境、文化与社会环境；菲利普·科特勒则把市场营销环境概括为微观环境和宏观环境两大类。

本书采用菲利普·科特勒的分类方法，也就是说，市场营销环境分析的主要内容包括微观环境因素和宏观环境因素两大部分。其中，微观环境因素包括企业、供应者、营销中介、顾客、竞争者和公众；宏观环境因素包括人口环境、经济环境、自然环境、科技环境、政治和法律环境、文化环境等（见图3－1）。

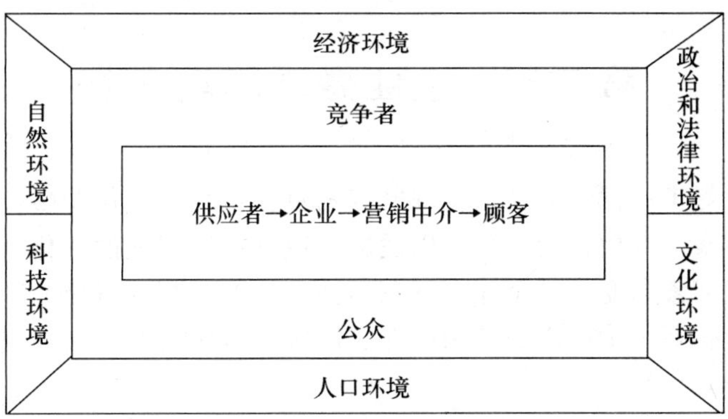

图3－1　市场营销环境

三　市场营销环境分析的重要性

（一）企业市场营销活动的立足点和根本前提

开展市场营销活动的目的，一是为了更好地满足人们不断增长的物质和文化生活需要；二是为了使企业获得最好的经济效益和社会效益。要实现上述目标，其立足点和根本前提就是要进行市场营销环境分析。只有深入细致地对企业市场营销环境进行调查研究和分析，才能准确而及时地把握消费者需求，认清本企业所处环境中的优势和劣势，扬长补短。许多企业的实践都充分证明，市场营销环境分析是企业市场营销活动的立足点和根本前提，成功的企业无一不是十分重视市场营销环境分析的。

（二）企业经营决策的基础，为科学正确地作出经营决策提供了保证

企业经营决策的前提是市场调查，市场调查的主要内容是要对企业的市场营销环境进行调查、整理分类、研究和分析，并提出初步结论和建议，以供决策者进行经营决策时作为依据。市场营销环境分析的正确与否，直接关系到企业决策层对企业投资方向、投资规模、技术改造、产品组合、广告策略、公共关系等一系列生产经营活动的成败。

（三）有利于企业发现新的经营机会，及时采取措施，有效地把握未来

新的经营机会可以使企业取得竞争优势和差别利益或扭转所处的不利地位。当然，现实生活中，往往是机会与威胁并存，且可能相互转化。好的机会如没有把握住，优势就可能变成包袱，变成劣势，而威胁即不利因素也可能转化为有利因素，从而使企业获得新生。这里，关键在于要善于细致地分析市场营销环境，并善于抓住机会，化解威胁，使企业在竞争中求生存，在变化中谋稳定，在经营中创效益，充分把握未来。

第二节　企业微观环境分析

企业要搞好市场营销活动，实现既定的目标市场，不仅要顺应市场营销环境中宏观环境因素的变化，而且还要以适应其微观环境因素的变化，从某种意义上说，微观环境因素的变动对企业市场营销活动将产生更为直接的影响。微观环境因素主要包括企业、供应者、营销中介、顾客、竞争者和公众（见图3－2）。

一　企业

企业，即企业内部状态。任何一个企业的市场营销活动都不是企业某个部门的孤立行为，而是企业整体实力与能力的体现，是企业内部各部门科学分工与密切协作的组织行为。仅仅靠企业分管具体销售业务的一个部门的努力是不可能将市场营销工作做好的，因为企业市场营销活动实质上是企业科研能力、制造能力、销售能力、资金能力、管理能力和适应能力等企业综合实力的具体体现，它是企业各部门（如调查研究与发展部门、计划与采购供应部门、生产制造部门、

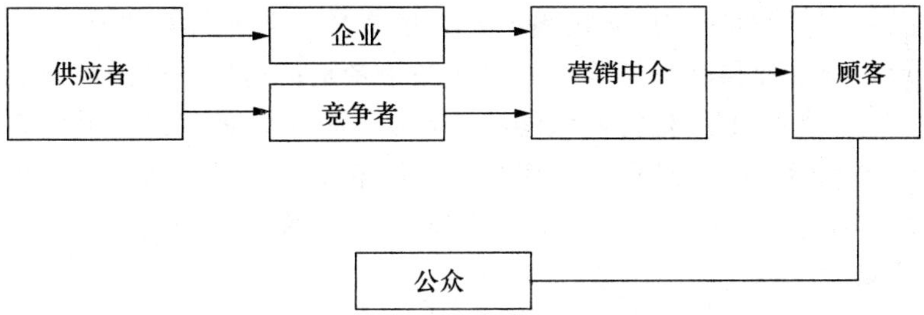

图 3－2 企业的微观环境因素

财务会计部门、行政管理部门、销售部门等）、各阶层（高级管理人员、一般管理人员、职工）通力合作、密切配合的结果。企业内部状态如何，是搞好企业市场营销活动的关键所在，因为其他微观环境因素和所有宏观环境因素的影响，都是要通过这一因素而起作用。

二 供应者

供应者是为企业及其竞争者提供所需资源的企业和个人。供应者与企业的关系是一种生产协作关系。供应者供应的资源主要包括原料、材料、燃料、机器设备、技术、信息、资金和劳务等。慎重选择好供应者，不断拓宽供应渠道，密切与供应者保持良好的生产协作关系，对于企业的生产经营有着重要意义。

三 营销中介

营销中介是指在促销、销售以及把产品送到最终购买者而给企业以帮助的所有企业和个人。营销中介与企业的关系是一种销售协作关系。营销中介通常包括中间商、实体分配机构、营销服务机构（如调研公司、咨询公司、广告公司等）、金融中间人（如银行、保险公司、信托投资公司等）。这是社会分工和生产效率与效益提高的产物，但随着科技与网络信息的发展，相信未来还将发生重大变化。

四 顾客

顾客通常就是用户，就是消费者，也就是企业所说的目标市场。企业与顾客的关系实质上是一种生产与消费的关系。顾客的范围十分广泛，顾客市场可依据不同标准和特点划分成许多类别，一般可分为消费者市场、生产者市场、卖者市场（中间商市场）、政府市场和国际市场等。企业生产的目的是为了满足顾客的需要。因此，顾客及其需求是企业生产经营活动的出发点，是企业生产经营决策的根本依据，也是市场营销活动的基点。

五 竞争者

竞争者是指与企业生产相同或类似产品的企业和个人。企业与竞争者的关系是一种竞争关系，竞争的结果通常表现为此消彼长（当然，也存在竞争中共同发展的情况）。从消费需求的角度看，企业的竞争者包括愿望竞争者、平行竞争者、产品形式竞争者和品牌竞争者。愿望竞争者是指提供不同产品以满足不同需求的竞争者；平行竞争者是指提供能够满足同一种需求的不同产品的竞争者；产品形式竞争者是指生产同种产品，但提供不同规格、型号、款式的竞争者；品牌竞争者是指产品相同，规格、型号等也相同，但品牌不同的竞争者。

六　公众

公众是一个内涵广泛的概念，通常是指所有实际上或潜在地关注、影响着企业达到其目标的政府部门、社区组织、群众团体和居民。公众一般可以分为政府公众、金融公众、媒介公众、群众团体、当地公众、一般公众和内部公众七大类。政府公众是指政府有关机构；金融公众是指关心并可能影响企业获得资金能力的团体，如银行、信托投资公司等；媒介公众是指报社、杂志社、电视台和广播电台等大众传播媒介；群众团体是指消费者组织、环境保护组织及其他群众组织；当地公众是指企业所在地附近的居民和社区组织；内部公众是指企业内部的公众，包括高级管理人员、一般管理人员和普通职工等；一般公众是指除企业所在地附近的居民和社区组织以及企业内部的公众以外的居民、员工或组织团体。

七　内部公众

企业的员工，包括高层管理者和一般员工，都属于内部公众。

企业的营销计划，需要全体职工的充分理解、支持和具体执行。经常向员工通报有关情况，介绍企业发展计划，发动员工出谋献策，关心职工福利，奖励有功人员，增强内部凝聚力。员工的责任感和满意度，必然传播并影响外部公众，从而有利于塑造良好的企业形象。

第三节　企业宏观环境分析

企业宏观环境，是指企业所在国家或地区的政治、经济、法律、科技、社会文化等状况及其发展变化趋势。企业市场营销环境中的宏观环境因素主要包括自然环境、人口环境、经济环境、政治和法律环境、技术环境、社会文化环境等。菲利普·科特勒指出：宏观环境是影响企业微观环境中所有行为者的大型社会力量。构成这种大型社会力量的各因素既相互独立又相互作用，对企业的市场营销活动既是威胁又是机会。同时，宏观营销环境对微观营销环境有着制约作用。科技环境除了直接对企业的营销活动有一定的威胁和提供一定的机会外，也大量地通过用户、竞争企业等对企业的营销活动发生作用；社会的规范、价值观、信念等影响着消费者的消费态度、兴趣爱好、对产品的好恶、增大或减少消费者对商品的选择机会。

一 自然环境

自然环境是企业赖以生存的基本环境。自然环境的优劣不仅影响到企业的生产经营活动，而且影响一个国家的经济结构和发展水平，使经济环境和人口环境等均受到连动影响。为适应自然环境，企业不仅要充分地分析和认识自然环境，而且还要努力创造和保护好自然环境。

（一）自然环境短缺的影响

自然资源一般分为三大类：一是“无限”的资源，如空气、水等；二是有限但可以再生的资源，如粮食、森林等；三是有限且又不能再生的资源，如石油、金、银、铜、铁、锡、煤炭等。面对资源日益紧缺的自然环境，从企业生存和发展的长远考虑，企业采取较好的对策是积极努力寻找替代品或降低资源的消耗，这样就可以减轻或避免某种自然因素对企业生产经营的不良影响。同时，研究和开发新的资源和原料，这又给一些企业制造了新的市场机会。

（二）自然环境污染的影响

自然环境的污染问题已为世界瞩目。在发达国家，随着工业化和城市化的发展，自然环境污染问题日益严重，占世界人口总数15%的工业发达国家，其工业废弃物的排放量约占了世界废弃物排放总量的70%。在社会舆论压力和政府干预，特别是环境保护法规的颁布，一方面对企业进行了强制约束，使之务必严格控制污染以达到颁布标准；另一方面，也为一些企业在环保工程与产品研究上提供了市场机会。

（三）政府对自然资源管理干预强化的影响

有限的自然资源与自然环境恶化的状况，如酸雨、臭氧层破坏、海洋赤潮、全球气温升高、噪声污染、水土流失和沙漠化等，使各国政府日益认识到可持续发展战略的重要性。可持续发展战略的核心内容，是以经济、技术、社会、人口、资源、环境的协调发展为目的，在保证经济高速增长的前提下，实现资源的综合和持续利用，不断改善环境质量，而不要以牺牲后代人的利益为代价来满足当代人的利益。政府对自然资源管理干预的强化，使得绿色产业、绿色消费、绿色市场营销迅速崛起。

二 人口环境

人口环境是影响企业市场营销活动的一个重要因素，人口的多寡直接决定了市场容量。有购买能力且有购买欲望的人口便构成了现实市场，其数量越多，市场规模也就越大。人口环境中的出生率、死亡率、人口密度、流动性、地理分布、人口结构等，对市场需求都会产生影响。老年人会有不同于年轻人的需求。同样，男性与女性、南方人与北方人，以及不同文化、不同种族、不同职业的人，在需求结构、消费习惯与方式上都会具有明显的差异。企业营销部门应当密切注视上述人口特性及其发展动向，不失时机地利用“机会”，而在出现“威胁”时，及时、果断地调整市场营销策略，以适应“人口环境”的变化。当前，世界人口环境的主要变化特点有以下几个方面：

（一）世界人口增长迅速

随着科技进步、社会生产力发展和人民生活条件改善，人们平均寿命大大延长，发展中国家的人口出生率上升，人口增加迅速。随着人们收入水平的提高，消费需求的增长，市场潜力巨大。《世界人口展望》2006 年报告预测，世界人口很可能在 2050 年，从现在的 67 亿达到 90 亿。人口增长率最高的国家集中在阿富汗、布隆迪、刚果民主共和国、利比里亚、乌干达等发展中国家；相反，德国、意大利、日本、韩国、独联体国家和一些小岛国等 46 个国家和地区的人口在 2050 年时将低于 2005 年的人口水平。此外，人口增长数量最大的国家分别为印度、尼日利亚、巴基斯坦、刚果民主共和国、埃塞俄比亚、美国、孟加拉国和中国，它们的人口增长数目将占到总人口增长的一半。

（二）人口的流动性大

许多国家人口流动均具有以下两个主要特点：一是人口从农村流向城市，这是社会分工、商品经济和城市化发展的必然结果；二是人口从城市流向郊区，这是市中心交通拥挤，污染严重，同时郊区交通发展的必然选择。有些国家人口有从“大城市→中等城市→小城市”迁移的趋势。我国人口流动的特点是：农村人口大量流入城市或工矿地区；内地人口迁往沿海经济开放地区；经商、学习、观光、旅游等使人口流动加速。

（三）家庭结构发生变化

第二次世界大战后，西方国家的家庭结构模式为“两个孩子、两辆汽车、郊区家庭”，而随着晚婚晚育、少育，甚至不要孩子以及离婚率的上升，家庭结构发生很大变化，市场需求也在相应变化。我国目前“三口之家”的家庭模式已很普遍，并逐渐由城市向乡镇发展，“四世同堂”的现象已经很少很少。家庭小型化使得家庭数量激增，这必然刺激家具、住房、家用电器、炊具等需求的快速增长，为这些行业提供了巨大的商机。人口因素分析要考虑到家庭生命周期的变化，家庭生命周期指一个以家长为代表的家庭生活的全过程，也称家庭生命周期，按年龄、婚姻、子女等状况，可划分为七个阶段：（1）未婚期：年轻的单身者；（2）新婚期：年轻夫妻，没有孩子；（3）满巢期一：年轻夫妻，有六岁以下的幼童；(4）满巢期二：年轻夫妻，有6岁和6岁以上儿童；(5）满巢期三：年纪较大的夫妻，有已能自立的子女；(6）空巢期：身边没有孩子的老年夫妻；(7）孤独期：单身老人独居。

(四）家庭观念正发生变化

晚婚、少子女或不要子女、独身、高离婚率和更多的已婚妇女就业，对原家庭观念产生了巨大的冲击，非家庭住户（包括单身成年人住户、两人同居者住户、集体住户）迅速增加。家庭观念的巨变和非家庭住户的迅速增长，直接影响到人们的生活和消费习惯，从而使相关企业在市场营销活动中减少或增加了市场机会。

(五）发达国家人口出生率普遍下降

由于人口出生率的降低，有些国家的人口还呈现负增长，导致婴幼儿的减少，使生产儿童玩具、制造婴幼儿衣服及其食品等相关企业受到挑战；但同时却又因为年轻夫妻有更多的闲暇和收入用于旅游、娱乐等，为旅游业、航空业、饮食业、酒店业、体育娱乐业等提供了难逢的市场机会。

(六）许多国家人口趋于老龄化

由于科学技术的进步，医疗保障水平的提高以及人们生活质量和工作环境的不断改善等，使得近代人类的平均寿命大大延长，人口老龄化是今后40多年人口发展趋势的一个显著特征。在发达国家，目前60岁老龄人口已超过15岁以下儿童的人口数目，到2050年，老龄人口将是儿童人口的一倍。联合国人口司司长兹劳特尼克表示，2005年，世界老龄人口为6.7亿，但到2050年时，这一数字很可能会突破20亿，而80岁以上的老人将增长5倍，到2050年时将达到4亿人。人口老龄化为有关给老龄人提供商品或劳务的企业制造了扩大市场的条件，为该类企业的发展提供了巨大的机会。

三、经济环境

经济环境是指企业进行市场营销时所面临的外部社会经济条件。一个国家和社会经济运行状况及其发展变化趋势将直接或间接地对企业市场营销活动产生影响。经济环境因素主要包括消费者收入水平、消费者支出模式与消费结构、消费者储蓄和投资机会与信贷水平等。

(一）消费者收入水平

消费者收入水平直接影响市场容量和消费者支出模式，从而决定购买力水平。在分析消费者收入时，可以从宏观和微观两个层面具体剖析，从宏观层面看，主要分析国民收入和人均国民收入两大指标，它们大体上反映了一个国家的经济发展水平；从微观层面看，主要弄清个人收入、个人可支配收入以及个人可任意支配收入三个概念，个人可支配收入是指个人收入中扣除税款和非税性负担后所剩下的余额，即个人能够用于消费支出或储蓄的部分；个人可任意支配收入是指从个人可支配的收入中再减去维持生活所必需的费用（如衣服、食物、住房等）。这部分收入所引起的需求弹性大，是需求变化中最活跃的因素，也是影响商品销售的主要因素，故企业在市场营销活动中应特别关注。与此同时，还应注意社会各阶层收入的差异性以及不同地区、不同年龄、不同职业的收入水平等。另外，在分析消费者收入水平时，还要注意区分货币收入和实际收入。货币收入是指消费者在某一时期以货币表示的收入量；实际收入是指扣除物价变动因素后实际购买力的水平。

（二）消费者支出模式与消费结构

随着消费者收入的变化，消费者支出模式也会发生相应变化，继而使一个国家或地区的消费结构也发生变化。德国统计学家 E. 恩格尔（E. Engel）于 1857 年发现了家庭收入变化与各方面支出变化之间的规律性。它通常用恩格尔系数来表示，即：恩格尔系数＝食物支出金额/家庭消费支出总金额。

此式通常又称为食物支出的收入弹性。它反映了人们收入增加时支出变化趋势的一般规律，即在一定条件下，当家庭个人收入增加时，收入中用于食物开支部分的增长速度要小于用于教育、医疗、享受等方面的开支增长速度。食物开支占总消费数量的比重越大，恩格尔系数越高，生活水平就越低；反之，食物开支所占比重越小，恩格尔系数越小，生活水平越高。所以，它通常被用作衡量家庭、阶层乃至国家富裕程度的重要参数。但仅以恩格尔系数作为判断家庭富裕程度的标准是不够的，因为它并不能完全反映任何一个国家居民的消费结构。比如我国，因为长期以来居民在住房、医疗、交通等方面享受着国家福利补贴，这就导致了家庭在此方面开支较少。

消费结构是指消费过程中人们所消耗的各种消费资料（包括劳务）的构成，即各种消费支出占总支出的比例关系。优化的消费结构是优化的产业结构和产品结构的客观依据，也是企业开展市场营销的基本立足点。第二次世界大战后，西方发达国家的消费结构呈以下趋势：（1）恩格尔系数明显下降；（2）劳务消费上升较猛；（3）住宅消费比重增长较快；（4）消费总开支占国民生产总值和国民收入的比重呈上升趋势。

（三）消费者储蓄和投资机会与消费者信贷水平

人们的收入一般用于现实消费、储蓄和投资等方面。当收入一定时，储蓄越多，投资机会越多，现实消费量就越小，但潜在的消费量越大；反之，储蓄越少，投资机会越少，则现实消费量就越大，但潜在消费量就小。一般来说，影响储蓄的因素主要有：（1）收入水平。收入水平越高，储蓄能力越强。（2）通货膨胀率。通货膨胀使得货币贬值，这将刺激消费、抑制储蓄。（3）利率。利率的高低将直接影响储蓄，利率降低，将刺激消费和投资。（4）对未来消费和当前消费的偏好程度。如消费者偏好当前消费，则储蓄下降；反之则上升。（5）市场商品供求状况。如果当前市场上商品缺短或产品质量不能满足需求时，则储蓄上升，以供将来选购满意的商品。企业营销人员除须了解上述影响储蓄因素外，还要深入了解消费者储蓄目的与动机的差异性。因为储蓄的目的与动机不同，往往会影响潜在需求量、消费内容、消费的发展方向以及消费模式。

消费者信贷是指消费者凭信用可先取得商品使用权，然后通过按期归还贷款的方式完成商品购买的一种方式。其主要种类可分为：（1）短期赊销。指购买商品时无须立即付清货款，但有一定的赊销期限，若在限期内付清货款，则不付利息，若超期，则要计付利息；（2）分期付款。指消费者在购买所需商品时。可以通过签订一个分期付款合同的方式，先支付一部分货款，其他货款则按计划（合同中的规定）逐次加利息偿还；（3）信用卡信贷。信用卡可分为两大类：一类是由大百货公司、超级市场发给顾客的，顾客可凭卡在其下属商店赊账购物；另一类是金融机构印发的信用卡，全球通用。其中最常见的有运通卡、维萨卡和万事达卡等。消费者可以凭这类信用卡到同发行信用卡的银行签有合同的企业购买商品，消费者的购货款由发卡银行先予垫付，以后再向赊欠人定期收回货款并收取一定费用，过期付款或透支现金还要收取利息；（4）住房按揭以及分期付款，消费者在购买住宅时，必须先个人支付一部分房款，再以购买的住宅作为抵押，向银行借款支付剩余的房款，以后按照借款合同的规定在若干年内分期偿还银行贷款和利息。买主用这种方式购买的房屋，有装修改造及出售权。

（四）经济发展状况

企业的市场营销活动要受到一个国家或地区经济发展状况的制约，在经济全球化的条件下，国际经济形势也是企业营销活动的重要影响因素。

1. 经济发展阶段。经济发展阶段的高低，直接影响企业市场营销活动。美国学者罗斯托（W. W. Rostow）的经济成长阶段理论，把世界各国经济发展归纳为传统经济社会、经济起飞前的准备阶段、经济起飞阶段、迈向经济成熟阶段和大量消费阶段 5 种类型。凡属前三个阶段的国家称为发展中国家，而处于后两个阶段的国家称为发达国家。

2. 经济形势。我国 1978—2000 年的 22 年间，GDP 年均增长 9.4%，人均 GDP 年均增长 7.8%。经济的高速发展，极大地增强了中国的综合国力，显著地改善了人民生活。同时，国内经济生活中，也还存在一些困难和问题，如经济发展不平衡、产业结构不尽合理、就业问题压力很大等。所有这些国际、国内经济形势，国家、地区乃至全球的经济繁荣与萧条，对企业市场营销都有重要的影响。问题还在于，国际或国内经济形势都是复杂多变的，机遇与挑战并存，企业必须认真研究，力求正确认识与判断，相应地制订营销战略和计划。

四 政治和法律环境

政治和法律环境是指强制和影响社会各种组织和个人的政府机构、群众利益团体和法律。

（一）政治环境分析

政治环境是指企业市场营销活动的外部政治形势和状况。其主要内容包括一个国家的政治局势、经济体制与宏观政策以及地方政府的方针政策等。对国内政治环境的分析要了解党和政府的各项方针、路线、政策的制定和调整对企业市场营销的影响。对国际政治环境的分析要了解“政治权力”与“政治冲突”对企业营销的影响。政治局势是指企业市场营销时所处的国内政体稳定与否的状况以及国际政治气候等。经济体制包括所有制的形式、管理机构的形式和组织经济运行的方式三个方面的内容。地方政府的各项政策是各地政府根据本地具体情况和其经济发展的要求，并在国家宏观政策的指导下制定的。

（二）群众利益团体发展状况分析

群众利益团体常常通过政府给企业施加压力，从而使消费者利益和社会利益得到保护。它监督企业的经营活动，与企业的欺诈行为作斗争。当前消费者运动已成为一种强大的社会力量，如国外的绿色和平组织等已形成不可忽视的影响力。我国于1985年成立的中国消费者协会及相继成立的地方协会，在受理消费者投诉，监督企业行为等方面正日益发挥重要作用。

（三）法律环境分析

法律是体现统治阶级意志，由国家制定或认可，并以国家强制力保证实施的行为规范（规则）的总和。法律也是经济关系的反映。对国内市场营销法律环境的分析，主要是指国家主管部门及省、市、自治区颁布的各项法规、法令、条例等。与企业市场营销最为密切的经济立法，内容十分广泛，既包含保护竞争，保护消费者利益方面的，也包括防止环境污染，保护社会利益等方面的内容。我国已日益重视经济立法与执法。近年来，我国颁布了许多与市场营销活动有关的法规，如《产品质量法》、《反不正当竞争法》、《经济合同法》、《商标法》、《环境保护法》、《专利法》、《广告法》、《食品卫生法》、《进出口商品检验条例》、《消费者权益保护法》等。美国1890年以来先后颁布的《谢尔曼反托拉斯法案》、《联邦食品和药物法案》、《联邦贸易委员会法案》、《反吞并法案》、《全国交通安全法案》、《儿童保护法案》、《消费者信贷保护法案》、《国家环境政策法案》、《消费产品安全法案》等。随着经济改革和对外开放的不断深入，企业营销人员应熟悉和了解有关经济法规、条例。对法律环境的研究，除了要研究各项与国际、国内市场营销有关的法律、规定，研究有关竞争的法律及环境保护、资源管理方面的条例规定外，还要了解与法律的制定与执行有关的监督、管理服务于企业市场营销活动的政府部门的职能与任务。这样，才能使企业营销人员全面了解、熟悉企业所处的外部环境，避免威胁，寻找机会。

五 技术环境

技术环境是指一个国家和地区的技术水平、技术政策、新产品开发能力以及技术发展动向等。近些年来，以电子、光纤、生物工程、新能源技术等为代表的新技术得以迅速发展与运用，特别是以电子、光纤技术为核心的信息产业迅速形成，使人类迎来了知识经济时代和信息网络时代。在新世纪里，互联网络等新技术会迅速延伸到包括生产、金融、商务以及各种服务在内的所有社会经济领域，不仅影响其他环境因素，而且对企业市场营销活动产生直接的革命性影响。

（一）对顾客需求的影响

由于技术革命推动世界经济飞速发展，人民生活水平迅速提高，消费需求由低层次的生理需求向高层次满足转变，从对物质需求向精神需求转变；消费需求日益趋向个性化；对服务水平和产品的品质有更高需求；信息技术革命使得一对一服务成为可能。

（二）对产品策略的影响

知识经济时代，知识成为经济的核心要素，产品的价值由传统上以物质价值为基础变为以知识含量为基础进行衡量。因此，利用技术革命对产品实行技术创新，提高产品的技术含量是企业的重要竞争策略，市场一体化和竞争激烈化，使得企业要在市场立于不败之地，必须利用新技术不断对产品进行创新以及不断地提高品质。技术发展日新月异，产品的设计、开发和使用周期缩短，时间成为产品策略成败的要害。

（三）对交易方式的影响

技术革命非凡是信息技术革命，使得全球经济呈现出网络化、数字化特征，传统的以实物交换为基础的交易方式被以数字交换为基础的无形交易所代替。网络化和数字化技术使得世界各地市场被无形地连接在一起，在不同地区市场之间进行交换是透明的，不受地理位置和时间约束，信息的交换变得非常轻易和成本低廉，通过网络获取市场信息和开展营销变得异常简捷，同时营销中的交易活动也变得更加灵活、直接。因此，信息技术发展推动交易的全球化、交易的直接化和便捷性，开展市场营销必须充分利用网络进行信息交互和沟通，降低市场交易的费用和交易风险。

（四）对竞争战略的影响

技术革命的加速发展，使企业获取巨大利润的同时，需要大量的投入和承担巨大风险，因此采用高技术开拓市场的企业，一般都注重与相关企业建立战略合作联盟，因而，使传统的单纯竞争形式变成既是竞争对手又是合作伙伴、相互依靠相互竞争的形式，如美国的英特尔公司为开拓存储器市场就与日本的富士通公司联合开发研制，共同享受成果。同时由于知识经济的发展，市场的竞争由传统的对资本等低层次资源占有的竞争，转变为对知识生产、占有和利用能力的竞争。

六 社会和文化环境

社会文化环境是指企业所处的社会结构、社会风俗和习惯、信仰和价值观念、行为规范、生活方式、文化传统、人口规模与地理分布等因素的形成和变动。社会文化环境是影响企业营销诸多变量中最复杂、最深刻、最重要的变量。社会文化是某一特定人类社会在其长期发展历史过程中形成的，它主要由特定的价值观念、行为方式、伦理道德规范、审美观念、宗教信仰及风俗习惯等内容构成，它影响和制约着人们的消费观念、需求欲望及特点、购买行为和生活方式，对企业营销行为产生直接影响。

（一）教育水平

教育是遵照一定目的要求，对受教育者施以影响的一种有计划的活动，是传授生产经验和生活经验的必要手段和途径，反映并影响着一定的社会生产力、生产关系和经济状况。教育水平的高低对企业营销调研、目标市场选择和采用何种经销方式等均有很大影响。教育水平的不同决定企业营销调研时须针对不同情况采取不同的方法，在教育水平高的国家或地区，企业可以雇用调研人员或委托当地的调研机构完成所需调研的项目；反之，则要企业自己派员直接调研并采用适当的方法。处于不同教育水平的国家或地区的消费者，对商品的需求也会不同，因而决定企业选择的目标市场也就不同。教育水平的不同，使得企业在进行产品目录和产品说明书的设计等方面采取不同的经销方式，如针对教育水平较低的目标市场，就不仅需要文字说明，更重要的是配以简明图形，并派专人进行使用、保养等方面的现场演示。

（二）价值观念

价值观念是指人们对社会生活中各种事物的态度和看法。生活在不同社会环境下，人们的价值观念会相差很大。消费者对商品的需求和购买行为深受价值观念的影响，对于不同价值观念的消费者，企业市场营销人员必须采取不同的策略。对乐于变革、喜欢新奇、富有冒险精神的消费者，企业应重点强调产品的新颖和奇特；对于那些注重传统、喜欢沿袭传统消费方式的消费者，企业在制定有关策略时应把产品与目标市场的文化传统结合起来。比如，我国出口的黄杨木刻一向用料考究，精雕细刻，以传统的福禄寿星或古装仕女行销亚洲一些国家和地区，后来出口至欧美一些国家时，结果销路不佳，其内在原因就在于东西方居民的价值观念和审美观不一样。因此，我国出口公司一改过去传统做法，采取适当的艺术雕刻，涂上欧美人喜爱的色彩，并加上适合于复活节、圣诞节、狂欢节等的装饰品便很快打开了市场。

（三）消费习俗

习俗是指风俗习惯。风俗是指世代相袭固化而成的一种风尚。习惯则是指由于重复或练习而巩固下来的并变成需要的行动方式。消费习俗是人类各种习俗中的重要习俗之一，是人们在长期经济与社会活动中所形成的一种消费习惯。它在饮食、服饰、居住、婚丧、信仰、节日、人际关系等方面，都表现出独特的心理特征、道德伦理、行为方式和生活习惯。不同的消费习俗，具有不同的商品需要。可口可乐在中国已经获得了一定的市场份额，但是远没有实现他们让世界每一个角落都喝上可口可乐的目标，因为它还没能渗入中华文化。中华文化是什么？从“饮”的角度来讲中华文化是茶文化，这种文化渗透于人们日常的生活习惯，或者叫消费习惯当中。中国人的消费习惯，饮料以茶为主，如果能够改成以可乐为主，可口可乐在中国的市场份额将会提高3—5倍，乃至10倍以上。现在，外国企业进入中国市场以后注重培养中国人的消费习惯。研究消费习俗，不但有利于组织好消费用品的生产与销售，而且有利于正确、主动地引导健康的消费。了解目标市场消费者的禁忌、习俗、避讳、信仰、伦理等，是企业进行市场营销的重要前提。

（四）宗教信仰

从历史来看，世界各民族消费习俗的产生和发展变化，与宗教信仰是息息相关的。宗教信仰也是影响人们消费行为的重要因素，有时甚至有巨大的影响力。一种新产品的出现，宗教组织有时会提出限制或禁止使用的强制规定，原因可能就是因为该产品与宗教信仰相冲突；相反，有的产品如符合宗教信仰所倡导的观念，则会得到宗教组织的赞同与支持，甚至主动号召教徒购买、使用，从而起了一种特殊的推广作用。比如，为了给1994年在美国举行的世界杯足球赛筹集资金，可口可乐公司在它的易拉罐上印上国旗；麦当劳公司在其儿童套餐的便携袋上也印上国旗。结果，穆斯林很快被这种做法激怒了。因为绿白相间的沙特国旗代表一段阿拉伯缄言。他们觉得这应受到尊敬，而不是被商品化，应把那些亵渎他们的东西扔进垃圾堆。麦当劳公司已经印制了200万个袋子用于促销，而可口可乐也生产了270万个印有24个世界杯参赛国国旗的易拉罐，这两家公司立即减少这些引起麻烦的产品的产量。然而，精明的商人也可以利用宗教为其服务。过去，由于伊斯兰传统的影响，照相机在沙特阿拉伯的销量并不好，然而，宝丽来快照可以使阿拉伯男性在他们家里私下里给他们的妻子和儿女照相，而无须到照相馆让陌生人来拍照。随之而来的就是这种照相机的销量大增。

（五）亚文化群

亚文化群是指在共同的文化传统大集团中存在的具有相对特色的较小团体。每一种社会文化的内部都包含若干亚文化群。亚文化群不仅可以划分为种族的、民族的、宗教和伦理的团体，而且还可以按年龄群（如老年人、中年人、青年人）、活动爱好（如足球迷、篮球迷、桥牌迷、围棋迷、拳击迷等）或者其他特殊的团体来组成。亚文化群实质上是一种非正式组织，但它对企业市场营销却有着重要的影响。企业可以把每一个亚文化群作为一个细分市场，采取不同策略进行市场营销活动，以更好地满足消费者需求。有时企业采用亚文化群这种非正式组织进行市场营销活动也许会产生意料不到的好效果。

第四节　市场营销环境的分析方法

市场营销环境分析常用的方法为SWOT法，SWOT是strengths（优势）、weaknesses（劣势）、opportunities（机会）和threats（威胁）的缩写。

一　外部环境分析（机会与威胁）

环境机会的实质是指市场上存在着“未满足的需求”。它即可能来源于宏观环境也可能来源于微观环境。随着消费者需求不断变化和产品寿命周期的缩短，引起旧产品的不断被淘汰、要求开发新产品来满足消费者的需求，从而市场上出现了许多新的机会。

环境机会对不同企业是不相等的，同一个环境机会对这一些企业可能成为有利的机会，而对另一些企业可能就造成威胁。环境机会能否成为企业的机会，要看此环境机会是否与企业目标、资源及任务相一致，企业利用此环境机会能否比其竞争者带来更大的利益。

环境威胁是指对企业营销活动不利或限制企业营销活动发展的因素。这种环境威胁，主要来自两个方面：一是环境因素直接威胁着企业的营销活动，如政府颁布某种法律，诸如《环境保护法》，它对造成环境污染的企业来说，就构成了巨大的威胁；二是企业的目标、任务及资源同环境机会相矛盾，如人们对自行车的需求转为对摩托车的需求，这会使自行车厂的目标与资源同这一环境机会造成矛盾。自行车厂要将“环境机会”变成“企业机会”，需淘汰原来产品，更换全部设备，必须培训、学习新的生产技术，这对自行车厂无疑是一种威胁。摩托车的需求量增加，自行车的销售量必然减少，给自行车厂又增加一份威胁。

二 内部环境分析（优势/劣势）

识别环境中有吸引力的机会是一回事，拥有在机会中成功所必需的竞争能力是另一回事。每个企业都要定期检查自己的优势与劣势，这可通过“营销备忘录优势/劣势绩效分析检查表”的方式进行。管理当局或企业外的咨询机构都可利用这一格式检查企业的营销、财务、制造和组织能力。每一要素都要按照特强、稍强、中等、稍弱或特弱划分等级。

很清楚，公司不应去纠正它的所有劣势，也不是对其优势不加利用。主要问题是公司应研究、它究竟是应只局限在已拥有优势的机会中，还是去获取和发展一些优势以找到更好的机会。有时，企业发展慢并非因为其各部门缺乏优势，而是因为它们不能很好地协调配合。例如有一家大电子公司，工程师们轻视推销员，视其为“不懂技术的工程师”；而推销人员则瞧不起服务部门的人员，视其为“不会做生意的推销员”。因此，评估内部各部门的工作关系作为一项内部审计工作是非常重要的。

三 市场机会分析

市场机会是指某种特定的营销环境条件，在该营销环境条件下企业可以通过一定的营销活动创造利益。市场机会可以为企业赢得利益的大小表明了市场机会的价值，市场机会的价值越大，对企业利益需求的满足程度也越高。市场机会的产生来自营销环境的变化，如新市场的开发、竞争对手的失误以及新产品新工艺的采用，等等，都可能产生新的待满足需求，从而为企业提供市场机会。

不同的市场机会可以为企业带来的利益大小也不一样，即不同市场机会的价值具有差异性。为了在千变万化的营销环境中找出价值最大的市场机会，企业需要对市场机会的价值进行更为详细具体的分析。

市场机会的价值大小由市场机会的吸引力和可行性两方面因素决定。

1. 市场机会的吸引力。是指企业利用该市场机会可能创造的最大利益。它表明企业在理想条件下充分利用该市场机会的最大极限。反映市场机会吸引力的指标主要有市场需求规模、利润率、发展潜力。

市场需求规模表明市场机会当前所提供的待满足的市场需求总量的大小，通常用产品销售数量或销售金额来表示。事实上，由于市场机会的公开性，市场机会提供的需求总量往往由多个企业共享，特定企业只能拥有该市场需求规模的一部分，因此，这一指标可以由企业在该市场需求规模中当前可能达到的最大市场份额代替。尽管如此，若提供的市场需求规模大，则该市场机会使每个企业获得更大需求份额的可能性也大一些。因此，一般来说，该市场机会对这些企业的吸引力也在不同程度上更大一些。

利润率是指市场机会提供的市场需求中单位需求量当前可以为企业带来的最大利益（这里主要是指经济利益）。不同经营现状的企业其利润率是不一样的。利润率反映了市场机会所提供的市场需求在利益方面的特性。它和市场需求规模一起决定了企业当前利用该市场机会可创造的最高利益。

发展潜力反映市场机会为企业提供的市场需求规模、利润率的发展趋势及其速度情况。发展潜力同样也是确定市场机会吸引力大小的重要依据。即使企业当前面临的某一市场机会所提供的市场需求规模很小或利润率很低，但由于整个市场规模或该企业的市场份额抑或利润率有迅速增大的趋势，则该市场机会对企业来说仍可能具有相当大的吸引力。

2. 市场机会的可行性。是指企业把握住市场机会并将其化为具体利益的可能性。从特定企业角度来讲，只有吸引力的市场机会并不一定能成为本企业实际上的发展良机，具有大吸引力的市场机会必须同时具有强可行性才会是企业高价值的市场机会。例如，某公司在准备进入数据终端处理市场时，意识到尽管该市场潜力很大（吸引力大），但公司缺乏必要的技术能力（可行性差，市场机会对该公司的价值不大），所以开始并未进入该市场。后来，公司通过收购另一家公司具备了应有的技术（此时可行性已增强，市场机会价值已增大），这时公司才正式进入该市场。

市场机会的可行性是由企业内部环境条件、外部环境状况两方面决定的。

（1）内部环境条件。企业内部环境条件如何是能否把握住市场机会的主观决定因素。它对市场机会可行性的决定作用有三：首先，市场机会。只有适合企业的经营目标、经营规模与资源状况，才会具有较大的可行性。例如，一个具有很大吸引力的饮料产品的需求市场的出现，对主营方向为非饮料食品的企业来说，可行性就不如对饮料企业的可行性大；同时，即使是同一行业的企业，该市场机会对经营规模大、实力强的企业与对经营规模小、实力弱的企业的可行性也不一样：一个吸引力很大的市场机会很可能会导致激烈地竞争，所以，它对实力较差者来说，可行性可能并不大。其次，市场机会必须有利于企业内部差别优势的发挥才会具有较大的可行性。所谓企业的内部差别优势，是指该企业比市场中其他企业更优越的内部条件，通常是先进的工艺技术、强大的生产力、良好的企业声誉等等。企业应对自身的优势和弱点进行正确分析，了解自身的内部差别优势所在，并据此更好地弄清市场机会的可行性大小。此外，企业还可以有针对性地改进自身的内部条件，创造出新的差别优势。最后，企业内部的协调程度也影响着市场机会可行性的大小。市场机会的把握程度是由企业的整体能力决定的。针对某一市场机会，只有企业的组织结构及所有各部门的经营能力都与之相匹配时，该市场机会对企业才会有较大的可行性。

(2) 外部环境条件。企业的外部环境从客观上决定着市场机会对企业可行性的大小。外部环境中每一个宏观、微观环境要素的变化都可能使市场机会的可行性发生很大的变化。例如，某企业已进入一吸引力很大的市场。在前一段时间里，由于该市场的产品符合企业的经营方向，并且该企业在该产品生产方面有工艺技术和经营规模上的优势，企业获得了相当可观的利润。然而，企业当前许多外部环境要素已发生或即将发生一些变化：随着原来的竞争对手和潜在的竞争者逐渐进入该产品市场，并采取了相应的工艺革新，使该企业的差别优势在减弱，市场占有率在下降。该产品较低低价的替代品已经开始出现，顾客因此对原产品的定价已表示不满，但降价意味着利润率的锐减；环保组织在近期的活动中已经把该企业产品使用后的废弃物列为造成地区污染的因素之一，并呼吁社会各界予以关注。最后，政府即将通过的一项关于国民经济发展的政策可能会使该产品的原材料价格上涨，这也将意味着利润率的下降。针对上述情况，该企业决定逐步将一部分的生产能力和资金转投其他产品，即部分撤出该产品市场。这表明，尽管企业的内部条件即决定市场机会可行性的主观因素没变，但由于决定可行性的一些外部因素发生了重要变化，也使该市场机会对企业的可行性大为降低。同时，利润率的下降又导致了市场吸引力的下降。吸引力与可行性的减弱最终使原市场机会的价值大为减小，以至于企业部分放弃了当前市场。

3. 市场机会价值的评估。确定了市场机会的吸引力与可行性，就可以综合这两个方面对市场机会进行评估。按吸引力大小和可行性强弱组合可构成市场机会的价值评估矩阵，如图 3－3 所示。

区域Ⅰ为吸引力大、可行性弱的市场机会。一般来说，该种市场机会的价值不会很大。除了少数好冒风险的企业，一般企业不会将主要精力放在此类市场机会上。但是，企业应时刻注意决定其可行性大小的内、外环境条件的变动情况，并做好当其可行性变大进入区域Ⅱ迅速反应的准备。

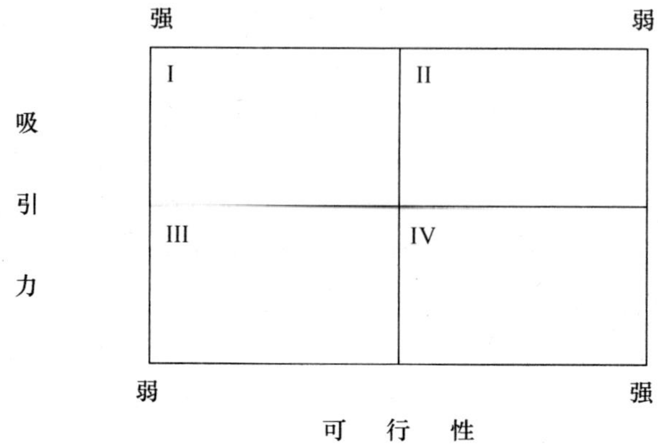

图 3－3　市场机会价值评估矩阵

区域Ⅱ为吸引力、可行性俱佳的市场机会，该类市场机会的价值最大。通常，此类市场机会既稀缺又不稳定。企业营销人员的一个重要任务就是要及时、准确地发现有哪些市场机会进入或退出了该区域。该区域的市场机会是企业营销活动最理想的经营内容。

区域Ⅲ为吸引力、可行性皆差的市场机会。通常企业不会去注意该类价值最低的市场机会。该类市场机会不大可能直接跃居到区域Ⅰ中，它们通常需经由区域Ⅰ、区域Ⅳ才能向区域Ⅱ转变。当然，有可能在极特殊的情况下，该区域的市场机会的可行性、吸引力突然同时大幅度增加。企业对这种现象的发生也应有一定的准备。

区域Ⅳ为吸引力小、可行性大的市场机会。该类市场机会的风险低，获利能力也小，通常稳定型企业、实力薄弱的企业以该类市场机会作为其常规营销活动的主要目标。对该区域的市场机会，企业应注意其市场需求规模、发展速度、利润率等方面的变化情况，以便在该类市场机会进入区域Ⅱ时可以立即有效地加以把握。

需要注意的是，该矩阵是针对特定企业的。同一市场机会在不同企业的矩阵中出现的位置是不一样的。这是因为对不同经营环境条件的企业，市场机会的利润率，发展潜力等影响吸引力大小的因素状况以及可行性均会有所不同。

在上述矩阵中，市场机会的吸引力与可行性大小的具体确定方法一般采用加权平均估算法。该方法将决定市场机会的吸引力（或可行性）的各项因素设定权值，再对当前企业这些因素的具体情况确定一个分数值，最后加权平均之和即从数量上反映了该市场机会对企业的吸引力（或可行性）的大小。

【案例】

美的：帮出来的好汉

2000年11月8日，对美的空调事业部总经理方洪波来说是一个很高兴的日子。这天，美的空调2001年工商恳谈会在广东顺德召开，来自全国各地以及日本、中国香港等地的300多名供应厂商聚在一起，共同探讨在新经济条件下，谋求下一步战略合作和长远发展的问题。有关数据显示，2000年销售年度，美的空调销售165万套，实现销售收入60亿元，同比增长40%，占全国空调市场13%左右的市场份额。对此，总经理方洪波说，取得这样的成绩，除了严格按照市场策略行事外，美的还有四大优势：一是规模和品牌优势；二是技术优势；三是美的集团多元化发展的辐射力；四是渠道优势。美的目前的渠道建设是两块：一块是和上游供应商之间的战略伙伴关系；另一块是和销售商之间的合作关系。目前，美的已与很多供应商之间达成了战略伙伴关系合作协议。美的空调自1996年开始创建性地提出与供应商建立永久性的战略合作伙伴关系以来，三年多的生产实践证明，与供应商之间的良好协作关系是企业优化资源配置，强化成本和品质管理工作的基础，是全面参与市场竞争和提高核心竞争力的必然选择。在企业发展规划中，他们明确提出：制造系统的工作要密切围绕品质和成本两大主题，以战略性合作伙伴关系为纽带，积极探索制造模式的创新和生产组织体系的发展，最大限度地发挥资源配置和规模效应：2000年，美的集团的空调销售量能达到165万套的好成绩，与上游供应商的支持是密不可分的，2000年，很多企业在旺季都因供应链不顺畅而导致产品断货，但美的空调却从来未出现过。同样，针对下游的经销商来说，美的又成了他们的供应商，所以，与下游经销商也是战略伙伴关系。美的与上游供应商和下游经销商之间的战略伙伴关系是"同心、同步、同超越"的。所谓"同心"，指的是真正稳定的上下游关系，意味着要建立长期的战略合作关系，意味着上下游各企业对各自发展目标、经营理念、市场前景的认同和理解。只有上下游各级企业同心，才能谋求发展，只有上下游各级企业同心，才能实现共荣。"同步"的意思是：美的是个大命运共同体，美的的发展离不开上下游企业的发展，上下游企业的发展不能离开美的空调长期的市场策略。“同超越”则是指：美的空调是创新领导者，创新的本质在于不断地自我否定，不断地自我超越；经历了多年的发展，上下游企业都会不可避免地遇到进一步发展的瓶颈，因此上下游各企业都应该抛弃旧有的思想习惯，改变旧有的行为方式，共同突破发展的瓶颈，共同实现新一轮的快速增长。（资料来源：曹刚：《国内外市场营销案例集》，武汉大学出版社 2002 年版）

问题讨论

1. 企业为什么要与供应商搞好关系？
2. 企业与供应商之间存在哪些关系？
3. 在共生关系下企业可以采取哪些方式与供应商合作？
4. 企业进行市场营销活动应该研究哪些微观环境？
5. 企业应如何分析供应商？

【本章小结】

菲利普·科特勒将市场营销环境定义为：市场营销环境是由企业营销职能外部的因素和力量所组成，这些因素和力量影响营销管理者成功地保持和发展同其目标市场顾客交换的能力。企业营销管理职能外部的因素和力量的内容广泛，它是一个多因素、多层次且不断变化的综合体。市场营销环境有以下特点：（1）市场营销环境的差异性与同一性的统一；（2）市场营销环境的多变性与相对稳定性的统一；（3）市场营销环境的不可控性与企业的能动性的统一；（4）市场营销环境的关联性与其相对分离性的统一。市场营销环境包括企业宏观环境和企业的微观环境。

【思考与练习题】

1. 论述市场营销环境分析的重要性。
2. 网络时代对企业市场营销活动有哪些革命性影响？
3. 试述政治和法律环境对企业市场营销活动的影响。
4. 试举例说明社会和文化环境对企业市场营销活动的影响。

第四章　市场调研与市场需求预测

【学习目的】通过学习本章内容，应该掌握：

1. 市场营销信息系统的含义和构成
2. 市场营销调研的内容、程序
3. 市场调研的方法和抽样调查
4. 市场预测的内容和方法

【开篇故事】当小老虎渐渐长大

从前，在一个马戏团里有一位驯养员。在他所饲养训练的动物当中，以一对小老虎的表演最为逗趣、可爱，演出时场场满座，广受观众的喜爱。驯养员每天喂小老虎一斤肉，然后再施以训练。它们受到奖励便表现得非常突出，演出动作完全按照驯养员的要求。因此驯养员相当得意，摸摸两只小老虎的头以示赞许，老虎也咆哮一声，自鸣得意一番。

随着时间的流逝，小老虎长大了，而驯养员却仍然每天只喂它们吃一斤肉。到了第三年，小老虎已经变成大老虎了，这时它们的食量大增，仅吃一斤肉已不能填饱肚皮，所以它们常在表演时对着驯养员吼叫，暗示它们的需要。然而驯养员不以为然，以为它们又在自鸣得意。

一天，在全场爆满的观众的期待之下，驯养员又带着这一对老虎出场献艺。驯养员先喂老虎吃了一斤肉，老虎也做了一番精彩的演出，然而接着它们却在全场观众的热烈掌声中，咆哮一声，在众目睽睽之下向驯养员猛扑过去……

启示：在企业营销发展过程中，由于一分成就而获得一分掌声的鼓励是必然的。但是，随着事业的发展，公司是否真的掌握了合作者的需要呢？如果只是停留和沉溺在热烈的掌声当中，而无法察觉合作者的真正需求，有朝一日，他们也会变成马戏团的老虎。

第一节 市场营销信息系统

现代营销观念把市场看做营销活动的起点，要求企业在产品开发或项目上马之前，必须及时收集、准确分析、迅速利用市场信息。市场信息是营销决策的基础，为保证市场信息的准确性、即时性，企业必须建立一个规范、系统、完善的现代市场营销信息系统，并利用信息系统，进行营销调研及营销预测。

一 市场营销信息系统的含义

市场营销信息系统（marketing information system，MIS）是指由人、设备和程序组成，为营销决策收集、挑选、分析、评估和分配需要的、及时的、准确的信息系统。营销信息系统概念强调了三层含义：（1）它是人、设备和计算机程序的复合体；（2）它提供需要、及时和准确的信息；（3）它主要为营销决策服务。

市场营销信息系统是现代企业的中枢神经，它使企业与外界保持紧密的联系，并综合各种内外信息，对企业的各项决策起着引导作用，监督协调企业各部门的计划和执行。

二 市场营销信息系统的构成

不同行业和规模的企业，营销信息系统的具体构成会有所差异，但基本的框架大致相同。一般是由内部报告系统、营销情报系统、营销调研系统、营销分析系统构成。营销信息系统的构成如图 4 - 1 所示。

（一）内部报告系统

内部报告系统亦称为内部会计系统，它是企业营销管理者经常要使用的最基本的信息系统。内部报告系统的主要功能是向营销管理人员及时提供有关订货数量、销售额、产品成本、存货水平、现金余额、应收账款、应付账款等各种反映企业经营状况的信息。通过对这些信息的分析，营销管理人员能够发现市场机会、找出管理中的问题，同时可以比较实际状况与预期水准之间的差异。其中订货—发货—开出收款账单这一循环是内部报告系统的核心，销售报告是营销管理

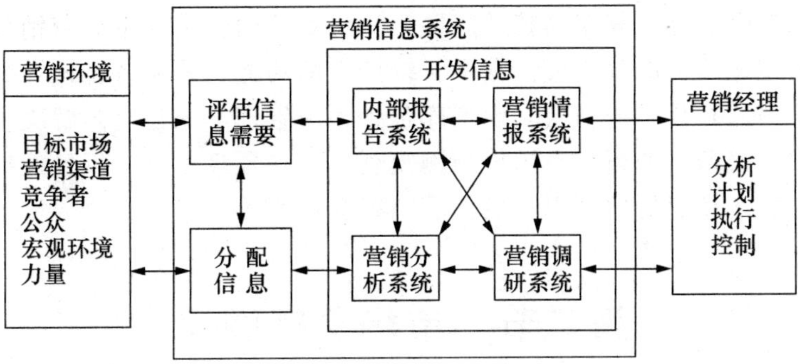

图 4－1 营销信息系统

人员最迫切需要的信息。营销人员经常需要和使用的企业内部信息有：（1）与销售活动有关的信息，如产品系列、区域和顾客等方面的销售情况；（2）历年及当前的销售额和市场占有率；（3）与产品存货量有关的信息，如生产的进度安排和销售中与购买行为的衔接；（4）与产品相关的信息，如各种产品、区域的销售利润表、销售费用统计表等。

（二）营销情报系统

市场营销情报系统的主要作用是向营销决策部门提供外部环境发展变化的情报信息。因此，市场营销情报系统可以概括为公司营销人员用以了解有关外部营销环境发展趋势信息的各种来源与程序。它与内部报告系统的区别在于：它主要提供外部营销环境变化的信息资料，而内部报告系统提供的是企业内部的销售、库存、财务等信息。市场营销情报系统的信息来源于：（1）销售人员。（2）经销商、代理商、零售商和其他中间商。（3）派出营销人员直接调查。（4）市场购买信息。

（三）市场营销调研系统

内部报告系统和营销情报系统的功能都是收集、传递和报告有关日常和经常性的情报信息，但是，企业有时候还经常需要对营销活动中出现的某些特定的问题进行研究，比如市场调查报告、产品偏好报告、广告效果报告和销售预测报告等。营销调研系统的任务就是系统地、客观地识别、收集、分析和传递有关营销活动各方面的信息，提出与企业所面临的特定的营销问题有关的研究报告，以帮助营销管理者作出有效的营销决策。

（四）营销分析系统

也称为营销管理科学系统，它通过对复杂现象的统计分析、建立数学模型，帮助营销管理人员分析复杂的营销问题，作出最佳的营销决策。营销分析系统由统计库和模型库两个部分组成。其中，统计库的功能是采用各种统计分析技术从大量数据中提取有意义的信息。模型库包含了由管理学家建立的解决各种营销决策问题的数学模型，如新产品销售预测模型、广告预算模型、厂址选择模型、竞争策略模型、产品定价模型以及最佳营销组合模型等。

第二节 市场营销调研

一 市场营销调研的含义及内容

市场营销调研是指系统地设计、收集、分析和提交关于一个具体问题的数据报告，为企业营销管理者作出有效的营销决策提供重要依据的过程。与狭义的市场调查不同，它是对营销活动全过程的分析和研究，其实质是取得和分析整理市场营销信息的过程。

市场营销调研的主要内容包括市场调研、消费者调研、产品调研、价格调研、销售渠道调研、促销手段调研、竞争状况调研、宏观环境调研等。

二 市场营销调研的程序

市场营销调研一般要经过四个步骤：（1）定义问题和调研目的；（2）制订调研计划；（3）实施调研计划；（4）分析信息和编写调研报告（见图 4－2）。

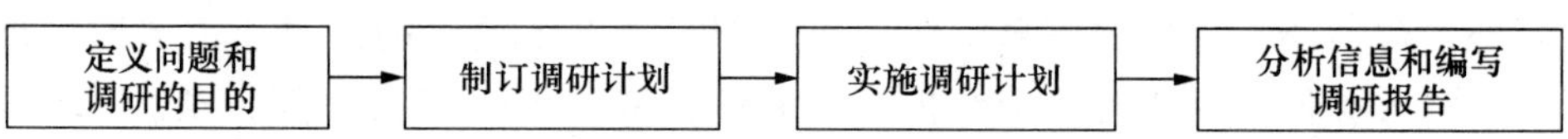

图 4－2 营销调研程序

（一）定义问题和调研的目的

定义问题和调研的目的通常是调研过程中最难的一步。人们可能只知道有问题，但是不清楚问题产生的真正原因。因此，管理者需和调研者一起来研究和定义问题，既不要太宽，也不要太窄。

在问题被清楚和仔细地定义之后，要确定具体的调研目的。确定调查目的应弄清几个问题：为何要调查？想要知道什么？知道了之后有何用处？谁想知道？向谁说明？

选择目标时还需考虑可操作性，如信息获得的可能、费用、时间等问题。

（二）制订调研计划

调研计划是指导市场调研工作的总纲，一个有效的调研计划书应包括以下几方面的内容：摘要、调查目的、信息来源、调研方法、调研工具、调研方式、调研对象、费用预算、调研进度、培训安排等（见表4－1）。

表4－1　调研计划书

摘要	摘要是整个计划书的一个简短说明。有关重要人物可能只读这部分，因此摘要既要简明清晰，又要提供帮助理解调研计划书基本内容的充分信息
调查目的	（具体）
信息来源	第二手资料、第一手资料
调研方法	实地调查法、资料调查法、计算机网络调查法
调研工具	调查表（问卷）、仪器设备
调研方式	抽样调查、重点调查
调研对象	（具体）
费用预算	方案设计费、实施费（包括选拔费、培训调查员费、试调查费、交通费、劳务费、管理督导人员劳务费、礼品费、复查费、场地费等）、数据录入费、数据统计分析费、资料费、复印印刷费、通信联络费、专家咨询费等
调研进度	（具体）
培训安排	（具体）

（三）实施调研计划

实施阶段的主要任务是组织调查人员，按照调研计划书的要求，系统地收集信息，听取被调查者的意见，对调查结果进行处理。收集信息遵循从内到外、从已有到实地、从第二手资料到第一手资料的原则进行。

第二手资料是指经过他人收集、整理的文字或数据资料，包括：（1）从企业内部搜集资料，如企业内部的销售、库存、成本、资金及损益情况的图表，各种来往账目，各摘要记录以及平时积累的各种商情资料、业务资料等。（2）从公开发行的刊物、消息中获取情报。公开发行的报刊、年鉴、文献、书籍以及各种统计数字、各类文件、广告等都能提供大量的商情资料。（3）利用社会机构收集资料。通过银行、计划统计部门、各种业务咨询机构、新闻单位等取得情报资料。（4）从经济类院校学生的论文中搜集资料。经济类院校的大学生、研究生在写毕业论文时，往往参阅了大量国内外文献，收集了许多最新信息。

第一手资料是实地调查资料，也称为原始资料，是指由现场收集的商情变化资料。收集第一手资料一般采用询问法、观察法或实验法，或多种方法并举。收集第一手资料时，一般需要被调查者填写各种表格或问卷。其设计合理与否，直接关系到资料的准确性。因此，必须设计出合理、规范的调查表或问卷。

（四）分析信息和编写调研报告

通过市场调查所获得的资料，一般比较凌乱、分散，不能系统而集中地说明问题，所以必须严加筛选，去粗取精，去伪存真，以保证资料系统、完整和真实可靠。分析信息工作主要包括以下三个方面：（1）整理审核：检查是否有样本选取错误或计算错误、调查表设计不当、询问记录不全等原因造成的错误资料。如果发现错误资料，必须清除，并进一步补充有关资料。（2）分类编码：将调查的资料按一定标准进行分类，再进行编号。（3）统计制表：通过表格形式表示各种调查数据，反映各种信息的相关经济关系或因果关系。经过制表的资料针对性强，一目了然，便于研究和分析。

编写调研报告是营销调研的最后步骤，是对问题的集中分析和总结，也是调研成果的体现。编写调研报告时应遵循的原则是：内容真实客观，重点突出而简要，文字简练，利用易于理解的图、表说明问题，计算分析步骤清晰，结论明确。营销调研报告的内容包括：（1）摘要，其中包含采用的方法、结论；（2）调查目的，又称引言；（3）调查结果分析，它是调研报告的正文，包括调查方法、取样方法、关键图表和数据；（4）结论与建议；（5）附录，包括附属图表、公式、附属资料等。

三　市场营销调研的方法

市场营销调研的方法不同，调研的结果也会不同，因此，需根据调研的目的选择恰当的调研方法。依据信息来源及技术手段的不同，这里主要介绍实地调查法、资料调查法和网络调查法。

（一）实地调查法

实地调查法是针对第一手资料，即直接取自调研对象的原始资料的收集方法。基本方法有询问法、观察法和实验法。

1. 询问法。询问法是以询问的方式收集市场信息，即通过向被调查者提出问题，以获得所需信息的调查方法。根据采用的形式和询问对象的不同，分为入户调查、街头拦截调查、定点调查、深度访谈、焦点座谈、专家调查、电话调查和信函调查。

2. 观察法。观察法是调查者在现场或借助一定设备、物品观察和记录被调查者行动的一种调查方法。此法的特点是在被调查者不知情的情况下进行调查，所获取的资料准确性、真实性高。因此，观察法更适合那些对结果准确性要求很高的调查项目。某些项目，如商店的服务模式、消费者在商场购买活动的特点、街头或商场的顾客流量等无法同调查对象交流或无法回答、难以回答的项目也只有靠观察法才能得到有效的信息。观察法也可以不进入事实发生现场，而是观察事实发生后留下来的痕迹，如收集消费者丢弃的冷饮包装纸、包装盒来调查不同品牌不同品种冷饮的消费者偏好。

3. 实验法。实验法是从影响调查问题的若干因素中，选择一两个因素，将它们置于一定的条件下进行小规模实验，然后对实验结果做出分析，研究是否值得大规模推广的一种调查方法。如某一企业有两种促销方式可提高产品销售量，但不能确定这两种方式对销售的影响情况，因此，先在不同区域进行试销售，根据销售量资料来判断促销方式对销售的影响。实验法尤为适用于商品在改变品种、包装、价格、商标、广告策略时的效果测定。需要注意的是，企业采用实验法时，实验时间不宜过长，否则会影响正式推出时的效果，被竞争对手模仿或采取抵制性的措施等。

（二）资料调查法

资料调查法也称文案调查法，是对第二手资料收集利用的过程。资料调查法具有省时、省力、省钱的优点，是市场调研必不可少的基础和前道工序。只有当资料调查不能充分满足资料需要时，才应考虑采用实地调查法。

（三）计算机网络调查法

计算机网络调查是指利用计算机技术或网络对传统项目进行调查，它不是一种全新的、独立的调查方式，而是传统调查在新技术下的拓展和延续。利用计算机技术或互联网进行市场调研具有速度快、效率高、费用少、不受时空限制等优点。

计算机网络调查的常用方法有在线询问、计算机辅助电话询问系统（CATI）、电子邮件问卷方式、虚拟店铺、网站浏览方式、网上讨论方式、定向弹出窗口方式和全程跟踪方式。

四 抽样调查

抽样调查是指调查者采用从调查总体中抽选出的一部分单位作为样本，对样本进行调查，并用样本所得的结果来推断总体的一种专业方法。为了使抽样的样本具有代表性，必须借助于各种抽样技术。

（一）抽样技术

抽样技术主要分为随机抽样技术与非随机抽样技术两大类。

1. 随机抽样技术。随机抽样技术又可划分为简单随机抽样技术、分层随机抽样技术、等距离抽样技术和分群抽样技术四种。

（1）简单随机抽样技术又称单纯随机抽样技术，是在总体单位中不进行任何有目的的选择，而是按随机原则，用纯粹偶然的方法抽取样本。市场调研中通常采用抽签法和乱数表法。抽签法是先将调查总体的每个单位编上号码，然后将号码写在卡片上搅拌均匀，任意从中抽选，抽到一个号码，就对上一个单位，直到抽足预先规定的样本数目为止。这种方法适用于总体单位数目较少的情况。乱数表法是先把调查总体中的所有单位加以编号，根据编号的位数确定使用若干位数字，然后查乱数表，抽取编号，凡编号范围内的数字号码即为被抽取的样本。

（2）分层随机抽样技术又叫分类随机抽样技术，是把调查总体按其属性不同分为若干层次（或类型），然后在各层（或类型）中随机抽取样本。例如，调查人口，可按年龄、收入、职业、居住位置等标志划分不同的阶层。分层时要注意，各层之间要有明显的差异，不致发生混淆，要知道各层中的单位数目和比例，分层的数目不宜太多，每个层内的每个个体应保持一致性等。只有这样，才能使抽取的样本反映该层的特征，提高样本的代表性，减少抽样误差。市场调查中大多采用这种抽样方法。

（3）等距离抽样技术又称系统抽样技术或机械抽样技术。它是在总体中先按一定的标识顺序排列，并根据总体单位数和样本单位数计算出抽样距离（即相同的间隔），然后按相同的距离或间隔抽选样本单位。排列顺序可用与调查项目有关的标识为依据，如在购买力调查中，按收入多少由低至高排列，也可用与调查项目无关的标识为依据，如按户口册。等距离抽样技术适用于大规模调查，能使样本均匀地分散在调查的总体中，不会集中于某些层次，增加了样本的代表性。

（4）分群抽样技术又称整群抽样技术，是把调查总体区分为若干个群体，然后用单纯的随机抽样法，从中抽取某些群体进行全面调查。分群抽样中抽选工作比较简易方便，抽中的单位比较集中，但如果样本单位集中在某些群体，而群与群之间差异较大，则抽样误差就会增大。

2. 非随机抽样技术。非随机抽样技术也可划分为任意抽样技术、判断抽样技术和配额抽样技术三种。

（1）任意抽样技术又称便利抽样法，是随意抽选样本的一种方法。例如进行现场访问，任意选择一群消费者进行谈话，了解他们对商品质量的看法或购买动机。这种方法简便易行，可以及时取得所需的资料，节约时间和费用。该方法适用于非正式的探测性调查，或调查前的准备工作。由于抽样结果偏差较大，可信程度低，样本没有足够的代表性，故在正式市场调查时，很少采用任意抽样法。

（2）判断抽样技术又称目的抽样法，是一种根据调查人员的经验或某些有见解的专家选定样本的抽样方法。判断抽样法适用于调查总体中各调查单位差异较小，调查单位比较少，选取的样本有较大的代表性的情形。判断抽样的具体做法有两种。一种是由专家判断选择样本。一般采用平均型或多数型的样本为调查单位，通过典型样本的研究，由专家来推断总体的状态。所谓平均型，是指在调查总体中挑选代表平均水平的单位作为样本，以此作为典型样本，再推断总体。所谓多数型，是指在调查总体中挑选占多数的单位作为样本推断总体。另一种是利用调查总体的统计资料，按照一定标准选择样本。

（3）配额抽样技术是按照一定标准分配样本数额，然后在规定数额内由调查人员任意抽选样本的一种抽样方法。

（二）抽样调查设计

抽样调查是根据样本的特征推算总体的特征，因此，必须合理设计抽样调查。抽样调查设计包括三项内容：

1. 抽样对象设计。有时适当的抽样对象并不是很明显的。例如，以儿童为抽样调查对象显示儿童对 A 玩具更感兴趣，但结果是 B 玩具具有更高的市场占有率，原因是玩具的购买决策者是家长而非儿童，因此，儿童购买玩具的决策过程是调查丈夫、妻子，还是孩子或者三者各应占的比例。调研人员在设计对象时要认真选择。

2. 样本大小设计。样本大小设计遵循恰好的原则。数量过大是成本的浪费，数量过小不能反映整体情况，造成结果的偏差。样本大小一般与调查总体的特性有关。当总体特性差异不大时，样本数目可少一些；相反，当总体特性差异很大时，样本数量就要多一些，否则，误差会过大。

3. 抽样方法设计。抽样方法设计可以根据调研目的和调研对象对随机抽样和非随机抽样两类方法的优缺点进行考虑和选择。

五　调查问卷设计

问卷是指调查者从应答者或被访者那里收集数据或资料的问题表。它是市场调查与预测中应用最广泛的一种测量工具。

（一）问卷的构成

问卷一般由身份数据、请求、说明、调查内容和分类数据五个部分构成。

1. 身份数据。即有关应答者姓名、单位、住址和电话号码的数据。有时还包括调查时间或编号等数据。这一般放在问卷的开头部分。

2. 请求。即要求应答者合作的请求。调查的组织者、关于调查目的的解释和完成调查所需要的时间一般在这个部分给出。

3. 说明。这个部分告诉询问者或应答者怎样使用问卷。如果进行邮寄调查，则这个部分直接出现在问卷上；如果进行人员询问或电话调查，则这个部分出现在另外一张纸上。

4. 调查内容。这是调查表中最基本、最主要的部分。

5. 分类数据。分类数据是关于应答者特性方面的数据，包括应答者年龄、性别、收入、文化程度等。如果进行邮寄调查，这些数据直接由应答者提供；如果进行人员访问或电话调查，这些数据则可以通过观察或询问得出。一般分类数据都在调查的末尾收集。

（二）问卷设计程序

问卷设计的程序可以简单地归纳为初始决定、题项内容的决定、题项类型的决定、题项用语的决定、题项顺序的决定、问卷外形的决定和问卷测试的决定七个步骤。

1. 初始决定。这是问卷设计的第一步。这一步要考虑的问题有三个：第一，精确地说明要得到什么样的信息？第二，谁是应答者？第三，采用什么方式与应答者接触？

2. 题项内容的决定。这一步重点考虑的，是题项和题项所能产生信息的总特性，而不是题项类型和具体用语。在此，需要考虑以下五个问题：一是问卷中的每一个题项都是必要的吗？二是通过所有题项收集的信息能满足需要吗？三是应答者能够正确回答每一个题项吗？四是应答者愿意给出准确答案吗？五是其他外生变量会影响应答者的回答吗？

3. 题项类型的决策。分析了题项的内容以后，下一步就要确定使用什么类型的题项。题项的基本类型可以分为自由题项、多项选择题项、二分法题项和态度量表四种。

（1）自由题项。自由题项允许应答者自由地回答，不受任何限制。比如，“请谈谈你对香烟的看法。”“你认为抽烟的利弊是什么？”

（2）多项选择题项。多项选择题项要求应答者在事先准备好的几个答案中选择一个或几个答案。比如：

你购买奇强牌洗衣粉主要是因为它________、________（选两个）：

①洗涤力强　②便宜　③易买　④分量足　⑤其他

（3）二分法题项。二分法题项实际上是多项选择题项的一个特例。它只允许有两个截然相反的答案，如是或否、同意或不同意、行或不行等。但实际使用时，常加一中性答案，如“不知道”、“不能确定”等。

(4) 态度量表。态度量表是对态度进行测量的工具，它常常作为一个重要的组成部分用在问卷中。表4-2是采用赖克特量表调查生活方式的例子。

表4-2　　某问卷中的生活方式调查的例子

陈述	很同意	同意	中间	不同意	很不同意
1. 我买了许多商品使自己保持“特殊”	1	2	3	4	5
2. 我通常拥有一套或几套最新款的衣服	1	2	3	4	5
3. 我的孩子们是我生命中最重要的	1	2	3	4	5
4. 我总是使我的房子保持干净整洁	1	2	3	4	5
5. 我总是留几个晚上在家里度过而不去参加晚会	1	2	3	4	5
6. 有一个收支账目是比较好的	1	2	3	4	5
7. 我喜欢收看或收听篮球、足球比赛	1	2	3	4	5
8. 我认为我比大多数人拥有更多的自信	1	2	3	4	5
9. 我常会影响我的朋友们购买商品	1	2	3	4	5
10. 明天我可能会比现在更有钱	1	2	3	4	5

注：请在最能反映你的同意或不同意程度的数字上画圈。

4. 题项用语的决定。题项的用语指的是题项的表述，即用语句和词汇把题项的内容表现为应答者易于理解的形式。看起来差不多的题项，往往会因为用语的不同，而使应答者产生不同的理解，作出不同的反应，给出不同的答案。要避免发生这类误差，就必须慎重选择题项用语。下面是在为题项选择用语时要遵循的几个原则：(1) 使用简单的词汇。(2) 使用含义清楚的词汇。(3) 避免引导性题项。(4) 避免含混不清的题项。(5) 避免让应答者凭估计回答。(6) 考虑题项中问题提出的角度。

5. 题项顺序的决定。问卷设计的第五步是决定题项的顺序。问卷中题项的顺序也会影响应答者的回答，因而不恰当的顺序可能会导致一些测量误差的出现。问卷中的题项如何安排，主要凭设计者的经验决定。但是，下面几点是决定题项顺序时可以参考的原则：第一，在问卷的开头应尽量使用简单且有趣的题项，以提高应答者回答问题的兴趣。第二，先用一般性的题项，再用特殊性的题项。例如，先问“在购买面包时，你最重视的是什么?”再问“面包的含糖量对你来说重要吗?”第三，把那些无趣且较难回答的题项，放在问卷的后面。第四，题项的安排应符合逻辑顺序。

6. 问卷外形的决定。问卷的外形要易于使用。对于需要应答者自己填写的问卷，尤其是邮寄调查所使用的问卷，问卷的外形是应答者愿意合作与否的一个重要变量。即使答案由询问者记录，设计良好的外形也会起到减少测量误差的作用。另外，外形本身还会影响应答者的回答。比如，如果一个自由问题的下面留有较多的空间，那么不管是应答者还是记录者都倾向于写下较多的内容。

7. 问卷测试的决定。一般而言，问卷在正式使用之前都要先进行测试。虽然在设计问卷时可以选择朋友、熟人或研究人员作为应答者对个别题项进行测试，但是，对于问卷的全面测试则应尽可能地使用真正的应答者，比如调查的子样本。样本中各单位之间的差异越大，用来进行测试的子样本也应该越大。

第三节　市场营销预测

市场营销预测，是指在一定信息资料的基础上，运用一定的科学方法和预测模型，预测未来一定时期内市场需求及变化趋势，为企业营销决策提供科学依据的一系列活动。市场营销预测的内容十分广泛，包括市场需求预测、企业销售的预测、市场占有率预测和企业所需资源预测。

一　市场需求测量

（一）市场需求及其函数

市场需求是指某类产品在一定的地理区域、一定的时期、一定的市场营销环境和一定的营销力量下某个特定的顾客群体愿意购买的总量。在这个定义中包括八个要素：

1. 产品。产品的范围十分广泛，即使是同一种类的产品在实际需求上也往往存在着多种差异，因而企业在进行市场需求测量时首先要确定产品种类的范围。

2. 总量。通常直接表明了需求规模的大小。既可以用绝对数值表述，如用产品的实体数量或金额，也可以用相对数值来表述，如用某地区特定产品的需求总量占全国需求总量的百分比来表示。

3. 购买。购买的含义不同，最后预测的结果也就不同，因此，市场需求测算还需要明确购买的含义，它具体是指订单数量、装运数量、付款数量、收货数量，还是消费数量。

4. 顾客群体。市场需求的测量既要针对整个市场，又要确定各细分市场或子市场的需求。

5. 地理区域。区域的限定范围不同，产品销售额的预测结果也不同。企业应根据具体情况，合理划分区域，确定各自的市场需求。

6. 时期。市场需求的测量必须规定一定的时期，一般来说，预测时期越长，预测结果越不可靠。

7. 营销环境。市场需求受许多不可控制环境因素的影响，因此，对市场需求的测量，需要尽可能掌握这些不可控制因素的变化及其对市场需求的影响。迄今为止，人口和经济预测的方法已经较为完善，技术发展的预测方法正日臻成熟，政治和文化发展变化的预测还处于起步阶段。

8. 营销力量。营销力量通过市场营销支出水平、市场营销组合、市场营销配置和市场营销效益 4 方面来描述。市场营销支出水平是指所有花费在市场营销上的支出，市场营销组合是企业所用市场营销的类型与数量，市场营销配置是企业所用市场营销工具的类型与数量，市场营销效益是企业运用市场营销资金的投入产出比。

市场需求不是一个固定的数字，而是一个受多个变量影响的函数，即市场需求将随着以上诸因素的变化而改变。这种函数关系被称为市场需求函数或市场反应函数，如图 4－3 所示。

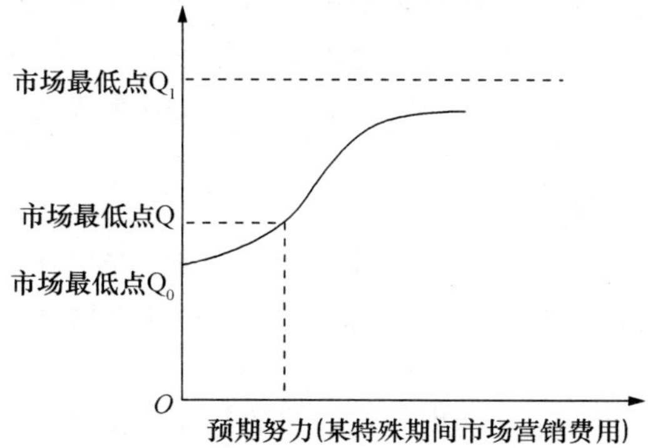

图 4－3　行业市场营销费用

横轴表示在一个规定时期内行业营销费用可能有的不同水平；纵轴表示由此而导致的需求水平；曲线描绘出市场需求的估计水平随着行业营销费用变化的函数关系。从图中可以看到，当市场营销费用为零时，需求表现为一个基本销售量（称为市场最低量）：随着营销费用的增加，需求水平呈上升状态，但当营销费用达到一定水平后，再增加营销费用也不会激起需求的进一步上升，也就是说，又存在着一个市场需求的上限，一般被称为市场潜量。

所谓市场潜量，是指在一定的市场营销环境条件下，当行业市场营销费用逐渐增大乃至达到无穷大时，市场需求所能达到的极限。这里，限定条件“在一定的市场营销环境条件下”是十分重要的，因为它最终决定着市场的潜量。例如，经济繁荣时期的市场潜量就比经济萧条时期的市场潜量大得多。市场潜量与当前市场需求的差额，反映了某一市场潜力和市场机会的大小。

（二）企业需求及其函数

企业需求是指企业在市场需求总量中所占的份额。同市场需求一样，企业需求也是一个函数，称为企业需求函数或销售反应函数。用数学公式表示，即：$Q_i = S_i Q$。式中，Q_i 为企业 i 的需求；S_i 为企业 i 的市场占有率；Q 为市场总需求。

企业需求不仅受市场需求总量这一决定因素的影响，还受企业市场占有率的影响。市场营销理论认为，各个竞争者的市场占有率同其市场营销力量成正比。

（三）企业预测与企业潜量

企业预测是指企业销售预测，也就是对企业的销售额作出估计，即企业按照计划的营销力量和假设的营销环境为基础所预期的企业销售水平。

企业潜量是指当企业相对于竞争者的营销力量不断增大时，企业需求所能达到的极限。很明显，如果企业取得 100% 的市场，即企业成为市场的独占者时，企业潜量就等于市场潜量，但这只是一种极端情况。在大多数情况下，企业潜量低于市场潜量，同样，企业潜量与企业需求的差额反映了企业进一步增加营销力量的潜力，如果两者差距较大，说明企业营销活动效果欠佳，需设计更有效的市场营销组合，以挖掘更大的市场潜力。

二 估计目前市场需求

企业估计目前市场需求，就是要测量总的市场潜量、区域市场潜量、实际销售额和市场份额。下面将介绍估计目前市场需求的主要方法。

（一）总市场潜量

总市场潜量是指在一定期间内，在一定的行业营销努力水平和一定的环境条件下，一个行业中所有企业所能达到的最大销售量。通常用以下公式测量总市场潜量：

$Q = nqp$

式中，Q 为总市场潜量；n 为在既定条件下特定产品的购买者的数量；q 为每个购买者的平均购买量；p 为单位产品的价格。

计算 n 的方法常用连锁比例法，是由一个基数乘以几个修正率组成，即由一般相关要素移向有关产品大类，再移向特定产品，层层往下推算。如某酒厂开发出一种新葡萄酒，估计其市场潜量时，可借助下式：

新葡萄酒需求量 = 人口 × 人均可任意支配收入 × 人均可任意支配收入中用于购买食物的百分比 × 食物花费中用于饮料的平均百分比 × 饮料花费中用于酒类的平均百分比 × 酒类花费中用于葡萄酒的平均百分比 × 葡萄酒花费中用于该新葡萄酒的预计百分比

（二）区域市场潜量

每个企业都希望选择较理想的区域，以便在这些区域里能最佳地分配它们的市场营销资源。为此，企业必须估计各个不同区域的市场潜量。估计区域市场潜量，通常有市场累加法和购买力指数法两种方法。

1. 市场累加法。这种方法主要用来估量工业品或生产资料的区域市场潜量。企业先确认某地区可能对某种生产资料存在潜在需求的用户，然后将这些用户的购买潜量加总合计。

2. 购买力指数法。是指借助与区域购买力有关的各种指数（如区域购买力占全国总购买力的百分比、该区域个人可支配收入占全国的百分比、该区域零售额占全国的百分比，以及居住在该区域的人口占全国的百分比等）来估计其市场潜量的方法。一个著名的多因素指数测定购买力的方法是美国《销售和营销管理》杂志公布的“购买力年度调查”。其计算公式为：

$B_i = 0.5Y_i + 0.3R_i + 0.2P_i$

式中，B_i 为区域购买力占全国总购买力的百分比；Y_i 为区域个人可支配收入占全国的百分比；R_i 为区域零售额占全国的百分比；P_i 为居住在该区域的人口占全国的百分比。

上述公式可用于反映许多消费品（不包括高档奢侈品）的市场潜量，但对于不同的产品，上述公式中指数前的权数也应有所不同。不同产品的指数可根据以往数据用回归分析法求出，从而来估计其产品的区域市场潜量。

区域市场潜量的估计只能反映相对的行业机会，而不是相对的企业机会。

（三）估计行业实际销售额及企业所占的市场份额

企业不仅要估计总市场潜量和区域市场潜量，还要了解本行业的实际销售额，这就是说，企业还要识别竞争对手并估计它们的销售额。

根据国家统计部门公布的统计数字，或是向有关营销调研公司、市场调查专门机构购买研究报告或获取咨询，通过这些途径，企业可以了解到本行业总的销售状况，并将企业销售状况与整个行业发展相比较，以评价企业的发展状况。例如，如果企业的销售额年增长率为 11%，竞争对手的销售额年增长率为 18%，整个行业的年增长率为 10%，说明虽然企业的市场占有份额在上升，但发展速度低于竞争对手很多。

三 市场预测的方法

市场预测的对象、内容、要求各不相同，所采用的预测方法也是多种多样，目前可供使用的预测方法多达 100 多种，从定性的非数学方法，到定量的预测方法，都各有不同的特点、不同的使用条件。常用的市场预测方法有如下几种：

（一）判断预测法

又称意见法，其特点是以企业领导层和销售基层人员的经验和判断为基础，经过分析，综合判断未来的市场情况。判断预测多用于一般性预测，内容不够细致，对市场变化、消费者意向难以细分。这种方法的优点在于：在短时间内能集中有关人员的意见，作出迅速判断，简单易行，常在缺乏预测资料时使用。这种方法的缺点是主观意识较多，客观的数据和资料不足，容易发生偏差。如果决策者有较丰富的经验和分析判断能力，并且对各方面的情况比较熟悉，就可以得到较好的预测结果。同时，基层销售人员的意见，多从完成销售任务出发，对市场估计偏低。为尽量减少主观性，常将不同人员的预测值进行权重综合，得出预测结果。权重可根据判断人员以往的准确性、经验、对销售量的贡献程度等综合考虑。

（二）专家意见法

这种方法是选择一些专家组成专家群，由这些专家对未来可能出现的各种趋势作出评价的方法。由于这种方法是以专家为索取信息的对象，因而其准确性主要取决于专家的专业知识和与此相关的科学知识，以及专家对市场变化情况的洞察力，因此依靠的专家必须具备较高的水平。企业可利用经销商、分销商、供应商及其他一些专家的意见进行预测。

具体步骤如下：第一，先确定一定数量的专家，采用邮寄的方法，将预测某一问题的问卷邮寄给每位专家，由专家独立预测。第二，将收回的专家估计值，由组织者采用中间意见予以综合归纳。第三，将归纳结果反馈给各位专家，由专家参照综合意见重新预测，再次收回专家估计值，予以综合归纳，并且再次邮寄给专家供其修改。第四，如此反复，直到各专家对未来的预测基本一致为止。

专家意见法具有匿名性、反复性和收敛性的特点。由于整个预测过程避免了相互间的心理干扰，并通过反复补充材料和相互借鉴，可使各专家的意见最终趋于一致。

（三）购买者意见调查法

这是通过直接询问潜在购买者的购买倾向和意见，据以判断销售量的一种预测方法。这种方法由于能够直接了解潜在购买者的意向，而他们又最清楚自己未来的购买量，因此，如能获得完整资料，预测的准确性就比较高。这种方法多用于需求较稳定的生产资料市场的预测。

假设某空调企业为了预测其空调产品在某地区的销售量，在该地区 20 万户的家庭中随机抽取 200 户做购买意向调查，调查结果如表 4－3 所示。

表 4－3　购买意向调查结果　　单位：户、%

意向	肯定购买	可能购买	未定	可能不买	肯定不买
概率描述	100	80	50	20	0
户数	3	8	30	95	64

则消费者的购买期望值为：

$$100\% \times 3 + 80\% \times 8 + 50\% \times 30 + 20\% \times 95 + 0\% \times 64 = 29.9$$

消费者的购买比例期望值（即每户可能购买比率）为：

$$\frac{100\% \times 3 + 80\% \times 8 + 50\% \times 30 + 20\% \times 95 + 0\% \times 64}{3 + 8 + 30 + 95 + 64} = 21.9\%$$

则 20 万户的预测销售量为：

$20 \times 21.9\% = 4.38$（万台）

（四）市场试销法

在购买者并无详细的购买计划，或购买者意向变化无常，或专家估计也难以准确的情况下，可直接进行市场试销。在预测某种新产品的销售量，或预测新产品在某一地区或通过某种新渠道的销售前景时，市场试销法比较适用。

（五）时间序列预测法

时间序列预测法是收集与整理被预测事物过去的资料，从中寻找过去该事物随时间而演变的趋势，把它用数学模型表示出来，然后用此模型进行预测。利用此法对市场商品供给、需求和销售进行不同时期的预测，是市场预测的一个重要方法。时间序列预测的具体方法很多，下面介绍几种常用方法。

1. 简单平均预测法。这种方法是以历史时期实际销售量的平均值作为预测值，也称“算术平均法”。

令 X_1，X_2，X_3，…，X_n 为 n 期资料，依该法定义：

$$\overline{X}=\frac{X_1+X_2+X_3+\cdots+X_n}{n}=\sum_{i=1}^{n}\frac{X_i}{n}$$

式中，$\overline{X}$为预测值；n 为时期值；X_i 为各期销售量。

这种方法，优点是简单易行；缺点是由于将远期销售量和近期销售量等同看待，而未能充分反映市场需求趋势的变化，故在市场有上升、下降等周期性变化时，预测的准确性较低。

2. 增量简单算术平均法。这种方法是以历史时期的实际销售量的平均变动值加上最末一期的实际销售量作为预测值，令 X_1，X_2，X_3，…，X_n 为 n 期资料，则：

$$X_{n+1}=X_n=\frac{\sum_{i=1}^{n-1}\Delta_i}{n-1}$$

$$=X_n+\frac{(X_2-X_1)+(X_3-X_2)+\cdots+(X_n-X_{n-1})}{n-1}$$

式中，X_{n+1}为预测值；n 为时期值；$\Delta_i=X_{i+1}-X_i$ 为各期变动值。

3. 算术移动平均法。这种方法是把过去若干时期实际销售量相加，求其算术平均值，并随时间向后移动，根据最近期的销售量的新数据来不断修改平均值，作为预测期的销售量，其计算公式是：

$$X_{n+1}=\frac{X_n+X_n-1+X_{n-2}+\cdots+X_{n-k+1}}{k}$$

式中，X_{n+1}为预测值；n 为实际期数；k 为计算期数。

4. 加权算术平均法。上述几种预测法，都是将各期的变化趋势平均化，但由于近期资料对预测结果的影响程度较大，那么在近期实际资料有明显变化趋势时，就不能反映真实的变化趋势。为减少预测误差，就要采用加权法进行预测。

加权算术平均法的特点，是在计算过程中逐步加大近期实际销售量在平均值中的权数，然后予以平均，以确定预测值。权数的确定，是根据以前各期实际销售量对预测期的影响程度来确定的，各期权数之和应等于1。预测值可用以下公式表示：

$$X_{n+1}=\frac{\sum_{i=1}^{n}f_i x_i}{\sum_{i=1}^{n}f_i}$$

式中，f_i 为各期权数。

利用加权移动平均法计算预测值时，可采用以下公式：

$$X_{n+1}=\frac{X_n\times f_n+X_{n-1}\times f_{n-1}+\cdots+X_{n-k+1}\times f_{n-k+1}}{f_n+f_{n-1}+\cdots+f_{n-k+1}}$$

式中，k 为计算期数。

5. 指数平滑法。指数平滑法也是在移动平均法的基础上发展起来的一种方法，所起的作用与加权移动平均法是一样的，但它不是用加权的办法，而是采用一个平滑系数 α 来调整实际的数字，具体计算公式如下：

$$F_t=\alpha S_{t-1}+(1-\alpha)F_{t-1}$$

式中，F_t 为某期的预测值；S_{t-1} 为上期的实际销售量；F_{t-1} 为上期的预测值；α 为平滑系数（$0\leqslant\alpha\leqslant1$），通常确定为 0.1—0.3。

6. 趋势预测法。这种方法的主要特点是运用市场商品需求与供应的历史资料，从大量的统计数字中找出其倾向变动线，并运用适合的数学模型，预测下期的市场商品需求与供应的数量。预测的基本步骤是：首先，根据历史统计资料编制时间数列，然后将数列绘成相应的图形。一般分为直线趋势和曲线趋势。其次，选择一定的方法，并配合合适的数学模型，从而预测未来的发展趋势。

直线趋势法是运用最小平方法进行预测，用直线斜率表示增长趋势的一种外推预测方法。其预测模型为：

$$Y=a+bX$$

式中，Y 为销售预测趋势值；a 为直线在 Y 轴上的截距；b 为直线斜率，反映年平均增长率；X 为时间。

其中，$a=(\sum y-b\sum x)/n$

$b=(b\sum xy-\sum x\sum y)/(n\sum x^2-\sum x\sum x)$

若 $\sum x=0$，则能简化计算。要使 $\sum x=0$，则当 n 为奇数时，可将 $X=0$ 置于资料期的中间一项，取 X 的间隔为 1；当 n 为偶数时，可将 $X=-1$ 与 $X=1$ 置于资料中央的上下两期，取 X 的间隔为 2。因此，则可简化为：

$a=\sum y/n$

$b=\sum xy/\sum x^2$

（六）统计需求分析法

时间序列分析法是把销售看成是时间的函数，不考虑其他实际因素对销售的影响。但是实际上，任何产品的销售都受到许多实际因素的影响，并且这些因素相互间还存在一定的因果联系。统计需求分析法是通过使用一套统计分析方法，揭示影响销售的最重要的一些因素，并研究它们的相互影响，在此基础上对未来需求作出预测的一种方法。这种方法与时间序列分析法相比较，更侧重于分析现实的各种因素对未来需求的影响。

统计需求分析法所采用的是回归分析法，通过回归分析来研究引起未来销售变化的各种因素所起的作用，找出各种因素与未来销售量之间的因果关系。

在利用回归分析法进行需求预测时，需要建立预测模拟方程，把未来的销售看做是一组独立的需求变量（价格、收入、人口、促销等）的函数，也就是把未来销售作为因变量，而把影响其变化的需求变量作为自变量，其函数关系为：

$$Q=f(X_1, X_2, \cdots, X_n)$$

式中，X_1，X_2，…，X_n 为自变量，即影响销售量变化的各种实际因素；Q 为因变量，即未来的销售量。

需求预测是一项十分复杂的工作，要求市场营销人员熟悉各种预测方法的适用条件、步骤及优缺点，针对不同的预测情况和要求，选择最佳的预测方法。

【案例】

西安杨森采乐市场调研策划书

一 调研背景

近年来，宝洁公司凭借其强大的品牌运作能力以及资金实力，在洗发水市场牢牢地坐稳了第一把交椅。但随着竞争加剧，局势慢慢起了变化，联合利华强势跟进，夏士莲、力士等多个洗发水品牌从宝洁手中夺走了不少消费者。花王旗下品牌奥妮和舒蕾占据了中端，而低端的一块则归属了拉芳、亮庄、蒂花之秀、好迪等后起之秀。至此，中国洗发水行业呈现了一个典型的金字塔形品牌格局。通过市场细分，西安杨森于2002年推出了采乐，在药品和洗发水两个行业找到了一个交叉点。为了提高其在全国重点城市中的占有率，并为其今后的营销发展计划提供科学的依据，委托某市调公司在全国范围的重点城市进行一次专项市场营销调查。

二 调研目的

本次市场研究工作的主要目的是：

1. 分析采乐洗发水前期的营销计划（包括其销售渠道、媒体投放、产品终端、产品情况），以及消费者的产品期望，明晰其自身的优势和弱势，以及面临的机会和威胁。

2. 了解消费者对于去屑洗发水的认知，探查对于去屑洗发水的接受程度。

3. 了解产品的知名度以及美誉度，确定今后营销计划的重点。

三　调研内容

根据上述研究目的，确定本次调研的内容主要包括：

1. 针对目的1，调研的内容是：对其营销计划进行全面分析，从而为其今后的营销计划提供科学的依据。本部分所需的主要信息点是：（1）消费者对于采乐洗发水的使用情况——是否用过、满意度以及产品的哪方面更加吸引消费者。（2）采乐在前期营销计划的情况了解——怎样知道采乐的、通过什么渠道购买到采乐的、是否有没有买到过采乐的情况、对于采乐使用过后的感觉以及可以在产品上改进的地方。（3）消费者对于去头屑这方面的认知。

2. 针对目的2，调研的内容是：了解消费者的观念以及对采乐前期的推广的深入程度作一个调查。

3. 针对目的3，调研的内容是：对产品前期的销售宣传等消费者传达的信息的一个反馈。主要信息点有：（1）对于采乐的了解程度——是否知道以及是否使用过。（2）对于采乐的印象的评价（十分制）。

4. 此外，还将收集包括消费者的年龄、性别、收入、职业以及消费者发质等背景资料以备统计分析之用。

四　目标被访者定义

因本次调查是针对其前期的营销计划实施情况的一个效果的反馈，所以我们在样本定义时遵循以下原则：一是样本要有广泛的代表性，以期能够基本反映消费者对采乐洗发水的看法，以及能反映采乐前期营销计划的实施情况。二是样本要有针对性。由于采乐属于日用品，而且它主要是针对有头屑的人，还有它的价格也较高，所以就需要有一定的购买和支付能力。因此，此次调查主要是针对有使用经验的人，主要在全国的重点城市做调查。基于以上原则，我们建议采用如下标准甄选目标被访者：（1）20—45周岁的城市居民。（2）本人及亲属不在相应的单位工作（如市调公司、广告公司、洗发水行业等）。（3）在过去的6个月内未接受或参加过任何形式的相关市场营销调研。

五　数据收集方法

本项目的数据收集方法如下：

1. 调查公司将根据与西安杨森公司探讨所达成的共识设计问卷，问卷长度控制在半个小时左右，问卷经双方商讨确定之后正式启用。

2. 问卷抽样方法：在北京、哈尔滨、上海、广州、长沙、成都、西安7个城市中各选择400人作为调查对象，在每个城市的电话簿中随机选择400个号码，打电话核实受访者。在不断淘汰受访者的情况下，多次随机选择，直到选够400人为止。

3. 采用结构性问卷进行入户调查。

六　样本量

根据以往经验，以及最大允许误差±2%，考虑到统计分析对样本量的要求和成本方面的经济性，我们建议本次研究所需要的样本量为每个城市400个。

七　质量控制与复核

1. 本次访问复核率为30%，其中15%电话复核，15%实地复核。

2. 我们将实行一票否决权，即发现访问员一份问卷作弊，该访问员的所有问卷作废。

八　数据录入与处理

参与此项目的所有数据录入及编码人员将参与问卷的制作与调查培训；在录入过程中需抽取10%的样本进行录入复核，以保证录入质量；数据处理采用SPSS软件进行。

[研究时间安排]（自项目确定之日起）

九　报告提交

由市场调查公司向西安杨森公司提交调研报告一份及所有的原始问卷，并提供数据分析。如有需要，我们将向西安杨森公司做口头汇报。

	一月一周	一月二周	一月三周	一月四周	二月一周	二月二周	二月三周	二月四周
方案与问卷设计								
问卷试访								
调查实施								
数据处理								
报告撰写与发布								

十　费用预算

项目费用预算约为（万元），其用途分别如下：

1	问卷设计、问卷印刷	
2	调查与复核费用	
3	数据处理（编码、录入、处理、分析）	
4	地区市调公司代理费用	
5	差旅及其他杂费	
合计	（人民币元整）	

1. 市场调查问卷（略）

2. 市场调查分析报告

十一　基本状况

1. 在采乐目标消费者中，4%选择采乐，海飞丝主导了大部分市场，占市场31%。他们选择的原因是：40%为产品或企业美誉度（人际传播），35%的产品功效，20%的购买方便，5%的企业知名度。他们了解产品的资信渠道主要是：25%的电视，16%的杂志，14%的熟人介绍。

2. 只有15%的人知道西安杨森采乐洗剂，许多人知道的是黎明代言的广州采乐，由于广州“采乐”借用熟悉的产品名称和电视广告，杨森采乐被盗名。这已经严重影响了产品销售。

3. 49%的人选择认为头屑是病，45%的人无所谓，只有5%的人表示反感、不同意，其他为“不回答”，可见突出“头屑”烦恼不会引起反感。

4. “采乐”这个名称由于杨森公司十年的营销，40%的人知道“采乐”，却不能和杨森联系起来，或误认为是广州“采乐”（电视广告的效果），其中10%的人知道杨森采乐的，主要依靠过去十年营销营造的美誉度及人际传播。

5. 13%的人知道采乐在药店有销售，而其他人认为在其他场所。

6. 用过的消费者约占10%。

7. 81%的使用者表示去屑效果明显，有一部分认为增加滋润功能等会更好。

8. 80%表示他们对专业去屑最满意。产品口碑占76%，企业知名度5%。

9. 因为采乐是“药”，所以使用者中有76%表示不会多次购买，不能像其他产品那样拥有忠实的消费者，只有传播产品的消费者。

10. 只有很少消费者（3%）说有买不到的情况，一般是没有上柜，终端销售有点随意。

11. 许多消费者（60%）对采乐有增加香味的需求，具体香味需求则比较分散，因为各有要求。

12. 采乐的整体得分不高于4分。海飞丝为9分，夏士莲为7分，舒蕾为6分，亮庄为5分。

13. 40%的人认为用采乐的人比较理性、呆板，44%的人没感觉，15%的人认为普通人，1%的人选择感性。

14. 许多人希望采乐有所改进。

十二　广告营销建议

1. 策划一系列的活动以区别杨森采乐与广州采乐，突出“杨森采乐”。

2. 重点突出“药物去屑”，专业水准。偏向理性诉求，恐惧诉求。宣传高科技制药，值得信赖。

3. 重视促销、公益活动，关怀生活，关心社会，宣传产品特质，促进人际传播。

4. 重点选择电视及杂志做形象广告宣传，塑造产品人性化、严谨的形象，增加亲和力。

5. 宣传采乐不仅能治头屑，还能预防。消费者不重视保养，头屑也容易复发。

6. 积极进行市场营销，步步为营，避免与大品牌正面冲突。

十三　产品建议

改进产品香味，增加滋润等功能。

（资料来源：网络，作者：六人行市场调研公司）

问题讨论

1. 本市场调研策划书由哪几部分组成？列出结构提纲。

2. 针对调研目标，本调研问卷应设计哪些问题？试设计一份调研问卷。

3. 总结出该分析报告的特点。

4. 为什么消费者更多地选择海飞丝而不是采乐？说说你的看法并和同学讨论交流。

【本章小结】

市场信息是营销决策的基础，为保证市场信息的准确性和即时性，企业必须建立一个规范、系统、完善的现代市场营销信息系统。营销信息系统由内部报告系统、营销情报系统、营销调研系统和营销分析系统构成。市场营销调研是指系统地设计、收集、分析和提交关于一个具体问题的数据报告，为企业营销管理者制定有效的营销决策提供重要依据的过程。市场营销调研一般要经过四个步骤：定义问题和调研的目的、制订调研计划、实施调研计划及分析信息和编写调研报告。依据信息来源及技术手段的不同，市场调研分为实地调查法、资料调查法、网络调查法。抽样调查是对样本进行调查，并用样本所得的结果来推断总体的一种专业方法。抽样技术主要分为随机抽样技术与非随机抽样技术两大类。市场营销预测是指在一定信息资料的基础上，运用一定的科学方法和预测模型，预测未来一定时期内市场需求及变化趋势，为企业营销决策提供科学依据的一系列活动，包括市场需求预测和企业销售预测、市场占有率预测、企业所需资源预测。常用的市场预测方法有判断预测法、专家意见法、购买者意见调查法、市场试销法、时间序列预测法和统计需求分析法。

【思考与练习题】

1. 市场营销信息系统是怎样构成的？
2. 市场营销调研的程序是怎样的？
3. 收集信息的来源有哪些？原始资料信息的收集方法有哪些？
4. 什么是市场需求？它与市场营销力量之间存在什么关系？
5. 估计区域市场潜量的方法有哪几种？分别怎样使用？
6. 某企业1998—2006年的销售额情况分别为100万元、119万元、125万元、135万元、147万元、159万元、167万元、179万元、195万元，运用直线趋势法预测2007年的销售额。
7. 如果给你1万元创业，你会选择什么项目？请根据本章学习内容提交“关于××项目的市场调研报告”。

第五章　消费者行为研究

【学习目的】 通过学习本章内容，应该掌握：

1. 消费者心理活动的一般过程
2. 影响消费者购买的行为因素有哪些
3. 消费者购买决策的过程
4. 组织市场购买行为影响因素及过程

【开篇故事】日本大米的故事

1993 年和 1994 年两年日本大米歉收 10% 后，日本政府不得不放宽进口大米的限制，从美国加州进口大量大米。但是，进口大米的消息在老百姓中传开后，人们纷纷花比进口大米贵 10 倍的价格抢购日本产大米。人们囤积日本产的大米，甚至出现出售本地大米的商店被盗窃等扰乱社会治安的现象，进口大米却无人问津。报纸和电台不厌其烦地进行各种各样的口味测试，讨论日本大米和廉价的美国大米味道有什么不同。政府只好命令所有商店必须将加州大米与日本大米掺和销售，明文关闭只销售本地产的大米商店。并请相扑明星在媒体上表明他们非常喜欢外国大米。日本首相也在报刊发表文章说“除非别人告知这是混合米，否则我是分不清楚的”。大量口味测试也证明了这一点。这一切让外国人听起来滑稽又伤感，日本大米真的与外国大米不同吗？

第一节 消费者心理分析

消费者心理是感觉、知觉、注意、记忆、思维、情绪、意志、性格、意识倾向等心理现象的总称。一般分为消费者认知过程、消费者的个性、消费和学习、消费者的态度等。

消费者的消费行为，是受消费者的心理活动制约的。在消费行为进行之前，消费者必然考虑是否要购买这种商品？如何实现自己的购买行为？如何进行消费？这些心理活动的进行促发了消费行为的产生。要研究消费行为，就必须研究促发消费行为产生的心理原因。

一 感觉与知觉

认知过程是人由表及里、由现象到本质反映客观事物的特性与联系的过程，包括对客观事物的感觉、知觉、记忆、思维、想象等过程。本节着重论述消费者的感觉与知觉对消费行为的影响。

（一）感觉

感觉是人脑对直接作用于感觉器官的外界事物个别属性的反映。消费者的感觉是商品外部的个别属性作用于消费者不同的感觉器官而产生的主观映象。如某顾客进入水果店，眼看到苹果色泽鲜艳，手触光滑圆润，鼻闻清香，这些都是对苹果个别属性的不同感觉。

另外，消费者的感觉还包括对购物场所的感觉、对非购买商品信息的感觉等。有的感觉与商品有直接的关系，有的与商品有间接的关系。

消费者的感觉主要有视觉、听觉、嗅觉、味觉和皮肤觉五种。

视觉和听觉是最重要的两种感觉。日本一些专家经过系统观察，指出目前无论在欧美、日本等发达国家，还是发展中国家的市场上，消费风潮形成的顺序大体是先从听觉、视觉开始。如在发达国家的消费市场上，最先形成收音机、录音机、电视机热潮，然后是奥黛丽·赫本发型和乞丐装的流行，然后又出现了喝保健饮料的风潮，最后才流行香水、清洁剂。据统计，人类对感觉的需求，以听、视觉为最高，约占80%，触觉占15%，而味、嗅觉只占5%。

嗅觉的类型常称为气味的种类。与消费行为密切相关的气味是香味，于是国外有人创造了“气味推销法”。如伦敦一家超级市场，在店内释放一种人造草莓的香味，把顾客吸引到商品部，结果草莓被抢购一空。美国一家食品公司，在底特律城郊竖立了一块高80英尺、长100英尺的推销面包的巨型广告牌，不仅能播放介绍面包的音乐，还释放出一种混合面包的香味，引起路人的食欲，结果这家面包公司的销量增加了两倍多。

味觉主要有酸、甜、苦和咸四类。其他味觉类型都是在这四类基础上形成的。

皮肤觉是人的皮肤对于事物的感觉，包括温觉、冷觉、触觉、痛觉等。在人们的消费行为中，由于温觉的存在，每个人都会要求自己的周围有一个比较舒适的温度环境，由此形成了几大类消费市场，如电风扇、空调器、冬装、夏装等。

（二）知觉

知觉是人脑对直接作用于感觉器官的商品外部属性的整体反映。知觉的整体性并不是感觉的简单相加的总和，而是综合的反映。如对苹果的色、形等的综合评价，得出苹果的整体印象，就是知觉。然而知觉离不开感觉，是在感觉的基础上形成的。感觉和知觉，通常称为感知。

人们通过感官得到内部和外部环境的信息，这些信息经过头脑的加工（整合和解释），产生了对事物的整体认识，这就是知觉过程。知觉是在感觉的基础上产生的，是对感觉信息的整合和解释。如图 5－1 所示。

知觉具有如下基本特征：

第一，选择性注意。在同一时刻里，人们总是对少数刺激知觉格外清楚，而对其余的刺激知觉则比较模糊。这种特性被称为知觉的选择性。选择性注意的影响因素有客观和主观两个方面。从客观方面看，在知觉过程中，强度大的、对比明显的、活动性的、有规则的刺激容易成为知觉的对象；在空间上接近、连续，形状上相似的刺激也容易成为知觉的对象。从主观方面看，主要有知觉者的需要、动机、兴趣、爱好、情绪、愿望、任务、知识及以往经验联系密切的刺激物，都会影响知觉对象的选择、知觉过程和结果。

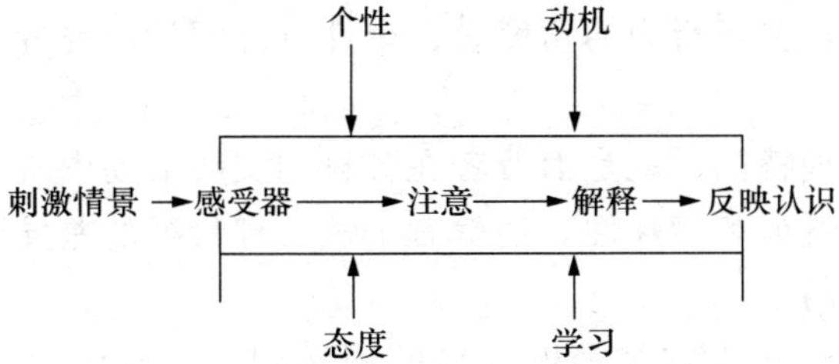

图 5－1　知觉的一般过程

第二，整体性。知觉的对象是由不同的部分、不同的属性组成的。当它们对人发生作用的时候，是分别作用或者先后作用于人的感觉器官的。但人并不是孤立地反映这些部分、属性，而是把它们结合成有机的整体，这就是知觉的整体性。刺激物的性质、特点和知觉主体的经验是影响知觉整体性的两个重要因素。一般来说，刺激物的关键部分、强的部分在知觉的整体性中起着决定性作用。

第三，理解性。人在感知当前的事物时，总是借助于以往的知识经验来理解它们，并用词把它们标志出来。这种特性称为知觉的理解性。比如听一首歌，如果是你会唱的，才放一个片段就会知道是哪首歌，并知道后面的旋律是什么。对歌曲的熟悉程度决定了你能知觉出那首歌所需的长短。经验是重要的，有经验的心理学家可以从一个人的眼神、动作、言语知道他心里想的是什么。知觉的理解性会受到情绪、意向、价值观和定式等方面的影响。

第四，恒常性。恒常性，也称心理惯性。当知觉的条件在一定范围内改变的时候，知觉的映象仍然保持不变的特点。

知觉的恒常性是因为客观事物具有相对稳定的结构和特征，而人们对这些事物有比较丰富的经验，这些经验往往先入为主，使人们对某些事物形成了较为刻板的印象。

二 消费者的个性

消费者面对客观事物除了反映出他们的需要、动机和心理过程的一般共性之外，还会产生各种心理现象。在日常的生活中，每一个消费者都同其他的消费者有着差别，这种差别不仅是生理上的差别，而且也表现为行为的差别。不同的消费者具有自身的特点，这是个性心理特征作用的结果。

（一）个性的含义及其形成

1. 个性的含义。个性是指在先天素质的基础上，在社会条件的影响下，通过个人的活动而形成稳定的心理特征的总和。它反映出人的心理活动的经常而稳定的本质特点。从消费者行为的角度看，个性可理解为消费者适应其生活环境的独特行为方式。

消费者个性心理特征，就是消费者在各自的实践活动中所经常表现出来的比较稳定的个性心理特征和特殊性。消费者个性心理特征的差异性，是通过不同的购买行为表现出来的。

2. 个性的形成。个性常被当做人格的同义词。一般认为个性包括个性倾向和个性心理特征两个方面。每个人通过各种社会活动在体验中逐步形成相对稳定的心理趋势，使个体心理活动带有经常的、稳定的性质。但每个人又有着不同的生活环境和社会经历，从而形成不同的性格、气质和能力特点。这两方面特点的结合形成个性心理特征的特殊性。

（二）消费者需要与动机

1. 消费者需要。

（1）需要的含义。消费者需要是指消费者生理和心理上的匮乏状态，即感到缺少什么，从而想获得它们的状态。个体在其生存和发展过程中会有各种各样的需要，如饿的时候有进食的需要，渴的时候有喝水的需要，在与他人交往中有获得友爱、被人尊重的需要等。德国心理学家勒温认为，个人与环境之间有一定的平衡状态，如果这种平衡状态遭到破坏，就会引起一种紧张，产生需要或动机。如果需要得不到满足或受到阻遏，紧张状态就会保持，促使人们从事消除紧张、恢复平衡、满足需要的活动。需要满足后，紧张才会消除。因此，需要是行为的动力。

（2）需要的层次。人的需要是无止境的，在同一时点有可能是多种多样的，如夏天来了，既要喝饮料，又要买夏装等，但是，所有需要因受条件（收入水平等）所限不可能都得到满足，这就有必要把人的各种需要进行分类排序，先满足哪些？后满足哪些？为便于研究，可将需要进行分类。美国著名人本主义心理学家马斯洛在以下几个假设基础上提出了需要层次理论，其理论假设为：人类至少有生理需要、安全需要、爱与社交需要、尊重需要和自我实现需要五种（见图5－2）。

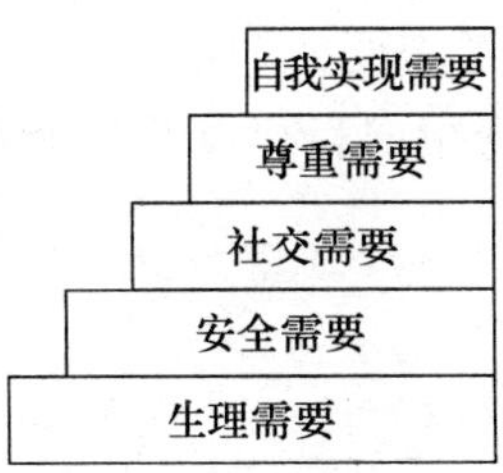

图5－2 需要层次

生理需要：在一切需要中，生理需要是最优先满足的。它包括对食物、水、空气、衣物、性等的需要。

安全需要：当人们的生理需要得到基本满足之后，就会产生为避免生理及心理方面受伤害所要求的保护和照顾欲求。

社交需要：这是人类希望给予和接受到友谊、关怀爱护、得到社会团体的重视与容纳的欲求。这种需要促使人们效力于与他人感情的联络和建立各种社会人际关系，如朋友往来、寻求伙伴、参加某些团体或集会，等等。

尊重需要：人们都希望自己有稳定牢固的社会地位，需要自尊及他人的尊重。自尊是人们希望对自己的事务有一定的控制力，希望能独立生活而不依赖他人，以及不断增长知识实力的欲求。他人的尊重即以名誉、地位、威信或社会成就为基础，获得他人的敬重。

自我实现需要：人们希望自我潜能和才能得到极大发挥，取得一定成就，对社会乃至整个人类有较大贡献，需要别人对自己通过努力获得的成果给予肯定，受到社会的承认等。

马斯洛的需要层次理论离开了一定的社会生产关系抽象地谈论人的需要是有缺陷的，但这种需要分类方法对于分析消费者的购买动机和消费行为是有用的。

2. 消费者动机。

（1）动机的形成过程。人们正常生活的某种或某些缺乏（即需要）一旦被意识到，他的整个身体的能量便会被动员起来，有选择地指向可满足需要的外界对象（即产品）。这种推动人们寻求满足需要的内在动力便是动机。凡是引起消费者去从事某种购买活动，并使这一活动指向特定目的以满足他某一需要的愿望或意愿，都被称为消费动机（即购买动机）。

有动机的行为是对准某个目标或目的的活动，对消费者的研究表明，一是动机必须有某个目标或目的作为活动的一种刺激，而且这个目标或目的存在于人的外部；二是在被促动的个人内部有一种能刺激起活动的状态或条件（如身份地位的社会需要或是口渴等的生理需要）。例如，一个饥饿的人，他体验到饥饿的内驱力（条件），后来他的行为指向目标食物或食物的刺激（广告宣传）（见图5－3）。

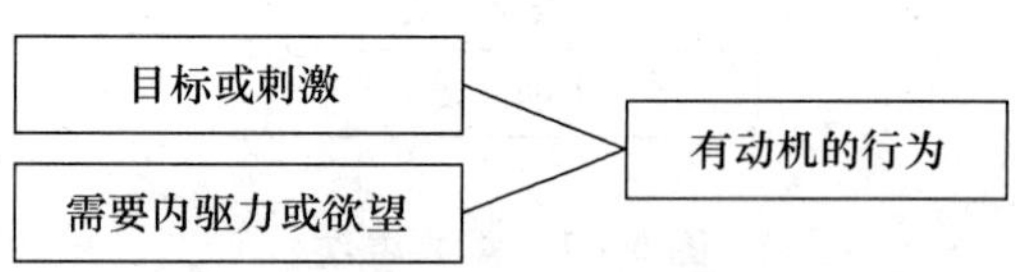

图5－3 动机形成的要素

消费动机的形成一般经过以下三个阶段：一是消费者对产品（目标）的注意阶段。它是指消费者对产品各属性价值的反映过程。二是消费者对产品的情感阶段。情感是消费者对注意的产品是否感兴趣和是否满意。三是消费者对产品的购买意志阶段。它指消费者自觉地、有目的地准备收集该产品信息，并打算购买行为的心理状态。

注意、情感和意志三个阶段相互影响，彼此渗透，共同构成消费者的购买冲动，即购买动机。其中，意志过程是消费者努力排除各种干扰，自觉准备实现购买的关键性阶段。

（2）动机的基本类型。消费者的消费行为其实质就是解决需要问题的办法，消费者富有弹性的购买行为都是在消费动机支配下发生的，由于需要的复杂多样性及消费者所处环境的差异性，在此基础上的消费动机也是各种各样的。消费者购买产品的基本动机大体有解决问题、防备问题、不完全满足、正常消耗、满足感官、促进智力和社会认可等。

消费者的每一次购买活动中通常包含了一个或几个购买动机。

三　消费者的学习

学习是指由于后天经验而引起个人知识结构和行为的改变。内在需要引起购买某种商品的动机，这种动机可能在多次购买之后仍然重复产生，也可能在一次购买之后即行消失。为何会重复或消失，心理学家认为来自“后天经验”，可用“学习的模式”来表述（见图 5 – 4）。

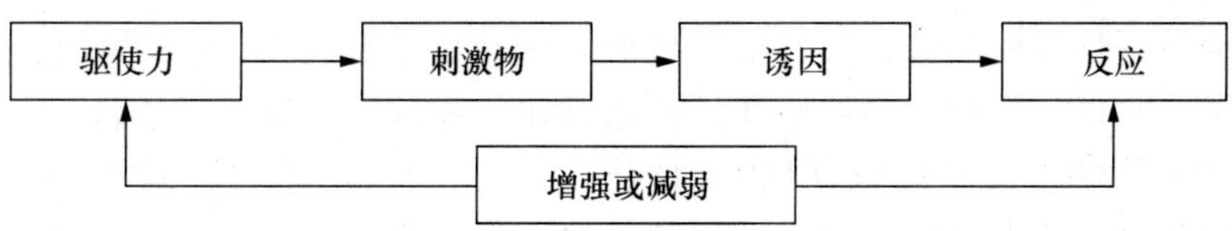

图 5 – 4　学习的模式

（一）学习的模式

1. 驱使力。是指存在于人体内驱使人们产生行动的内在刺激力。驱使力，即内在需要。心理学家把驱使力分为原始驱使力和学习驱使力两种。原始驱使力指先天形成的内在刺激力，如饥、渴等。学习驱使力指后天形成的内在刺激力，如骄傲、贪婪等。成人会担心财产安全、交通安全，希望工作取得成就等，都是从后天环境中学习得到的。

2. 刺激物。是指可以满足内在驱使力的物品。比如，人们感到饥渴时，饮料和食物就是刺激物。如果内在驱使力得不到满足，就会处于“紧张情绪”中，只有相应刺激物可使之恢复平静。当驱使力发生作用并寻求相应刺激物时，就成为动机。

3. 诱因。是指刺激物所具有的能驱使人们产生一定行为的外在刺激，可分为正诱因和负诱因。正诱因是指吸引消费者购买的因素，负诱因是指引起消费者反感或回避的因素。所有营销因素均可成为诱因，如刺激物的品种、性能、质量、商标、包装、服务、价格、销售渠道、销售时间、人员推销、展销、广告等。

4. 反应。是指驱使力对具有一定诱因的刺激物所发生的反射行为。比如，是否购买某商品以及如何购买等。

5. 增强或减弱。是指驱使力对具有一定诱因的刺激物发生反应后的效果。若效果良好，则反应被增强，以后对具有相同诱因的刺激物就会发生相同的反应；若效果不佳，则反应被削弱，以后对具有相同诱因的刺激物不会发生反应。

（二）消费者学习的一般特征

1. 消费者学习是源于消费需求的被动性学习。与学生积极主动地学习不同，消费者学习是一个被动的学习过程。消费者熟悉一种商品一般不会像学生那样接受专门的学习和培训，他们是在消费需求的指引下对商品的“无奈”学习。由于要穿衣服，所以要了解一些服装面料、款式的知识。由于要饮食，所以要知道一些食品营养、烹制方法方面的知识。

由于学习具有被动性，所以消费者的学习水平相对肤浅，一般缺乏对商品的深刻认识。而且，消费者学习的知识一般都比较零散的，缺乏系统性。

2. 消费者学习是对消费领域的内容学习。消费者的学习是对购物、享受服务过程中各个环节内容知识的学习和相关技能的获得。

3. 学习对消费者行为的积极影响。一是消费者学习可以增加消费者的商品知识，丰富消费者的购物经验，帮助消费者更好地作出购买决策。二是消费者学习能够促进消费者的购物能力，加速购买活动的完成过程。三是消费者学习有助于消费者养成一种正确的购物观念，不仅可以较快地接受新的产品，而且可以使消费者认牌购买，成为某一品牌的忠实顾客。

四　消费者态度

（一）消费者态度概述

1. 消费者态度的含义。学术界对态度大致有 3 种不同的看法。第一种看法认为，态度主要是情感的表现，或反映的是人们的一种好恶观。第二种看法认为，态度是情感和认知的统一。美国学者罗森伯格说：“对于态度客体的情感反应，是以对客体进行评价所持的信念或知识为依据的，所以，态度既有情感成分又有认知成分。”第三种看法则将态度视为由情感、认知和行为构成的综合体。

克雷奇、弗里德曼等人对态度下的定义就反映了这种观点。人们几乎对所有事物都持有态度，这种态度不是与生俱来的，而是后天习得的。

2. 消费者态度的功能。消费者对产品、服务或企业形成某种态度，并将其储存在记忆中，需要的时候，就会将其从记忆中提取出来，以应付或帮助解决当前所面临的购买问题。通过这种方式，态度有助于消费者更加有效地适应动态的购买环境，使之不必对每一新事物或新的产品、新的营销手段都以新的方式作出解释和反应。从这个意义上，形成态度能够满足或有助于满足某些消费需要，或者说，态度本身具有一定的功能。

适应功能，亦称实利或功利功能，是指态度能使人更好地适应环境和趋利避害。人是社会性动物，他人和社会群体对人的生存、发展具有重要的作用。只有形成适当的态度，才能从某些重要的人物或群体那里获得赞同、奖赏或与其打成一片。

自我防御功能，是指形成关于某些事物的态度，能够帮助个体回避或忘却那些严峻环境或难以正视的现实，从而保护个体的现有人格和保持心理健康。

知识或认识功能，是指形成某种态度，更有利于对事物的认识和理解。事实上，态度可以作为帮助人们理解世界的一种标准或参照物，有助于人们赋予变幻不定的外部世界以某些意义。

价值表达功能，是指形成某种态度，能够向别人表达自己的核心价值观念。

（二）消费者态度的三种成分

认知成分、情感成分和行为成分构成了消费者态度的三种成分。

1. 认知成分。即信念，是指消费者对某品牌产品的属性和利益形成的认识。信念的形成可以基于知识，也可以基于信仰或情感等。顾客的信念决定了企业和产品在顾客心目中的形象，决定了顾客的购买行为。消费者的品牌信念为营销人员提供了一种识别本公司品牌相对于竞争者品牌的优势与劣势的方法，如果调查显示本公司品牌在属性和利益方面处于劣势，就要考虑改进产品或重新定位。

2. 情感成分。是指消费者对品牌的情绪或情感反应，它是消费者行为的决定因素。有些营销人员把情感成分与消费者态度作为同一概念，换言之，有时所说的“消费者态度”是指消费者的情感成分，而不包括认知成分和行为成分。

3. 行为成分。是指消费者对态度对象作出特定反应的倾向。如消费者决定买还是不买科龙空调，是不是向朋友推荐该品牌等。行为往往是针对整个事物的，不像信念和情感那样有具体的属性指向，消费者难以针对产品的某些具体属性作出反应，而是针对整个产品作出买或不买的决定。

第二节　消费者行为的影响因素

消费者行为是人的社会化的行为，它受消费者个体所处的环境及消费者个体心理差异等因素的影响。消费者行为的影响因素如图5－5所示。

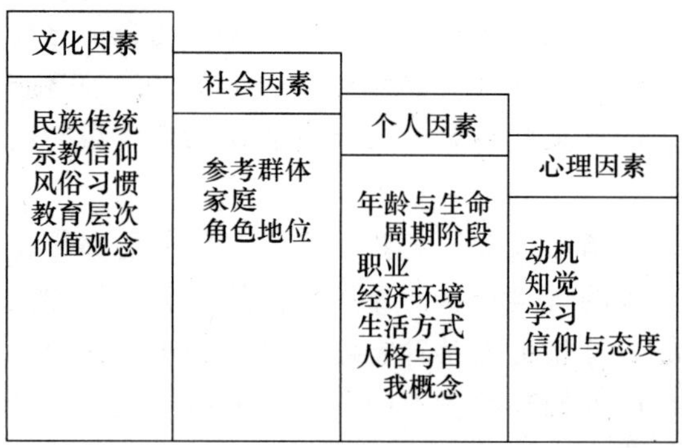

图5－5　消费者行为的影响因素

一　文化因素

文化因素是指人类在社会历史发展过程中所创造的物质财富和精神财富的总和，具体表现在民族传统、宗教信仰、风俗习惯、教育层次和价值观念等。

（一）民族传统

各民族都有自己的文化传统。如中华民族一向有勤劳、节俭的传统，在消费上表现为重积累、重计划等。在选择商品时追求实惠和耐用，相对而言不太注重外观包装，而且大部分开支是用于日用品，消费理智。而西方有些国家则不同，一向强调享受生活，在消费行为上表现为注重当前消费效果，购买时不太讲实用，冲动性购买较多，选择商品时讲究环境，追求商品外观装饰等。

（二）宗教信仰

世界上宗教信仰多种多样，对于各种教徒的婚丧嫁娶、饮食起居等有许多规定，这些规定无疑影响到人们的消费购买行为。如信奉伊斯兰教的人们都要吃清真食品，禁食猪肉。在这些教区推销猪肉及猪肉制品显然是一大营销禁忌。一些宗教节日和与宗教信仰有关的传统节日往往是消费者的消费旺季，也是营销人员推销相关商品的黄金时间。

(三) 风俗习惯

不同的国家、民族和地区都有其独特的风俗习惯，这些风俗习惯有的是因历史、宗教而形成的，有的是因自然环境、经济条件所决定的。如东方国家习惯上把红色作为吉祥的象征，在法国和瑞典则视红色为不祥之兆。为此，当中国的红色爆竹开始推销该地时，销路自然不畅，后改用灰色，才把销路打开。在我国有中秋吃月饼，端午吃粽子的传统，因而每年的中秋、端午都出现对月饼和糯米的购买热潮。

(四) 教育层次

现实社会中，人们所受教育的程度和层次是存在差异的，这些差异也影响到人们的消费行为。如教育层次较低的群体在选择购买食品时，易流于对某一食物的盲目倾向性消费并较多地受到味觉的驱使，而教育层次较高的群体则依据科学、合理的营养组合原则来选购食品；教育层次较高的家庭，购买儿童玩具比较注重玩具对儿童的智力开发，而层次较低的家庭对玩具的选购则偏向于满足儿童的直接玩耍要求。

(五) 价值观念

价值观念是指人们对事物的是非与优劣的评判原则和评判标准。改革开放前，中国消费者认为富裕并非是光荣之事，标新立异是不合群之举。这种观念反映到服装消费上，便是追求朴素、大众化的格调。而改革开放后，人们的价值观念发生了重大变化，在购买服装时更多地倾向于式样、面料、色彩的新颖，注重服装与个性的协调，追求个性化。

二 社会因素

消费者行为要受社会因素的影响，比如消费者所处的群体、家庭、社会角色与地位等。

(一) 群体

群体或社会群体是指通过一定的社会关系结合起来进行共同活动而产生相互作用的集体。大多数人都属于或希望加入各种群体。群体既为人的社会化提供了场所和手段，又为个体的各种社会需要的满足提供了条件和保障。离开了家庭、邻里、朋友和其他各种类型的群体，人的很多需要无法得到满足，人的社会化也无从谈起。

(二) 家庭

家庭成员对购买行为影响极大。家庭是社会中最重要的消费者群体，对此人们已做过深入研究。营销人员应重视丈夫、妻子和孩子购买产品或服务时的作用和影响。

丈夫和妻子谁说了算，在很大程度上取决于产品种类或他们处在购买决策过程中的哪一步。购买与生活方式关系很大，在美国，妻子一直是家庭购买活动的主要完成者，特别在食品、日用品和服装上。由于现在70%的妇女在工作，她们希望丈夫也帮家里买东西，所以情况正在变化。例如，45%的轿车是妻子做主买的，40%的食品购买是丈夫付的款。然而，在不同国家或社会阶层情况有所不同，市场营销人员必须对目标市场的有关情况不断进行研究。

（三）社会角色与地位

一个人可以同时属于多种组织，如家庭、俱乐部或其他组织。人在组织中的位置可以用社会角色和地位来定义。比如，男人与父母在一起时，他是儿子；在自己家里，他是丈夫，是父亲；在单位，他是领导或职员。

社会角色都代表一种地位，反映了社会对这种地位的承认。人们常选择代表社会地位的产品，例如，著名影星这个社会角色就比普通职员这个社会角色在社会中显得要高。作为著名影星，他们要买反映其地位和作用的生活用品。

三　个人因素

个人因素也会影响购买者的行为，比如，购买者的年龄、生命周期的各个阶段、职业、经济情况、生活方式、个性以及自我概念等。

（一）年龄和生命周期阶段

人们对食品、服装、家具、休闲活动与年龄关系很大，购买与家庭生活周期阶段有非常重要的关系。家庭在成熟的过程中要经历许多阶段。营销人员按家庭生活周期的阶段定义目标市场，为各阶段开发合适的产品，制订适当的营销计划。

（二）职业

一个人的职业会影响他所购买的产品和服务。蓝领工人一般购买较多的工作服，而白领工人则购买西装和领带。营销人员试图确认那些对他们的产品和服务有相当兴趣的职业群体，甚至专门制造既定职业群体所需的产品。

（三）经济状况

一个人的经济状况影响他对产品的选择。公司在经营与收入水平相关的产品时，会很注意个人收入、储蓄和利率的变化趋势。由于消费者收入是有差异的，又是不断变化的，它必然会影响消费者的消费数量、质量、结构及消费方式，因此，它影响消费者的消费行为。

（四）生活方式

生活方式是由人的心理图案反映的生活形式，包括消费者活动、兴趣和观念等。生活方式表现的内容远比人的社会阶层或个性要多，它勾画出一个人在社会中的行动和兴趣的形式。如果认真研究生活方式，就可以帮助营销人员了解变化中的消费者的价值观，并弄清它们是如何影响购买行为的。

（五）个性和自我概念

每个人独特的个性将影响其购买行为。个性是单一的心理图案，它相对稳定。个性常用形象言辞来描绘，比如自信、权威、爱社交、自主、自我保护、适应性和野心等。个性能被用于分析消费者对某些产品或品牌的选择。例如，咖啡制造商发现喝浓咖啡的人社交能力很强，因此麦氏公司的广告表现了冒热气的咖啡和人们轻松交流的样子。

自我概念是个体对自身的知觉、了解和感受的总和。每个人都会逐步形成关于自身的看法，如是丑是美、是胖是瘦、是能力一般还是能力出众，等等。自我概念回答的是“我是谁”和“我是什么样的人”一类问题，它是个体自身体验和外部环境综合作用的结果。一般认为，消费者将选择那些与其自我概念相一致的产品与服务，避免选择与其自我概念相抵触的产品和服务。正是在这个意义上，研究消费者的自我概念对企业特别重要。

第三节　消费者的购买决策过程

消费者在购买之前，都有一个决策过程，是买还是不买？买什么牌子？买多少等，都要经过考虑后才能作出决定。消费者决策过程又受很多因素影响。

一、消费者的购买决策及决策参与者

（一）消费者的购买决策

即消费者对购买活动的各项事宜作出决定。它有如下一些情况：（1）决策者必定面临一个需要问题或待解决的动机冲突。如消费者面临买与不买；使用与不使用某产品；从百货店买还是到连锁店去购买等。（2）决策者总有欲望达到某个或某目标，消费者的目标就是从产品或服务中得到满足。（3）为达目标，决策者必定有若干可供选择的实施方案，如购买前必定有几个备择物（不同产品特征和品牌及价格等因素）。（4）决策者面临某种不确定性，在购买活动中，不确定性表现为缺乏有关备择物的必要信息。

（二）消费者的购买决策过程

由于消费者所要购买的产品种类、价格、个人的能力以及经济条件等因素不同，消费者的购买决策过程有时比较简单，有时较为复杂，一般来说，经过以下几个阶段：(1) 问题认知。即消费者发现了、知觉到了要解决的问题（需要）。这可以由内部刺激引起，如饥饿使人产生进食的需要；也可由外部刺激引起，如看到别人买了饮料，想到自己也需要。(2) 寻求解决问题的方案。即收集备择物。为了解决需要问题，消费者尽可能地收集各种能满足需要的产品信息方案，以便把不确定性减少到最低限度。信息来源可以是储存于个体内部记忆和经验中的信息，还可以来源于外部的报纸、杂志、电视等广告信息。收集到的所有方案形成一个方案集。(3) 评价解决方案。消费者所寻求到的方案集中有数个解决需要问题的方案，对于这些方案消费者必须对它们进行比较、评价各自的优、缺点，以便从中找出最佳方案。(4) 决定。确定最满意的方案措施，决定采取行为。

现实消费中，并不是每一个购买决策的四个阶段都非常明显，如在购买日常用品时，第 (2)、(3) 阶段的特征就不很明显，比如说洗衣粉用完了，就会马上到商店去买一袋；但是需要购买价格昂贵且能长期使用的产品时，决策过程的每一阶段都非常复杂，决策时间相当长。

(三) 购买决策参与者

在进行购买决策的过程中，涉及许多不同角色的人，他们对购买决策都将施加影响。这些不同角色的参与者包括：(1) 发起者：首先发现问题或有意购买某一产品或服务的人。(2) 影响者：其对产品方案的看法或建议对最终决策购买具有一定影响的人。(3) 决策者：对是否买、为何买、如何买、何处买等决策作出完全或部分决定的人。(4) 购买者：实际用货币换取产品的人。(5) 使用者：实际消耗或使用或占用产品或服务的人。

在上述参与者中，有的是扮演一种角色，有的可能是多种角色，不同角色在决策中的作用是不同的。

二、影响购买决策的因素

影响消费者购买决策的因素主要来自以下几个方面：

1. 参与决策者所处的环境。包括时空环境、人际关系环境、社会文化环境和经济环境。当然，还包括家庭环境。

2. 刺激因素。包括产品本身的功能与外观式样、商标、包装、价格、信誉及服务水平。购买产品是为从中获得产品功能提供的使用价值，因此，产品的功能是人们是否购买的最基本因素。但功能相同的产品，外观新颖、价格便宜、包装精美等刺激更能引起消费者兴趣，更能促使其购买行为发生。

3. 消费者个人因素。包括性格、爱好、性别、年龄、知识经验等，使购买决策带有个人的主观特点。

三、购买决策的主要内容

消费者在决策过程中所要解决的问题，主要是在最便利条件下选到质量好、价格合理、符合个人兴趣爱好的产品。消费者的购买决策内容主要包括：

1. 买什么。它是购买决策最基本的任务之一。买什么不能决定，根本谈不上有任何购买活动的产生。决定买什么不只停留在一般产品类别上，而且要明确具体对象。如口渴，不能只决定买液体或固体，还要具体到买什么液体（如可乐型），什么名字，哪个厂家生产的（如“可口可乐”公司生产的）。

2. 买多少。是指决定购买产品的数量。它受市场供应情况和家里的实际需要及支付能力的影响。如定了可口可乐后，买1200ml还是买500ml，买一瓶或一箱等具体数量都应决定，非常渴则多买，不是很渴则少买，但多买的前提是支付得起。

3. 到什么地方买。即到哪里取得产品。这与路途远近、商店服务态度、可供挑选的商品品种、数量、价格等都有关。一般来说，各个商店都有各自不同的吸引力，如这个商店可供选择的产品品种不多，但离家近、方便。那个店离家远，但品种齐全，任我挑选。通常是选购日用品，就近方便购买是首选；但高档耐用品，消费者宁愿多花时间走远点，上繁华商业区或专卖店以选购称心如意的产品。

4. 什么时间购买。是指即时购买还是延缓购买，是上班时买还是节假日买等。这与消费者对产品的需要急迫性、存货情况和营业时间、交通情况及消费者的作息空闲时间有关。如果是满足即时需要（如下雨时需要雨伞）则应及时购买，过了需要的时间段则放弃购买（天晴时就不打算买雨伞了）。如果是晚上想要买衣服，而商店已关门，则会选择第二天或另一时间购买。通常情况是消费者在工作时间外的空闲时间（如节假日）购物次数和数量都多些。

5. 如何购买。即消费者购买商品时的货币支付方式和获得产品所有权的方式和途径。有邮购、函购、自己去商店买、托人买、现金支付或信用卡支付等。目前还有网络购物方式，消费者与厂家计算机联网，在网上查询信息发邮件向厂家购买，通过银行网络系统结算或货到付款，或款到发货等各有特点。

第四节 组织市场购买行为分析

一 组织市场的含义

组织市场和消费者市场的主要区别在于：购买者主要是企业或社会团体而不是个人或家庭消费者；目的是为了用于生产或转卖以获取利润，以及其他非生活性消费，而不是为了满足个人或家庭的生活需要。根据组织市场的这种特点，可将组织市场定义为：购买商品和服务以用于生产性消费，以及转卖、出租，或用于其他非生活性消费的企业或社会团体。组织市场的规模很大，往往是消费者市场规模的几倍。所以组织市场一直是企业十分关注的市场。

（一）组织市场的分类

正因为我们把众多的不同购买者集合在一起统称为“组织市场”，所以有必要对其进行一下分类（见图5-6），以作进一步的分析与比较。

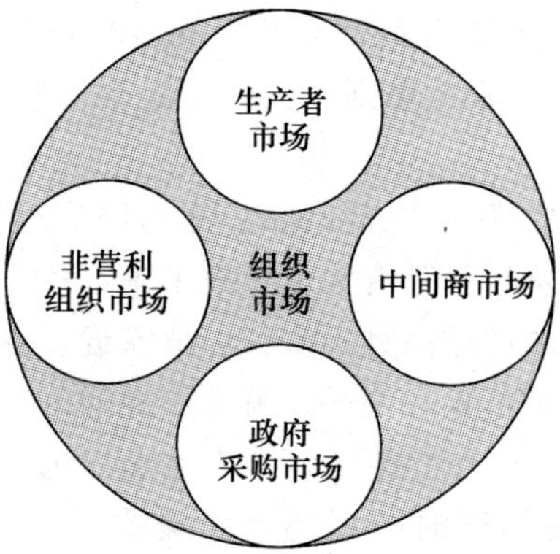

图5-6 组织市场的主要构成

1. 生产者市场。在某些场合，它亦可称作产业市场或工业市场。它主要由这样的一些个体和组织构成：它们采购商品和劳务的目的是为了加工生产出其他产品以供出售、出租，从中谋利，而不是为了个人消费。这部分市场是“组织市场”的主要组成部分。它主要由以下产业构成：(1) 农、林、牧、渔业；(2) 采矿业；(3) 制造业；(4) 建筑业；(5) 运输业；(6) 通信业；(7) 公用事业；(8) 银行、金融、保险业；(9) 服务业。以生产者市场为服务目标的企业，必须深入研究这个市场的特点，并分析其购买行为，才能取得营销的成功。

2. 中间商市场。亦称转卖者市场。它是由所有以营利为目的而从事转卖或租赁业务的个体和组织构成，包括批发和零售两大部分。在许多场合中，批发和零售往往作为营销渠道的组成部分被提出，而不作为组织市场的一部分介绍。其实，中间商市场和生产者市场有着许多相似之处，包括双方的购买行为上，也有许多雷同的地方。因此，有必要把它作为组织市场的第二主要组成部分介绍。

3. 非营利性组织。也称机构市场。主要是指一些由学校、医院、疗养院、监狱和其他为公众提供商品和服务的部门所组成的市场，它们往往是以低预算和受到一定的控制为特征的，而且一般都是非营利性的。所以，这部分市场也有其独特的特点。

4. 政府采购市场。在大多数国家里，政府也是产品和劳务的主要购买者。由于政府的采购决策要受到公众的监督，因此它经常会要求供应商准备大量的书面材料。此外，政府市场还有一些以竞价投标为主，向国内供应商采购等特点。

（二）组织市场的特征

组织市场与消费者市场相比，具有一些鲜明的特征。

1. 购买者少，购买规模大。组织市场上的购买者比消费者市场上的购买者要少得多。例如，美国固特异轮胎公司的订单主要来自通用、福特、克莱斯勒三大汽车制造商，但当固特异公司出售更新的轮胎给消费者时，它就要面对全美1.71亿汽车用户组成的巨大市场。组织市场不仅买主人数少而且其购买次数也少。一家生产企业的主要设备要若干年购买一次，原材料与零配件大都只签订长期合同。而文具纸张等日用品常常是8个月集中购买一次。购买次数少就决定了每次采购量大。特别在生产比较集中的行业里更为明显，通常少数几家大企业的采购量就占该产品总销售量的大部分。

2. 购买者在地域上相对集中。由于资源和区位条件等原因，各种产业在地理位置的分布上都有相对的集聚性，所以组织市场的购买者往往在地域上是相对集中的。例如，中国的重工产业大多集中在东北地区，石油化工企业在东北、华北以及西北的一些油田附近，金融保险业在上海相对集中，而广东、江苏、浙江等沿海地区集聚着大量轻纺和电子产品的加工业。这种地理区域集中有助于降低产品的销售成本，这也使得组织市场在地域上形成了相对的集中。

3. 直接销售。消费品的销售通常都经过中间商，但组织材料的购买者大多直接向生产者购买。这是因为，购买者数量有限，而且大多属于大规模购买，直接购买的成本显然低得多。此外，组织市场的购买活动在售前、售后都需要由生产者提供技术服务。因此，直接销售是组织市场常见的销售方式。

4. 专业购买。组织机构通常比个人消费者更加系统地购买所需要的商品，其采购过程往往是由具有专门知识的专业人员负责，例如采购代理商。这些代理商将其一生的工作时间都花在学习如何更好地采购方面。他们的专业方法和对技术信息评估能力导致他们的购买建立在对商品价格质量比、售后服务及交货期的逻辑分析基础之上的。这意味着组织营销者必须具有完备的技术知识，并能提供大量的有关自身及竞争者的数据。

5. 需求缺乏弹性。组织市场的需求受价格变化的影响不大。皮鞋制造商在皮革价格下降时，不会打算采购大量皮革。同样，皮革价格上升时，他们也不会因此而大量减少对皮革的采购，除非他们发现了某些稳定的皮革替代品。需求在短期内无弹性，因为厂商不能对其生产方式作许多变动。

6. 互惠购买原则。另外一种在消费者市场中不会发生但在组织营销过程中常见的现象是互惠现象。也就是"你买我的产品，那么我也就买你的产品"。更通俗地说，叫互相帮忙。由于生产资料的购买者本身总是某种产品的出售者，因此，当企业在采购时就会考虑为其自身产品的销售创造条件。但这种互惠购买的适用范围是比较狭窄的，一旦出现甲企业需要乙企业的产品，而乙企业并不想购买甲企业的产品时，就无法实现互惠购买。这样互惠购买会演进为三角互惠或多角互惠。例如，甲企业向乙企业提出，如果乙企业购买丙企业的产品，则甲企业就购买乙企业的产品，因为丙企业以甲企业推销其产品作为购买甲企业的产品的条件。这就是三角互惠。虽然这类现象极为常见，但大多数经营者和代理商却反对互惠原则，并视其为不良习俗。

7. 租售现象。一些组织购买者乐于租借大型设备，并不愿意全盘购买。租借对于承租方和出租方有诸多好处。对于出租方，当客户不能支付购买其产品的费用时，他们的优惠出租制度为其产品找到了用武之地。对承租方，租借为他们省下了大量资金，又获得了最新型的设备。租期满后可以购买折价的设备。这种方式目前在工业发达的国家有日益扩大的趋势。特别适用于电子计算机、包装设备、重型工程机械、运货卡车、机械工具等价格昂贵、精神磨损迅速或并不经常使用的设备。在美国，租赁方式已扩大到小型次要设备，甚至连办公室家具也都可以租赁。

在研究组织市场购买行为一般特征的基础上，在具体的营销活动中还应当注意对特定购买者行为特点的研究和分析。这是因为，相对数量众多的个人消费者而言，数量有限的组织购买者行为特征的个性更为明显。

二　组织市场购买决策

正如个人消费者一样，组织消费者在作出购买决策之前，也经历几个步骤，心理过程在这之中也充当了一个重要的角色。两者不同的是，组织购买更正规化、专业化、系统化。

（一）购买行为类型

组织购买者行为的复杂程度和采购决策项目的多少，取决于采购业务的类型。我们把它分为以下三种类型。

1. 直接再采购。是指采购方按既定方案不作任何修订直接进行的采购业务。这是一种重复性的采购活动。按一定程序办理即可，基本上不用作新的决策。在这种情况下，采购人员的工作只是从以前有过购销关系的供应商中，选取那些供货能满足本企业的需要和能使本企业满意的供应商，向他们继续订货。入选的供应商应该尽最大的努力，保持产品和服务的质量，以巩固和老客户的关系，落选的供应商则应努力做一些新的工作，消除买方的不满，设法争取新的订单。

2. 修正再购买。是指组织购买者对以前已采购过的产品通过修订其规格、价格、交货条件或其他事项之后的购买。这类购买较直接再购买要复杂，购销双方需要重新谈判，因而双方会有更多的人参与决策。在被选的“名单”中的供应商压力会很大，为了保持交易将加倍努力。而对“名单”之外的供应商来说，也是一次机会，他们将会提供更好的条件以争取新的业务。

3. 新购。是指组织购买者第一次购买货品的购买行为。新购的成本费用越高，风险越大，参加决策的人数就越多，所需信息量也越多，制定决策的时间也越长。新购没有固定的供应商，所以，对一切供货方来说都有机会。他们应设法接触主要的采购影响者，并向他们提供有用的信息和协助。许多公司设立专门的机构负责对新客户的营销，由最好的营销人员组成。

在直接再采购的情况下，组织购买者所作的决策数量最少。而在新的条件下，他们所作的决策数量最多。购买者必须决定产品规格、价格限度、交货条件与时间、服务条件、支付条件、订购数量、可接受的供应商以及可供选择的供应商。不同的决策参与者会影响每一项决策。

（二）购买决策者

谁在从事为组织市场所需要的价值达数千亿美元的商品和服务的采购呢？在直接再采购时，采购代理人起的作用较大；而在新任务采购时，其他组织人员所起作用较大。我们把采购组织的决策单位叫做“采购中心”，并定义为：所有参与购买决策过程的个人和集体。他们具有某种共同目标并一起承担由决策所引发的各种风险。采购中心包括购买组织中的全体成员，他们在购买决策过程中可能会形成五种不同的角色（见图 5 - 7）。

1. 使用者。是指组织中将使用产品或服务的成员。在许多场合中，使用者首先提出购买建议，并协助确定产品规格。

2. 影响者。是指影响购买决策的人，他们协助确定产品规格，并提供方案评价的情报信息，作为影响者，技术人员尤为重要。

3. 决策者。是指一些有权决定产品需求和供应商的人，在重要的采购活动中，有时还涉及主管部门或上级部门的批准，构成多层决策的状况。

4. 购买者。是指正式有权选择供应商并安排购买条件的人。购买者可以帮助制定产品规格，但主要任务是选择卖主和交易谈判。在较复杂的购买过程中，购买者或许也包括高层管理人员一起参加交易谈判。

5. 守门者。是指有权阻止销售员或信息员与采购中心成员接触的人。主要是为了控制采购组织的一些信息不外露。例如，采购代理人、接待员和电话接线员都可以阻止推销员与用户或决策者接触。

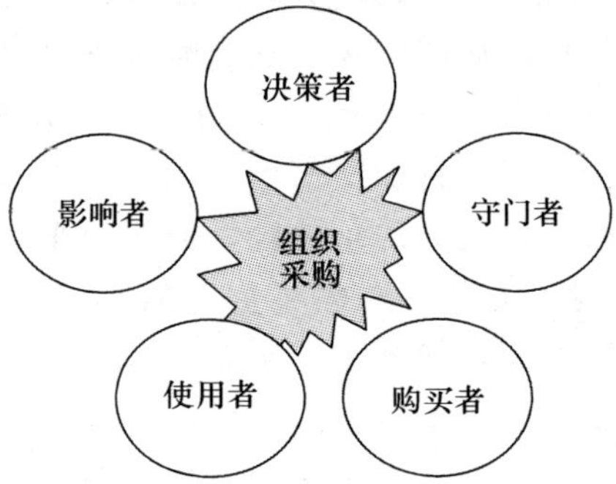

图 5－7　组织购买决策的主要参与者

三　影响采购决策的主要因素

组织采购人员在作出购买决策时受到许多因素影响。在这里，我们可以把影响组织购买者的因素归为环境因素、组织因素、人际因素和个人因素（见图 5－8）。

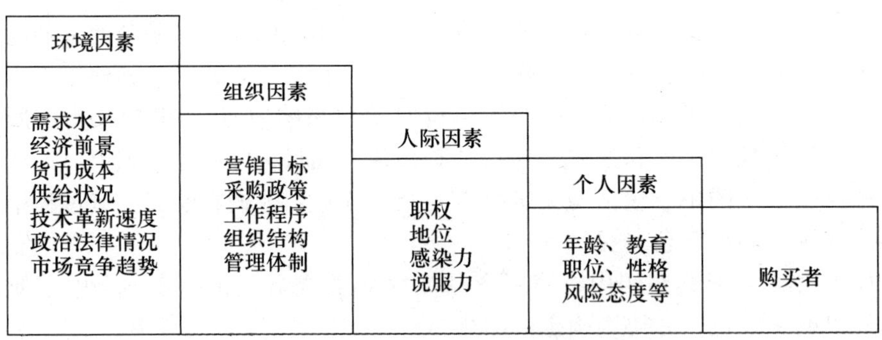

图 5－8　影响组织采购行为的主要因素

（一）环境因素

市场营销环境和经济前景对企业的发展影响甚大，必然影响到其采购计划。例如，在经济衰退时期组织购买者会减少对厂房设备的投资，并设法减少存货。组织营销人员在这种环境下刺激采购是无能为力的，他们只能在增加或维护其需求份额上作艰苦的努力。

原材料的供给状况是否紧张，也是影响组织用户采购的一个重要环境因素。一般企业都愿购买并储存较多的紧缺物资，因为保证供应不中断是采购部门的主要职责。同样，采购者也受到技术因素、政治因素以及经济环境中各种发展因素的影响。他们必须密切注视所有这些环境作用力，测定这些力量将如何影响采购的有效性和经济性，并设法使问题转化为机会。

（二）组织因素

每一个采购组织都有其具体目标、政策、程序、组织结构及系统。营销人员必须了解这些问题。例如，有的地方规定只许采购本地区的原材料；有的国家规定只许买本国货，不许买进口货，或者相反；有的购买金额超过一定限度就需要上级主管部门审批等。

组织内部采购制度的变化也会对采购决策带来很大影响。如对于大型百货商场来说，是采用集中采购的进货方式还是将进货权下放给各商品部或柜组，采购行为就会有很大差别；一些组织会用长期合同的方式来确定供应渠道，另一些组织则会采用临时招标的方式来选择其供应商。西方发达国家近年来兴起一种"正点生产系统"，即适量及时进货、零库存，它的兴起大大影响了组织采购政策。

（三）人际因素

采购中心通常包括一些具有不同地位、职权、兴趣的参与者。一些决策行为会在这些参与者中产生不同的反应，意见是否容易取得一致，参与者之间的关系是否融洽，是否会在某些决策中形成对抗，这些人际因素会对组织市场的营销活动产生很大影响。营销人员若能掌握这些情况并有的放矢地施加影响，将有助于消除各种不利因素，获得订单。

（四）个人因素

购买决策过程中每一个参与者都带有个人动机、直觉和偏好，这些因素受决策参与者的年龄、收入、教育、专业文化、个性以及对风险意识的态度的影响，因此，供应商应了解客户采购决策人的个人特点，并处理好个人之间的关系，这将有利于营销业务的开展。

组织营销人员必须了解自己的顾客，使自己的营销策略适合特定的组织购买行为的环境、组织、人际以及个人因素的影响。

四 组织购买决策过程

组织购买者作出采购决策的过程与消费者有相似之处，但又有其特殊性。一般认为，组织购买者的采购决策过程可分为8个购买阶段（见图5-9）。

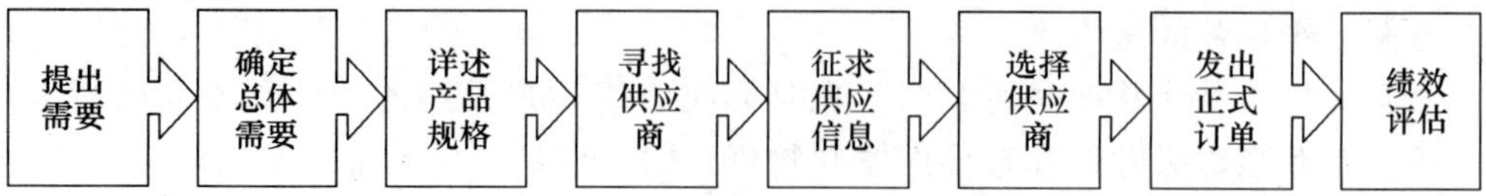

图 5－9　组织购买者采购决策过程

（一）提出需要

当公司中有人认识到了某个问题或某种需要可以通过得到某一产品或服务解决时，便开始了采购过程。提出需要由两种刺激引起：（1）内部刺激。如企业决定推出一种新产品，于是需要购置新设备或原材料来生产这种新产品；企业原有的设备发生故障，需要更新或购买新的零部件；或者已采购的原材料不能令人满意，企业正在物色新的供应商。（2）外部刺激。主要是指采购人员因某个商品展销会而引起新的采购意向，或者接受了广告宣传中的推荐，或者接受了某些营销人员提出的可以供应质量更好、价格更低的产品的建议。可见，组织市场的供应商应主动推销，经常开展广告宣传，派人访问用户，以发掘潜在需求。

（二）确定总体需要

提出了某种需要之后，采购人员便着手确定所需项目的总特征和需要的数量。如果是简单的采购任务，这不是大问题，由采购人员直接决定。而对复杂的任务而言，采购人员要会同其他部门人员，如工程师、使用者等共同来决定所需项目，并按照产品的可靠性、耐用性、价格及其他属性的重要程度来加以排列，在此阶段，组织营销者可通过向购买者描述产品特征的方式向他们提供某种帮助，协助他们确定其所属公司的需求。

（三）详述产品规格

采购组织按着确定产品的技术规格，专门组建一个产品价值分析组来完成这项工作。价值分析的目的在于降低成本，它主要是通过仔细研究每一个部件，看是否需要重新设计，是否可以实行标准化，是否存在更廉价的生产方法。该小组确定最佳产品的特征，并把它写进商品说明书中，成为采购人员拒绝那些不合标准的商品的根据。同样，供应商通过尽早地参与产品价值分析，可以影响采购者所确定的产品规格，以获得中选的机会。

（四）寻找供应商

采购者开始寻找最佳供应商。为此，从多处着手，可以咨询商业指导机构、查询电脑信息、打电话给其他公司要求推荐好的供应商；或者从商业广告、展览会获取。组织购买者通常会拒绝那些生产能力不足、声誉不好的供应商；而对合格的供应商，实地考察它们的生产设备，了解其具体情况。最后，采购者归纳出一份合格的供应商名单。

（五）征求供应信息

此时采购者会邀请合格的供应商提交申请书。有些供应商会寄送一份价目表或只派一名销售代表接洽。但是，当所需产品复杂而昂贵时，采购者就会要求待选供应商提交内容详尽的申请书。他们会再进行一轮筛选比较，选中其中最佳者，要求其提交正式的协议书。

因此，组织营销人员必须善于调研，撰写协议书。协议书不仅仅是技术文件，而且也是营销文件。在口头表示意见时，要能取信于人，必须强调公司的生产能力和资源优势。

（六）选择供应商

采购中心在作出最后选择之前，还可与选中的供应商就价格或其他条款进行谈判。营销人员可从几个方面来抵制对方的压价。如当它们所能提供的服务优于竞争对手时，营销人员可以坚持目前的价格；当它们的价格高于竞争对手的价格时，则可强调使用其产品的生命周期成本比竞争对手的产品生命周期成本低。此外，还可以举出更多的优势来抵制价格竞争。

（七）发出正式订单

采购人员选定供应商之后，就会发出正式订货单，写明所需产品的规格、数目、预期交货时间、退货政策、保修条件等项目。通常情况下，如果双方都有着良好信誉的话，一份长期有效合同将建立一种长期的关系，而避免重复签约的麻烦。在这种合同关系下，供应商答应在特定的时间之内根据需要按协议的价格条件继续供应产品给买方。这种长期有效合同是导致买方更多地向一个供应商采购，并从该供应商购买更多的项目，这就使得供应商和采购者的关系十分紧密。

（八）绩效评估

在此阶段，采购者对各供应商的绩效进行评估。可以通过3种途径：直接接触最终用户，征求他们的意见，或者应用不同的标准加权计算来评价供应商；或者把绩效不理想的开支加总，以修正包括价格在内的采购成本。通过绩效评价，采购者将决定延续、修正或停止向该供应商采购。供应商则应该密切关注采购者使用的相同变量，以便确信为买主提供预期的满足。

五 政府市场与政府采购

政府采购是组织购买者中比较特殊的一个市场，也是十分重要的一个市场，在西方已有200年左右的历史，其特点就是对政府的采购行为进行法制化的管理。英国政府在1782年设立了文具公用局，专门负责政府部门所需办公用品的采购工作，并同时开始对政府采购的管理进行立法。美国在1861年颁布了《联邦政府采购法》，并建立了专门的机构和制度。目前在世界各国政府采购的金额一般要占GDP的10%以上，美国则高达25%。无疑这是一个十分庞大的组织购买市场，必然会引起相关企业的特别关注。

（一）政府采购的含义和特点

对于政府采购的含义曾经有过许多种解释。中国政府2002年6月正式颁布的《中华人民共和国政府采购法》对政府采购的含义进行了定义："政府采购是指各级国家机关、事业单位和团体组织，使用财政性资金采购依法制定的集中采购目录以内的或者采购标准以上的货物、工程和服务的行为。"

1. 政府采购的基本要素。

（1）政府采购的主体。它是国家机关、事业单位和团体组织，而不是一般的个人或企业。从这些主体本身的性质而言，可认定其采购的目的主要是为了满足开展日常的政务活动或为社会公众提供公共服务的需要。

（2）政府采购的范围。并不包括所有的商品和服务，而是有所限定的，那就是"依法制定的集中采购目录以内"的商品和服务，以及"采购标准以上"的商品和服务。这说明政府采购实际上是一种纳入法制管理范围的组织购买行为。通过必要的法定程序是政府采购的重要特点。

（3）政府采购的资金来源。它是财政性的资金，即全民的公有财产。这就是为什么要对政府采购进行必要的法制管理的主要原因。这里所说的财政性资金，不仅包括预算内资金，也包括预算外资金。但并非所有财政性资金的使用都纳入政府采购的管理范畴，还应根据资金的使用方向，看其是否在政府采购的管理范围之内。

2. 政府采购的特点。

（1）行政性。政府采购决策是一种行政性的运行过程，要严格遵守行政决策的程序和过程，要代表政府的意志，遵循组织原则，并非将经济利益作为唯一的评价标准。

（2）社会性。政府要承担社会责任和公共责任，其包括采购行为在内的所有行为不能只对政府机构负责，而必须对全社会负责。所以，其采购行为必然要综合考虑对诸如环境、就业以及国家安全等各方面的影响。同时，政府采购行为的本身也要接受社会的监督。相比私人采购要接受董事会和股东的监督而言，其接受监督的范围要大得多。

(3) 法制性。在法治国家，政府行为的基本特征是必须在法律的范围内运行，所有行为必须符合法律的规范和原则。所以政府采购的对象、程序和操作都必须用法律的形式加以规定并严格执行。

(4) 广泛性。政府是对国家和社会实行管理和服务的机构，其涉及的事务范围极其广泛，政治、经济、军事、教育、医疗卫生、资源开发、环境保护，几乎无所不包。所以其采购的领域必然十分广泛，涉及的货物、工程和服务与众多的产业有关，从而也给各行各业创造了市场机会。

（二）政府采购的方式

根据《中华人民共和国政府采购法》的规定，政府采购基本上采用公开招标、邀请招标、竞争性谈判、单一来源采购、询价等方式。其中公开招标是政府采购的主要方式。

1. 公开招标。公开招标采购就是不限定投标企业，按照一般的招标程序所进行的采购方式。这种采购方式对所有的投标者一视同仁，主要看其是否能更加符合招标项目的规定要求。但由于整个招标、评标过程会耗费大量的费用，所以公开招标一般要求采购项目的价值比较大。

2. 邀请招标。是指将投标企业限定在一定的范围内（一般必须 3 家以上），主动邀请它们进行投标。邀请招标的原因，一方面是由于所采购货物、工程或服务具有一定的特殊性，只能向有限范围内的供应商进行采购；另一方面是由于进行公开招标所需要费用占采购项目总价值的比例过大，即招标成本过高。所以对于采购规模较小的政府采购项目一般会采用邀请招标的方式。

3. 竞争性谈判。是指采购单位采用同多家供应商同时进行谈判，并从中确定最优供应商的采购方式。一般适用于在需求紧急情况之下，不可能有充裕的时间进行常规性的招标采购；或招标后没有合适的投标者；项目技术复杂、性质特殊无法明确招标规格等情况下，就可不采用招标方式而采用竞争性谈判的采购方式。

4. 单一来源采购。即定向采购，虽然所采购的项目金额已达到必须进行政府采购的标准，但由于供应来源因资源专利、合同追加或后续维修扩充等原因只能是唯一的，就适用于采取单一来源的采购方式。

5. 询价采购。主要是指采购单位向国内外的供应商（通常不少于 3 家）发出询价单，让其报价，然后进行比较选择，确定供应商的采购方式。询价采购一般适应于货物规格标准统一，现货货源充足且价格变化幅度较小的政府采购项目。对于某些急需采购项目，或招标谈判成本过高的项目也可采用询价采购的方式。

【案例】

中国的根文化

中国在世界历史上几千年经久不衰，长期稳定的社会结构，不被外来文化吞蚀而能融合外来文化，源于中国文化重视生命、民族、社会价值的延续基因，这种基因被称为根文化。可以说，全球所有的国家和民族中，中国的根文化是最强烈、最持久的。

一般观察美国和中国的家庭差异，大多最深的印象是两代人的关系很不一样。在美国子女成年后独立而关系淡，父母不再操心，子女也很少承担“养老”责任，甚至可以不拜祭祖宗。中国人则是根情结胜过一切，父母的“寸草心”、子女的孝道、“叶落归根”、“望子成龙”是永远不变的。

1. 香火

香火是中国根文化最核心的概念。中国人无论贫富，都特别关注香火的绳绳以继。在中国最深恶痛绝的骂人语是诅咒对方“断子绝孙”！在传统儒家的教义中，也有近乎苛刻的戒律：“不孝有三，无后为大。”几千年来，它主宰着无数家庭的悲欢离合。

2. 宗族——同姓的村落

姓是中国根文化的另一表征。它表明了我们根的来源和将来的走向。在广州，著名的陈家祠是当地陈氏家族聚居并祭奠祖先的地方。而闻名中外的孔庙，则是孔子的后裔和族人历经两千多年而形成。

3. 裙带关系

血缘关系、姻缘关系等交织在一起形成了裙带关系。它左右着中国人的社会交往中的原则和行动。中国人在这错综复杂、严密而又紧凑的关系网中寻找自己的位置，并机敏灵活地应酬着。中国人习惯于在这种特定的关系网中生活，关系网的质量直接决定着他的社会自由度和社会地位。对于一个没有关系网的人，即使看似很简单的事情，也是难以办成的。

4. 乡土情结

不管在国内还是国外，中国人都会怀念自己的故土，漂泊在外的游子期待着有一天能够叶落归根。“金窝银窝，不如自己的草窝。”不管在外乡多么成功还是失败，最终的归宿还是生养自己的故土！有些客死异国他乡的漂泊者，还会提前拜托他人，将自己的尸骨带回家乡。广东“客家人”虽然历经千年的变化，但都保持着自己的古老传统，客家话、客家菜、客家戏剧、客家礼俗都像活化石一样见证着客家人骨子里的乡土情结。

根文化深植于中国人的心理底层，影响着人们消费的方方面面，衍生出中国人独特的根消费。基于延续目的的投入和消费，主要包括教育消费（对下一代）、祭祖消费（对上一代）、仪式消费、房地产消费、节庆消费。

1. 教育消费——可怜天下父母心

根文化在教育消费面前表现最明显。常常听到有些中年父母慨叹道：我们这一代就算了，寄希望于下一代吧。中国人在培育后代方面，可以用“舍得花血本”来形容。不管是穷人还是富人，不管是官员还是老百姓，不管是农民还是城市人，在这方面都毫不含糊，宁可省吃俭用，节衣缩食，宁可起早贪黑，忍辱负重，也要把钱省下来，培养后代。在中国人眼中，后代是自己的化身，是自己理想得以实现的希望！可怜中国父母心！

2. 仪式消费

仪式消费是文化的组成部分，中国是世界上仪式最盛的国家之一。婚丧嫁娶、红白喜事、添丁满月、新房搬迁、升学高就都构成中国人的仪式消费的内容，这些仪式多与根文化相关。

3. 祭祖消费

中国人为了表达对先人的哀思举行各种祭祀仪式。唐代诗人杜牧写下了脍炙人口的名句：“清明时节雨纷纷，路上行人欲断魂；借问酒家何处有，牧童遥指杏花村。”十分真切地反映了清明扫墓时的情景和氛围。每年清明产生大量的消费，各地交通运输全线吃紧；清明前后，鲜花、水果、乳猪、冥纸、鞭炮、寿衣等祭祀用品供不应求。据《新快报》报道，2004 年清明节，广州各大酒店纷纷推出各式祭祖金猪应节，仅广州饮食服务企业集团在清明节期间计划投放市场的祭祖金猪就达 8000 头。而水果消费则更上一层楼，占广州市北方水果上市量 50% 的广州蔬果集团果贸公司，清明前一周的水果交易量较平时增加 72%。

祭祀消费不仅包括祭祀过程中的消费，更包括一些较大投入的一次性殡葬消费及墓地消费。方寸大小的墓地，卖上数千元至 1 万元已算很贵了，但这还只是属中低档次，数万元才够得上高档，而几十万元一座的豪华墓地也不鲜见。（案例摘自卢泰宏《消费者行为学》，高等教育出版社 2004 年版）

问题讨论

1. 试述中国文化价值观对消费者购买行为的影响。
2. 从中国文化的主要特点来分析我国房地产消费行为。

【本章小结】

消费者购买行为受心理因素、个人因素和外在因素的影响。心理因素主要包括认知因素、消费者需要与动机、消费者的学习和消费者态度等；个人因素主要包括消费者的生命周期阶段、职业、经济条件和性格等；外在因素主要包括文化因素和社会因素，如亚文化、社会阶层、群体、社会角色等。营销人员必须深入研究和运用这些因素以提高营销效益。

消费者购买决策的一般过程可分为确认问题、信息收集、备选产品评估、购买决策和购后评价五个阶段。营销人员的任务是了解消费者在购买过程不同阶段的行为特点，制定有效的营销策略促进购买并提高购后满意度。

组织市场指购买商品和服务以用于生产性消费，以及转卖、出租，或用于其他非生活性消费的企业或社会团体。组织市场一般由生产企业、中间商、非营利性组织及政府部门等构成。

组织市场的购买类型有直接再采购、修正再采购和新购。组织购买属于群体购买决策，采购中心一般由使用者、影响者、决定者、批准者、购买者、守门者等角色构成。对组织市场购买行为的影响因素主要有环境因素、组织因素、人际因素和个人因素。

组织市场的购买决策一般经过八个阶段，它们是：问题识别、确定总体需要、详述产品规格、寻找供应商、征求供应信息、选择供应商、发出正式订单和绩效评价。组织市场的营销人员应当准确把握时机，针对不同的对象，积极开展有效的营销活动。

【思考与练习题】

1. 影响消费者行为的心理因素有哪些？
2. 影响消费者行为的外在因素有哪些？
3. 动机产生的条件是什么？马斯洛需要层次论怎样应用于购买动机研究？

4. 消费者态度包含几种成分？态度成分的相互关系及相应的营销策略有哪些？

5. 组织市场的购买决策一般会经过哪几个主要阶段？

6. 什么是政府采购？有哪些主要特点？

【市场篇实训内容和操作步骤】

（一）技能训练

1. 单项技能操作训练

站在某市零售商店的角度列举10条属于商品供求信息。

为某市3家百货商店（大店、中店、小店）测评顾客满意度，并作简单分析。

2. 综合技能操作训练

国家有关部门发布信息，我国已经存在人口老龄化问题。请你为某市大型零售企业提出相应的对策。

一位顾客要买一台液晶电视机，请你帮助决策。

（二）职业能力开发

1. 开发你的调研能力

●目标：该项练习帮助你提高信息收集与分析能力。

●内容：某班级同学消费水平及消费结构调研项目计划书。

●步骤：(1) 明确调研的目的。(2) 设计调查问卷。(3) 选择调研对象，进行问卷调查。(4) 对调查表进行统计分析。(5) 在调研班级随机选择10—15名同学访谈。(6) 撰写调研报告。

2. 开发你的产品开发与管理能力

●目标：该项练习帮助你对服装产品形成概念并学会鉴别。

●内容：对服装店、时装店经营的商品进行观察、访问，指出时装的特点。

●时间：利用周末的半天时间。

●步骤：(1) 查阅资料，明确服装与时装的产品及营销特点。(2) 在学校所在地选择一家服装店、一家时装店。(3) 进店观察、访问，并将观察访问者的信息与间接得到的信息进行比较分析。(4) 写出分析报告。

3. 开发你的价格制定与调整能力

●目标：该项目练习帮助你理解消费者购买动机和购买行为过程，并据此提出一条促销建议。

●内容：完全记录自己的一次购买消费活动，提出一个促销方案。

●步骤：(1) 自己为什么要购买某一品牌的商品，是如何购买、如何消费的，有怎样的感受，从中找出决定购买最关键的因素。(2) 根据最关键的因素与同学在一起交流，看有无共鸣。(3) 根据共鸣制订促销方案，与同学进行交流讨论。

战 略 篇

第六章　目标市场战略

【学习目的】通过学习本章内容，应该掌握：

1. 市场营销战略的含义及内容
2. 市场细分的标准和价值评估方法
3. 目标市场选择的方法
4. 市场定位的方法与步骤
5. 灵活地运用目标市场战略进行案例解析

【开篇故事】败阵而归的派克

18 年前美国派克钢笔突发奇想决定要谦虚一点，从贵族豪门走出来，一头扎进平民窝里想尝尝寒酸的滋味。它像个走丢的王子开始反省：我算哪根葱？

派克钢笔在美国乃至世界上大名鼎鼎，像瑞士的劳力士手表，集高贵、典雅、精美、贵重于一身，平民不敢问津。它是财富的象征，它是帝王、总统和有钱人互赠的礼品。它的价值不仅表现在体面和耐用上，同时也是收藏的珍品。

但 18 年前的一天，它摇身一变，革了一回自己的命，自贬身价，投怀送抱于寻常百姓家。从此，有身份的人开始对它冷眼相待，再也不肯用高贵的手触摸它。而平民对它也并不钟爱，就好像粗人选老婆，要的是中用结实能下地劳作；猛地来了一位公主，反而不知从何下手。于是派克钢笔被冷落了。

派克钢笔想过一把平民的瘾。如果是想过把瘾就死，倒也罢了，问题是它不想死。那么就是找死了？电影《百万英镑》让一个流浪汉委实富裕了一回，好日子过得真是乐死人。派克让自己穷了一回，结果年报上一片赤字，差点破产。但它还算聪明，危机刚一露头，就惊叫一声，从平民窝里裸奔而出，一溜烟钻进富人的怀里，千认错万数落，把自己骂得里外不是人，最后获得了贵族的一致谅解，同意派克归队。

派克的失败并无险恶用心，只是在油水里泡腻了，想吃点粗茶淡饭而已，像一个离家出走的小少爷，一番颠沛流离之后，空着肚子脏着脸，脑袋低成90度，灰溜溜地摸进家门来。

企业在实际的市场中，应该非常明确自己产品的目标市场在哪里，然后进行准确的定位。产品的市场定位是非常关键的，“旧时王谢堂前燕，飞入寻常百姓家”局面的发生在营销当中必须要慎之又慎。

第一节　营销战略概述

一　营销战略的概述

（一）市场营销战略的含义

“战略”一词原为军事战争术语，因为在市场经济中，商场如战场，其激烈性、残酷性以及综合性丝毫不亚于一场战争的技术含量，所以战略一词也就广泛地应用于经济活动中。

市场营销战略是企业战略管理的一个重要组成部分，是指企业在不断变化和竞争激烈的环境中，努力把握机会，有效地配置资源，创造竞争优势，以实现企业营销目标的行动方案。这个基本定义指出了战略的基本要素：环境与机会、资源与竞争优势、目标等。

企业战略规划的目的，就是合理配置企业资源，实现一定的目标。环境中的机会对目标的实现是正效应，而威胁则是负效应。恰当地处理这些要素之间的关系，就构成了战略规划的基本框架。战略决策是由企业高层领导决策的，战略管理是企业的高层管理。

市场营销战略，是指企业在环境分析的基础上，从全局的、长远的、发展的观点出发，处理营销中遇到的重大问题，以实现企业的营销战略目标。现代市场营销学认为，营销战略既是一门技术，也是一门科学。科学的营销战略的制定，主要依靠科学的情报信息资料。例如，日本汽车企业依靠科学的营销战略，在美国市场获得成功。由此可见，营销战略已经成为制约企业生存与发展的关键因素。

市场营销战略具有全局性、计划性、系统性、长期性、风险性特点。

（二）市场营销战略的意义

在市场竞争条件下，一个企业在激烈的竞争中能否生存，能否获得成功，主要取决于企业的管理者能否制定切实可行的营销战略。具体地说，科学的市场营销战略对企业有以下几点重大意义。

1. 是企业生产与发展的出发点。保持与动态变化环境的相适应，是企业在竞争中生存发展的关键，而这种相适应是建立在对环境变化作出科学性判断与预测的战略决策基础上的，只有做到这一点，才能保证企业营销的成功。

2. 有利于增强企业的应变能力。营销战略的制定，是建立在对未来环境综合分析的基础上，战略方案往往都有两个以上，所以，当外部环境变化时，企业可随时从中选择较佳方案，提高了企业的适应能力。

3. 有利于发挥企业的相对优势。企业要想在激烈的市场竞争中享有较理想的市场占有额，就必须找到最能发挥自己优势的领域和范围。例如，美国通用电气公司卖掉家用电器部，转而经营医疗设备，就是在识别市场机会的基础上，充分发挥优势的成功范例。

4. 有助于提高企业的整体管理水平。营销战略是全面的、长远的经营目标，要保证其实现，企业就必须从各方面加强内部管理，提高管理水平。西方营销学者的研究表明，成功企业的营销取决于七个因素：（1）战略（strategy）；（2）结构（structure）；（3）系统（systems）；（4）风格（style）；（5）技能（skill）；（6）职员（staff）；（7）价值观（shared valued）。

5. 有利于增加企业利益。营销战略是决定企业实际盈利水平的关键因素，战略追求的是长期盈利的最大化，而不是仅仅局限于眼前的利润。

（三）影响营销战略的因素

企业营销战略的形成，主要取决于以下三大因素。

1. 社会需求。社会需求为企业提供了生存与发展的机会。但由于受社会政治、经济、技术等因素的影响，社会需求是不断在变化的。这种变化为经营者的发展既提供了机会，也孕育着一定的风险，这就需要企业制定营销战略。社会需求既有现实性又有一定的潜在性，即社会需求要靠经营者的创造，而创造社会需求就要借助一定的营销战略。同时，社会需求又有一定的弹性和可替代性，这种弹性与经营者的营销战略有着密切的关系。因此，社会需求是决定营销战略的第一要素。

2. 企业的营销结构。是指能用来满足社会某种需要，维持其生存和发展的一切手段，它包括人力、物力、资金等资源结构，还包括企业的生产技术、设备结构、产品结构、营销结构、营销的组织结构等。企业的营销结构是企业制定营销战略的物质基础和后盾。没有必要的物质基础，营销战略只能是纸上谈兵。

3. 竞争者。企业营销的环境是一个竞争十分激烈的环境。竞争者的存在不仅使企业制定营销战略更显得必要，而且竞争者的营销战略对企业营销战略的制定及实施有着重大影响。所以，企业在制定营销战略时，必须认真研究竞争对手的战略，以便知己知彼、扬长避短，在竞争中取得优势。

二　营销战略的内容

企业的营销活动大都是在市场上进行的，实施有效的市场营销战略，是企业在营销竞争过程中立于不败之地的重要保证。一般来说，企业的市场营销战略过程主要包括四个方面的内容：建立目标市场战略、市场发展战略、市场进入战略、市场营销组合战略。

（一）建立目标市场战略

制定企业的市场营销战略，首先遇到的是用什么产品进入市场的问题，即目标市场选择。一般有三种战略可供选择：即差异性市场战略、无差异性市场战略和集中性市场战略。

（二）市场发展战略

企业在选择和进入目标市场后，还要谋求在市场中发展壮大。为此，就需制定企业的市场发展战略，即企业扩大再生产、开拓市场、发展经营的战略。一般来说，有三类市场发展战略，即密集型市场发展战略、一体化市场发展战略、多角化市场发展战略。具体内容如图 6－1 所示。

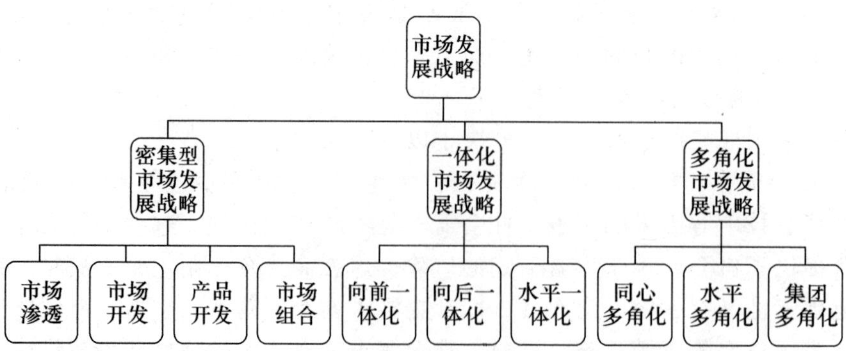

图 6－1　市场发展战略

1. 密集型市场发展战略。这是一种在企业现有的业务范围内寻找未来发展机会的战略。因此，就需分析现有产品和市场是否存在可开发的机会。

（1）市场渗透。即企业采取积极主动的措施在市场上扩大现有产品的销售，以求得企业的发展。这是企业最常采用的战略。它一般有三种渗透方法：①促使现有顾客多购买本企业的现有产品。②把竞争对手的顾客吸引过来，使其购买本公司的产品。③努力开发潜在顾客，即说服从未买过本企业产品的顾客购买。

（2）市场开发。即用企业现有产品来满足新的市场需求，从而增加销售。它一般采用两种方式：一是开拓新市场，扩大销售区域，占领新的细分市场；二是通过发现老产品新用途来扩大市场。

（3）产品开发。是指企业向现有市场提供新产品或改进的产品，以满足现有顾客的潜在需求，扩大销售。

（4）市场组合。市场组合是以新产品、新材料、新能源进入市场，要求企业在产品、价格、分销及促销等方面，采取营销组合战略，以促使新产品尽快占领市场、打开销路。

2. 一体化市场发展战略。一体化市场发展战略即生产企业、供应商、销售商实行一定程度的联合，融供、产、销于一体，以提高企业的发展能力和应变能力。一体化发展战略主要有三种。

（1）向前一体化战略。是指生产企业通过收买或兼并若干商业企业，建立自己的分销系统，实行产销一体化，自产自销。同时，企业如用自己的产品生产其他产品，也叫做向前一体化，如木材公司生产家具、批发企业开设零售商店等。

（2）向后一体化战略。是指企业通过收购或兼并若干原材料企业，控制原材料的生产或销售，实行供产一体化。如汽车制造厂兼并某重要汽车零部件的生产企业。

（3）水平一体化战略。是指企业兼并或收购若干同类型竞争企业，组成联合企业或企业集团，以扩大生产经营规模，中外合资经营企业也属于水平一体化。

3. 多角化市场发展战略。多角化（多元化或多样化）市场发展战略是指企业尽量增加经营品种和产品种类，跨行业经营多种产品或业务，扩大企业的生产经营范围，使企业优势充分发挥，从而提高经济效益。多角化发展战略主要有以下三种。

（1）同心多角化。是指企业利用原有技术和经验，开发经营新产品，吸引新顾客，从圆心出发，向外扩大企业经营范围。这种战略投资少、风险小，容易获得成功。

（2）水平多角化。是指企业利用原有市场，采用不同的技术发展新产品，增加产品的种类和品种，扩大市场占有率和公司销售额，得到更多的利润。

（3）集团多角化。是指企业通过收购、兼并其他行业的企业，或者在其他行业投资，组建企业集团，开发新产品，开拓新业务，以发挥综合优势。

（三）市场进入战略

企业进入目标市场时，还要进一步考虑何时、何地、何法、何渠道进入的问题，并相应采取不同的战略。

1. 市场定位战略。是指企业确定什么样的市场或顾客群作为自己的目标市场或营销对象。

2. 市场定时战略。包括：（1）时间战略。时间战略就是要考虑投资及购买力在时间上的分布。（2）时机战略。市场开拓、资源开发、商品投放、企业集团的组建都要把握战机。这是战略决策应有的观念。（3）时尚战略。商品都存在一个风尚、时尚、时髦和流行性的问题，经营这些商品应以新奇、灵巧、美观取胜。

3. 市场进入战略。包括：（1）联合进入战略。即与对方建立联产、联营、联销关系，发挥各自的天时、地利、人和的优势，进入目标市场。（2）独立进入战略。即在目标市场建立本企业的销售网络，或者通过购买对方商店、商标、产业而进入有关国内、国际市场。（3）分销战略。即在目标市场上寻找合适的代理商、经销商等，通过代理商或中间商进入市场。（4）合资战略。即与外商、港澳台商合资，兴办企业或开发资源，搞补偿贸易和双边贸易，这样有利于产品迅速进入国际市场。

（四）市场营销组合战略

1. 市场营销组合的因素。市场营销组合是现代市场营销学的一个十分重要的概念。这一理论是由美国哈佛大学的尼尔·博登（Neil Borden）教授在1953年首先提出的。影响企业市场营销的因素复杂多样，但一般可将其分为可控因素和不可控因素两大类。不可控因素即企业外部宏观社会经济环境。可控因素是指企业内部可改变、可控制的因素，主要包括产品（product）、价格（price）、营销渠道（place）、促销（promotion）。应该将两者结合起来，综合应用。

2. 市场营销组合的特点。

（1）营销因素的可控性。对于企业来说，4P因素是可以控制的，企业有自由选择的余地。但是，企业的市场营销组合因素还要受不可控因素的影响，只有保持可控因素与环境因素的相适应，才能促进企业市场的扩展。

（2）市场营销组合的动态性。营销组合是依据企业的内外环境条件而确定的。随着环境的变化，营销组合的各因素也在变化。任一因素的变化，都会形成一个新的组合战略。因而市场营销组合是随着环境条件的变化而变化多端的动态组合。

（3）市场营销组合的复合性。由于营销组合中每一因素又包含许多因素（产品：质量、式样、品牌、包装、服务等；价格：牌价、折扣、信贷条件等；营销渠道：渠道、仓储、运输等；促销：广告、人员推销、公众关系等），就形成了新的次级组合。因而，市场营销组合是由主、次级组合成的有机整体。

（4）市场营销组合的统一性。企业内部的各部门在市场营销机构的协调下，充分利用企业的一切资源，实行整体营销手段，以保证营销活动的有效性。

（5）市场营销组合功能的放大性。是指营销组合的功能大于各因素功能之和，即 $1+1+1+1>4$；而营销组合运用不当所形成的营销力不是"$4-1=3$"，而是等于零甚至负值，即 $4-1\leqslant 0$，可能导致营销失败。

3. 市场营销组合的作用。市场营销组合关系着企业的兴衰成败，对于企业搞好市场营销具有十分重要的作用。

（1）企业制定营销战略的基础。营销战略实质上是市场营销组合的扩展，只有企业营销组合因素选择适当，企业的整体营销战略才能发挥作用。

（2）企业竞争的有力武器。市场环境在变化，竞争对手的策略也在改变，企业要在竞争中取胜，就必须巧妙地运用营销组合各因素，推出合理的组合方式。

（3）协调企业内部关系的纽带。运用市场营销组合战略，可以使企业内部的各部门统一协调，形成一个整体，去争取顾客和占领市场。

4. 市场营销组合的战略应用。在现代企业的营销实践活动中，研究营销组合因素的意义在于其结合起来的独特方式。围绕 4P 建立企业的市场营销战略已更趋成熟。将四种策略进行不同的排列组合，企业就可作出多种多样的市场营销决策。

第二节　市场细分

一　市场细分的含义及作用

（一）市场细分的含义

市场细分是由美国市场营销学家温德尔·史密斯（Wendell Smith）于 1956

年首先提出。它适应了第二次世界大战后美国许多产品的市场由“卖方市场”转向“买方市场”这一新的形势，是企业营销思想的新发展，也是市场营销观念的必然产物。

所谓市场细分，就是根据构成总体市场的不同消费者的需求特点、购买行为和习惯，将他们细分为若干相类似的消费者群体。即把某一产品的市场，根据影响消费者需求特点的明显标志，细分为一个个小市场，然后对这些不同的细分市场，从产品计划、分销渠道、价格政策直至推销宣传，采取相应的整套市场营销策略，使企业生产或经营的商品，更符合各个不同消费者阶层和集团的需要，从而在各个细分的小市场中提高竞争能力，增加销售，占有较大的市场比重。

市场细分这一原理的提出，其主要根据是：无论是消费者市场还是组织机构市场，购买者之间的需求和欲求都存在着广泛的差异，这些差异又是由购买者所处的不同地理环境及购买者千差万别的文化、社会、个人和心理特征所影响而形成的。因此，市场上任何一项产品或服务，如果包含有两个以上的消费者，这个市场便可加以细分，即可以划分为具有不同需求、不同购买行为的购买者群体。

（二）市场细分的作用

市场细分为企业在市场营销活动中，分析市场、研究市场、选择目标市场提供了依据。它对提高企业的经济效益，避免人力、财力、物力的浪费，更好地满足消费者需求，都具有重要意义。具体来说，市场细分的作用主要有：

1. 有利于企业分析市场，发掘新的市场机会。通过市场细分，企业可以了解到不同细分市场上的购买能力和购买潜力，具体分析市场消费者需求的满足程度及市场竞争状况。消费者需求满足程度低的市场，通常存在极好的市场机会，不仅销售潜力大，而且竞争者也较少。同时，细分市场潜在需求的存在，是企业开发新产品、寻求市场机会的重要途径。

2. 有利于提高企业的竞争力和经济效益。通过细分市场，一方面企业依据细分市场的特点，有针对性地制订营销计划、产品战略、价格战略、渠道战略和促销战略，避免了资源浪费，使产品适销对路，并迅速送到目标市场，扩大销售；另一方面，通过细分可使企业有的放矢地开展针对性营销活动，明确细分市场竞争对手的优势和劣势，降低费用，提高竞争能力和综合经济效益。

3. 有利于满足社会消费需求的变化。消费者的需求是一个不断变化的动态过程，当消费需求发生变化时，企业通过细分市场，则能认识这种新需求，发现营销机会，开发新产品、增加花色品种，更好地满足细分市场消费者的需求，使消费者能够买到自己所需要的产品。这是企业开发新产品不断发展壮大的根本所在。

4. 有利于中小企业开发和占领市场。市场细分为中小企业开发和占领市场提供了切实可行的机会。一般来说，中小企业尤其是小企业，由于资源有限、实力不足，很难与大企业在市场上正面竞争，而通过细分市场就容易找出一些大企业不感兴趣或被忽视的小市场，中小企业在这些小市场中经营，不仅有利可图，而且可以扬长避短、发挥优势，同时风险也较小。

二　市场细分的标准

（一）消费者市场细分标准

有效的细分市场，不是随便根据什么标准都可以划分出来，同时也不可能按影响购买者需求的所有变数来进行，因此在实际工作中，往往把它们归纳为几个基本要素，然后将其进行或粗或细的划分。

在消费者市场方面，用以细分的变数，通常可归纳为地理、人口、心理和行为等基本要素。具体见表6-1。

表6-1　消费者市场的细分标准

细分标准	具体因素
地理变量	地理区域、自然气候、资源分布、城乡状况等
人口变量	年龄、性别、家庭规模、生命周期、职业、收入、教育程度、宗教信仰、种族、社会阶层等
心理变量	生活方式、性格特征、购买动机、个人偏好等
行为变量	购买时机、购买频率、消费利益、使用状况、忠诚程度等

1. 按地理状况的市场细分。地理状况这一细分变数，主要包括消费者所居住的地区，如东北、华北、西南、华南或山区、平原、内陆、沿海，以及这些地区的自然特点，如人口密度、气候、城市规模等。企业可以分别利用各个地理变数或其组合来进行市场细分。

（1）按地理位置细分。地理位置不同，首先反映为文化和社会价值观的差异。例如某一地区可能会比别的地区更保守，另外还会对促销造成影响。如有的城市有自己的地方电视台，有的城市却没有。

（2）按人口多寡及密度细分。人口多寡和密度意味着该地区是否有足够的居民以产生相当的销售额，以及开展一项营销活动的代价有多大。尤其以人口密度不同细分出的城市、郊区、乡村市场，其现实意义更大。例如，家用电器在城市和农村的需求量就存在较大差别。

（3）按气候细分。地区气候不同会影响一系列商品的消费，如东北地区对服装的需求就与华南有较大区别。

上述这些按地理状况细分市场的方法虽有不少优点，但也存在一些重大缺点：消费者的偏好往往与其居住地没有明显的联系，而经济、人口统计方面的因素似乎对消费的影响更直接。所以近年来一种把地理细分与人口统计细分结合起来的新方法，即地理人口细分技术得到了广泛的推广。如采用区分邮区的“邮区编码系统”，可汇集到邮区内各个邮户的人口统计资料，从而可提出更多比按行政区域细分更为准确的细分市场。工商企业可以更方便而有效地对这些地区的消费者开展推销和促销活动。

2. 按人口统计的市场细分。按人口统计的市场细分是以描述人口一般性特征的人口统计变数，如年龄、性别、收入、职业或民族等将市场划分为不同群体。由于以人口统计变数来细分市场比其他变数更容易衡量，且适应范围比较广泛，许多消费者市场都可按这一方法进行细分。

（1）按年龄细分。人们在不同年龄阶段，由于生理、性格、爱好的不同，他们对消费品的需求往往有很大的差别。

（2）按性别细分。不少商品在用途上具有明显的性别性，如男装与女装、男表与女表，而且在购买行为、购买动机方面，两性之间也有很大差别。

（3）按收入细分。人们收入水平的不同，不仅将决定其购买商品的性质，而且还将影响其购买行为和购买习惯。

（4）按民族细分。世界上大部分国家都拥有多种民族。我国更是多民族的国家，这些民族都各有自己的传统习俗、生活方式，过着不同的社会经济生活，从而呈现出各种不同的商品需求。

（5）按职业及教育状况细分。从事不同职业的人其消费需求是有很大区别的。主要是由于从事不同职业的人所获收入的不同，而且各种职业的不同特点，也会引起许多需求上的差异。

受教育状况的不同会引起不同的需求是显而易见的。因为教育程度不同的人，在志趣、生活方式、文化素养、价值观念等方面都会有所不同，因而会影响到他们的购买种类、购买行为和购买习惯。

3. 按心理的市场细分。按心理的市场细分是将购买者按其生活方式、利益追求、态度而细分成不同的群体。

（1）按生活方式细分。生活方式是人们生活和花费时间及金钱的模式。可根据消费者的不同生活方式划分出各种明显的细分市场。例如，深居简出者，他们大都在家里度过闲暇时间，是以家庭为中心的人；时髦人物则大都热衷于社交活动；事业心重的人则将大部分闲暇时间用在考虑工作上。

（2）按态度细分。是指根据消费者对公司及其商品的态度进行分类并采取相应的营销措施。如对持中间态度的消费者，应大力开展资料丰富的、有说服力的促销活动；对抱积极态度的消费者，应利用接连发出的广告与消费者签订合同的办法加以巩固；对待消极态度的消费者，要改变其态度是较困难的，应在广告宣传上具体化，并改进产品质量，提高公司形象。一般来说，公司放弃这一细分市场是合适的，因为公司进行市场细分，并不是要公司利用一种营销努力来满足所有消费者群体的要求。

（3）按利益追求细分。是指按消费者对所购产品追求的不同利益来分类。这种方法首先要判定消费者对有关产品所追求的主要利益是什么，追求各种利益的各是什么类型的人，该类各种品牌的商品提供了什么利益，然后根据这些信息来采取相应的市场营销策略。

4. 按行为的市场细分。是将购买者按其对产品的理解、态度、使用或反应来细分成不同的群体，具体来说，包括下列各种细分。

（1）按使用率细分。使用率是指消费者购买产品或服务的数量，消费者有的可能使用很少，有的使用一些，有的大量使用。由此可细分出产品的轻度、中度和重度使用者市场。重度使用者一般在市场上所占比例不大，但他们的消费量可能在全部消费量中所占比例为最大。在致力于为重度使用者细分市场服务的同时，也不应犯忽视轻度使用者的错误，因为有时轻度使用者会转变为重度使用者，也可能从未使用者中产生出新的使用者。

（2）按使用情况细分。使用情况是指消费者从前是否有使用过某种产品或服务的经历，可细分为未使用者、曾经使用者、潜在使用者、初次使用者和经常使用者。市场占有率高的公司特别重视将潜在使用者转变为实际使用者，而小公司则努力将使用竞争者品牌的顾客转向使用本公司的品牌。

（3）按使用者忠诚性细分。使用者忠诚性是指一个购买者不得不购买某一品牌商品的一种持续信仰和约束。人们可以对某些实体产品，如百事可乐、中华牙膏忠诚；也可对某些服务，如南方航空公司、假日酒店忠诚。为此，企业必须辨别它的忠诚顾客，以便更好地为他们服务，然而在这一过程中，首先必须弄清忠诚顾客人口统计方面的各种特点。这有时是不容易做到的，因为许多顾客不愿意提供个人信息。

（二）生产者市场细分标准

生产者市场在我国通常是指生产资料市场或产业市场。消费者市场细分的标准一般也适用于生产者市场，但由于生产者市场的特殊性，因此还有若干细分生产者市场的标准。

生产者市场细分的步骤是：第一步，进行宏观市场细分；第二步，进行微观市场细分。

1. 宏观市场的细分标准。

（1）按最终使用者细分。这主要是根据最终使用者对产品的需要和利益的不同进行细分，如同一种钢材，有的用于机械加工，有的用于造船，有的用于建筑；又如同是载重汽车，有的用做货物运输车，有的用做工程车，而有的又用做军车。

（2）按用户规模和购买力大小细分。这是将市场分为大客户和小客户。大客户户数较少，但购买力大；小客户户数多，但购买力小。企业对不同的客户，采用的销售方式是不同的。工业用户购买力的大小，可通过用户的支出或营业额来衡量。

（3）按购买组织的结构特点细分。生产者市场一般是集团或组织集体购买，每个组织由于结构特点和类型不同，一般可分为工业企业、农场主、商业企业、物资供销企业、交通运输企业、建筑企业、医院、学校等。

（4）按用户地理位置细分。按照用户地理位置细分生产者市场可以使企业把目标放在用户集中的地区，节省推销时间，充分利用销售力量。

2. 生产者市场微观细分。微观市场细分的标准，主要是购买者的行为因素，即购买决策者的权力、性格，购买决策者的态度和购买过程的特点。（1）购买决策者权力的集中与分散程度，决策者性格的内向与外向；（2）购买决策者的态度，如购买动机、偏爱和购买决策的标准等，都直接影响着购买者的行为；（3）购买过程的参与者的个性、特点、负责态度、工作能力以及参与者对购买决策的影响程度等，也对购买行为有较大影响。

三　细分市场的价值评估

企业在评估细分市场时，必须考虑细分市场的规模和潜力、细分市场的结构和吸引力、企业的目标和资源三个因素。

（一）细分市场的规模和潜力

细分市场的预计规模，是决定该细分市场是否值得进军的主要因素。如果所选择的细分市场过于狭窄，公司就可能达不到它所期望的销售额和利润；如果所选择的细分市场过于广阔，公司就会使自己的市场营销力量铺得过宽而显得单薄，增加的销售额和利润就不足以弥补增加的开支。

至于什么是适当的规模，不同公司之间的选择将是相差很大的。如美国的摩根这家小汽车制造公司，便曾集中选择了一个非常小而专的汽车市场，因其顾客追求的是第二次世界大战前的怀旧赛车。该公司据此采用了与此种特殊需求十分合拍的市场营销组合方案，起到了很好的拾遗补缺作用。

（二）细分市场的结构和吸引力

具有适当规模和发展潜力的细分市场，是不足以作为企业的目标市场的。因为，一方面这个细分市场可能被众多企业所注视；另一方面，细分市场结构力量也影响着细分市场的吸引力。波特认为："决定细分市场吸引力的因素有五种力量。这五种力量对细分市场的选择，形成了五种威胁。"

1. 细分市场内竞争的威胁。如果某个细分市场已存在着为数众多的激烈竞争者，再强的竞争者要进入该细分市场也要慎重从事。因为，要进入这个细分市场，则须付出高昂的代价。

2. 新参加的竞争者的威胁。如果某个细分市场可能吸引新的竞争者，而且竞争者增加新的生产能力和投入大量资源并争夺市场占有率，这个细分市场也就失去了吸引力。关键在于新竞争者能否轻易进入这个细分市场。

3. 替代产品的威胁。如果某个细分市场已经存在着替代产品或者存在着潜在的替代产品，那么这个细分市场就失去了吸引力。因为，它将导致细分市场内部产品价格和利润的下降。

4. 购买者威胁。如果购买者讨价的能力很强，该市场也就没有吸引力了。因为，购买者设法压低价格，对产品的质量和服务提出更高的要求，使经销商们互相竞争，经营利润受到损失。

5. 供应商威胁。如果公司的供应商，竞相抬价或减少供应数量，这样该公司所在的细分市场也就失去了吸引力。其解决的办法是与供应商应建立良好的关系，并积极开拓多种供应渠道。

（三）企业的目标和资源

在评估了细分市场的规模、潜力以及市场结构的吸引力之后，还应考虑细分市场与企业的目标和资源是否相适应。对于具有吸引力的细分市场，如果和公司的目标不一致，也应忍痛割爱；如果企业资源无力到达某一具有吸引力的市场，也不要强行进行，否则容易败北而归。

第三节 目标市场战略与选择

一 选择目标市场

企业进行市场细分并对各细分市场进行评估后，面对许多不同的细分市场，必须做出决定怎样选择目标市场？企业有哪些可选择的目标市场？企业怎样为产品在目标市场上定位？因此，选择目标市场在整个STP战略中显得尤为重要。

（一）划分出可能的全部细分市场

市场细分及目标市场战略，是现代企业市场营销中一个非常重要的问题。它所要解决的是企业长远发展和生产经营的产品去向，即满足谁的需求的问题。

根据细分程度的不同，市场细分有三种方法。即完全细分、按一个影响需求因素和按两个以上影响需求因素细分。

1. 完全细分。假如这六个购买者的需求完全不同，那么每个购买者都可能是一个单独的市场，完全可按照这个市场所包括的购买者数目进行最大限度的细分，即这个市场细分后的小市场数目也就是构成此市场的购买者数目。以上所述就是这种彻底细分的极端情况。在实际市场营销中，有少数产品确实具有适于按照这种方法细分的特性。但绝大多数时候，从经济效益看是不可取的，而且实际上也是行不通的。因此，大多数销售企业还是按照购买者对产品的要求或对市场营销手段的不同反应，将他们作概括性的分类。

2. 按一个影响需求因素细分。即对某些通用性比较大，挑选性不太强的产品，往往可按其中一个影响购买者需求最强的因素进行细分，如可按收入不同划分，或按不同年龄范围划分。

3. 按两个以上影响需求因素细分。大多数产品的销售都受购买者多种需求因素的影响，如不同年龄范围的消费者，因生理或心理的原因对许多消费品都有不同的要求；同一年龄范围的消费者，因收入情况不同，也会产生需求的差异；同一年龄范围和同一收入阶层的消费者，更会因性别、居住地区及其他许许多多情况的不同而呈现纷繁复杂、互不相同的需求。因此大多数产品都须按照两个或两个以上的因素细分。当然，以多个“需求特征组合”作为市场细分的根据时，销售者可以更精确地划分目标市场，但这样却增加了细分市场的数目。因此，本细分方法中所说的两个以上影响需求因素并不是无限的。各个销售企业在具体运用市场细分策略时，还应根据不同的产品情况，适当控制一定的细分因素组合。

（二）收集整理各细分市场的有关信息

对于有效地收集和整理市场相关信息方面，第一步必须落实的就是市场信息的收集。而在对市场作出分析，收集一手资料的过程中，市场调查就成为我们重中之重的流程之一。市场调查是收集市场信息的主要途径之一，是一项技术性很强的工作。这些技术掌握得如何，直接关系到调查的效果。以下简要介绍收集市场信息的技术。

1. 市场普查。市场普查是以市场调查的总体为对象，主要是对市场上某些商品进行一次全面调查。例如，库存商品普查、某种商品的社会饱和量普查等。市场普查是专门组织的调查活动，主要用于收集那些不能或不宜通过正常调查取得的比较全面的、精确的统计资料。市场普查有两种形式：一种形式是组织专门的普查机构和人员，对调查单位进行直接调查；另一种形式是利用机关团体、企业内部的统计报表进行汇总。

市场普查的最大优点是取得的资料比较准确。但是，进行市场普查工作量很大，调查内容有较强的时效性，因此需动员较多的人力、物力；同时，有些内容不宜进行市场普查，所以这种方式在市场调查中很少使用。

2. 重点调查。重点调查是通过对使用本企业产品的重点用户和重点地区进行调查，来达到对全局基本了解的目的。重点调查所选择的对象要能对本企业营销产生较大影响，例如，购买本企业产品占全部销量的比例较大，或者是老客户，或者对其他用户的购买有一定影响等。这种调查可以使企业用较少的人力、物力、财力、时间取得重要的市场资料，但其准确性不如市场普查。

3. 抽样调查。抽样调查是一种非全面调查。它是根据概率分布的原则，从被调查总体中抽出一部分单位作为样本进行调查，以此推断总体的一种方法。这种方法可能产生一些误差，但它比普查花费的时间少、成本低，并且有些无法进行市场普查的内容也可以采用，无力进行普查的企业也能进行。同时在经过普查的地方，还可以利用抽样调查对普查的资料进行核对和修正。所以，抽样调查是调查中常用的方法，已被广泛用于企业的市场调查中。

调查中抽样的多少，从数据的准确性来看，是越多越好，但数据越多，成本也越高。因此，抽样的数量应按照被调查事物的性质确定，如果被调查对象之间的差距不大，采用少量样本即可；如果差距大，则需多抽样。

4. 网络调查。是指通过互联网及其调查系统把传统的调查、分析方法在线化、智能化。利用互联网进行调查的确具有很多优点，比如快速、方便、费用低、不受时间和地理区域限制等。另外，由于不需要和用户进行面对面的交流，也避免了当面访谈可能造成的主持人倾向误导，或者被访问者顾及对方面子而不好意思选择不利于企业的问题。尽管网上调查有其优越的一面，但也有一定的缺陷，主要表现在调查表的设计、样本的数量和质量、个人信息保护等因素的影响。

网络作为一个新兴的传播媒介，可以充分体现信息的实效性以及及时性，在信息收集的过程中可以较好地收集到市场上最有效、最及时的信息，对于信息收集的准确性和及时性都有好的保障。

（三）确定最有吸引力的细分市场

确定最有吸引力的细分市场就是为了让企业能够用最少的成本换来最大的收益，而在确定最合适的细分市场的决策中，目标营销战略的实施是至关重要的一个环节。企业应根据外在环境和自身的资源状况及竞争优势，确定在所有的细分市场中，哪个细分市场不仅能为企业带来最大化利润，又能实现良好的社会效益。

（四）根据公司实力选择适合的目标市场

在现代经济生活中，由于生产力的高速发展，生产的社会化、专业化水平不断提高，人们的收入普遍增加，因而消费者的需求显现出多层次、多样性、多变性的特征。在这种市场环境下，企业为了充分利用自身有限的资金和资源，生产最能发挥自身优势、满足消费者某种特定需求的产品，即选择与本企业营销宗旨最相适应、销售潜力最大、获利最高的细分市场作为营销的目标，然后采取相应的营销战略和手段打入或占领这个市场。在进行目标市场的选择过程中，我们必须考虑回报率的问题，也就是我们通常所说的实效性，即目标市场的容量及获利性值得企业进行开发的程度。一个细分市场是否大到可以实现具有经济效益的营销目标，以及是否适合什么样企业进入既取决于这个市场的人数和购买力也取决于企业自身的能力，这种能力包括人力、物力、管理能力等。对于市场划分范围必须合理，细分市场的销售量应考虑是否值得企业分别开展不同的营销活动。因此细分市场应适合设计一套独立营销计划的组合方案。

二　进入目标市场的战略分析

企业在确定了目标市场范围之后，一般有无差异营销战略、差异性营销战略和集中性营销战略三种可供选择的战略进入市场。

（一）无差异营销战略

无差异营销战略，是指公司将整个市场当做一个需求类似的目标市场，用单一的营销策略来开拓市场，即用一种产品或一套营销方案吸引尽可能多的购买者的营销策略。其根源是企业只注重子市场的共性，决定只推出单一产品，运用单一的市场营销组合，力求在一定程度上适合尽可能多的顾客的需求。无差异营销战略，这种营销战略的优点是：经营品种少、批量大，可节省细分费用，降低成本，提高利润率；缺点是单一产品要以同样的方式广泛销售并受到所有购买者的欢迎，几乎不可能。易犯“多数谬误”的错误，即在较大的子市场中的竞争日益激烈，但在较小的子市场中需求得不到满足。例如，我国第一汽车制造厂长期以来只生产4吨载重汽车，以一种车型、一种颜色、一个价格（在过去体制下）行销全国，无论企业或机关、城市或农村、军用或民用都不例外。这种战略重视消费者需求的相似性，而忽视需求的差异性，而将所有消费者需求看做是一样的，一般不进行市场细分。但是，采用这种战略也有其缺点：一是易引起激烈竞争，使公司获利机会减少；二是容易忽视小的细分市场的潜在需求。

（二）差异性营销战略

差异性营销战略，是指公司在市场细分的基础上，选择两个或两个以上的细分市场作为目标市场，针对不同的细分市场上消费者的需求，设计不同的产品和实行不同的营销组合方案，以满足消费者需求，企业决定同时为几个子市场服务，设计不同的产品，并在渠道、促销和定价方面都加以相应的改变，以适应各子市场的需要。

差异性营销战略，这种战略，对于小批量、多品种的生产公司较适用。日用消费品绝大部分商品均可采用这种战略选择目标市场。在消费需求变化迅速、竞争激烈的当代，大多数公司都积极推行这种战略。其优点是：有利于满足不同消费者的需求；有利于公司开拓市场，扩大销售，提高市场占有率和经济效益；有利于提高市场应变能力。例如，某电视机生产企业，同时生产黑白电视和彩色电视机两大类产品，而彩色电视机又生产14英寸、18英寸、20英寸、21英寸、25英寸、34英寸、47英寸等规格的电视机以满足市场上不同消费者的需求，取得了营销的成功。在我国，随着市场经济体制的逐步建立，企业家必须转变观念，改变产品几十年“一贯制”的经营方式，积极开发新产品，实施差别化营销战略，以提高公司的市场竞争能力。它的优点是能提高消费者的信任感和重复购买率，使总销售额增加；缺点是使企业的生产成本和营销费用增加，易犯“过分细分”的错误。

差异性营销在创造较高销售额的同时，也增大了营销成本，如生产成本、管理成本、库存成本、产品改良成本、促销成本，使产品价格提高，失去竞争优势。因此，公司在采用此战略时，要权衡其利弊。

（三）集中性营销战略

集中性营销战略，亦称密集营销战略，是指企业集中力量于某一细分市场上，实行专业化生产经营，以获取较高的市场占有率。集中性营销战略，实施这一战略的公司考虑的是与其在整个市场拥有较低的市场占有率，不如在部分细分市场上拥有很高的市场占有率。如某服装公司专门生产儿童服装；某拖拉机厂专门生产小四轮拖拉机，专供实行联产承包责任制后的农户使用。这种战略主要适用于资源有限的小公司。因为小公司无力顾及整体市场，无力承担细分市场的费用，而在大公司忽视的小市场上易于获得营销成功。

这种战略的优点：一是公司可深入了解特定细分市场的需求，提供最佳服务，有利于提高企业的地位和信誉；二是实行专业化经营，有利于降低成本。只要目标市场选择恰当，集中营销战略常为公司建立坚强的立足点，获得更多的经济效益。

集中营销战略的缺点主要是公司将所有力量集中于某一细分市场，当市场消费者需求发生变化，或者面临较强竞争对手时，公司的应变能力差，经营风险大，使公司可能陷入经营困境，甚至倒闭。因此，使用这种战略时，选择目标市场要特别谨慎。

三　选择目标市场战略需考虑的因素

企业选择进入目标市场的战略并不是凭空臆断的，而是对企业自身资源条件、市场环境及竞争者状况等进行严谨分析的基础上作出的决策。

1. 企业资源。是指企业的资金、技术、设备、人才、管理等综合资源的状况。资源实力雄厚的大企业，可采用无差异或差异营销战略；资源有限的企业，不能覆盖整个市场，可采用集中营销战略。

2. 产品的同质性。是指消费者感觉产品特征的相似程度。消费者对汽油、盐、糖等产品，由于人的感觉及消费者无法测试，不会感觉到存在差异，对这类同质性高的产品，企业可采取无差异营销战略；反之，像服装、家具、照相机、家用电器等产品，消费者感觉明显，即市场同质性低，则可采取差异或集中营销战略。

3. 市场的同质性。是指消费者需求、偏好及各种特征类似程度。市场同质性高，表示各细分市场相似程度高，适宜采用无差异营销战略；反之，则采用差异或集中营销战略。

4. 产品市场生命周期阶段。产品在市场生命周期的不同阶段，应采取不同的营销战略。新上市产品，由于竞争者少，产品比较单一，营销重点是刺激消费者需求，比较适宜于无差异或集中营销战略；当产品进入成熟期时，企业想维持或者扩大销售量，则可采用差异营销战略，以建立该产品在消费者心中的特殊地位。

5. 竞争者的战略。一般来说，企业应采取同竞争对手有区别的营销战略。如果竞争对手是强有力的竞争者，实行的是无差异营销，则本企业实行差异营销，往往能取得良好的效果；如竞争对手也采用差异营销战略时，若本企业仍实行无差异营销，势必造成竞争失利，而企业应在更为细分的市场上，采用差异或集中营销战略，提高市场占有率。同时，竞争者的多少也影响企业营销战略的选择，竞争者很多时，消费者对产品的品牌印象很重要。为了建立本企业的产品在不同消费者心目中的良好的形象，适宜采用差异或集中营销战略；相反，则可采用无差异营销战略。

第四节　市场定位

一　市场定位的含义

“定位”这个词是由艾尔·里斯（Al Ries）和杰克·特劳特（Jack Trout）于1972年提出来的，他们说：“定位并非对产品本身采取什么行动，而是针对潜在顾客的心理进行的创造性活动。也就是说，将产品在潜在顾客的心目中确定一个适当的位置。”通常，消费者对市场上的产品有着自己的认识和价值判断，提到一类产品，他们会在内心按自己认为重要的产品属性将市场上他们所知的产品进行描述和排序。例如，说到汽车，凯迪拉克（Cadillac）以其豪华、宝马（BMW）以其功能、沃尔沃（Volvo）以其安全性而著称。随着市场上商品越来越丰富，与竞争者雷同、毫无个性的产品，很可能“泯然众人矣”，无法吸引消费者的注意。为使自己的产品获得竞争优势，企业必须在消费者心目中确立自己产品相对于竞争者产品而言的独特的品牌利益和鲜明的差异性。简单地说，就是要使消费者感到自己的产品与众不同，即与竞争者有差异，并且偏爱这种差异。从这个意义上来说，目标市场定位又是一种竞争性定位。

二　市场定位的实施

（一）选择竞争优势

市场定位的主要任务，就是通过集中企业若干竞争优势，将自己与其他竞争者区别开来。市场定位是一个企业明确其潜在的竞争优势，选择相对的竞争优势以及显示独特的竞争优势的过程。

1. 明确潜在的竞争优势。明确潜在的竞争优势，企业的中心任务是要弄清楚以下三个问题：

（1）目标市场上竞争对手的产品定位如何？包括对竞争者的成本和经营情况，作出确切的估计。

（2）目标市场上的足够数量的顾客确实需要什么，他们的欲望满足程度如何？必须认定目标顾客认为能够满足其需要的最重要的特征。因为市场定位能否成功的关键，在于企业能否比竞争者更好地了解顾客，对市场需求与其服务（包括产品、价格、渠道与促销各个方面）之间的关系有更深刻和独到的认识。

（3）本企业能够为此做些什么？同样必须从成本和经营方面进行考察。

2. 选择相对的竞争优势。相对的竞争优势，是一个企业能够胜过竞争对手的能力。这种能力既可以是现有的，也可以是潜在的。准确地选择相对竞争优势是一个企业各方面实力与竞争对手的实力相比较的过程。通常从经营管理、技术开发、生产、采购、产品、市场营销以及财务指标 7 个方面进行衡量比较。

3. 选择独特的竞争优势。选定的竞争优势不会自动地在市场上显示出来。企业要进行一系列的宣传促销活动，将其独特的竞争优势准确传播给潜在消费者，并在消费者心目中留下深刻印象。

（1）建立与市场定位相一致的形象。

第一，让目标顾客知道、了解和熟悉企业的市场定位。一个企业树立形象，首先必须积极、主动而又巧妙、经常地与顾客沟通，以期引起顾客的注意和兴趣，并保持不断的联系。

第二，使目标顾客对企业的市场定位认同、喜欢和偏爱。认同的目标市场对企业有关市场定位的信息的接受和认可，是顾客对这一市场定位的意义和合理性的承认。喜欢则是一种更为积极的情绪，是在认同的基础上产生的一种心理上的愉悦感。偏爱则是建立在喜欢的基础上的一种特别的感情。

（2）巩固与市场定位相一致的形象。

第一，强化目标顾客的印象。印象来源于认识。顾客对企业的市场定位及其形象的认识，是一个持续的过程，即不断地由浅入深、由表及里和由偏到全的深化过程，有明显的阶段性。这就使得增进顾客认识，强化其对企业的印象，显得十分必要。

第二，保持目标顾客的了解。一个企业必须有较强的应变能力，始终保持与相关环境之间的动态平衡。在这个过程中，即使企业的市场定位无须调整，构成其市场定位的相对优势在内容、形式上，也可能发生变动。只有促使顾客的认识与这些变化同步发展，始终保持他们对企业及其市场定位的了解，其形象才能巩固。

第三，稳定目标顾客的态度。态度反映人们对某种事物所持的评价与行为倾向，并使一个人的行为表现出某种规律性。态度的形成要有一个过程，一旦形成则将持续相当长的时间而不轻易改变。所以，树立形象之后，还应不断向顾客提供新论据、新观点，证实其原有的认识和看法的正确性，支持企业的市场定位，防止顾客的态度向中间或反向转化。

第四，加深目标顾客的感情。顾客对一个企业及其市场定位的认识，不会是一个冷漠无情、无动于衷的过程，必然充满鲜明的态度体验和感情色彩。在认识的同时，顾客会作出自己的价值判断，并据以确定其反应倾向。因此，引导顾客的感情倾向，增加其感情的浓度，并提高顾客感情的效能，无疑会大大有利于企业市场定位及相应形象的巩固。

（3）矫正与市场定位不一致的形象。许多时候，目标顾客对企业及其市场定位的理解会出现偏差，如定位过低或过高，定位模糊与混乱，易造成误会。企业在显示其独特的竞争优势的过程中，必须及时纠正与市场定位不一致的形象。

（二）市场定位的任务

为获得竞争优势而进行的目标市场定位包括以下主要任务：首先要确定企业可以从哪些方面寻求差异化；其次是找到企业产品独特的卖点；然后要开发总体定位战略，即明确产品的价值方案。

1. 寻求差异化。差异化是指为使企业的产品与竞争者产品相区分，而设计一系列有意义的差异的行动。根据迈克尔·波特的理论，企业的竞争优势来源于两个主要方面：成本领先或者差异化。实际上，为了向消费者提供更多的价值，企业产品定位就是从差异化开始的。而与顾客接触的全过程都可以进行差异化，通常，可以从以下五个方面着手进行：

（1）产品差异化。实体产品的差异化可以体现在产品的诸多方面：

第一，形式差异，即产品在外观设计、尺寸、形状、结构等方面的新颖别致。例如，对闹钟的外形进行不同的卡通形象设计。

第二，特色，即对产品基本功能的某些增补，率先推出某些有价值的新特色无疑是最有效的竞争手段之一。例如，为汽车增加“电动驾驶”功能、为某种食品增加防潮包装、为牙刷增加更换提示功能、为台灯增加护眼功能等。企业往往要在用高成本为顾客定制特色组合，还是使产品更加标准化而降低成本之间进行决策。

第三，性能质量，即产品的主要特点在运用中可分为低、平均、高和最高等不同的水平。

第四，一致性，即产品的设计和使用与预定标准的吻合程度的高低。一致性越高，则意味着买主可以实现预定的性能指标。

第五，耐用性，即产品在自然或苛刻的条件下预期的使用寿命。对于技术更新不快的产品，耐用性高，无疑增加了产品的价值。

第六，可靠性，即在一段时间内产品保持良好状态的可能性。许多企业通过降低产品缺陷，提高可靠性。

第七，可维修性，即产品一旦出现故障进行维修的容易程度。标准化的零部件、一定的维修支持等都会使产品更受欢迎。

第八，风格，即产品给予消费者的视觉和感觉效果。独特的风格往往使产品引人注目，有别于乏味、平淡的产品。

综合以上各个要素，企业应从顾客的要求出发，确定影响产品外观和性能的全部特征的组合，提供一种最强有力的设计使产品（服务）差异化和准确定位。

（2）服务差异化。竞争的激烈和技术的进步，使实体产品上的建立和维持差异化越来越困难，于是，竞争的关键点逐渐向增值服务上转移。服务差异化日益重要，主要体现在订货方便、交货及时和安全、安装、客户培训与咨询、维修养护等方面。例如，通用电气公司不仅仅向医院出售昂贵的X光设备并负责安装，还对设备的使用者进行认真培训，并提供长期服务支持。

（3）人员差异化。培养训练有素的人员，是一些企业，尤其是服务性行业中的企业取得强大竞争优势的关键。例如，迪斯尼乐园的雇员都精神饱满、麦当劳的人员都彬彬有礼、IBM的员工给人以专家形象……

（4）渠道差异化。通过设计分销渠道的覆盖面、建立分销专长和提高效率，企业可以取得渠道差异化优势。例如戴尔电脑、雅芳化妆品，就是通过开发和管理高质量的直接营销渠道而获得差异化的。

（5）形象差异化。形象是公众对企业及其产品的认识与看法。企业或品牌形象可以对目标顾客产生强大的吸引力和感染力，促其形成独特的感受。有效的形象差异化需要做到：建立一种产品的特点和价值方案；并通过一种与众不同的途径传递这一特点；借助可以利用的一切传播手段和品牌接触（如标志、文字、媒体、气氛、事件和员工行为等），传达触动顾客内心感受的信息。例如，耐克因其卓越的形象，在变幻莫测的青年市场始终保持了吸引力。

2. 寻求独特的“卖点”。任何产品都可以进行各种程度的差异化。然而，并非所有商品的差异化都是有意义或有价值的。有效的差异化应该能够为产品创造一个独特的“卖点”，即给消费者一个鲜明的购买理由。有效的差异化必须遵循以下基本原则：

（1）重要性。该差异化能使目标顾客感受让渡价值较高带来的利益。

（2）独特性。该差异化竞争者并不提供，或者企业以一种特殊的方式提供。

（3）优越性。该差异化明显优于消费者通过其他途径而获得的相似利益。

（4）可传播性。该差异化能被消费者看到、理解并传诵。

（5）排他性。竞争者难以模仿该差异化。

（6）可承担性。消费者有能力为该差异化付款。

（7）盈利性。企业将通过该差异化获得利润。

值得注意的是，企业在产品定位时应该尽量避免以下常犯错误：

（1）定位不足。是企业差异化设计与沟通不足，消费者对企业产品难以形成清晰的印象和独特的感受，认为它与其他产品相比没有什么独到之处，甚至不容易被消费者识别和记住。

（2）定位过分。指企业将自己的产品定位过于狭窄，不能使消费者全面地认识自己的产品。例如，一家同时生产高、低价位产品的企业使消费者误以为只能提供高档产品。定位过分限制了消费者对企业及其产品的了解，同样不利于企业实现营销目标。

（3）定位模糊。是指由于企业设计和宣传的差异化主题太多或定位变换太频繁，致使消费者对产品的印象模糊不清。混乱的定位无法在消费者心目中确立产品鲜明、稳定的位置，必定失败。

3. 确定价值方案，开发总体定位战略。消费者根据自身的价值判断进行购买决策。确定价值方案就成为总体定位战略的核心内容。所谓价值方案就是指企业定位所依赖的所有利益组合与价格的比较。消费者往往以此作为价值判断的依据。其公式是：

$$V = B/P$$

式中，V 表示价值；B 表示总利益；P 表示价格。

例如，沃尔沃的定位以安全性为基础，尽管售价高昂，但与由可靠性、宽敞、风格等特点构成的价值相比使人感到物有所值。

通常，企业可以从以下五种价值方案中选择一种进行总体定位：

（1）优质优价；

（2）优质平价；

（3）价廉物美；

（4）利益相同，价格较低；

（5）利益较低，价格更低。在确定了总体定位战略后，企业还应该就其选择的定位与目标市场进行有效的传播和沟通。

三　市场定位的方法

企业推出的每种产品，都需要选定其特色和形象。现有产品在其原有定位已经不再具有生命力时，也需要重新作出定位决定，对产品的市场定位，可以应用多种方法，归纳起来有以下五种。

(一) 根据产品的特色定位

如中国闽东电机公司，以东南亚别墅用户为目标市场，设计推出ST系列三相发电机。这种发电机电力负荷较大，符合当地用户习惯与汽车发动机配套的特殊要求，表面光洁度高，外表漆上玫瑰红、翡翠绿、孔雀蓝等鲜艳颜色，深受别墅用户喜欢，公司以产品的这些特色广为宣传，在目标顾客中形成突出的形象，结果在香港市场获得极高的占有率。

(二) 根据顾客获得的利益定位

产品本身的属性及由此获得的利益以及需求满足的程度，能使顾客感受到它的定位。例如在汽车市场，德国的“大众”享有“货币的坐标”之美誉，日本的“丰田”侧重于“经济可靠”，瑞典的“沃尔沃”讲究“耐用”。在有些情况下，新产品更应强调某一种属性。如果这种属性是竞争者无暇顾及的，这种策略就更容易见效。

(三) 根据产品的专门用途定位

为老产品找到一种新用途，是为该产品创造新的市场定位的好方法。小苏打一度被广泛用作家庭的刷牙剂、除臭剂和烘焙配料等，现在却有不少新产品代替了上述一些功能。国外一家厂商，开始把它们作为冰箱除臭剂、阴沟和垃圾污物的防臭剂出售。另一家企业出售的羹汤，把小苏打作为调味汁和肉卤的配料。还有一家公司，原本把小苏打作为夏季饮料的原料之一介绍给顾客，以后又试图把其定位为冬季流行性感冒患者的饮料。

(四) 根据使用者定位

企业常常试图将其产品指向某一类特定的使用者，以便根据这些顾客的看法塑造恰当的形象。法国有一个制药厂，生产一种具有松弛肌肉和解热镇痛效能的药品，药厂针对不同用户作不同内容的宣传。法国人饮酒过量者较多，便宣传这种药品可以帮助酒后恢复体力；英国人、美洲人最怕感冒，便说明此药可以治疗头疼感冒；芬兰滑雪运动盛行，便强调该药品有助于消除疲劳；在意大利患胃病者较多，便又再三解释药品的止疼功能。因此，这种本来并不复杂的药品在不同市场上获得最适宜的形象，畅销许多国家。

(五) 根据竞争定位

这是与竞争对手产品相比较后而进行的市场定位，有两种方式：一种是迎头定位，即与竞争对手对着干。如百事可乐的市场定位是对着可口可乐而言。另一种是避强定位，即避开竞争锋芒，另辟蹊径，占领被竞争者忽略的某一市场空隙，突出宣传本产品在某一方面的特色。

【案例】

香港邮政“特快专递”的STP战略

1973年，香港邮政署率先推出了“特快专递”业务。但是，由于邮政署是行政拨款的政府部门，一直未对该项业务进行商业化的市场推广，结果速递业务的发展反而赶不上后起的民营公司。

1997年，香港邮政署决定对速递业务进行市场推广，以提高市场占有率，增加营业额。首先他们对顾客进行了调查，了解到顾客选择速递服务时，首先考虑的是速度和可靠性。其次才是价格；同时顾客希望能够追踪邮件，随时了解邮件运送的情况。他们也调查分析了竞争对手的情况，得出的结论是：

(1) 本公司的优势：特快专递服务推出较早，技术支持较强（如电子追踪服务）；以邮局为服务点，服务网络覆盖面广，竞争对手无法相比；公司寻求改变的决心大，员工士气高昂，急欲参加。

(2) 本公司的劣势：香港邮政署“特快专递”过去的形象不太好，认知率不高，人们认为其可靠性与速度不及私营速递公司。

(3) 市场机会：私营速递公司多以大公司为主要客户，绝大多数的中、小机构享受不到价格优惠，个人客户更被作为最后处理的对象，他们的需求得不到满足，是个被忽视的市场。

通过细分市场，香港邮政署选择了中小商业机构和个人客户作为自己的目标市场，以“补缺者”的身份填补市场空隙，避免和竞争对手作正面冲突。

他们把自己的服务定位为“分秒显优势”的“超值服务”。为了塑造这一市场形象，吸引目标消费者，采取了以下措施：

(1) 对“特快专递”服务采取低价策略。

(2) 提供电子追踪服务，让顾客随时掌握邮件运送的情况。

(3) 提供大小不同的特快专递箱，满足顾客的需要。

(4) 消除一切可能造成延误的因素，保证邮件准时发送。

(5) 特设专门的小组，应对顾客的业务查询，替顾客开立账户，并兼做宣传。

(6) 整肃工作作风，一线人员礼貌热情，服务耐心细致，富有效率。

（7）提供高质量、高效率的“超值服务”，让顾客有更多时间处理邮件，甚至可在“最后一分钟”将邮件寄出，令客户的分分秒秒尽显优势。

1997年10月，香港邮政署推出了主题为“分秒显优势”的市场推广活动。

在视觉形象上，设计了全新的公司标志和“特快专递”服务标志，选择以速度见长的“蜂鸟”代表公司形象，选择以速度和耐力著称的“雨燕”作为“特快专递”服务的形象。

电视广告也极富感染力，突出了“分秒显优势”的承诺：一个勤勉、质朴的年轻邮递员，充满自信地走在人群中，他不断前行的身影、真诚的笑容，与身后喧闹的都市形成了强烈的对比，给人以踏实、可信赖的感觉，反映了香港邮政“特快专递”业务崭新的形象。

此外，这一活动还采用了多种传播手段，如报纸广告、直邮广告、广告传单、海报，等等。

公司还特别成立了“特快专递”倡导委员会，并设立了许多工作促进小组，对公司所有员工介绍有关知识和加强服务的重要性。领导的重视和亲临指导给员工以极大鼓舞，每个员工都愿为推广活动效力。

这一推广活动取得了以下显著成绩：

（1）业务量：尽管1997—1998年香港经济不景气，但“特快专递”处理的邮件总量仍有所上升。

（2）客户数：实施推广活动的头5个月，新开立账户的客户人数上升了60%。

（3）认知率：在未开立账户的顾客中，认知率从11%上升到30%；在已开立账户的顾客中，认知率从36%上升到50%，“特快专递”在香港已经成功地建立起自己的品牌形象。

（4）满意度：对顾客满意程度的独立研究显示，客户对特快专递服务各个程序的满意程度均有明显上升。

由于速递业务服务水平的提高，1997年第四季度，香港邮政署获得了全球邮政联盟的嘉奖，这一市场推广活动成功地入围1998年度香港杰出营销奖，其电视广告也被评为该年度的杰出广告作品。［资料来源：豆丁网］（http://www.docin.com)

问题讨论

1. 香港邮政署是按什么标准对香港速递业务市场进行细分的？

2. 香港邮政署的目标市场是什么？选择此目标市场的理由是什么？
3. 香港邮政署是如何定位的？为了塑造这一形象，采取了哪些措施？

【本章小结】

营销战略作为企业开拓市场的指导性纲领，是企业战略管理的一个重要组成部分。本章在阐述营销战略的含义与特征的基础上，分析了影响企业营销战略的因素；制订营销战略计划的过程有五步，包括确定企业任务、确定企业营销目标、确定营销战略方针、制订业务投资组合以及战略计划的组织实施；一般来说，企业的市场营销战略过程主要包括建立目标市场战略、市场发展战略、市场进入战略和市场营销组合战略四个方面的内容。

所谓市场细分，就是根据构成总体市场的不同消费者的需求特点、购买行为和习惯，将他们细分为若干相类似的消费者群体。消费者市场细分一般有四种标准，分别为地理状况、人口变量、心理习惯和行为方式；生产者市场细分的标准则有两种：一种为宏观市场，另一种为微观市场。企业必须客观合理地对市场进行细分，以便有的放矢地进行市场开发和拓展。

选择目标市场过程主要包括以下过程：划出可能的全部细分市场，收集细分市场的有关信息，确定最优吸引力的细分市场，根据公司情况选择适合的目标市场。企业在确定了目标市场范围之后，一般有三种可供选择的战略进入市场：无差异营销战略、差异性营销战略和集中性营销战略；选择目标市场应考虑企业资源、产品同质性、市场同质性、产品生命周期、竞争者战略等因素。

市场定位是指对企业的产品（服务）和形象进行设计，使其在目标顾客心目中占有一个独特的位置的行动。企业必须有效实施市场定位，才能在市场竞争中取得竞争优势。市场定位的方法主要有：根据产品的特色定位，根据顾客获得的利益定位，根据产品的专门用途定位，根据使用者定位，根据竞争者定位等。

【思考与练习题】

1. 企业进行市场细分的依据及作用是什么？
2. 我们如何有效地进行市场细分？
3. 企业选择目标市场的方法有哪几种？
4. 企业的目标市场营销战略有哪几种？并对它们进行比较分析？
5. 如何理解市场定位？企业应如何准确地进行市场定位？

第七章　品牌战略

【学习目的】通过学习本章内容，应该掌握：

1. 品牌的含义及其分类
2. 进行品牌资产管理的方法
3. 品牌选择的依据与策略
4. 评估品牌资产的依据与方法
5. 如何实施品牌战略

【开篇故事】可口可乐为何处变不惊

可口可乐的成功让许多竞争者羡慕和忌妒。近百年来，总有一些化学家费尽心机，试图破译可口可乐的配方，却又总是徒劳无获。

两位德国专家在一本名叫《大众饮食误解词典》的新书里列出了可口可乐配方的原料，称可口可乐中99.5%的成分不过是含有二氧化碳和蔗糖的汽水。而其中起关键因素的物质是一种香料混合剂。这种香料的成分包括野豌豆、生姜、含羞草、橘树叶、不包含可卡因的古柯叶、桂树和香子兰皮等，再加上可可、咖啡等的提炼物，进而构成了一种混合剂。

专家们都知道可口可乐的绝大部分是水，而最关键的配料可能还不到总量的1%。但近一个世纪来，人们却无法破解这1%的核心物质。正是靠着这1%，可口可乐才能够一直保持着自己的独特口味。1984年，可口可乐曾计划修改配方，推出一种新型可乐饮料，并为此投入了大笔资金做广告。但是，后来又放弃了，仍然继续采用老配方生产。

关于可口可乐配方被破解的消息，公司不以为然，说这已经是第六次大规模的新闻炒作了。另外，即便是破译了配方，就能生产出真正的可口可乐吗？可口可乐这项产品如今早已不是一种简单的产品，在这项产品中所包含的文化内涵也很重要。可口可乐早已成为充满青春活力的美国文化的代名词，谁宣称他能生产出同可口可乐一样的产品，人们也不会相信。

可口可乐为何处变不惊？因为它已不仅仅是一种商品，已成为一种文化，是一种象征，这种文化和象征就是“品牌”。品牌作为一种非常重要的力量在其中起着不可估量的作用。其他商家即便配制出一模一样的碳酸饮料，但那只是碳酸饮料，而不是可口可乐。

第一节　品牌概述

品牌不仅仅是一个商标、一个牌子，更是一种形象、一种口碑、一种载体、一种文化等。下面我们将详细介绍品牌的真正内涵。

一　品牌的含义

品牌（Brand）一词来源于古挪威文字“Brandr”，中文意思是“烙印”。在当时，西方游牧部落在马背上打上烙印，上面写着一句话：“不许动，它是我的。”并附有各部落的标记，用以区分不同部落之间的财产。诸多著述均记述了古代的人们在牛及牲畜身上打上烙印以表明主人，在未干的陶器底部按上指印以表明制陶者，在斧头、镰刀、木桶等工具身上烙上印记以表明生产者或所有者。这就是最初的品牌标志和口号。当社会生产的规模逐渐扩大，品牌印记的使用迅速普及并带来了无形的价值，寻求品牌保护的“商标法”也随之诞生。第一个商标法案诞生于1803年的法国，随后英国、德国和美国也均在19世纪70年代制定了商标法。值得思考的是，品牌催生了商标，而商标反过来又促进了品牌的发展。

品牌是整体产品的一部分，是现代企业为其产品规划的商业名称，基本功能是将制造商的产品与竞争企业的同类产品区别开来。同时，又是企业的一项重要资产。菲利普·科特勒认为，一个品牌能表达出六层意思：（1）属性，表达出产品的特定属性；（2）利益，给购买者带来的物质和精神上的利益；（3）价值观，体现了该制造商的某些价值感；（4）文化，品牌可能附加和象征了一定的文化；（5）个性，和人一样，品牌传达出与众不同的个性；（6）使用者，品牌还体现了购买或使用该产品的消费者的特征。

因此，广告大师大卫·奥格威认为："品牌是一种错综复杂的象征——它是产品属性、名称、包装、价格、历史声誉、广告方式的无形总和，品牌同时也因消费者对其使用的印象以及自身的经验而有所界定。"通俗地说，品牌是产品和消费者之间的关系。关于品牌的定义很多，其中较权威的是美国市场营销协会（AMA）给品牌的定义："品牌是一种名称、名词、标记、符号或设计，或是他们的组合，其目的是识别某个销售者或者某群销售者的产品或劳务，并使之同竞争对手的产品和劳务区别开来。"

二　品牌的特征

归纳起来，品牌的特征主要包括以下五个方面：

（一）品牌的专有性

品牌是用以识别生产者或销售者所提供的产品或服务的。品牌拥有者经过法律程序的认定，享有品牌的专有权，有权要求其他企业或个人不能仿冒、伪造。这一点也是指品牌的排他性。然而我们国家的企业在国际竞争中没有很好地利用法律武器，没有发挥品牌的专有权，近年来我们不断看到国内的金字招牌在国际市场上遭遇的尴尬局面："红塔山"在菲律宾被抢注，100多个品牌在日本被抢注，180多个品牌在澳大利亚被抢注……人们应该及时反省，充分利用品牌的专有权。

（二）品牌是企业的无形资源

由于品牌拥有者可以凭借品牌的优势不断获取利益，可以利用品牌的市场开拓力、形象扩张力、资本内蓄力不断发展，因此我们可以看到品牌的价值。这种价值我们并不能像物质资产那样用实物的形式表述，但它能使企业的无形资产迅速增大，并且可以作为商品在市场上进行交易。1994年世界品牌排名第一的是美国的可口可乐，其品牌价值为359.5亿美元，相当于其销售额的4倍。到1995年可口可乐的品牌价值上升到390.50亿美元，1996年又上升为434.27亿美元。我国的品牌创造虽起步较晚，但国内的名牌发展较为迅速，像云南红塔集团的"红塔山"、浙江杭州的"娃哈哈"、山东青岛的"海尔"、广东的"美的"等知名品牌的价值也不菲。品牌作为无形资产其价值可以有形量化，同时品牌可以作为商品交易，比如有以品牌入股形式组建企业，有以品牌的号召力特许经营，更有加盟到名牌门下以图发展。

（三）品牌转化具有一定的风险及不确定性

品牌创立后，在其成长的过程中，由于市场的不断变化，需求的不断提高，企业的品牌资本可能壮大，也可能缩小，甚至某一品牌在竞争中退出市场。品牌的成长由此存在一定风险，对其评估也存在难度，对于品牌的风险，有时由于企业的产品质量出现意外，有时由于服务不过关，有时由于品牌资本盲目扩张，运作不佳，这些都给企业品牌的维护带来难度，对企业品牌效益的评估也出现不确定性。

（四）品牌的表象性

品牌是企业的无形资产，不具有独立的实体，不占有空间，但它最原始的目的就是让人们通过一个比较容易记忆的形式来记住某一产品或企业，因此，品牌必须有物质载体，需要通过一系列的物质载体来表现自己，使品牌有形化。品牌的直接载体主要是文字、图案和符号，间接载体主要有产品质量、产品服务、知名度、美誉度、市场占有率。没有物质载体，品牌就无法表现出来，更不可能达到品牌的整体传播效果。优秀的品牌在载体方面表现较为突出，如“可口可乐”的文字，使人们联想到其饮料的饮后效果，其红色图案及相应包装能起到独特的效果；再如“麦当劳”其黄色以及拱形“M”带给人们的视觉效果。

（五）品牌的扩张性

品牌具有识别功能，代表一种产品、一个企业。企业可以利用这一优点展示品牌对市场的开拓能力，还可以帮助企业利用品牌资本进行扩张。

三　品牌的作用

在产品日益同质化的时代，产品的物理属性已经相差无几，唯有品牌给人以心理暗示，满足消费者的情感和精神寄托，因为品牌总是以某种独特的个性与竞争者区别开来。下面我们将详细地介绍品牌在各方面的作用。

（一）品牌的基本作用：有效识别

品牌，在《牛津大辞典》里被解释为“用来证明所有权，作为质量的标志或其他用途”，即用以区别和证明品质。在市场演化进程中，品牌早已跳出了品质证明和区别的简单含义。在现代品牌中蕴涵着企业的文化、个性特征、企业性格、群体划分、企业实力等，成为企业独占鳌头的杀手锏。追本溯源，品牌最原始的雏形即是人们在自家家畜上烙上烙印，作为私有财产与他人财产区分的简单标记；之后用简单图形标记在产品上，用做自有产品声誉维护的法律标志；随着市场的繁盛与发展，品牌日益成熟，进而发展到全球企业对品牌的追逐、研究与推崇。

(二) 品牌的根本作用：创造最大利益

天下熙熙，皆为利来；天下攘攘，皆为利往。自古经商的本原皆是获取经济价值。至今，品牌成为市场推动的必然，也成为商家获取利益的筹码。品牌与盈利之间有了不可切断的联系。企业的经济利益来自于低的成本与高的销售价格之间的价值差额，价值差额越大，利益就越高。而在正常的成熟行业内，30 元成本的产品无论怎样也不会达到 3 万元的销售价格。成本与销售价格差值都会有一个合理限度，而品牌恰恰为经济利益的最大化维持了成本与销售价格的均衡。在成本通向销售价格的实现过程中，企业品牌的优良左右着各个环节价值的核算。品牌之所以能够创造最大利益，是因为品牌将企业置于了市场环境的中心，形成了与企业相关联顾客的向心力；而对非品牌企业而言，企业相关联顾客形成了或多或少的离心力，致使品牌企业与非品牌企业的盈利能力相去甚远。

(三) 市场作用：保护顾客的消费质量

顾客的消费质量，是顾客获得的产品价值和体验价值的综合。如果一个顾客在商场里购买了一件物美价廉的衣裳，但是却因为服务人员的强迫性购买而耿耿于怀，满腹怨气，那么商家为顾客提供的就不是消费质量，只是简单的产品销售。产品销售只是为商家在实现经济效益；品牌销售，是在为顾客提供愉悦的购买体验，并满足其心理需求。因此，在现代服务体验经济时代，顾客的消费质量不仅包含产品质量的保证，还要为顾客提供良好的购物环境、愉悦的心理体验以及个性化的心理需求。

(四) 经营作用：提升企业核心竞争力

企业核心竞争力是企业的核心能力，是“硬”和“软”双方面实力的综合。硬件方面包含了企业的技术、设备、研究开发能力、团队的完整高效等；软件方面包含了品牌建设、企业文化、企业精神、公共关系等。在聚合企业核心竞争力的多方因素中，硬件资源是以物和技术为中心的基础建设和完备；软件资源是以人和文化为中心的精神塑造和指导。由企业多种因素凝聚而成的核心竞争力，独一无二，难以模仿。品牌建设，是企业核心竞争力软件资源中的重要一环。当企业发展到一定高度时，品牌美誉度与知名度等相应提升，消费群体就会减淡对企业背后硬件资源的深入探究和考虑，而关注企业与消费者内心的沟通。海尔、联想、雕牌、奥迪等知名品牌，品牌就是质量和信誉的见证。在技术门槛较低的行业，品牌几乎让产品在终端销售与市场竞争中独占鳌头，占据市场领导者的位置。品牌成为了市场追随者短期内无法逾越的界线。

(五) 营销作用：可持续提升销量和销售质量

品牌，是企业与顾客沟通的一种重要方式。它将企业的情感、意识、精神与产品的灵魂、内涵、特点传递给顾客，进行意识形态上的交流。当品牌蕴涵的意义激发了顾客内心的需求或情感时，就完成了品牌的任务，同时促成了大众的购买行为，实现产品销售。品牌建设，就是完成与顾客沟通的过程。品牌与顾客沟通的深度决定着企业的销售量和销售质量，因为企业经营的最终环节是顾客的购买消费。从工业品的模糊概念到大众沟通的成功无疑在见证着品牌的力量。昆仑润滑油“卓越品质，与神州共腾飞”，统一润滑油“多一些润滑，少一些摩擦”，均实现了从工业品到大众消费品的“润滑”过渡。情感诉求，完成了与顾客的心灵沟通，知名度由行业延伸至大众，产品销量迅速提升。这就是品牌对销售的促动力量。

（六）资本作用：提升无形资产和在此基础上的资本运营便利性

业界称，处在顶端的资本是企业品牌价值；处在中端的资本，是企业知识产权的价值；处在低端的资本，是企业的设备、不动产和流动资本的价值。做企业如做人。提起一个多年不见的朋友时，可能在记忆中已经模糊了他的音容笑貌，但仍然会说这个人很实在或值得信赖或是其他。“这个人很实在”或是“这个人值得信赖”就是一个人的品牌，一个绵延于周围人内心的个人品牌。他与周围相识者的认同交叉点就是“实在”与“信赖”。同样，企业品牌的影响力可以顺着时间延伸，顺着空间扩展，当具体化产品消失的时候，大众还会记得品牌，所以品牌价值才会被推向企业资本顶端的位置。

（七）价值作用：改善企业的生存与发展环境

十年树木，百年树人。品牌货币化的成长历程，殊途同归……物竞天择，适者生存。企业作为经济圈中的“生命体”，从小到大，由弱到强，不仅在与同类进行着存亡或消长的竞争，同时也在适应着企业内部与周边的诸多种环境。作为市场中独立的企业公民，在适应周边生存与发展环境的同时，也在影响与改善着环境。品牌，作为企业灵魂、文化的凝聚，不仅在公众认知上起着价值观念引导的作用，在企业经营上也起着积极的促进作用。当品牌作为抽象的人类文明活跃于市场时，就在为企业这一独立的个体改善或是缔造着生存与发展的环境。

（八）形象作用：把消费者群体等级化

人靠衣裳，马靠鞍。企业形象靠的是品牌塑造。商品正在逐渐脱离实体产品属性而成为文化或是情感的衍生品，消费者更多表现出来的是对品牌文化或情感的共鸣。品牌文化可以在精神高度上达成共识，品牌情感可以触动消费者内心最柔弱的瞬间。文化与情感的认同促成了消费者的购买行为，品牌对消费者精神层次的满足将会培养一批忠诚的顾客。在文化与情感的渗透过程中，市场顺着不同消费者的特征划出了不同的群体级别。

（九）文化作用：全球市场共鸣

民族的，世界的。张艺谋的电影让世界认识了中国文化。含蓄、内敛、包容的内陆文化让极度扩张的海洋文化为之一动。东方文化的厚重与悠远开始揭开了神秘的面纱。在世界经济一体化的环境下，文化伴随着商业比肩而来。欧美、日本、韩国企业成功进入中国市场均是建立于文化与思想的认同，在每一个成功品牌的背后都藏匿着整个国家的精神特征和文化特性。品牌，作为一种商业与文化结合的产物，让全球民众实现了部分观念的一体化。

（十）精神作用：让我们的消费者生活充满乐趣和意义

合目而思，品牌会出现在你生活的每一个角落。每一条幽静的小路，每一条繁闹的大街，每一个拥挤的港口都有琳琅满目的品牌信息传递。一天的生活，从睁开眼享受清晨第一缕阳光的时候，是你的床、你的地板、你的家具……之后便开始洗漱，是你的卫浴装饰、你的牙膏，甚至是你的牙刷……当收拾停当，打开房门奔向公司的时候，便是你的床、你的地板、你的家具、你的卫浴装饰、你的牙膏，甚至是你的牙刷……的品牌广告。都市消费者生活在品牌的世界里。品牌表达的是时代的情感，反映的是适时的文化，陈述的是现实的故事。它通过体验式的经济表达方式将一种文化、一个内涵、一个故事让消费者去感知，去接受，然后去购买……品牌的丰富在装点着社会的繁荣。如果没有绚烂多姿的传播，没有声声的商业吆喝，这个社会会是怎样苍白，消费者又会怎样茫然？男耕女织的经济形态已随历史而去，雏形的商业经济思想在随着时间的推移而不断发展，时至今日，男耕女织已成为了一个经济回望和一个守望。回望是历史经济发展的审视，守望是因为经济与经济思想发展之快速让消费者渴望瞬间的安静和简单，然而，只是瞬间。

第二节 品牌资产管理

如果一项资产被定义为是“一项有一定价值、通过组织使其价值始终保持最大化的财产”，那么企业是否也应该像管理资产一样管理它们的品牌呢？运用品牌资产管理，企业能够把品牌的长期价值最大化。

一 品牌资产的定义

品牌资产（brand equity）自20世纪80年代被提出以来，日益受到营销人员和营销学者们的关注，成为营销学中的一个研究热点。归纳起来，品牌资产定义主要存在着三种概念模型：财务会计概念模型、基于市场的品牌力概念模型以及基于品牌消费者关系的概念模型。财务会计概念模型把品牌看做是企业拥有的一项无形资产，能为企业带来财务上的收益和价值；基于市场的品牌力概念模型则强调品牌的市场力和影响力，把品牌资产和品牌的成长及品牌战略结合起来；基于市场的品牌力概念模型尽管也开始注意到消费者与品牌资产的关系，但是，该模型主要重心还是在于品牌的长期成长及计划。迄今为止，绝大部分学者都是从消费者角度来定义品牌资产，他们意识到：如果品牌对于消费者而言没有任何意义，那么它对于投资者、生产商或零售商也就没有任何意义了。因此品牌资产的核心便成为如何为消费者建立品牌的内涵。

戴维·A. 艾克（David A. Aaker）在总结了前人成果的基础上，提出了品牌资产的“五星”模型。艾克认为，品牌资产是与品牌、品牌名称和标志相联系的，能够增加或减少企业所销售或提供服务的价值和顾客价值的一系列品牌资产与负债。同时，艾克把品牌资产分为以下五类：品牌忠诚度（brand loyalty）、品牌知名度（brand awareness）、品质认知度（perceived quality）、品牌联想（brand association）、品牌资产的其他专有权——专利权、商标、渠道关系等。具体见图7－1。

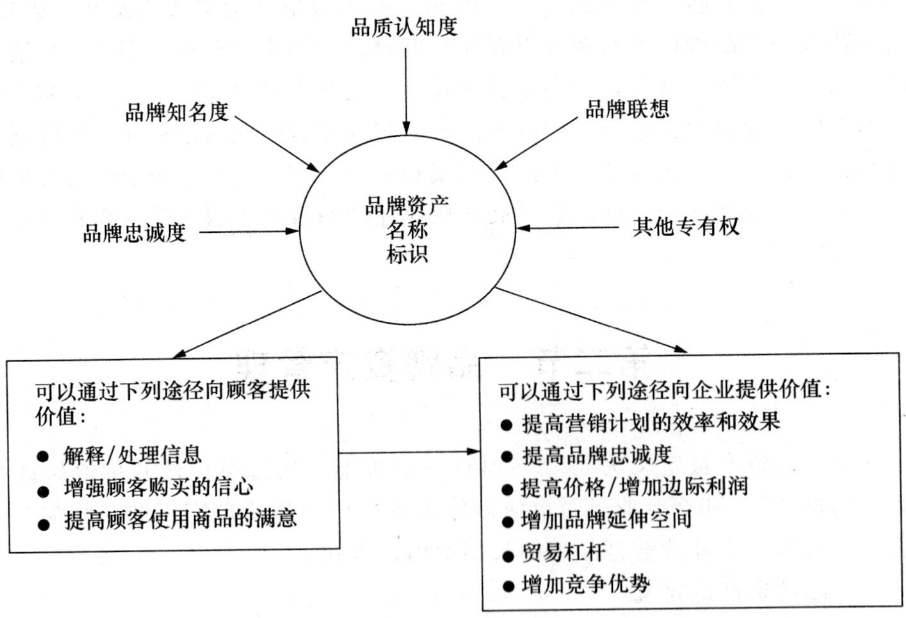

图7－1 戴维·A. 艾克（David A. Aaker）的品牌资产

资料来源：戴维·A. 艾克：《管理品牌资产》，机械工业出版社2006年版，第16页。

从艾克对品牌资产的定义及其分类我们可以看出，他的概念模型仍然可以归纳为基于消费者关系的概念模型。艾克的概念模型不仅主张从顾客的角度出发为顾客提供高品质的利益，而且提出了为顾客提供价值的有效途径，加强与顾客的关系，增进顾客满意，以达到顾客对品牌的忠诚。

二 品牌资产的测量

品牌资产管理的一个核心问题就是如何有效地测量品牌资产，但由于不同的人出于不同的目的和受个人背景的局限，赋予了品牌资产不同的含义并采用了不同的评估方法，因此，品牌资产的测量方法呈现出百花齐放的图景。

（一）基于企业视角测量

1. 财务取向测量。财务取向的品牌资产评估属于客观的衡量，它从公司的财务角度赋予品牌某种价值。有学者根据品牌所带来的现金增量（如销售量提升、溢价的出现、市场占有率提高等）来衡量品牌所带来的财务价值；有的学者则建议可从三个变量——企业财务、数字资产管理方式与市场特征——来衡量品牌所具有的价值。至于品牌财务价值的评估方法，几年来，研究人员进行了大量的研究，提出了不少有价值的测评方法，包括历史成本法、重置成本法、股票市值法、产品溢价法、品牌出售价值评估法等。

2. 市场取向测量。随着人们逐渐对品牌市场力的重视，品牌评估方法开始考虑品牌给企业带来的市场利益，即品牌的市场表现。需要注意的是：明确地区分基于财务取向品牌评估法与基于市场要素的品牌评估法并不可行，这主要是因为，基于市场取向的品牌资产评估方法并没有从根本上摆脱财务要素，只是引入了新的市场要素，对财务取向进行了必要的调整，使得该类方法可以反映品牌市场业绩和市场竞争力，这对于品牌资产评估的方法是一种改进。基于市场要素代表性的评估方法主要有 Interbrand 法等。

Interbrand 模型是一个为评估品牌价值而建立起来的模型。Interbrand 模型是利用品牌收益和倍率来计算品牌价值的。其中品牌收益是基于历史资料如品牌占有率和广告费计算出来的；倍率即品牌强度，则是根据个人（专家）对一些因素的判断获得的，这些因素包括领导地位、稳定性、市场类别、全球潜力、品牌趋势、品牌支持（support，是否得到恒定的投入或重点的支持）、品牌保护。这 7 个因素在评估中的相对重要性分别是 25%、15%、10%、25%、10%、10% 和 5%。根据该模型，在实际品牌评估中，将倍率乘以过去三年利润所得的值就是品牌价值。

Interbrand 模型是以品牌资产的财务评估目的建立起来的，对品牌价值评估实践产生广泛而深远的影响，是《金融世界》杂志一年一度进行品牌追踪价值评估的理论基础。该模型确立7个倍率评估因素，即品牌资产的构成要素，多数是行业环境等客观因素或宏观的管理因素，而非消费者因素。这些因素对评估品牌价值是有用的，但对于如何进行品牌建设意义不大。按照该模型，即使所有消费者失去记忆，品牌资产犹在，这显然是有问题的。

Motamenti & Shahrokhi 模型，也叫全球品牌资产模型，由 Motamenti & Shahrokhi 于1998年提出。该模型是一个综合模型，可用公式表示如下：

$$GBE = \bar{M}\left[\left(\sum_{i=1}^{n}\sum_{i=1}^{m} W_{ij}CBPF_{ij}\right) + \left(\sum_{i=1}^{n}\sum_{j=1}^{m} W_{ij}CPF_{ij}\right)\left(\sum_{l=1}^{n}\sum_{j=1}^{m} W_{ij}GPE_{ij}\right)\right]$$

$$30 \times BNE_{ij}$$

式中，GBE 表示全球品牌资产价值；$\bar{M}$ 为行业内的最大倍率；W_{ij}表示在 i 国家因素 j 的权重；$CBPF_{ij}$表示在 i 国家顾客潜在因素觉得价值；CPF_{ij}表示在 i 国家竞争潜在因素 j 的价值；GPE_{ij}表示在 i 国家全球潜在因素 j 的价值；BNE 表示品牌净收益。

（二）基于消费者视角测量

1. 纯粹消费者取向测量。纯粹消费者要素的品牌资产的测量方法主要依据消费者对品牌各方面的属性的认知和感受进行评价，评估结果可以反映消费者对品牌真实的感受，这反映了现在品牌资产理论越来越重视品牌与消费者关系的发展趋势。其中，品牌资产趋势（Equitrend）模型、品牌资产评估者（Brand Asset Valuator）模型和品牌资产引擎（Brand Equity Engine）模型具有代表性。

Total Research 公司的“品牌资产趋势”模型。该模型认为，品牌最好和最有用的单一测量指标是消费者对其“品质”的感知。由此，“品牌资产趋势法”的最核心概念就是品质认知，它由11点的单一量表构成。其中，0表示质量很糟糕或质量不可接受，5表示可接受质量，10表示杰出或超乎一般的质量。另外还有两项指标：一是突出性（salience），除含有传统的知名度、知识性含义外，还包括受访者对品牌的定性评价，即有多少比率的人对品牌发表了意见。二是用户满意度（user satisfaction），指品牌使用者中，对该品牌的平均满意度。综合品牌资产趋势模型的三项指标，可得品牌资产的发展趋势。Total Research 公司于1990年开展了第一期“品牌资产趋势”研究，测量了100个品牌的资产；1991年冬的第二期研究测量了131个品牌。每次调查均有1000个样本。到1995年，这一方法已涵盖了100个产品类别的7000多个品牌。虽然这一模型使用的维度或问题要简单得多，但资料是经过长时间累积起来的，有助于其对品牌资产的动态的判断。在顶尖品牌长期追踪调查中发现，它们的地位多半稳固。

Market Facts 公司的“品牌转换模型”（Conversion Model）。该公司将品牌资

产定义为人们继续购买品牌的意愿。因此，该公司测量从品牌的鉴定忠诚用户到品牌转换者等各类细分用户群。该模型的问题又包括：谁是忠诚顾客？忠诚的动机是什么？如何才能强化忠诚度？什么决定忠诚度？这些问题的回答，加上针对非用户的其他调查，调查结果可用来测量和有效管理品牌资产。

DDB Needham 公司的"倍数效应模型"（Multiplicative Effect Model）。DDB Needham 是世界著名的广告公司，该公司把品牌资产操作化定义为品牌知名度、品牌喜爱（brand liking）、品质认知（perceived quality）这三个维度的积。其中，品牌知名度通过给被访者一堆印有品牌明火标识的卡片，被访问者把这些卡片分为三种：使用过的品牌、听说但未使用过的品牌、根本不知道的品牌。品牌喜爱则用单一的 10 点量表"喜欢—不喜欢"来测量。品牌品质认知通过五个属性的 10 点量表来测量，即：领导性、值得信任、适合我、优异质量、物有所值。

2. 消费者 + 财务取向测量。这类评估测量方法结合了财务与消费者两类要素，既注重从消费者的角度来提升和建立品牌资产，又注重从财务方面来评估品牌资产。具有代表性的测量模型和方法有：溢价法（price premium）、联合分析法（conjoint analysis）以及品牌价格抵补模型（Brand - Price Trade Off）。

3. 消费者 + 市场取向测量。这类品牌资产的测量模型或方法结合了消费者和市场两种要素，从消费者的角度出发，结合了多种市场产出的要素对赞助企业品牌资产进行评估与测量。这类评估测量方法主要包括艾克的品牌资产 + 要素模型、尼尔森模型等。

三 品牌资产的管理

（一）影响品牌资产的因素

影响品牌资产的因素复杂多样，本书重点关注企业内部与营销有关的因素，它们主要指营销组合因素、企业形象等。由于营销活动本身繁杂多样，研究者们往往重点关注一个或几个营销因素对品牌资产的影响效用。

西蒙和沙利文（Simon and Sullivan，1993）认为，广告支出及其份额、销售队伍、市场调研费用、品牌年龄、产品组合等对品牌资产有着重要的影响效用；科布 - 沃尔格伦、鲁布尔和唐图（Cobb - Walgren、Ruble and Donthu，1995）也发现广告投入与品牌资产的正相关关系。

艾克（1991）则强调公共关系、广告语、品牌标识、包装等要素对品牌资产的影响；博尔丁（Boulding，1993）等提出服务保证能够有效提高品牌资产；凯勒（Keller，1993）提出品牌要素、营销组合要素、企业形象和原产国等次级联想渠道对品牌知识的影响。康韦尔和罗伊（Cornwell and Roy，2001）认为赞助对赞助企业及其产品的品牌资产具有重要的影响。Yoo、Donthu 和 Lee（2000）

利用结构方程模型研究了广告投入、价格、分销密度、零售店形象、定价策略对品牌资产构成要素（如感知质量、品牌忠诚、品牌联想）的影响，发现频繁的价格促销将损害品牌资产，广告投入量、价格、分销密度、零售店形象则与品牌资产正相关。但 Ailawadi、Lehanmann 和 Neslin（2003）以超额收入（revenue premium）作为品牌资产的测量指标，发现溢价与品牌资产之间存在不显著的负相关；广告份额（share of category advertising）、平均购买周期（average purchase cycle）、产品享乐性（hedonic category）、产品品类销售收入（category revenue）与品牌资产则存在显著的正相关关系。

江明华（2003）等研究了价格折扣量对感知质量、购买意向和品牌忠诚三个维度的影响，发现深度折扣对感知质量、品牌忠诚有负面影响，但对购买意向有一定的积极作用；同时，深度折扣使得消费者对品牌资产的评价明显降低。王海忠（2006）研究发现了中国消费者遵循公司—产品的思维逻辑，公司品牌建设应先于产品品牌。因此，公司的创新能力、公司的实力、公司的名气等对品牌资产有很大影响；甚至把公司联想能力作为品牌资产的一个组成部分。

（二）构建和管理品牌资产

关于品牌和品牌资产的构建和管理，中外众多学者都有自己独到的观点和研究成果。

菲利普·科特勒（1999）认为，建立一个强有力的品牌需要两个步骤。首先，必须明确价值定位；其次，要进行品牌建设。第一步主要是关于如何进行定位或者差别化。第二步则包括选择品牌名称、开发品牌名称的丰富联想以及管理该品牌与顾客形成的所有联系从而使其符合品牌形象并达到或超过顾客的期望。艾克（1996）指出要建立一个品牌，就必须开发一种品牌识别来为品牌提供方向、目标和方法。品牌识别是品牌战略家们立志要创造和保持的一套独特的品牌联想。这些联想体现了品牌所代表或暗示的某组织对顾客所做的承诺。艾克认为，开发一种识别系统应从四个不同的角度来描绘你的品牌：作为一个产品、作为一个组织、作为一个人和作为一个符号。经过这四个角度的考虑，才能够为品牌找到一个“核心”的识别和一个“延伸”的识别。核心识别是品牌的精髓所在，是使品牌具有意义和取得成功所必需的联想。在分析品牌资产结构的基础上，特别指出利用整合营销策略对品牌联想实施作用来构建品牌资产。

凯勒（2001）在“单一产品—单一品牌”的背景下，提出了品牌知识模型。凯勒认为品牌知识包括品牌意识和品牌形象两部分。品牌意识与消费者记忆中品牌中心点和轨迹的强度有关，它表现为消费者在不同情况下对品牌的识别能力。

品牌意识是指当给出品牌名称作为提示时，消费者能确认该品牌的能力。品牌形象是指消费者在记忆中对某一品牌的感知，它可以通过品牌联想反映出来。根据CBBE模型，构建品牌资产须经前后有序的四个步骤：第一，确定消费者的品牌识别，依据产品类别和消费者需求确定品牌联想；第二，运用大量有形和无形的品牌联想与某种属性的连接在消费者脑海中建立总体的品牌意义；第三，激发消费者对品牌识别和意义的反应；第四，把品牌反应转变成消费者与品牌间的密切、积极、忠诚关系。这就是凯勒（2001）提出的基于顾客的品牌资产金字塔（Customer - based Brand Equity Pyramid）模型，称为“品牌阶梯”（brand ladder）即：品牌识别（brand identity）、品牌含义（brand meaning）、品牌反应（brand response）、品牌关系（brand relationship）。为此，凯勒提出了构建基于消费者品牌资产的方法：选择品牌要素（识别）构建品牌资产的方法。品牌要素主要是指那些能标记和区分品牌的要素，主要有品牌名称、标识、图标、标记、广告语、广告曲和包装等。可以通过选择品牌要素来提高品牌意识，形成强烈的、有力的、独特的品牌联想；运用整合营销沟通构建品牌资产的方法，从“以客户为本的品牌资产”的视角出发，就如何制订精密的营销方案和如何整合营销沟通以增加品牌资产的问题提出了概念框架和管理原则；利用次级品牌联想杠杆建立品牌资产的方法，可以利用其他实体——生产厂家、产品原产国、购买地、赞助活动、其他相关人员等建立次级品牌联想。因为当一个品牌与其他有自身联想的实体相关联式，消费者会将有关的这些实体的联想运用到该品牌上，从而实现创建和提升品牌资产。

王海忠（2006）指出，消费者心理的品牌知识与联想是品牌实力的源泉所在，品牌营销的第一目标是在顾客心理构建牢固的品牌知识，建立丰富的、正面的品牌联想。为此在品牌建设中着重实现以下目标：即构建强大的公司能力、建立高品牌知名度和美誉度、确保优异的产品品质、建立品牌——品牌纽带，与消费者产生心理共鸣。同时指出，在中国市场背景下，在消费者心里建立积极品牌联想的三步骤是：公司能力联想、品牌知名度是奠定强势品牌的基石，品质认知是建立强势品牌的第二步，实现品牌共鸣是建立强势品牌的第三步。王连森（2005）在“能力—效应观”理论的基础上，提出了品牌资产创建和累积的运作模式，即PDCA循环上升模式：Plan（计划）、Do（实施）、Check（检查）、Action（处理）。这四个环节相互连接，反复循环，从而创建和提升企业的品牌资产。

艾克等在《品牌领导》一书中指出，为了在多品牌当中形成一种关系清晰、相互协同、相互平衡的局面，需要建立一个“品牌架构”来组织协调和明晰品牌之间的关系。为此，他们提出了多品牌组合体、托权人/受托品牌、主/亚品牌和品牌化组合四种构建品牌关系的策略；同时提出了设计品牌架构的五个步骤的工作：识别品牌组合中的每个品牌、明确每个品牌的功能、明确每个品牌的产品—市场环境、确立品牌组合结构和设计品牌组合图表。

在品牌资产的管理方面，凯勒（2001）认为要从三个方面入手：一是品牌名称管理，品牌资产的管理的关键是采用适当的品牌战略，制定品牌战略的两个重要工具是品牌—产品矩阵和品牌等级，把这两个工具结合起来使用，再加上对消费者、公司及竞争等因素的考虑，就能制定出最佳的品牌战略。二是品牌延伸，品牌延伸是指公司以已建立的品牌名称推出新的产品。品牌延伸建立自身资产的能力，取决于消费者头脑里延伸内容中的母品牌联想的重要性，以及由此形成的任何联想的赞誉度和独特性。品牌延伸发展母品牌资产的能力，取决于延伸内容中关于相应特质或优势联想的证据的重要性，延伸证据对于母品牌特质或优质的相关性及诊断性意义，以及消费者记忆中母品牌相关特质或优势联想的力度。三是长期品牌管理，有效的品牌资产管理，要求具有长期的营销决策观念。长期的观点也要求在面临营销环境的外部变化和企业营销目标及方案的内部变化时采取各种旨在维护和提高长期的基于顾客的品牌资产的前瞻性策略，尤其要在强化、振兴和撤出品牌等方面加强管理。

第三节　品牌策略选择

企业应该在对企业外部环境机会、威胁和内部资源优势、弱点进行全面、科学分析与论证基础上，从满足目标市场需求出发，灵活运用各种营销策略，选择适合于自己成长发展的品牌策略，从小品牌做起，慢慢成长壮大，成为强势品牌。所以品牌策略的精准选择及有效实施就显得至关重要了。

一　品牌化决策

企业经常制定及采用的品牌化决策包括以下几种类型。

（一）品牌有无策略

一般来讲，现代企业都建有自己的品牌和商标。虽然这会使企业增加成本费用，但也可以使卖主得到以下好处：便于管理订货；有助于企业细分市场；有助于树立良好的企业形象；有利于吸引更多的品牌忠诚者；注册商标可使企业的产品特色得到法律保护，防止别人模仿、抄袭。例如，花王公司不是推销单一品种的香波，而是提供至少五种不同品牌的香波（诗芬、魅力、爱诗、菲乐和泼洱）。每一种配方略有不同，分别推向特定用途的子市场。大多数购买者也需要品牌和商标，因为这是购买者获得商品信息的一个重要来源，即购买者通过品牌和商标可以了解各种产品质量的好坏，从而有助于购买者提高购物效率。

20 世纪 70 年代以来，西方有些企业对某些消费品不规定品牌名称和品牌标志，也不向政府注册登记，实行非品牌化，这种产品叫无牌产品。所谓无牌产品是指在超级市场上出售的无品牌、包装简易且价格便宜的普通产品。企业推出无牌产品的主要目的是节省包装、广告等费用，降低价格，扩大销售。一般来说，无牌产品使用质量较低的原料，而且其包装、广告、标签的费用都较低。

（二）品牌使用者策略

企业有三种可供选择的策略。企业可以决定使用自己的品牌，这种品牌叫做企业品牌、生产者品牌、全国性品牌；企业也可以决定将其产品大批量地卖给中间商，中间商再用自己的品牌将物品转卖出去，这种品牌叫做中间商品牌、私人品牌、自有品牌；企业还可以决定有些产品用自己的品牌，有些产品用中间商品牌。

1. 使用中间商品牌的利弊。目前，中间商品牌已经变成品牌竞争的一个重要因素。中间商使用自己的私人品牌，会带来一些问题。例如，中间商必须花很多钱做广告，大力宣传其品牌；中间商必须大批量订货，因而须将大量资金占压在商品库存上，并且须承担一些风险。但是，中间商使用自己的品牌又可带来种种利益。诸如：可以更好地控制价格，并且可以在某种程度上控制供应商，因为中间商可以用更换供应商来威胁企业；进货成本较低，因而销售价格较低，竞争力较强，可以得到较高利润。因此，越来越多的中间商特别是大批发商、大零售商都使用自己的品牌。

2. 品牌战。在现代市场经济条件下，企业品牌和中间商品牌之间经常展开激烈竞争，这就是所谓的品牌战。在这种对抗中，中间商有许多优势。诸如：(1) 零售商业的营业面积有限，因此许多企业特别是新企业和小企业难以用其品牌打入零售市场。(2) 虽然消费者都知道以私人品牌出售的商品通常都是大企业的产品，但是由于中间商特别注意保持其私人品牌的质量，仍能赢得消费者的信任。(3) 中间商品牌的价格通常定得比企业品牌低，因此，能迎合许多计较价格的顾客，在通货膨胀时期更是如此。(4) 大零售商把自己的品牌陈列在商店醒目的地方，而且妥善储备。由于这些原因，企业品牌昔日的优势正在削弱。有些市场营销评论家预言，中间商品牌终将击败所有企业品牌。

3. 品牌阶梯与品牌均势。十几年来，在消费者心目中一直存在着品牌阶梯 (brand ladder) 的观念，即自己最偏好的品牌位于阶梯的最上层，随着偏好程度的递减，各个品牌的阶层依次降低。而近来人们的阶梯观念越来越趋于淡化，取而代之的是品牌均势（brand parity）观念，即在消费者看来，所有品牌都是一样的，他们愿意购买正在出售的任何可接受的品牌。消费者可能看不出高露洁牙膏与达丽牙膏、飘柔香波与花王诗芬香波等有什么差异。消费者越来越感受到明智消费的压力，对产品质量、价格、价值等非常敏感。无休止的品牌扩展和产品线扩展，混淆了不同品牌的差异。降价和特价造就了一代关注价格的新型消费者。商店品牌不断改进质量，并通过其连锁店系统增强了消费者的信任度，从而构成了对制造商品牌的一个重大挑战。

（三）品牌统分策略

如果企业决定其大部分或全部产品都使用自己的品牌，那么还要进一步决定其产品是分别使用不同的品牌，还是统一使用一个或几个品牌。这就是说，在这个问题上有四种可供选择的策略。

1. 个别品牌。是指企业各种不同的产品分别使用不同的品牌。其好处主要是：①企业的整个声誉不致受其某种商品的声誉的影响，例如，如果某企业的某种产品失败了，不致给这家企业的脸上抹黑，因为这种产品用自己的品牌名称；②某企业原来一向生产某种高档产品，后来推出较低档的产品，如果这种新产品使用自己的品牌，也不会影响这家企业的名牌产品的声誉。

2. 统一品牌。是指企业所有的产品都统一使用一个品牌名称。例如，美国通用电气公司的所有产品都统一使用“GE”这个品牌名称。企业采取统一品牌名称策略的好处主要是：（1）企业宣传介绍新产品的费用开支较低；（2）如果企业的名声好，其产品必然畅销。

3. 分类品牌。是指企业的各类产品分别命名，一类产品使用一个牌子。森达集团就曾采取这种策略，将高档男鞋的品牌定为“法雷诺”，高档女鞋为“梵诗蒂娜”，都市前卫男鞋为“百思图”，都市前卫女鞋为“亚布迪”，工薪族男女鞋为“好人缘”。这主要是因为：（1）企业生产或销售许多不同类型的产品，如果都统一使用一个品牌，这些不同类型的产品就容易互相混淆。例如，美国斯维夫特公司同时生产火腿和化肥，这是两种截然不同的产品，需要使用不同的品牌名称，以免互相混淆。（2）有些企业虽然生产或销售同一类型的产品，但是为了区别不同质量水平的产品，往往也分别使用不同的品牌名称。

4. 企业名称加个别品牌。是指企业对其不同的产品分别使用不同的品牌，而且各种产品的品牌前面还冠以企业名称。例如，美国凯洛格公司就采取这种策略，推出“凯洛格米饼”、“凯洛格葡萄干”。企业采取这种策略的好处主要是：在各种不同新产品的品牌名称前冠以企业名称，可以使新产品合法化，能够享受企业的信誉，而各种不同的新产品分别使用不同的品牌名称，又可以使各种不同的新产品有不同的特色。

二　品牌扩展策略

品牌扩展策略有五种选择，即产品线扩展策略、品牌延伸策略、多品牌策略、新品牌策略和合作品牌策略。

（一）产品线扩展策略

产品线扩展是指企业现有的产品线使用同一品牌，当增加该产品线的产品时，仍沿用原有的品牌。这种新产品往往都是现有产品的局部改进，如增加新的功能、包装、式样和风格等。通常厂家会在这些商品的包装上标明不同的规格、不同的功能特色或不同的使用者。产品线扩展的原因是多方面的，如可以充分利用过剩的生产能力；满足新的消费者的需要；率先成为产品线全满的公司以填补市场的空隙；与竞争者推出的新产品竞争或为了得到更多的货架位置。

（二）品牌延伸策略

品牌延伸（brand extensions）是指一个现有的品牌名称使用到一个新类别的产品上，即品牌延伸策略是将现有成功的品牌，用于新产品或修正过的产品上的一种策略。品牌延伸是实现品牌无形资产转移和发展的有效途径。品牌也受生命周期的约束，存在导入期、成长期、成熟期和衰退期。品牌作为无形资产是企业的策略性资源，如何充分发挥企业的品牌资源潜能并延续其生命周期便成为企业的一项重大策略选择。品牌延伸一方面在新产品上实现了品牌资产的转移，另一方面又以新产品形象延续了品牌寿命，因而成为企业明智的选择。

（三）多品牌策略

在相同产品类别中引进多个品牌的策略称为多品牌策略。证券投资者往往同时投资多种股票，一个投资者所持有的所有股票集合就是所谓证券组合（portfolio），为了减少风险、增加盈利机会，投资者必须不断优化证券组合。同样，一个企业建立品牌组合，实施多品牌策略，往往也是基于同样的考虑，并且这种品牌组合的各个品牌形象相互之间是既有差别又有联系的，组合的概念蕴涵着整体大于个别的意义。

（四）新品牌策略

新品牌策略是一种为新产品设计新品牌的策略。当企业在新产品类别中推出一个产品时，它可能发现原有的品牌名称不合适，或是对新产品来说有更好更合适的品牌名称，企业需要设计新品牌。例如，春兰集团以生产空调著名，当它决定开发摩托车时，采用“春兰”这个女性化的名称就不太合适，于是采用了新的品牌“春兰豹”；生产保健品的养生堂开发饮用水时，使用了更好的品牌名称

“农夫山泉”。

（五）合作品牌策略

合作品牌也称为双重品牌，是两个或更多的品牌在一个产品上联合起来，每个品牌都期望另一个品牌能强化整体的形象或购买意愿。

合作品牌的形式有多种。一种是中间产品合作品牌，如沃尔沃汽车公司的广告说，它使用米其林轮胎。另一种形式是同一企业合作品牌，如摩托罗拉公司的一款手机使用的是“摩托罗拉掌中宝”，掌中宝也是公司注册的一个商标。还有一种形式是合资合作品牌，如日立的一种灯泡使用“日立”和“GE”联合品牌。

三　品牌更新策略

品牌更新策略主要涉及形象更新、定位修正、产品更新和管理创新四个方面。

（一）形象更新

形象更新，顾名思义，就是品牌不断创新形象，适应消费者心理的变化，从而在消费者心目中形成新印象的过程。有以下几种情况：

1. 消费观念变化导致企业积极调整品牌策略，塑造新形象。如随着人们环保意识的增强，消费者已开始把无公害作为选择商品、选择不同品牌的标准。企业这时即可采用避实就虚的方法，重新塑造产品形象，避免涉及环保内容或采用迎头而上的策略，更新品牌形象为环保形象。

2. 档次调整。企业要开发新市场，就需要为新市场塑造新形象，如日本小汽车在美国市场的形象就经历了由小巧、省油、耗能低、价廉的形象到高科技概念车形象的转变，给品牌的成长注入了新的生命力。

（二）定位的修正或品牌再定位

从企业的角度，不存在一劳永逸的品牌，从时代发展的角度，要求品牌的内涵和形式不断变化。品牌从某种意义上就是从商业、经济和社会文化的角度对这种变化的认识和把握。所以，企业在建立品牌之后，会因竞争形势而修正自己的目标市场。如竞争者可能继企业品牌之后推出其品牌，并削减企业的市场份额；顾客偏好也会转移，对企业品牌的需求减少；或者公司决定进入新的细分市场。因此，企业有时会因时代特征、社会文化的变化而引起品牌修正定位或再定位。

在做出品牌修正定位或再定位决策时，首先应考虑将品牌转移到另一个细分市场所需要的成本，包括产品品质改变费、包装费和广告费。一般来说，修正或再定位的跨度越大，所需成本越高。其次，要考虑品牌定位于新位置后可能产生的收益。收益大小是由以下因素决定的：某一目标市场的消费者人数，消费者的平均购买率，同一细分市场竞争者的数量和实力，以及在该细分市场中为品牌修正或再定位要付出的代价。

1. 竞争环境使得企业避实就虚，扬长避短，修正定位。如“七喜”饮料在进入软饮料市场后，研究发现可乐饮料总是和保守型的人结合在一起，而那些思想新潮者总是渴望能够找到象征自己狂放不羁思想的标志物。七喜公司使了一个高招，进行了一次出色的活动，标榜自己是生产非可乐饮料的，品牌的新市场定位给它们带来了生机，从而获得了非可乐饮料市场的领先地位。

2. 时代变化而引起修正定位。例如，创立于1908年的英国李·库珀（Lee Cooper）牛仔裤是世界上著名的服装品牌之一，也是欧洲领先的牛仔裤生产商。近百年来，它的品牌形象在不断地变化：就20世纪来说，40年代——自由无拘束；50年代——叛逆；60年代——轻松时尚；70年代——豪放粗犷；80年代——新浪潮下的标新立异；90年代——返璞归真。

（三）产品更新换代

现代社会科学技术作为第一生产力，第一竞争要素，也是品牌竞争的实力基础。企业的品牌想要在竞争中处于不败之地，就必须重视技术创新，不断地进行产品的更新换代。

（四）管理创新

企业与品牌是紧密结合在一起的，企业的兴盛发展必将推动品牌的成长与成熟。品牌的维系，从根本上说是企业管理的一项重要内容。管理创新是指从企业生存的核心内容来指导品牌的维系与培养，它含有多项内容，诸如与品牌有关的观念创新、技术创新、制度创新、管理过程创新等。

第四节 品牌战略实施

在竞争日益激烈的市场中，仅仅关注品牌名称、品牌形象等微不足道的差别，热衷于单一品牌和独立品牌孰优孰劣的争论，已经没有多大的意义，甚至会把企业引入一种歧途。品牌作为企业的一种重要的无形资产，企业管理者应该站在战略高度对品牌资产这一企业独特资源进行有效管理，使其给企业带来持续利润，从而使企业获得持续竞争优势。

一 品牌战略规划

品牌战略规划是关于将一个品牌战略目标分解到各个具体的操作步骤之中，然后对各个实施步骤进行程式化和规范化，使它们尽量地能够自动实现，并且详细地阐述每一步骤预期产生的结果或者后果。

战略规划的过程是收集管理层从各个方面得到的信息（包括从个人及组织中其他人的经历中总结出的观点和从市场以及外部环境中调研中得出的翔实的数据），然后将其融入品牌发展方向的远景规划之中。品牌战略规划者的职责是围绕战略制定的过程，努力拓宽考虑问题的思路，而不是深入其中去寻求一个正确的答案。他们通过帮助和鼓励管理者进行战略思考来支持战略的制定；他们帮助指明实施远景规划所需要的一系列具体步骤。

品牌战略规划的过程就像一张过滤的“筛子”。战略规划的采纳与否基于经理们以及管理层是否能够明确他们的规划“是什么”和“怎么做”，比如，每一步骤如何实施是否清楚、是否有必要的物资技术条件、品牌竞争者的反应将会如何等。而在实际的操作过程中，尽管大家都知道品牌战略规划基于长期的、远景的战略目标，但是管理层和经理们显现出的更多的是当前的问题而不是未来的机遇。因为，世界的变化日益加快，可预测的面越来越窄，致使规划的“长期性”缩短，只不过是渐进地规划一下当前及以后。

二　品牌战略选择

（一）企业品牌总体战略

企业品牌在塑造的全过程中，在品牌创立、成长、成熟、后成熟的各个时期，必然会随着外部大环境的变化而采取相应的总体战略：要么在具备了内外部条件的情况下进行内部规模扩大化或者进行外部兼并和联合；要么在残酷的竞争环境下采取维持经营战略；要么迫于内外部的不得已的因素而采用防御和收缩战略；要么是这些战略的相应组合。

1. 扩张战略。曾经有一个伟人说过：“不想当将军的士兵不是好士兵。”对于在自由市场上参与竞争的一个品牌而言，如果没有把自己塑造成强势品牌的志向，就等于已经向竞争者举起了投降的白旗。然而，即便是立此志又努力不懈的企业品牌也不能保证自己能够生存和发展下去。对于士兵而言，通向将军之位的路是一条在战场上拼杀的死亡之路；对于品牌而言，塑造强势品牌也面临着随时倒下的可能。

一个拥有较高的品牌知名度和品牌忠诚度的品牌，在发展、成长时，必然要进一步地寻求壮大自己，这就是品牌扩张。进行品牌扩张是任一个品牌必然的选择，除非它一创立就倒下了。扩张战略包括规模经济战略、市场拓展战略、多元化经营战略、并购和联盟战略、国际化战略等。

2. 维持战略。任何企业品牌不可能保持长期的高速发展。当一个品牌经过了一定程度的发展和扩张之后，就会面临一个自身发展的临界点。随着外部环境的变化，品牌机构应该主动地采取一定的战略巩固已经取得的成果，或者避免下滑，为以后的持续发展创造一定的条件。

维持战略源于两个方面的战略目的考虑：一是为了巩固阶段性的品牌成长或扩张的成果。二是为了在经济周期的衰退期自身不至于衰退。

20 世纪 90 年代西方发达国家几乎都经历了不同程度的经济衰退，很多企业品牌受到了很大的创伤，但是，像奔驰、丰田、花旗、国际运通等强势品牌则所受影响不大，除了自身内部很强足以抵抗危机之外，还有就是采取了相应的维持战略。

中国的联想集团，在经过了高速的发展之后，从 2000 年开始主动采取积极的维持战略，经过更为科学和慎重的战略决策之后，从 2002 年经过股份制改制，为未来的发展积蓄了强劲的后续发展力量，又保持了自己的竞争优势。中国的海尔集团也是每上一个台阶就主动采取维持战略，从黑色家电的领头羊，到中国的“家电大王”，再到国际化经营战略，以及现在向金融业进军，这几个阶段的衔接处都有维持战略的应用期。

企业品牌的维持战略包括目标市场的巩固、组织结构的调整和改善、人力资源的管理和开发、产品的创新和延伸等方面。然而这种战略从表面上看不出品牌发生了重大的变化。

3. 防御战略。防御战略是指品牌机构的内外部环境和条件的变化使品牌机构处于被动局面下，而品牌机构又不能在短时期内改变这种局面而不得不采取的主动防御战略，目的是避开威胁、保护自己以图东山再起。这是经济周期处于衰退期或者品牌本身处于衰退期时所必须采取的战略，防御战略一般是减少经营规模或者缩小多元化经营的范围。

导致品牌机构主动收缩的因素有很多，比如战争、动乱、主要债务企业倒闭等突发事件。“9・11” 事件的突然出现，最受害的行业品牌就包括保险公司；安然事件的突然被揭发出来，肯定会对相关企业品牌产生致命的打击；刘姝威把中国蓝田集团的黑幕揭露出来之后，蓝田集团不采取防御战略都不行。

国家的宏观经济运行态势和宏观调控政策也会促使品牌机构采取防御战略。比如中国的环境保护法的出台，必然使一些品牌机构考虑战略收缩。河南莲花味精集团在 1999 年的战略收缩就是基于国家对淮河污染的治理。当一个或多个经济体（主要指国家）处于经济衰退时期，比如 1997 年的东南亚金融危机所导致的很多国家的经济衰退，必然使众多的出口企业品牌面临艰难处境，被迫采取防御战略。

强大的竞争对手进入市场，比如西方的化妆品品牌宝洁等强势攻入中国内地市场，必然使上海家化、重庆奥尼等品牌立即进入战略防御状态。2005年之后，中国完全按照世界贸易组织规则进行经济运作，国外强势汽车品牌无阻碍攻入中国汽车市场，中国的汽车制造商要么被迫关门大吉，要么就是被迫进入战略防御状态。

品牌机构内部的管理不善或者重大的决策失误也能够导致品牌机构必须采取战略防御，品牌产品已经进入衰退期的局面下也是原因之一。

（二）小企业品牌战略选择

小企业品牌战略主要有以下几种：

1. 敢为天下先。在经济产业的发展历史进程中，新兴的产业或者新兴的市场会相继出现。这些新兴产业或者市场既有巨大的诱惑又隐藏着莫大的风险，但是，一旦成功，回报却是惊人的。就如鲁迅所言，第一个吃螃蟹的人面临着生死两选的局面：要么被螃蟹毒死，要么品尝鲜美的蟹肉。

采用这一战略的小企业品牌的战略目标是为了占领新兴产业或者新兴市场。这一战略的目标是不可能奢望塑造大的强势品牌的，虽然每一个品牌机构都想成为叱咤风云的品牌巨鳄。但是，不能就此否认它的初始愿望是为了占据永久性的领导地位。

在所有小品牌战略中，这是一个赌博性很强的战略，风险高而成功率很低，不容许有失误，也不可奢望有第二次机会。比如，山东临沂的双月圆集团，在创业时进军的是教育产业。这一产业当时还只是一个模糊的概念。当时临沂是仅次于浙江义乌的中国第二大小商品集贸中心，人们的富裕程度较高，很多“小老板”忙于生意而没有时间教育孩子，寄希望于有某一类型的私立学校，这些人也希望能有高档的居住环境和条件。双月圆的创始人王卫军就敢为天下先，大胆进入教育产业，首先创立双月圆私立学校，把教育收入投入当地的高端房地产业，一举成功！成为当地的领导品牌，并且在向上海、济南和青岛进军，同时还在有条不紊地向相关产业进军。

“敢为天下先”战略听起来好像是在讲述企业家的胆略，但不是全部。采用这一战略必须要有周密的思考和审慎的分析。不是说哪个人在突然间冒出来一个自认为绝妙的好点子，就匆忙付诸实施，这样是不可能成功的。要使这样看来像是孤注一掷的战略取得彻底的成功，创新性战略思想或人为的“good idea”必须建立在对经济形态、发展趋势等的科学分析和深思熟虑的基础之上。

2. “坐轿子”。股市里有一个俗语叫“坐轿子”，意思是指趁股市的庄家抬高某一只股票时也跟进持仓，待赚到自己理想的价位时抛出（当然必须赶在庄家溜走、股价大幅度下跌之前），从而盈利。小企业的“坐轿子”战略更偏向于创造性模仿方面。

我们都知道日本大和民族是一个最善于学习外来文明的民族，日本文化也是一个杂糅了中国文化和欧美文化但又巧妙地融合在一起的复合性的文化。这一特征反映在日本的小企业创业领域，就是善于学习和借用别人已经创造的东西，进而应用和再创新出有自身特点的东西，也就是创造性模仿或者叫做模仿性创造。采用这一战略的日本小企业家有时好像比被模仿企业更能够理解创新所代表的东西。

在日本的汽车工业领域、家电产业领域、计算机产业领域，等等，这一现象是整体现象而不是个案现象。以“车到山前必有路，有路必有丰田车”的丰田公司为代表的日本汽车制造业界，在19世纪30年代起步，开始生产欧美技术已经相对成熟的汽车；而在世界大战以后，继续学习和运用欧美的技术来制造汽车；为了攻入美国的市场，进行借牌生产。在创造性研发和资本积累到一定程度之后，开始使用自己的牌子进行推广和传播，一举成功。现在仅丰田公司一家的汽车年产量就达世界汽车总年产量的10%左右。

在这些战略开始运用的时候，所在的市场已经形成，这一新兴产业已经为人们所接受并且追捧；通常市场的需求远远地超过那群创造企业生产和供应能力；市场的划分已经众所周知或者可以知晓，而且可以通过市场调研得出现有消费者或潜在消费者群体，并且他们的消费心理和消费行为已经可以把握和预测。

“坐轿子”战略的目标并不单单是为了完全享受“坐享其成”的各方面的成果，而是在“坐”的同时，拼力学习、创新性应用，在为了塑造强势品牌积蓄力量。其战略目标是在少冒风险的前提下，占据市场和行业的领导地位。

“坐轿子”战略的艺术性很大，它要求必须具有市场敏锐性、灵活性，并且时刻把握市场的动态发展。更为重要的是，不要认为“坐上了轿子”就能坐享其成，而是要辛勤地工作，全力以赴。

三　品牌战略管理过程

品牌战略管理过程（brand strategic management process）是指一个品牌战略的规划、实施、评估的过程。这一过程一般包括几个环节。品牌战略管理过程最重要的是实施和客观评估实施的绩效。其基本思想是，品牌战略管理过程的每一个环节都必须考虑品牌机构的实力和核心竞争力、外部环境状况和发展趋势、消费者行为和心理的演变方向。中国传统上的品牌机构习惯了“拍脑袋决定、拍巴掌通过和拍屁股走人”的“三拍”陋习，这些品牌机构制定重要的发展战略多数是依据主管的判断。每一个致力于塑造强势品牌的机构所面临的最大的挑战就是缺乏对自身现状的客观评估、对外部环境的科学监测和对目标消费者的把握。品牌战略过程管理的作用就是为了强化品牌塑造和管理的总原则，它就像一个国家的宪法大纲对所有国民的约束一样，一旦确立，职员都必须共同遵守。

（一）内部审视

1. 确立品牌机构宗旨。每一个品牌机构都有一个统一的战略思想，它告诉人们品牌的核心理念，比如松下幸之助所确立的松下的战略思想是“让人们使用电器就像使用自来水一样方便”；可口可乐的战略思想是让消费者“买得起、买得到、愿意买”。延伸一步而言，每个品牌机构在各自的品牌战略思想的指导下，要确定品牌机构的宗旨；它向人们说明本品牌机构从事什么样的事业，通过什么样的主营业务来实现这一宗旨，从而明确品牌机构所能够提供的产品或服务的范围。

2. 分析品牌机构资源。进行资源分析，就是想摸清自己的“家底”，是想让品牌管理者清楚地知晓，任何强势品牌都在资源等物质技术和管理创新方面受到不同程度的制约。品牌机构的高层管理者不能看到某个或某些领域有利可图就贸然进入，首先要考虑自身是否有基本的资源和管理能力作为支撑。比如深圳市技术职业学院，就不能也不可能进入研究生教育领域，因为它没有足够的软、硬件设施来支撑；比如昌河汽车制造厂，不能仅仅因为看到了中国轿车市场的偌大的发展空间和空前绝后的机会就贸然进入，否则，不要说与国际上的强势汽车品牌奔驰、大众、通用、福特、丰田等竞争，就连中国的一汽、上海通用、神龙富康等品牌都竞争不过。

（二）外部环境分析

对品牌机构的外部环境进行分析的目的就是为了准确地把握外部环境的现状、未来变化和发展趋势及其对品牌机构的重要影响。

品牌管理受诸多环境因素的影响和制约，比如国家的经济发展态势和相关政策、政治法律的因素、物质技术发展水平、国际政治外交风云、文化历史背景等等，都对品牌发展战略和管理有影响。美国对伊拉克的军事行动，可能对美国的军工企业的盈利有好处，但是对于向伊拉克出口其他产品或服务的品牌则长期受到了严重的影响。中国于2001年11月加入世界贸易组织，国际的金融强势品牌如美国花旗集团、德国德意志银行、日本瑞穗银行等欢呼雀跃，因为他们早已觊觎中国的偌大的金融市场这块“肥肉”；国际强势的汽车品牌如通用汽车、日本本田、法国保时捷、德国宝马等也欢喜不已，因为他们很快就能不再受中国对国内汽车工业的保护壁垒而以低价销售汽车。中国人民币的稳定对国内和国际经济金融都作出了卓越贡献，如果持续坚挺则不利于中国众多的出口品牌的战略发展；如果贬值则会立即遭到向中国大量出口的外国品牌机构领导人的抗议。这些显性的或隐性的影响都是品牌机构的外部环境所“赐予”的。我们把这些称为一般环境。

还有一种环境，是品牌管理者所集中注意的，就是与实现品牌战略目标直接相关的那部分特定的环境，人们一般把它称为品牌机构的具体环境。具体环境是由对品牌管理绩效产生积极或者消极影响的关键的要素组成。它对不同的品牌机构存在着时空和对象的不同影响，并且随着具体情况和条件的改变而变化。典型的情况是它包括投入物供应商、消费者或潜在消费者群体、品牌竞争者、政府机构以及公共压力集团等。波音飞机制造商既为美国制造军事战机又为航空公司供应客机，因而，政府和航空公司都归于它的具体环境之中。

中国汽车市场上有一个奇怪的现象，就是某一汽车制造商的轿车十多年仅有一个车型，能够在没有任何新产品研制和开发的情况下奇迹般地生存到现在。我们从环境的角度进行分析，就可解开这个谜。那十几年中，中国的汽车市场一直没有对国外开放，消费者的消费水平还没有得到根本上的整体提升以及国有大型企业的一贯通病等原因所导致。

（三）进行SWOT分析

在进行外部环境分析之后，就要进行SWOT分析，评估品牌机构所可能获得的机会和面临哪些威胁，认真识别品牌机构的优势和劣势。

1. 发现机会和威胁。机会就是品牌机构的外部环境现状以及未来的变化趋势中对品牌战略管理有益的、积极的、起促进作用的方面；相对而言，威胁就是品牌机构的外部环境的现状以及未来的变化趋势中对品牌战略的管理和发展有消极的、不利的、负面作用的因素。品牌机构若能够把握和利用机会，就能够增强品牌的核心竞争力，获得竞争优势；品牌管理若不能有效地回避或恰当地处理品牌危机，就会导致动摇或腐蚀品牌的优势和核心竞争力。

外部环境的现状和变化趋势，对于一个品牌来说，究竟是机会还是威胁，取决于该品牌机构所能够整合的资源。即使处于同样的外部环境中，由于各个品牌机构所能够整合利用的资源有差别，可能对某些品牌是机会，而对另一些品牌则可能是不同程度的威胁。

进行品牌机构的外部环境的机会与威胁分析，就是将外部环境变化趋势中对品牌管理有战略性影响的各种因素尽可能全面的列举出来，计算或评估这些因素出现的可能概率，再分析它们对品牌管理的正面、负面及中性影响。

2. 识别优势与劣势。优势是与劣势相比较而言的，它不是指某品牌机构所具有的能力，而是指某一品牌机构与其竞争者相比较而言所具有的核心竞争力，它重点在于自己有而竞争者所无的独特能力；劣势指的是品牌机构与其竞争者相比所具有的某一或某些方面的缺点和不足。

进行优势与劣势分析的目的，先是对品牌本身的系统分析，即列出影响品牌管理和塑造战略的内部因素，再对这些因素进行评价和历史考察。但是这种“内视”的观念，不能适应外部环境竞争的变化。因而，必须在分析内部优劣势之后，再与竞争者的优劣势进行比较分析。这种方法能够把自己与竞争对手和外部环境结合起来。当然还必须把竞争对手之外的因素考虑进来。

品牌机构的领导和管理层必须对优势和劣势进行明确的评价，进而识别出什么才是本机构所具有的与众不同的能力，即决定进行外部竞争的独特技能和资源所形成的核心竞争力。

（四）构建战略规划

成功的战略体系选择将使品牌机构获取最为有利的品牌竞争优势，并能够使这种竞争优势长期地保持下去，以达到永续经营的境界。

品牌机构要想开发和制定出正确的品牌战略，必须具有分析和看待问题的正确的态度和角度，必须安排充裕的战略规划时间，必须掌握充分的信息，必须首先确定进行战略规划的指导原则和具有战略思想和头脑的领导集团。当然，借助外部品牌咨询和管理顾问公司之“外脑”的智慧也是至关重要的。

如前所述，品牌战略及其规划首先就是确定品牌定位于何种业务，或者以何种业务为核心经营的业务，然后确定品牌机构所提供的产品和服务与竞争对手的差异性在哪里，接着明确品牌机构向消费者所贡献的哪些价值是超过一般水准的，最后是确定能够向消费者承诺什么。

依照科学的决策程序，品牌机构的战略领导层需要开发和评估不同的战略选择方案，然后确定在品牌总战略指导下相互协调一致的各级战略体系。这些战略必须能够最佳整合利用品牌机构的所有资源和充分利用环境所赋予的机会。

（五）实施品牌战略

一般而言，“经文”都是好的，而“经文”念诵和传播的效果则主要取决于念经的“和尚”。对于品牌战略而言，无论战略规划制定得多么正确和有效，如果不能正确地、切实可行地去实施，品牌管理的绩效肯定不会好。实务界的实践证明，实施品牌战略并非易事，尤其是当品牌机构缺乏强力的领导、缺乏思想认识的团体一致性、缺乏规范化的程序、缺乏专业技术和外部力量的帮助时，实施品牌战略就会难上加难。

品牌机构的最高领导人本人的能力和魄力以及领导层的能力和魄力，是品牌战略成功实施的关键因素之一。海尔 17 年的快速健康的成长过程在向人们展示着张瑞敏超前的高屋建瓴的战略思想，也在向人们展示他卓越的、强力的领导才能。尤其是在品牌机构发展到突破的临界点时，这种领导能力更是水平立现。

品牌机构的中层和基层管理者对高层所制定的品牌战略实施的主动性、积极性和正确性也是重要的关键因素之一。毛泽东曾说过："路线是方向，干部是关键。"中国的民俗有一句话是"歪嘴和尚念不好经"。所以，我们必须明白品牌机构的管理干部对品牌战略实施的重要性。

品牌战略的实施过程不单单是依赖品牌机构的领导者和管理层自身的身体力行，而更重要的是采用科学的领导和管理方法，借用员工和其他要素的能力去实现战略目标。因而，有效的品牌战略的实施应该始终是督促他人的过程，也是借力行为过程，以保证应该实施的行动已经在进行，使各级层次的员工朝着战略目标迈进。

【案例】

红罐王老吉品牌定位战略

一　背景

2002年以前，从表面看，红色罐装王老吉是一个活得很不错的品牌，在广东、浙南地区销量稳定，盈利状况良好，有比较固定的消费群，红罐王老吉饮料的销售业绩连续几年维持在1亿多元。发展到这个规模后，加多宝的管理层发现，要把企业做大，要走向全国，就必须克服一连串的问题，甚至原本的一些优势也成为困扰企业继续成长的障碍。

而所有困扰中，最核心的问题是企业不得不面临一个现实难题——红罐王老吉当"凉茶"卖，还是当"饮料"卖？

现实难题表现一：广东、浙南消费者对红罐王老吉认知混乱。

现实难题表现二：红罐王老吉无法走出广东、浙南。

现实难题表现三：推广概念模糊。

二　重新定位

2002年年底，加多宝找到成美营销顾问公司（以下简称"成美"），初衷是想为红罐王老吉拍一条以赞助奥运会为主题的广告片，要以"体育、健康"的口号来进行宣传，以期推动销售。

成美经初步研究后发现，红罐王老吉的销售问题不是通过简单的拍广告可以解决的——这种问题目前在中国企业中特别典型：一遇到销量受阻，最常采取的措施就是对广告片动手术，要么改得面目全非，要么赶快搞出一条“大创意”的新广告——红罐王老吉销售问题首要解决的是品牌定位。

红罐王老吉虽然销售了7年，其品牌却从未经过系统、严谨的定位，企业都无法回答红罐王老吉究竟是什么，消费者就更不用说了，完全不清楚为什么要买它——这是红罐王老吉缺乏品牌定位所致。这个根本问题不解决，拍什么样“有创意”的广告片都无济于事。正如广告大师大卫·奥格威所说：一个广告运动的效果更多的是取决于你产品的定位，而不是你怎样写广告。经一轮深入沟通后，加多宝公司最后接受了建议，决定暂停拍广告片，委托成美先对红罐王老吉进行品牌定位。

按常规做法，品牌的建立都是以消费者需求为基础展开，通常的结论与做法亦大同小异，仅仅是符合消费者的需求。

在研究中发现，广东的消费者饮用红罐王老吉主要在烧烤、登山等场合。其原因不外乎“吃烧烤容易上火，喝一罐先预防一下”、“可能会上火，但这时候没有必要吃牛黄解毒片”。

而在浙南，饮用场合主要集中在“外出就餐、聚会、家庭”。在对当地饮食文化的了解过程中，研究人员发现：该地区消费者对于“上火”的担忧比广东有过之而无不及，如消费者座谈会桌上的话梅蜜饯、可口可乐都被说成了“会上火”的危险品而无人问津。(后面的跟进研究也证实了这一点，发现可乐在温州等地销售始终低落，最后“二乐”几乎放弃了该市场，一般都不进行广告投放）而他们对红罐王老吉的评价是“不会上火”，“健康，小孩老人都能喝，不会引起上火”。这些观念可能并没有科学依据，但这就是浙南消费者头脑中的观念，这是研究需要关注的“唯一的事实”。

消费者的这些认知和购买消费行为均表明，消费者对红罐王老吉并无“治疗”要求，而是作为一个功能饮料购买，购买红罐王老吉的真实动机是用于“预防上火”，如希望在品尝烧烤时减少上火情况发生等，真正上火以后可能会采用药物，如牛黄解毒片、传统凉茶类治疗。

同时，任何一个品牌定位的成立，都必须是该品牌最有能力占据的，有据可依。如可口可乐说“正宗的可乐”，是因为它就是可乐的发明者，研究人员对于企业、产品自身在消费者心智中的认知进行了研究。结果表明，红罐王老吉的“凉茶始祖”身份、神秘中草药配方、175年的历史等，显然是有能力占据“预防上火的饮料”这一定位。

由于“预防上火”是消费者购买红罐王老吉的真实动机，自然有利于巩固加强原有市场。而能否满足企业对于新定位“进军全国市场”的期望，则成为研究的下一步工作。通过二手资料、专家访谈等研究表明，中国几千年的中医概念“清热祛火”在全国广为普及，“上火”的概念也在各地深入人心，这就使红罐王老吉突破了凉茶概念的地域局限。研究人员认为：“做好了这个宣传概念的转移，只要有中国人的地方，红罐王老吉就能活下去。”

至此，品牌定位的研究基本完成。首先明确红罐王老吉是在“饮料”行业中竞争，竞争对手应是其他饮料。其品牌定位——“预防上火的饮料”，独特的价值在于——喝红罐王老吉能预防上火，让消费者无忧地尽情享受生活：吃煎炸、香辣美食，烧烤，通宵达旦看足球……这样定位红罐王老吉，是从现实格局通盘考虑，主要益处有四：

其一，有利于红罐王老吉走出广东、浙南。由于“上火”是一个全国普遍性的中医概念，而不再像“凉茶”那样局限于两广地区，这就为红罐王老吉走向全国彻底扫除了障碍。

其二，避免红罐王老吉与国内外饮料巨头直接竞争，形成独特区隔。

其三，成功地将红罐王老吉产品的劣势转化为优势。淡淡的中药味，成功转变为“预防上火”的有力支撑；3.5 元的零售价格，因为“预防上火”的功能，不再“高不可攀”；“王老吉”的品牌名、悠久的历史，成为预防上火“正宗”的有力的支撑。

其四，利于加多宝企业与国内王老吉药业合作。

“开创新品类”永远是品牌定位的首选。一个品牌如若能够将自己定位为与强势对手所不同的选择，其广告只要传达出新品类信息就行了，而效果往往是惊人的。红罐王老吉作为第一个预防上火的饮料推向市场，使人们通过它知道和接受了这种新饮料，最终红罐王老吉就会成为预防上火的饮料的代表，随着品类的成长，自然拥有最大的收益。

确立了红罐王老吉的品牌定位，就明确了营销推广的方向，也确立了广告的标准，所有的传播活动就都有了评估的标准，所有的营销努力都将遵循这一标准，从而确保每一次的推广，在促进销售的同时，都对品牌价值（定位）进行积累。[资料来源：成美营销顾问网（http：//www. chengmei - trout. com/about. asp）]

问题讨论

1. 王老吉是怎么重新定位的？

2. 王老吉的品牌战略选择体现在哪里？
3. 利用品牌战略的相关知识，结合案例请你为王老吉的品牌提出品牌组合。

【本章小结】

企业面对严峻的竞争现实，应该以品牌战略为突破口，打赢这场战争，从而获得竞争优势，立于不败之地。实施品牌战略是企业实现可持续发展的必由之路。

本章的主要内容包括：品牌概述、品牌资产管理、品牌策略选择和品牌战略实施四个方面。首先对品牌的含义、品牌的类别与品牌的作用进行了阐述。接着对品牌资产的含义、品牌资产的测量方法和品牌资产的构建与管理等问题进行了深入分析。对品牌资产的测量主要有两种视角，一种是从企业的视角，另一种是从消费者的视角。在分析了品牌资产影响因素的基础上，对品牌资产的构建和管理问题进行了论述。

企业应灵活运用各种营销策略，选择适合于自己成长发展的品牌策略，从小品牌做起，慢慢成长壮大，成为强势品牌。品牌策略选择主要有：品牌化决策、品牌扩展策略与品牌更新策略。在阐述品牌战略的实施中，在分析品牌战略的规划与品牌战略选择的基础上，重点阐述了品牌战略的管理过程；品牌战略管理过程主要包括内部审视、外部环境分析、进行 SWOT 分析、构建品牌战略规划和实施品牌战略等内容。

【思考与练习题】

1. 什么是品牌？品牌有哪些作用？
2. 品牌资产评估的基本方法有哪些？
3. 品牌资产的含义？如何进行品牌资产的管理？
4. 品牌策略有哪些种类？选择品牌策略的依据有哪些？
5. 如何有效实施品牌战略？

第八章　市场竞争战略

【学习目的】通过学习本章内容，应该掌握：

1. 竞争者的类型
2. 判断竞争者的战略、目标、优势和劣势、反映模式的意义
3. 行业竞争的五种基本力量
4. 不同市场地位的企业应采取的市场竞争策略
5. 战略联盟的主要组织形式
6. 战略联盟的建立与管理

【开篇故事】三家宾馆的竞争

有两家宾馆，一家在火车站广场南，另一家在火车站广场北。它们都在站口设有接待处，南面的一家打出的标语是："宾至如归"；北面的一家挂出的条幅是："旅客之家。"两家宾馆竞争了10年，也没有分出个高低强弱来。

后来，一家新的宾馆在火车站广场西面拔地而起。开业第一天，挂出巨型横幅："吃饭免费。"这一横幅顿时使南北两家宾馆客源大减。为了摆脱被动局面，它们开始研究对策，最后一致决定联合状告新宾馆。因为这是地地道道的不正当竞争。经过两个月的激烈辩论，南北两家宾馆胜诉。

就在它们举杯相庆时，一幅新的标语从西面宾馆的大楼上飘了下来，上面印着一排大字："躺在床上听到火车声，免费住宿！"

两家宾馆深感问题的严重性。火车站周围的宾馆最大弱点就是噪声，十几年来，两家宾馆对此讳莫如深。现在这家宾馆打出宁静这张牌，等于揭开了它们的伤疤，点到了它们的死穴。南北两家宾馆重新聚首，共商对策，最后达成协议，联合用低价与西面抗衡。于是“10元住宿”的横幅挂在了两家宾馆的门口。

不过，你现在要找到这两家“10元住宿”的宾馆已经不可能，因为北面的宾馆已经改成游戏厅、录像厅和大排档，南面的一家变成了超市。只有西面的宾馆还存在，并且依旧在楼上挂着印有免费内容的条幅。

进入大厅一分钟无人接待，住宿免费；早晨在后山上听不到鸟叫声，住宿免费；卧具上发现头发，住宿免费；在餐厅，你点的低价菜没有了，只得吃高价菜，住宿免费。

竞争是现代市场中的常态，在激烈的市场竞争中，我们必须采取有效战略和策略。势均力敌的竞争中，一定要找出对手的“死穴”才能战胜对方；仅仅玩弄价格战，结果只能两败俱伤。因此，在激烈的市场竞争中，竞争者应该注重竞争的战略与策略的运用。

第一节　竞争者分析

无论自然界还是人类社会，竞争是广泛存在的现象。市场竞争是指不同的利益主体为在市场夺取有利地位而进行的竞争。影响企业盈利水平和行业竞争强度的结构性因素很多，根据哈佛商学院的企业经济学教授迈克·波特的研究，大致可以归纳为五个类型或者被称为五种力量，即行业内部竞争、潜在竞争者的威胁、顾客的议价能力、供应商的议价能力和替代产品的威胁（见图8-1）。如果这五种力量都大，那么这个行业盈利潜力就小。相反，如果这五种力量都小，那么这个行业盈利的潜力就大。

在市场营销中，企业需要了解竞争者五个方面的问题，如图8-2所示。

一　竞争者的识别

正确识别竞争者是企业制订有效的市场营销计划的关键。“知己知彼”是指一家企业参与市场竞争，不仅要了解自己的顾客还要弄清楚谁是自己的竞争对手。了解竞争对手，才能采取正确的对策，从而在市场竞争中把握主动，获得竞

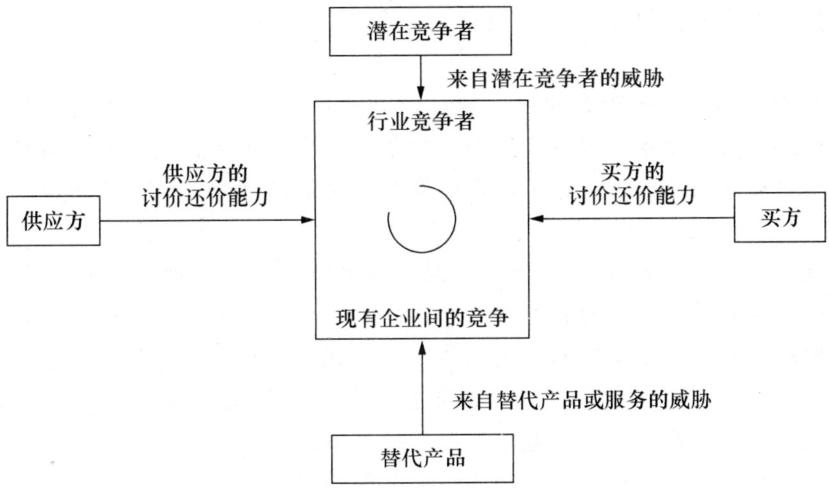

图 8－1　影响行业竞争的五种力量

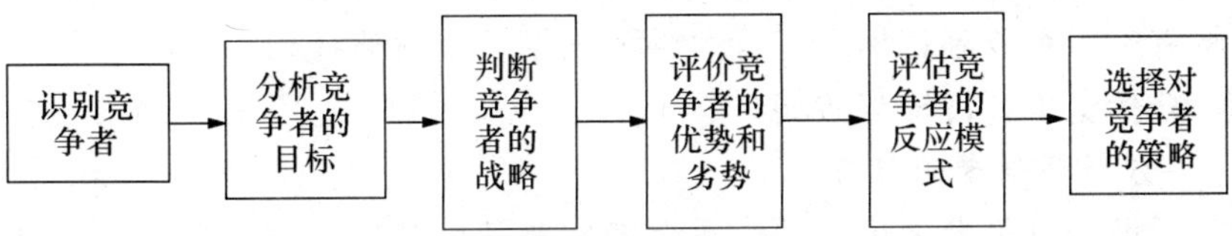

图 8－2　分析竞争者的步骤

争优势，最终在商战中获胜。然而识别企业的竞争者常常被当做一项简单的任务，例如，“丰田”知道“日产”是其竞争对手；可口可乐公司把百事可乐公司视为主要竞争者。其实不然，在识别竞争者时，很多企业并没有十分准确、全面的识别竞争者。一个企业很可能被潜在竞争者而不是当前主要竞争对手吃掉。这里举个例子：富士公司经营胶卷业务，它一直担心来自另一家日本胶卷制造商柯尼卡公司不断加剧的竞争。但是富士公司面临的一个越来越大的威胁却是“无胶卷照相机”的发明。这种由佳能公司和索尼公司出售的照相机拍摄静物视频片能在电视接收器上显示，能复制成照片，甚至可以抹去。从长远看，这种发明对富士公司的威胁远远超过胶卷行业本身所带来的威胁。

根据产品替代的程度，可以将竞争者分为四种类型：

1. 品牌竞争者。即与本企业以相同价格向同一顾客群提供同样产品的其他企业，产品的档次和价位基本相同。例如，中国彩电业的竞争，以长虹、康佳、海信之间的品牌竞争为主。汽车行业中，本田公司将丰田公司、日产公司、三菱公司和其他生产中档汽车的制造商视为竞争对手，却不把奔驰、宝马视为竞争对手。

2. 行业竞争者。一个企业可以较广泛地将所有生产同样产品或同类产品的企业皆作为自己的行业竞争者。例如，海尔公司可以将所有其他家电制造商视为自己的竞争对手，万科公司也可以把所有其他房地产行业的公司作为自己的竞争对手。

3. 形式竞争者。对于一个企业来说，还可以更加广泛地把所有提供相近产品与服务的企业看成它的形式竞争者。这样，一个轿车生产企业可以认为自己不仅与其他轿车制造商竞争，而且还与货车、摩托车、自行车等制造商进行竞争。

4. 一般竞争者。一个企业还可以更加广泛地把所有为争取相同顾客的支付能力而竞争的企业看做是它的竞争者。比如，本田公司可以认为自己不仅与其他汽车公司存在竞争，而且与其他销售主要耐用消费品、国内外度假旅游和从事房地产开发等企业，为得到顾客的货币支付而进行着广泛的竞争。

市场竞争者的分析开阔了企业的视野，使它们更能全面地识别其实际的竞争者，这将有利于企业制订出更富竞争性的长期营销战略计划。

二　分析竞争者目标与战略

（一）分析竞争者的目标

确定了谁是竞争者之后，两个重要的问题随后被提出来：每一个竞争者在市场上追求什么？是什么驱动着每个竞争者的行为？

识别竞争对手的未来目标是分析竞争对手非常重要的第一要素。它可以帮助企业预见竞争者的战略行动，从而找出一个能尽量避开竞争者目标的有力战略，来减少竞争者的威胁和实现企业目标。

对主要竞争对手未来目标的了解可以分析它们是否满意目前的地位和财务状况，有助于预测它对本企业战略变化的反应，也有助于解释竞争对手所采取的战略类型和强度。例如，一个追求低成本领先地位的企业对于竞争对手在生产技术方面的创新，会及时地作出反应，而如果竞争对手只是增加广告预算，该企业则可能并不重视。

对比美国企业和日本企业可以很好地说明竞争者目标的差异性：美国企业大都按追求短期利润最大化模式来经营。这是因为它们的目前业绩是由股东来评判的，股东有可能失去信心，卖掉股票并导致公司的资金成本上升。日本企业大都按追求市场占有率最大化模式来经营。它们需要在一个资源贫乏的国家为1亿多人提供就业。日本企业对利润的要求较低，因为其大部分资金都来自于寻求平稳的利息而不是高额风险收益的银行。日本企业的资金成本要远远低于美国企业的资金成本，因此它们能以同样的收益反馈等待更长的时间。其结果，日本公司能够把价格定得较低，并在建立和渗透市场方面比竞争对手更具有优势。

（二）分析市场竞争者的现行战略

竞争战略是指导企业在营销实务中该如何投入竞争，实现什么样的竞争目标以及在贯彻这些目标时需要采取的措施。公司最直接的竞争者是那些处于同一行业、同一战略群体的公司。战略群体是指在某一特定行业内推行相同战略的一组公司，主要表现在目标市场、产品档次、性能、技术水平、价格及销售范围等方面。

任何一个企业都有自己的竞争战略，从根本上讲，一项具体竞争战略的制定，即为企业规定了一种广泛应用的程式，以指导企业在营销实务中该如何投入竞争，应该实现什么样的竞争目标及在贯彻执行这些目标时需要采取的措施等。

企业的竞争战略可以是明显地在其整个营销计划过程中提出，也可能通过企业各个职能部门的活动而含蓄地表示。一般而言，分析市场竞争者现行战略最有效的方法是，把该竞争对手的战略看成是其各个职能部门中主要的、关键的营销策略，并分析其如何达到各职能部门间的相互联系、相互协调的途径。

三 评估竞争者的优势与劣势

企业能否实施它们的营销战略并实现其目标，能否准确地掌握竞争者的优势和劣势，做到市场竞争中的“扬长避短”，这就要求了解包括市场占有率、利润率、销售增长率、投资收益、现金流量、新的投资、生产能力的利用情况等。收集竞争者的这些情报资料是一件很困难的事情，但是仍然需要对此作出努力。因此，可以通过以下程序识别竞争者的优劣势：（1）收集竞争者的重要业务资料。主要包括销售额、市场份额、边际利润、投资收益、现金流量、追加投资以及生产能力利用率等。（2）综合利用第二手资料。可以通过向顾客、供应商和中间商进行初步市场营销调研，来增加对竞争者的了解。（3）了解与企业市场营销有关的变量，并加以跟踪研究。主要包括：市场占有率、心理占有率和情感占有率等。（4）根据财务变量标准，分析研究竞争者的财务状况。财务变量标准通常包括清偿力比率、资本结构比率、利润比率、资产负债比率、周转比率、普通股安全比率等。

通过以上几个方面的努力，我们可以收集到大量关于竞争对手的一手和二手资料，从而作为评估竞争对手优劣势的依据。需要注意的是，在研究竞争者的劣势时，要注意发现竞争者对市场或者对它们自身判断上的错误，识别它们为其业务和市场所作的假想有哪些已经不能成立。如果发现竞争者有某种不符合实际的错误观念，企业就可以利用对手的这一劣势，出其不意，攻其不备。

四 竞争者的反应模式

企业仅仅依靠掌握竞争者的目标和优劣势，还无法辨别其可能采取的行动，此外，每个竞争者都有一定的经营哲学、企业文化和指导思想。当企业采取某些挑战性的措施和行动后，不同的竞争者会有不同的反应。常见的竞争者反应模式主要有四种：

（一）从容不迫型竞争者

从容不迫型竞争者是指有些竞争者反应不强烈，行动迟缓，其原因可能是认为顾客忠实于自己的产品，可能是重视不够没有发现对手的新措施，也可能是伺机行动，还有可能是没有作出反应所需的资金。

（二）选择型竞争者

选择型竞争者是指竞争者可能只对某些类型的攻击行为作出反应，而对其他攻击行为无动于衷。竞争者可能对削价会及时作出反应，而对广告费用的增加不作任何反应，认为这些并不构成威胁。了解主要竞争者会在哪些方面作出反应，可为公司采取最为可行的竞争策略提供线索。

（三）强劲型竞争者

强劲型竞争者是指有些竞争者对在其领域内的任何进攻都会作出迅速而强烈的反应。这类竞争者多属于实力强大的企业，它的这种反应无非是向同行表明最好不要向其发动进攻，因为防卫者会战斗到底。

（四）随机型竞争者

随机型竞争者是指竞争者并不表露可预知的反应模式。这类竞争者在特定场合可能会也可能不会作出反应，而且无论根据其经济、历史或者其他情况，都较难预见其反应。显然应付这类竞争者的难度要大一些。

因此，在市场竞争的实践中，我们要密切关注竞争对手的市场动作和反应动向，认清楚竞争对手属于哪种类型的反应模式，以及采取这种反应背后深层次的原因。

五 选择应对竞争者的策略

企业确定了主要竞争者并分析了竞争者的优劣势和反应模式之后，就可以根据以下情况，就攻击或避开竞争者作出相应的抉择。

（一）竞争者的强弱

多数企业主张把进攻目标设为较弱的竞争者，因为这样可以节省时间和资源，事半功倍。但企业获利也不会有很大的成效。反之，有些企业认为也应当同强有力的对手进行竞争，以赶超目前的工艺水平，增强企业整体实力。另一方面，即使再强的竞争者也有劣势，只要企业策略的选择与实施得当就能提高自己的竞争能力并且获利较大。当然，企业根据竞争者的强弱作出什么样的市场竞争行为，最终还是要依据企业的总体战略和企业拥有的资源而定。

（二）竞争者与本企业相似程度的大小

多数企业主张与它们极相似的竞争对手展开竞争，如日产与本田竞争。但同时，公司应当避免“摧毁”相近似的竞争者。例如，20 世纪 70 年代后期，美国博士伦公司大举进攻其他隐形眼镜生产商并取得了极大成功，然而，由于许多弱小的企业难以生存，纷纷被大公司收购，结果博士伦公司现在面临着更多与自己实力相当的强有力的竞争者。公司损害了其他邻近的对手并取得了成功，但又引来了更难对付的竞争者。

（三）竞争者表现的好坏

有时竞争者的存在对企业是必要和有益的，具有战略意义。波特认为，每个行业都有“好”的与“坏”的竞争者，一个公司应当明智地去支持“好”的竞争者并攻击“坏”的竞争者。

“好”的竞争者遵守行业规则，希望有一个稳定而健康的行业；它们增加市场总需求；它们对行业的增长潜力所提出的设想切合实际，分担市场开发和产品开发的成本，并且有助于使新技术合法化；它们合理地制定价格，推动其他企业降低成本或提高产品差异化；它们将自己限定在行业的某个细分市场中，接受正常水平的市场份额和利润。“坏”的竞争者违反规则，它们试图花钱购买而不是靠自己努力去赢得市场份额；它们喜欢冒风险，在生产能力过剩时仍继续投资；通常，它们打破了行业均衡。例如，IBM 公司发现克雷公司是一个“好”的竞争者，因为它遵守规则，经营范围严格限定在细分市场内，并且不侵犯 IBM 公司的核心市场。但 IBM 公司发现富士通公司是一个“坏”的竞争者，因为该公司对价格实行补贴，产品差异性小，并攻击 IBM 公司的核心市场。这就说明“好”的竞争者应当努力形成一个只有“好”的竞争者组成的行业。

第二节　基本竞争战略

在现实的市场竞争中，企业在识别竞争者的基础之上，可以结合竞争者的情况来确定自己的竞争战略。制定竞争战略的实质是将一个企业与其所处环境建立联系，环境中的关键部分主要由企业所在的相关行业、行业结构以及行业竞争状态构成。在竞争的市场环境中，三种基本的竞争战略可以使企业成为行业中的佼佼者，即成本领先战略、差异化战略和目标集聚战略。

一 成本领先战略

成本领先战略是指企业以低成本作为主要的竞争手段，企图使自己在成本方面比同行业其他企业占有优势。企业的目标是要成为其产业中的低成本生产厂商。成本领先战略在20世纪70年代由于经验曲线概念的流行而得到普及。

（一）成本领先战略的优势及劣势

成本领先可以说是三种基本战略中最明确的一种。成本领先逐渐成为为多数企业所采用的获取竞争优势的基本途径。

其优势有：低成本可以抵挡现有竞争对手的对抗，在与竞争对手相比相当或相对较低的价位上，成本领先者的低成本地位将转化为高收益。低成本和低价可应付有实力的购买者，抵御购买者和供应商讨价还价的能力。巨大的生产规模和成本优势，给新竞争者造成进入障碍，给同行成员造成威胁。低成本还可使企业经营实现良性循环，把增加的利润投入到更新设备、开发新产品中去，促使成本进一步下降，继续保持成本优势。

其劣势有：技术的变化可能使过去用于降低成本的投资（如扩大规模工艺革新等）与积累的经验浪费；产业的新加入者或追随者通过模仿或者以高技术水平设施的投资能力，用较低成本进行学习；顾客的需求可能会从注重价格转向注重产品的质量和品牌形象，使得企业原有的低成本优势变为劣势；为降低成本而采用的大规模生产技术和设备过于专一化，适应性差。同时，成本领先者不能无视差异化战略，如果它的产品被认为与其对手不能相比或不被客户接受，成本领先者为了增加销售量，将被迫削价以至于远低于竞争者的价格水平，这将抵消掉其理想的成本地位所带来的收益。例如，得州仪器公司和西北航空公司就是陷入这种困境的两家低成本企业。得州仪器公司无法克服其产品特色上的劣势而退出了手表产业。西北航空公司及时认识到它的问题，付出了很多努力来改善营销及对乘客和旅行社的服务，从而使它的产品与其竞争对手并驾齐驱。

（二）成本领先战略的适用条件

低成本战略是一种重要的竞争战略，但是，具有一定的适用范围。（1）市场需求具有较大的价格弹性；（2）所处行业的企业大多生产标准化产品，从而使价格竞争决定企业的市场地位；（3）实现产品差异化的途径很少；（4）多数客户以相同的方式使用产品；（5）用户购物从一个销售商改变为另一个销售商时，不会发生转换成本，因而特别倾向于购买价格最优惠的产品。

（三）实现成本领先战略的途径

怎样实现低成本是实施这一竞争战略的关键。企业可以通过多种方式在与各种竞争力量的较量中处于有利地位。但是，成本领先并不意味着仅仅获取短期成本优势或者仅仅是削减成本。它是一个“可持续成本领先”的概念，即企业通过持续不断的努力来保持其低成本的地位，从而获取可持续性的竞争优势。其实现的主要途径有：

1. 利用企业规模、产品范围来降低成本。企业通过在内部加强成本控制，在研究开发、加工生产、市场销售和广告策划等领域把成本降到最低限度，扩大企业规模，从而增强竞争力。

2. 通过管理层和员工的培训学习来降低成本。建立促进企业内部各部门和业务单位之间共享学习的机制；通过保留骨干员工、同员工签订保密合同条款等措施来防止企业知识的向外扩散；向竞争对手学习，通过了解竞争对手产品的工艺、出版物以及与竞争对手的供应商保持关系来获取其学习成果。

3. 实施流程再造以降低成本。企业再造工程也称企业再生工程，就是为了获得可以用诸如成本、质量、服务和速度等方面的业绩来进行衡量的戏剧性的成就，而对企业过程进行根本性的再思考和关键性的再设计。

4. 以技术创新来降低成本。科学技术是第一生产力，企业可以通过技术创新活动来开发新产品、新工艺、新材料，从而达到降低成本的目的。

二 差异化战略

差异化战略是指企业以表现某些方面的独到之处为主要竞争手段，希望在与竞争对手的差异比较中占有优势地位。它被产业内许多客户视为一种重要的特质，并为其选择独特的地位以满足客户的要求，它因其独特的地位而获得溢价的报酬。世界营销权威菲利普·科特勒把差异划分为产品差异化、服务差异化、人员差异化和形象差异化四种类型。

（一）差异化战略的优势及劣势

差异化可以使企业建立起稳固的竞争地位，从而获得高于同行业平均水平的收益。差异化的益处主要表现在：

1. 差异化可以避免竞争对手强有力的进攻。企业实施产品或者服务的差异化，提供相同或较高的成本，达到更高的消费者可察觉的收益，就可以通过溢价而获得差异优势。如果溢价幅度不低于企业可能提高成本的幅度，而低于企业产品消费者可察觉收益的增加幅度，那么，企业将增加其产品的市场份额。差异化战略会使得消费者对于价格的敏感度降低，顾客对具有特色的产品可能并不计较价格，或无法进行价格比较，因此可以高于竞争对手的价格销售产品取得更多的利润。例如，无锡小天鹅公司，致力于洗衣机纳米技术的研究开发，向市场推出差异化产品——纳米洗衣机，以灭菌健康为口号，赢得了市场的好评。

2. 差异化会建立起顾客对产品或服务的认识和信赖，形成进入障碍。由于产品的特色，使顾客对该产品或服务具有很好的忠实程度，进而对该产品或服务的商标产生了高度的信赖感。如果行业新的加入者参与竞争，它必须扭转顾客对原产品的信赖，克服原产品的独特性，这就增加了新加入者进入该行业的难度。

3. 提高与供应商、购买者讨价还价的能力。首先，产品或服务的差异化能产生较高的边际收益，从而增强了企业供应商讨价还价的能力。同时，产品或服务的差异化也使得购买者缺乏可与之比较的产品，降低了购买者对价格的敏感度。再者，通过产品服务的差异化，使购买者具有较高的转换成本，使其依赖于企业。这些都可以削弱购买者讨价还价的能力。

但是，差异化战略自身也存在缺陷：由于标新立异的厂商的价格溢价将会被其显著不利的成本位置所抵消，所以它绝不能忽视对成本地位的追求，实施这种战略可能以付出较高成本为代价；当较多顾客没有能力或不愿意高价购买具有特色的产品时，市场占有率的提高就比较困难；企业在某些方面的经营特色也可能被其他企业打破，这就要求企业在实施这一战略时有不断创新的精神。

差异化经营所存在的风险主要有：（1）实行差异化的企业，其生产成本可能很高。（2）购买者变得越来越理性，他们降低了对产品或服务差异化的要求。（3）随着企业所处行业的发展进入成熟期，差异化产品的优点很可能被竞争对手所模仿，从而削弱了产品的竞争优势。

（二）差异化战略的适用条件

只要条件允许，产品差异是一种可行的战略。企业奉行这种战略可以很好地防御五种竞争力量，获得竞争优势。（1）企业需拥有强大的生产经营能力和基础研究能力；（2）企业要有质量与技术领先的企业声誉；（3）企业有独特的、具有明显优势的产品加工技术；（4）企业拥有产业公认的独特的资源优势或者能够创造这样的优势；（5）企业能得到渠道成员的高度合作。

（三）实现差异化战略的途径

这种差异化经营的方式为各产业所独有。差异化经营赖以建立的基础是产品本身、销售交货体系、营销渠道及一系列其他因素。使企业在技术、实力、创新能力、原材料、经营经验等方面的优势，成功地转化为产品、服务、宣传、网点等方面具有独特之处的差异优势。一个标新立异的厂商必须要一直探索能导致价格溢价大于为差异化而追加的成本的差异经营方式。企业实现差异化的经营可以从树立良好的企业形象、提高产品质量等方面入手。

三　目标集聚战略

目标集聚战略与其他两种战略迥然不同，它着眼于在产业内一个狭小空间做出选择。实施目标集聚战略的企业选择产业内一种或一类细分市场，并使其战略为这些细分市场服务，而不是为其他细分市场服务。通过为其目标市场进行战略优化，集聚战略的企业致力于寻求其目标市场上的竞争优势。目标集聚战略有两种形式：一种称为成本集聚战略，即企业寻求目标市场上的成本领先优势；另一种是企业寻求目标市场上的差异化优势，称为差异化集聚战略。

（一）目标聚集战略的优势及劣势

这一战略既能满足某些消费者群体的特殊需要，具有与差异战略相同的优势，又能在较窄的领域里以较低的成本进行经营，兼有与低成本战略相同的优势。企业通过目标细分市场战略，围绕一个特定的目标进行生产和服务活动，可以灵活地适应不断变化的市场需求，可以提供比竞争对手更好的产品和服务。这一战略使得中小企业可以利用较小的市场空隙谋求生存和发展，使之获得那些以更广泛市场为经营目标的企业所不具备的竞争优势。目标集聚战略同样也是有实力的大企业实施扩张的必要战略。对于实力雄厚的大企业，在选择进入新的、不熟悉的行业和产业的时候，同样要像小企业那样寻找目标集聚点，实施目标集聚战略，并且通过多次多个目标集聚战略组合实现扩张，获取更丰厚的利润。这样所获得的竞争优势会远远大于盲目追求全产业内总成本的领先战略和差异化战略。

但是，目标集聚有一定的风险，当所面对的局部市场的供求、价格、竞争等因素发生变化时，就可能使企业遭受重大损失。倘若企业所集聚的细分市场非常具有吸引力，以致多数竞争对手蜂拥而入瓜分这一市场的利润，则会使企业付出很高的代价，甚至导致企业集聚战略的失败。而细分市场之间差异性的减弱，会降低该目标市场的进入壁垒，从而削弱目标集聚企业的竞争优势，企业将面临更加激烈的竞争。

（二）集聚战略的适用条件

采用集聚战略应具备以下四个条件：（1）具有完全不同的顾客群，这些用户有不同的需求或者以不同的方式使用产品；（2）在相同的目标细分市场中，其他竞争对手不打算实行重点集中战略；（3）企业资源不允许其追求广泛的细分市场；（4）行业中各细分部门在规模、成长率、获利能力方面存在很大差异，使得某些细分部门比其他细分部门更具有吸引力。

（三）实现目标聚集战略的途径

一般而言，目标聚集战略的具体实施方式如下：

1. 个体战略应该适应环境条件。企业要以环境为基点制定竞争战略。环境常常处于不断变化之中，企业在制定竞争战略必须充分考虑环境的变化，才能生存与发展。

2. 竞争对手情况的把握。要以竞争对手忽视或者无法提供服务的购买者群体需求处作为切入点。通常，竞争对手在满足某领域需求时所采取的手段和方法与消费者最高满意度之间存在的差异，消费者的需求没有得到很好的满足，这正是可取而代之的机会。

3. 竞争定位问题。不能盲目地追求过大的目标，要根据企业自身的资源状况客观地确定自己优势的竞争地位。

4. 目标集聚战略的选择。若某些有效细分市场中现存的产品质量、品牌知名度、服务水平等低于本企业可提供的程度，则选择以差异领先目标集聚战略；若在有效细分市场中可拥有足够规模的业务量，则选择成本领先集聚策略。

第三节　市场地位与竞争战略

在识别与评价主要竞争者之后，企业应根据自己在本行业的竞争位置，企业的目标、发展机会以及资源优势等，制定出有效的竞争策略。

各个企业在某一目标市场上参与竞争时，它们所追求的战略目标是各不相同的，所采用的竞争策略也应该是不同的。各个企业将在市场上占据不同的竞争位置。我们可以根据企业在目标市场上所起作用的不同将它们的竞争位置分为主导者（Market Leader）、挑战者（Market Challenger）、跟随者（Market Follower）和补缺者（Market Niche）四类。

假设有一个如图 8－3 所示的竞争结构市场，在市场主导者手中掌握着 40% 的市场，该类企业的市场占有率最大；另外 30% 的市场掌握在挑战者手中，这类企业积极地使用高度侵占性战术，企图扩充其市场占有率；还有 20% 的市场掌握在市场跟随者手中，这些企业只能维持其市场占有率，而不顾扰乱市场竞争形势；其余 10% 的市场掌握在许多小企业手中，称它们为补缺者，它们只能对不致引起大企业兴趣的小目标市场提供服务。下面将讨论市场主导者、挑战者、跟随者及补缺者使用的各种营销策略。

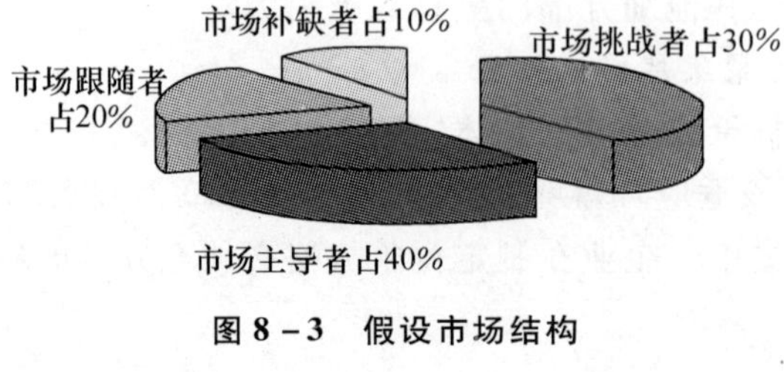

图 8－3　假设市场结构

一 市场主导者战略

（一）市场主导者基本概况

市场主导者，是指在相关产品市场中市场占有率最高的企业，它通常在价格变动、新产品开发、分销网络覆盖率及促销强度等方面领先于其他企业，对其他企业产生领导作用，处于支配地位，其他企业也都承认其在本行业上的主导地位。如美国电脑软件市场的微软、软饮料市场的可口可乐以及快餐市场的麦当劳等，中国家电市场的海尔集团、电脑市场的联想集团等，日本汽车市场的丰田汽车等。几乎各行各业都有其自己的主导者，它们的主导地位是在优胜劣汰的竞争中自然而然形成的，但也不是一成不变的。市场主导者所拥有的竞争优势有：营销经验丰富、分销渠道稳固高效、顾客对产品品牌的忠诚度高。

除非居主导地位的企业赢得合法的独占地位，否则，它的处境也未必轻松。它必须时刻保持警惕，其他企业会不断向其长处发起挑战，对其短处进行攻击。主导者企业很容易失去良机而退至第二。比如，市场的创新可能使主导者的产品过时；主导者企业可能错误地预期经济衰退而保守地花费，相反，挑战者预期经济繁荣而自由地花费；新的竞争者充满活力，而主导者企业却显得缺乏活力；主导者企业还可能对成本漫不经心，不加严格控制，结果发现利润降低。所以，主导者企业若想保持其主导地位，应当采取强有力的竞争战略，可以从三方面去努力：一是扩大整个市场的需求量；二是保持现有的市场占有率，防止或抵御其他企业的进攻；三是在市场规模不变的情况下，力争扩大其市场占有率。

（二）市场主导者的竞争战略

1. 扩大市场的需求量。因主导者企业以其强大势力在市场上占有巨大份额，所以整个市场的扩大通常使它从中获得最大的利益。主导者企业应怎样拓展整个市场呢？方法有以下三种：

（1）发掘新使用者。每类产品都有吸引新使用者的潜能。一般有三种情况：一是消费者可能目前不知道此项产品；二是有些消费者可能因为价格原因不愿购买；三是有些消费者可能会因为产品不能提供某种性能、型号而拒绝购买。

企业可以针对这些不同情况采取措施，解决潜在购买消费问题，将其转化为新的实际消费者。例如：当香水还只为一部分女性所使用时，香水企业可以说服那些不使用香水的女性也使用香水（市场渗透策略），或说服男性开始使用香水（新市场策略），或销售香水至其他国家（地理扩张策略）。

（2）开辟产品新用途。另一个扩张市场的方法是发现并推广现有产品的新用途。一般来说，每项新用途的开发，都会使产品开始一个新的生命周期，从而为企业节省相应的营销成本。比如，杜邦公司就是通过不断开发尼龙的新用途而实现市场扩张的。尼龙首先是用于制作降落伞的合成纤维，然后作为制作女袜的主要原料，后来又作为制作服装的原料，再后来又成为汽车轮胎、沙发椅套、地毯的原料。这一切都归功于杜邦公司为发现产品新用途而不断进行的研究与开发。

事实上，在更多情况下，不是企业发现产品的新用途，而是使用者自己将产品拿作他用。比如，凡士林当初只不过用作机器润滑剂，然而数年内，使用者便发现此产品的多种用途，包括：用作护肤软膏、药膏和发蜡等。所以说，企业的主要任务是借助定期调查与询问，及时了解到用户对本企业产品的使用情况，企业可以从中得到许多启示。

（3）增加使用量。第三个市场扩张策略是说服人们在每个使用场合较多地使用产品。在刺激高使用率方面，有一个非常具有创造性的例子：法国米其林轮胎公司，鼓励汽车拥有者每年驾驶更多的里程，以使轮胎更换次数多。他们运用三星系统来评价法国境内的旅馆，并且出版一本旅游指南，书中报道的大多数最好的旅馆皆在法国南部。这样，便使得许多巴黎人都到法国南部去度周末。

2. 保持市场占有率。除了扩张整个市场的规模外，市场主导者企业还必须时常提高警觉，保护现有的市场占有率。挑战者经常会偷偷地接近市场主导者，以窥其弱点，发起进攻。比如：国美电器要提防苏宁电器，可口可乐要警惕百事可乐，麦当劳要防备肯德基，等等。

面对众多的竞争对手，市场主导企业怎样才能保护自身的利益呢？最有效的方法是通过创新，提供给顾客新的价值，从而提高企业的竞争能力。这样可以争取主动，利用竞争者的弱点，以攻为守乃是上策。主导者企业还应注意降低成本，保持产品价格与产品在顾客心目中的价值一致，以巩固企业在现有细分市场的地位，并堵塞“漏洞”，不让竞争者乘虚而入。

为保护企业现有的市场占有率，市场主导者通常可采用以下防御措施：

（1）阵地防御。阵地防御就是在现有阵地周围建立防线。这是一种静态的被动的防御，是防御的基本形式，但不能作为唯一形式。比如：亨利·福特汽车公司就曾采用这种“阵地防御”方式来保护其T型车，结果使这家实力雄厚的公司一度濒临破产。在企业市场营销活动中，阵地防御实质上是一种营销近视症。

（2）侧翼防御。是指市场主导者在全面防卫整个“阵地”时，还应特别注意其侧翼的薄弱环节，建立一些周边辅助性的市场阵地以保护企业的要害部位，不让竞争者找到突破口。明智的竞争者总是针对企业的弱点发起进攻。如日本正是由于美国汽车制造商在小型轿车这一细分市场上留下了一个很大的漏洞，才得以成功地进入美国市场。

(3) 先发防御。是指企业必须在竞争者抢占自己的目标市场之前，先发制人，做到防患于未然。有时这种以攻为守是利用心理攻势阻止竞争者的进攻，而不是实际攻击。不过，这种虚张声势的做法只能偶尔为之。

(4) 反攻防御。当市场主导者遭到对手降价或促销攻势，或改进产品、占领市场阵地等进攻时，不能只是被动应战，而应主动进入入侵者的主要市场阵地。市场主导者可选择迎击对方正面攻击，迂回攻击对方的侧翼或发动钳式进攻，以切断进攻者的后路。

(5) 运动防御。它要求市场主导者不仅要积极防御现有的市场份额，还要进一步扩展到一些有前途的新领域或目标市场，通过市场提供满足顾客需要的新产品。市场扩展可通过市场扩大化和市场多角化来实现。

(6) 收缩防御。当市场主导者企业的资源过于分散，面临众多竞争者对市场的蚕食时，企业应采用战略性收缩的防御方式。即企业放弃一些薄弱的市场，而集中资源在本企业具备较强竞争力的领域进行经营。

3. 提高市场占有率。处于市场主导者地位的企业应当把扩大市场占有率作为自己的营销目标，既可以创造更多的利润，又可以提高企业的市场竞争力。

市场主导者要保持并扩大市场占有率，可采取以下措施：(1) 通过各种方式了解顾客对产品的意见和要求。(2) 根据顾客的要求来不断地完善产品，提高质量。(3) 以多种产品组合来防范竞争者的加入。(4) 用自己著名的品牌推出新产品，实施品牌扩张战略。(5) 保持较大的广告投入，以巩固和提高产品在顾客心中的地位。

二 市场挑战者战略

(一) 市场挑战者基本概况

在市场占有率集中的行业里，名列第二三名或名次稍低的企业可称为市场挑战者。它们的规模和实力随时可以向领导者企业或其他企业发起进攻，例如汽车行业的福特汽车、丰田公司等。这些亚军公司可采取两种战略：一是争取市场领先地位，向比自己强大的竞争者发起挑战，即市场挑战者。二是安于次要地位，在共处的状态下求得尽可能多的收益，即市场跟随者。每个市场挑战者都要根据自己的实力和环境提供的机会与风险，决定自己的竞争战略是挑战还是跟随。

（二）市场挑战者的竞争战略

1. 确定目标。市场挑战者一般可以从三种企业中选择攻击对象，并确定相应的战略目标：

（1）攻击市场主导者。这一战略风险较大，不过，一旦成功企业将获得巨大好处，特别是当市场主导者名不副实或存在明显漏洞时，采取这种策略更有意义。若挑战者进攻的目标是市场主导者企业，其目的可能是要争夺市场占有率，而不在于马上打垮主导者企业。

（2）攻击与本企业规模相当，但经营不善、资金不足的企业。挑战者企业应认真测定竞争对手的顾客是否满意以及该企业产品的创新能力怎样。若这家企业资源有限，本企业甚至可以考虑进行正面攻击，亦可奏效。

（3）攻击当地的区域性小型企业，它们常常经营不善、资金不足，挑战者企业可以靠吞并这样的小企业而扩大自己的势力。

2. 选择进攻策略。在明确竞争对手与战略目标以后，就应选择有效的进攻策略。可供使用的进攻策略主要有五种：

（1）正面进攻。当挑战者集中精力直接攻击对手时，就是在正面进攻。正面进攻打击的目标是竞争者的长处，胜负取决于谁的实力更强。

在完全正面攻击中，挑战者企业要与竞争者在产品、广告、价格等方面进行全面较量。只有在实力明显超过竞争对手时才有获胜可能。

挑战者可以不采取全面进攻，而是采取略加变化的正面进攻。最常用的方法是实行削价，即在产品其他方面与竞争者不相上下的同时，通过较低的价格打击竞争者。应用这种策略特别应注意防止被卷入单纯的“价格大战”之中。同时还应使顾客不至于因价格降低而怀疑产品的质量。此外，为使这个价格的进攻有一个坚固的基础，企业可以在研发方面投入足够的资金以便降低成本，持续正面进攻策略，直至大获全胜。

（2）侧翼进攻。只要认真观察，就可以发现，再强大的竞争对手也总有一些未加防备的侧面，这可以成为挑战者攻击的目标。特别是那些资源比竞争对手少，不能用强力击败对手的挑战者可以采用这种“集中兵力攻敌弱点”的侧翼进攻策略。侧翼进攻的一种做法是，向竞争对手在全国乃至全世界经营不善的地区发动攻击；另一种做法是，寻找竞争者的产品尚无供应的市场缺口，并且迅速填补这个空缺，将其发展成为强大的细分市场。这种进攻战略与现代市场营销的目的“发展需求且满足它们”相吻合，它成功的概率比正面攻击更大。

（3）包围进攻。单纯的侧翼进攻是指集中力量填补竞争者在现有市场上无法覆盖的缺口，而包围进攻策略则是指企业在几条战线发动全面攻击，迫使对手在正面、侧翼和背面同时全面防御。这种策略只有在攻击者的资源比竞争对手更丰富，并确认能完全包围对手，迅速击垮对方的抵抗意志时方能奏效。

(4) 迂回进攻。这是一种间接进攻策略，指绕过竞争对手，向较易进入的市场发动攻击，扩大自己的资源基地。常用的方法有：①多元化经营不相关产品；②将现有产品打入新地区市场来开展多元化经营；③蛙跳式进入新技术领域以替代现有产品。该策略若运用得当，同样可获得较大成功。

(5) 游击进攻。是指在不同地区向竞争对手发动小规模的、断断续续的攻击，目的在于骚扰对方，使之疲于应付，而最终使自身能在市场上站稳脚跟。常用的方法有：①有选择性的降价；②强烈的爆发式促销行动；③偶尔也可采用法律行为。该策略尤其适用于资金短缺的小企业，这是它们用来对付大公司的常见策略。应当注意，这种游击战严格说来只是一种“准备战”，进攻者若希望“打败”对手，最终仍须有强大的进攻作为后盾。

三 市场跟随者战略

(一) 市场跟随者的基本概况

所谓市场追随者，是指愿意维持原状、通常害怕得不偿失而跟随领导者企业在营销中使用模仿策略的企业。此类企业不进行产品革新，而是模仿或改进革新者所推出的新产品。

这并不等于说市场跟随者没有策略。一个市场跟随者必须很清楚地了解它应如何保持现在的顾客及如何赢得一定数量的新顾客。每个跟随者还必须选定其目标市场，并在地点、服务和融资等方面给予目标市场一些独特利益。同时，应注意保持低制造成本及高产品品质与服务，并及时进入开发的新市场。

(二) 市场跟随者的竞争战略

市场跟随者的竞争策略大体有三类：

1. 紧密跟随。紧随市场新趋势，即尽可能在各个细分市场和市场营销组合策略模仿市场领先者，它们并不进行任何创新，只是寄生性地利用市场主导者的投资而生存。

2. 距离跟随。距离跟随市场主导者，即与主导者企业的产品保持一定的差异性，但在主要市场、产品革新、一般价格水平和促销等方面全力追随主导者企业的做法。

3. 选择跟随。选择性追随市场主导者，即对市场主导者的产品进行学习和改进，甚至使它们有所提高。并选择不同的市场销售其产品，避免与主导者发生直接竞争，只是选择性模仿市场主导者行之有效的策略。

总之，跟随者并不意味着被动，或是一味模仿主导者。它们必须为自己设定独特的成长路线，并以不至于引起强烈竞争报复的方式行事。虽然它们的市场占有率较市场主导者企业的低，但它们同样赚钱，甚至赚得更多。它们成功的关键就是了解市场细分与集中，有效研发，强调利润而非市场占有率，以及坚强的高层管理。

四 市场补缺者战略

（一）市场补缺者的基本概况

几乎每个产业都由许多小企业在市场的某一部分运行，并且试图避免与主要企业发生冲突。这些小企业发现及占有某些细小市场，并借助专业化对那些可能为大企业所忽略或放弃的市场提供有效的服务，因此被称为市场补缺者。

（二）市场补缺者的竞争战略

1. 补缺基点的选择。选择市场补缺基点时，多重补缺基点比单一补缺基点更能减少风险，增加保险系数。因此，企业通常选择两个或两个以上的补缺基点，以确保企业的生存和发展。

2. 专业化营销。以下 11 个“专家”角色可供市场补缺者选择：

（1）最终用户专家。企业可以决定专门为某一类型的最终用户提供服务。例如，如法律事务所可以专门为刑法、民法或工商企业法等范畴内的市场服务。

（2）垂直水准专家。企业可专门从事生产分配循环的某一阶段。如铜器制造商可以专门生产粗铜、铜制零件或铜制成品。

（3）顾客规模专家。企业可集中力量向小型、中型或大型的客户销售。许多市场拾遗补缺者专门服务于购买量小的顾客，因为这些顾客往往被大企业忽略了。

（4）特定顾客专家。企业把销售对象限定为一个或几个主要的顾客。

（5）地理区域专家。企业销售点集中于某个地方、地区或世界某区域的需求。

（6）产品或产品线专家。只生产一种产品或产品线。在实验设备的产业中，有许多企业只生产显微镜，甚至缩小到只生产显微镜片。

（7）产品特性专家。企业专门生产某种型号的产品。

（8）订单专家。企业只接受顾客订单，专门生产指定的产品。

（9）品质价格专家。企业选择在市场的低端或高端经营。比如，某企业在小型电子计算机市场上专门生产高品质、高价格的产品。

（10）服务专家。企业提供一种或几种其他企业所没有的优异服务。

（11）销售渠道专家。这种企业只为一种销售渠道服务。比如，某饮料企业只向汽车加油站供应一种大容器装的软饮料。

由此可见，小企业有许多机会能以有利可图的方法来服务顾客。虽然好的机会可经过较系统的方法开发出来，但是也有许多企业找到这种机会只是一种偶然的机遇。

第四节　战略联盟

一　战略联盟的形成及其组织形式

（一）战略联盟的形成

战略联盟（strategic alliance）的概念最早是由美国 DEC 公司总裁简·霍普兰德（J. Hopland）和管理学家罗杰·内格尔（R. Nagel）于 20 世纪 90 年代提出的，随即在理论界和商业界得到普遍赞同。战略联盟的称谓目前还不统一，有人将其称为企业联盟（corporation alliance）、虚拟企业（virtual enterprise）、战略同盟、企业联合（business combination）或战略合作（strategic corporation），有人还将其翻译为战略联营，国内还有人将其称做关联企业、策略联盟、战略营销联盟、企业协作或企业网络等。战略联盟的定义目前还有很大的分歧。目前最具有代表性的有两种观点：一种观点认为，战略联盟是由实力强大的、平时是竞争对手的公司组成的企业或伙伴关系，是竞争性联盟。该观点强调战略联盟是规模实力相当的竞争公司之间的合作。另一种观点的代表者迈克尔·波特认为，联盟是超越了正常的市场交易但并非直接合并的长期协议。它的一般做法是通过与一家独立的企业签订协议来进行价值活动（如供应协定）或与一家独立的企业合作共同开展一些活动（如设立营销方面的合资企业）。美国乔治·华盛顿大学的查尔斯·希尔（Charles Hill）教授也认为，战略联盟是实际的或潜在的竞争者之间的合作协定。我国经济学家张维迎教授认为，企业联盟是企业间在研发、生产、销售等方面相对稳定、长期的契约关系。这种观点强调战略联盟是一种长期的契约关系。

综合各种观点，战略联盟是指两个或两个以上具有一定优势的企业为实现自己在某个时期的战略目标，在保持自身独立性的同时，通过股权参与或合作协议方式结成的长期的、动态的联合体，以达到资源互补、风险共担、利益共享的目的。这个定义包括 4 个内容：第一，战略联盟是具有一定优势的企业之间的合作，这种合作包括互补性公司之间的合作与实力相当公司间的合作，没有任何竞争优势的公司是没有公司与之合作的。第二，战略联盟是为了实现某种战略目的而组建的，公司之间日常交往中的互助协作和其他形式的企业或组织间非正式的合作不是战略联盟。第三，战略联盟是一种长期的合作，短则3—5年，长则几十年，几个月就结束的合作不是战略联盟。第四，战略联盟是一个动态的联合体，它不同于一体化的企业联合体，各个合作的公司仍是独立的、具备法人资格的经营实体，也不同于组织与组织之间的市场交易关系，而是在相互信任、资源共享、优势互补的基础上结成的一种平等关系，是一种较为动态的组织形式。

（二）战略联盟的组织形式

企业为了达到自身的战略目标，可从外部寻找其最稀缺的资源，选择具有该种资源的企业结为战略伙伴。由于企业寻求外部合作时战略目标不尽相同，可分为如下几种战略联盟：

1. 合资企业。是指两个或两个以上的企业为合作的目的共同投资兴建一个新的企业，通过联合经营、分享利润、共担风险的方式合作。主要是股权式合资企业，比如，中国石化集团、美国埃克森公司和沙特阿美公司合资建设的福建炼油化工厂，天津石化与美国道化学公司的合作项目，兰州石化与荷兰飞利浦公司的合资项目等。

2. 技术开发与研究联盟。由于技术开发风险大、耗资多，许多企业通过联盟可以获得充足的资金和自己所缺的技术，以减少开发新技术及技术应用于生产中的风险，这种联盟可以有包括大学、研究院和企业在内的众多成员，其研究成果归所有参与者共同拥有。其具体形式有产品开发联盟、交换技术信息、研发合作机构、技术标准联盟等。例如，荷兰飞利浦与德国西门子公司、美国高级微型仪器公司、日本索尼公司联合开发新的存储器芯片等。

3. 产品联盟。产品联盟可以扩大增强企业的生产和经营实力，其具体形式有联合生产、产品品牌联盟、供求联盟、生产业务外包等。有时某些产品的生产单靠一个企业无法完成，例如航天、海洋、钢铁等大型工程项目，为弥补企业生产能力的不足，需要联合其他企业共同生产。

4. 营销联盟。营销联盟成员可以相互利用联盟伙伴的分销系统以增加销售，从而绕过各种贸易壁垒，迅速开拓市场，赢得顾客。其具体形式有特许经营、连锁加盟、品牌营销联盟、共享分销渠道等。特许经营和连锁加盟是指某个企业把自己开发的商标、商品、经营技术等，以契约的形式授予另一个企业，允许其在规定区域内行使经销权和营业权。加盟企业必须缴纳一定的营业权使用费，并承担规定的义务，其典型代表为肯德基、麦当劳快餐连锁。品牌营销联盟是把不同品牌、不同制造商、不同特点的产品连接在一起销售。如买格兰仕空调赠送价值2880元的精时达手表就是品牌营销联盟。对于精时达手表来说，这不仅节省了上亿元的广告宣传费用，而且可以通过格兰仕的大规模采购直入产品终端，对于格兰仕来说，用高档手表促销，不仅促销效果好，还有助于提升产品形象。

5. 功能协议。功能协议是种比较松散灵活的组织形式，并不需要创立一个单独的联盟企业实体，而只是为了适应瞬息万变的市场、追求某一经济利益，通过协议达成的一种高效敏捷的合作形式，包括联合开发、技术协作、合作生产、来料加工、补偿贸易等。

二　战略联盟的优势与对外部市场的影响

企业之间建立战略联盟，在战略层次上进行合作，除了有世界经济全球化、技术的飞速发展和产品寿命周期缩短等外在竞争压力外，实现企业本身的战略目的也是原因之一。

（一）战略联盟的优势分析

1. 充分利用资源，增强竞争力。战略联盟之所以在全球盛行的主要原因就在于它能减少工作重复与浪费，实现信息共享和优势互补。“合作就是力量”，战略联盟的目标之一就是要广泛利用外部资源，利用联盟伙伴的技术、信息、资金、供应渠道和营销网络等经营资源，提高自己的竞争力。

2. 克服贸易壁垒，利用销售渠道。通过与不同区域、不同国家的企业合作与联盟，不仅可以绕过贸易和非贸易壁垒，而且可以形成联合的整体优势，改变势单力薄的状况，以达到共同开拓新市场、迅速掌握需求变化的信息、分散市场风险、扩大企业产品的市场覆盖率的目的。建立销售网络是一项需要巨额固定成本投入的工程，而销售网络的非竞争性使其具有某种公共物品的性质。通过战略联盟相互提供进入对方销售网络的机会，可以使每个合作伙伴避免一大笔沉没成本的支出。

3. 发挥技术创新的集群效应，降低技术开发的不确定性。通过战略联盟进行技术合作，可以扩大信息传递的密度和速度，避免单个企业在研发中的盲目性和因孤军作战导致的全社会范围的重复劳动和资源浪费，从而降低风险。技术创新还具有集群效应。通过结盟，企业共享技术和人才资源，加快技术创新速度，降低技术创新的成本，降低研发费用及风险。

4. 扩大企业无形边界，防止“大企业病”。因战略联盟不涉及人员的增加和组织的膨胀，可以避免企业组织过大引起的僵化以及政府的制裁，使企业组织更具弹性和灵活性；并且通过资源的结合，扩大了企业边界和经营规模，减少了资本投入和固定支出。

（二）战略联盟对外部市场环境的影响

战略联盟对外部市场环境的影响主要有以下几点：

1. 战略联盟加快了产品的更新换代，进一步满足了消费者的物质与精神需求。在现代竞争激烈的市场上，随着同行业竞争对手的不断涌现，产品创新已成为主要竞争手段之一，产品的生命周期也变得越来越短，并且产品的创新也是为了进一步满足市场中消费者的物质、文化、精神需求。

2. 战略联盟促进了技术革新，加快了社会生产力的发展步伐，促进了社会生产力的发展。科学技术的突飞猛进，已经把产品生产推向高度技术化和复杂化，一项复杂的高技术新产品的完成涉及越来越多的科技领域，并经过越来越多的生产环节，进一步加快了社会生产力的发展步伐。

3. 战略联盟受世界经济全球化的影响，同时进一步实现着世界经济全球化、一体化。一项复杂的高科技新产品，从设计、试制到有关设备的筹备，乃至生产的实现和市场渠道的开拓，已表现为规模越来越大的战略工程，而这种战略工程应该是不同领域、不同国家的企业在产品开发、生产等环节形成合作关系共同完成的，促进了世界经济全球化、一体化。

三　战略联盟的管理

（一）联盟知识的管理

知识和技术是联盟中的棘手领域，也是敏感的问题，对它的法律保护也是有限的，所以在战略联盟的合同里订立保密条款和反向许可安排条款是非常必要的，要采取保留政策，使合伙人接触不到自身保护的关键技术信息；或者若合伙人对原有技术有所改进，必须要将改进的技术以反向许可证的方式返回给原技术的所有方。总之，联盟企业要牢记，联盟本质上充满火药味，不论合作得多么愉快，随着时间的推移，合作者都可能成为威胁。重视学习、提高自己的知识和技术水平，才是战略联盟的出发点和目的。

（二）联盟利益的管理

市场上没有永远的盟友，有的只是永远的利益。企业为了利益而结盟，又为利益而背叛。因此战略联盟能否长久关键在于利益如何分配。联盟企业在分配利益时应遵守四条原则：（1）互惠互利原则，即利益分配方案应保证每个成员企业的基本利益，没有不公平现象，否则会影响成员企业的积极性，而导致联盟破裂；（2）结构利益最优化原则，即从实际情况出发，全盘考虑各种影响因素，合理确定利益分配的最优结构，促使各成员企业实现最佳合作、协同发展；（3）风险与利益相对称原则，利益分配方案还应充分考虑各成员企业所承担的风险大小，对承担风险大的企业应给予相应的利益，以增强其合作的积极性；（4）个体合理原则，即各成员企业参与战略联盟所获得的利益应大于单独行动所获得的利益，联盟确实能给合作者带来实实在在的利益，否则会出现中途背叛的现象。

（三）联盟信任的管理

信任是企业合作的纽带。即使双方产生目标和利益上的矛盾，只要双方相互信任，共同努力，就不难化解矛盾。但信任不会凭空产生，需要双方长期的努力。首先，要在战略联盟内部建立信任评审体系，即建立合作伙伴的信誉、行为机制、风险偏好的评审体系，做到对合作伙伴的信誉心中有数。其次，要建立一套约束机制，对合作伙伴缺乏信誉和违约的行为给予相应的惩罚，用来防止机会主义和相互欺骗。最后，当出现某些败德现象，但约束机制无法制裁时，应降低联盟退出成本，即降低退出联盟的费用。但是一旦信任关系建立起来，双方就都要忠实履行协议，彼此共担风险和成本，同时共享成果和收益。

（四）联盟营销的管理

联盟成员的销售市场很有可能重复，因此必须找到能使合作关系的互补性最大化、直接竞争机会最小化的方法，确保合作伙伴努力开发新市场而不是直接争夺现有的客户。否则，战略联盟就会演变为竞争对抗，合作营销关系就会变成价格战。在战略联盟中可以根据产品线和地理位置划分营销责任，以防止市场重叠。

（五）联盟学习的管理

从一定意义上讲，联盟的目的就是学习，或者说通过学习获得或加强竞争优势。因此企业应把握联盟中的学习机会，确定明确的学习目标。第一，在早期阶段，就要有人力资源部门的介入，通过各工作岗位的分析，设立明确的有关价值增值的学习活动及控制方式，其目标就是要支持和增强公司的核心竞争力。第二，设法增强彼此间的信赖，除了必要的技术秘密外，双方应减少对知识的过度保护，创造一个互相信赖、信息共享的学习环境。第三，采取激励措施，如改变对管理者短期绩效的评价标准、重视联盟企业所用人员的提升等，不断提高企业的知识吸收能力。

（六）联盟终止的管理

战略联盟天生的发展的、变化的动态结构，注定了联盟终止的必然性。但联盟终止并不等于联盟失败，只要合作各方都从联盟那里获得了比不联盟大得多的收益，都获得了发展，那么联盟就是成功的。成功的联盟也会在达到合作双方的目标之后终止。联盟终止的原因有：第一，战略目标的实现。各方认为该联盟已达到预期的目的，如研发联盟成功研制出了新产品或新技术。第二，战略中心转移。由于经济的发展和环境的变化，战略目标也会随之改变，例如产品联盟会由于竞争的加剧往研发联盟转变。第三，领导者发生了变化。若联盟是过去的老领导依赖私人关系建立的或者新老领导的利益不一致都会使联盟解体。第四，对伙伴能力的期望不切实际。第五，市场预期不能实现。另外，技术发展趋势判断失误、文化差异、财务困难等原因都会使联盟终止。据统计，终止的合资企业有75%以上是被合作一方收购的。所以，在联盟终止时，企业要有发展，要有一走了之的实力，否则就会被对方吞并。

由于一个企业可以和许多企业联盟，采取的联盟形式也可能各种各样，因此对联盟的管理不能采取一个模式，应随着合作方式的不同灵活变动以适应复杂的联盟活动。比如，一个短期的营销合作的管理模式肯定不同于长期合作的技术联盟的管理模式。所以，企业需要一个创新的管理模式以确保每一个特定的联盟都有相应的管理模式。

过去，对战略联盟一般是通过设立一个单独的机构进行管理，这种方式在合作范围较小时还较可行，但当合作范围扩大、联盟作业流程过于复杂时，一个机构就会难以胜任。这时，设立一个管理系统进行管理经实践证明比较可行。在该系统中，包括合作各方的 CEO 会议、联盟董事会、指导委员会、执行委员会以及各种项目委员会，管理行为就通过这些不同的决策层实现。通用电气公司和霍尼韦尔（Honeywell）公司就是如此。一开始双方企业建立了一个董事会管理它们的合资公司，但合资公司的活动范围很快超过了董事会的监管能力，于是合作双方又建立了一个包括执行委员会、项目委员会的管理系统进行管理。需要注意的是，对管理系统要明确规定各决策层的权力和责任，否则也可能引起冲突。

【案例】

美国联合包裹公司

美国联合包裹运送服务公司（UPS）成立于1907年，总部在美国亚特兰大市，是全球最大的快递承运商与包裹递送公司，也是专业运输、物流、资本与电子商务服务的领先提供者。2005年营业收入为426亿美元，共递送375亿件包裹与文件。2006年年初，UPS再度蝉联递送行业“美国最受尊敬的企业”，并在《财富》杂志一项调查中荣膺“全球最受尊敬的企业”。在过去23年里，UPS已22次获得递送行业“美国最受尊敬的企业”称号。

1907年的美国联合包裹服务公司（UPS），是主要从事陆运和航空运输的企业，核心业务属于资产密集型，但价格敏感度高、缺乏客户忠诚度，且市场对其核心业务的需求接近饱和。

1975 年，UPS 形成了“黄金链接”，成为第一家在全美 48 个相邻州的每个地址提供服务的包裹递送公司，并开始首次走向国际，提供加拿大多伦多市内的服务，次年，在德国的业务也开始运营。

20 世纪 80 年代初，美国联合包裹公司的领导地位受到威胁，新兴的联邦快递公司推出了别具一格的“三重服务”：隔夜送达服务、快递追踪、大宗快递优惠。美国联合包裹公司 1982 年推出隔夜送达服务，截至 1990 年，隔夜送达服务占到了总业务量的 21%。UPS 通过国际收购，给自己定位为“全球最广泛的包裹派送服务和解决方案的提供商”，提高多种空运和陆运方式。

1993 年美国联合包裹服务公司成立 UPS 全球物流公司，正式打响了投身物流市场的枪声。到 1999 年，公司变成了集团。服务范围也由开始的包裹陆运延伸到陆运、空运、技术支持和信息咨询。接下来，就是开拓疆土的激情燃烧的岁月。UPS 并购了 20 家与供应链相关的公司，包括 7 家物流、分销公司，11 家技术公司，1 家银行，1 家航空公司。其中包括加拿大最大的药品和化学制品物流企业 Liringston 以及法国最大的零部件物流公司 Finon Sofecome。

现在美国联合包裹服务公司由 UPS 资本公司、UPS 物流集团、UPS 货运服务公司、UPS 邮件业务创新公司与 UPS 咨询公司共同组成。至此，UPS 完成了从定期航空货运服务商向多元承运商的转变。在 21 世纪，UPS 的定位是“我们能够在任何地方、任何模式，处理任何货物”，“并且站在供应链的角度上，在全球范围内为客户提供多种形式的解决方案”。［资料来源：世界经理人网（http：//www. ceconline. com/）］

问题讨论

1. 美国联合包裹公司是如何应对它的竞争者美国联邦快递公司的？

2. 美国联合包裹公司的差异化战略体现在哪里？

3. 美国联合包裹公司是市场挑战者还是市场跟随者？试分析原因及应对策略。

4. 利用战略联盟的相关知识，请你为美国联合包裹公司拟订一份战略联盟策划。

【本章小结】

如何参与竞争并使自己在市场竞争中拥有优势，是企业能否获得营销成功的核心所在。对市场竞争者的充分研究，是企业全方位参与市场竞争的基础。对市场竞争者的分析步骤包括识别竞争者、分析竞争者的目标、判断竞争者的战略、评价竞争者的优劣势、评估竞争者的反应模式以及选择对竞争者的策略。

企业所面临的竞争力量一般有五种：潜在竞争力量、同行业现有竞争力量、买方竞争力量、供货者竞争力量和替代品竞争力量。企业必须对这五种竞争力量的特征进行认真分析，有的放矢地加以对抗，才能确保竞争优势。

成本领先战略、差异化战略和目标集聚战略，是企业为了增强竞争能力，争取竞争优势的基本竞争战略。而处于不同市场地位的企业，竞争策略会有所不同。市场主导者、市场挑战者、市场追随者和市场补缺者应根据市场上的不同情况灵活地采用不同的竞争策略。战略联盟是一种兼有竞争与合作功能的新型的市场营销组织方式。企业为了在市场上获得有效竞争优势，应妥善考虑如何创建、管理、实践战略联盟。

【思考与练习题】

1. 竞争者的反应模式有哪几种类型？企业应该对这些不同类型的竞争者采取什么样的行动？

2. 成本领先战略是什么？实现成本领先战略的途径有哪些？

3. 作为市场主导者应该通过哪些途径来提高市场占有率？

4. 市场挑战者是什么？它的竞争战略有哪些？

5. 市场补缺者是什么？它是怎样进行专业化市场营销的？

6. 如何建立并管理战略联盟？

第九章　顾客战略

【学习目的】通过学习本章内容，应该掌握：

1. 顾客分类及顾客价值的内涵
2. 顾客满意的内涵及影响顾客满意度的主要因素
3. 顾客忠诚度的内涵及提高顾客忠诚度的关键因素
4. 顾客关系管理的内容及如何实施顾客关系管理战略
5. 顾客资产的构成及如何测定顾客资产
6. 如何实施顾客资产管理

【开篇故事】海尔的“12345”法则

海尔对其公司的维修人员有具体的要求，即“12345”法则（1个证件、2个公开、3个到位、4个不准和5个1）。1个证件指上门服务要出示上岗证；2个公开指公开统一收费标准并按标准收费、公开出示维修或安装记录单并在服务完毕后请顾客签署意见；3个到位指服务后清理现场到位、通电试机演示到位、向顾客讲明使用知识到位；4个不准指不喝顾客的水、不抽顾客的烟、不吃顾客的饭、不要顾客的礼品；5个1指递1张名片、穿1双拖鞋、自带1块垫布、自带1块抹布、赠送1件小礼品。

第一节 顾客与顾客价值

在市场经济条件下，顾客的地位越来越重要。顾客的喜好与厌恶决定了企业的命运，顾客数量的多少（现实的和潜在的）决定了企业发展的边界，购买能力与购买意愿最终反映为市场的发达程度，使顾客满意几乎是所有企业获取竞争优势、谋求长远发展的唯一出路。

一 顾客

（一）顾客的定义

在现实生活中，到底如何定义顾客，不同的时期有不同的认知。从传统意义上讲，顾客指购买商品的人，也称为消费者。从这个定义看，顾客起源于短缺商品经济年代，相对于卖者而言，顾客处于弱势，处于劣势，对厂家和商家生产什么、销售什么没有话语权，只能被动地接受市场的安排。但随着社会生产力的不断提高，社会产品的丰富，顾客有着越来越多的选择余地，掌握了越来越多的话语权，并最终迫使厂商退出了市场主导权，顾客含义随之发生变化。

市场营销学从其诞生之日起，就以关注需求、关注顾客为出发点和落脚点，其理论与实践创新正是沿着这样的思路展开，各种市场营销观念和市场营销哲学也无不体现了顾客观点。在市场营销教科书中，我国学者屈云波、牛海鹏从购买力的大小来界定顾客，强调“顾客是指那些会登门购买的人们”或者是“具有消费能力或消费潜力的人”。英国学者泰德·琼斯提出，“顾客是使用并偿付我们产品或服务的人”。目前国内比较认同的顾客概念是美国营销大师菲利普·科特勒提出的顾客定义，即“具有特定的需要或欲望，而且愿意通过交换来满足这种需要或欲望的人”。

（二）顾客的分类

按照不同的标准或属性，可以把顾客分成不同类型。

1. 按顾客的重要性分类。在企业顾客管理中，常常按照顾客的重要性进行划分。如采用A、B、C分类法进行划分，可把顾客分成贵宾型顾客、重要型顾客和普通型顾客三种，如表9－1所示。

表9－1所列的数字为参考值，不同行业、不同企业的数值各不相同。比如，在银行业中，贵宾型顾客数量可能只占到顾客总数量的1%，但为企业创造的利润可能超过50%；而有些企业，如宾馆的贵宾型顾客数量可能大于5%，为企业创造的利润却可能小于50%。

表 9-1　用 ABC 分类法对顾客划分　单位:%

顾客类型	顾客名称	顾客数量比例	顾客创造价值比例
A	贵宾型	5	50
B	重要型	15	30
C	普通型	80	20

ABC 划分，较好地体现了营销学中“80: 20”法则，即 20% 的顾客为企业创造 80% 的价值。当然在 80% 的普通型顾客中，还可以作进一步划分。有人认为，其中 30% 的顾客是不能为企业创造利润的，但同样消耗着企业许多资源。因此，有人建议把“80: 20”法则改为“80: 20: 30”法则，即从 80% 的普通顾客中找出其中 30% 不能为企业创造价值的顾客，采用相应的措施，使其要么向重要型顾客转变，要么中止与企业的交易。如有的银行对交易量很小的顾客，采取提高手续费的形式促使其到其他银行办理业务。

2. 按顾客忠诚度分类。按照顾客对企业的忠诚度来划分，可把顾客分成潜在顾客、新顾客、老顾客和忠诚顾客等。潜在顾客指对企业的产品或服务有需求，但尚未开始与企业进行交易，需要企业花大力气争取的顾客；新顾客指那些刚开始与企业开展交易，但对产品或服务还缺乏全面了解的顾客；老顾客是指与企业交易有较长的历史，对企业的产品或服务有较深的了解，但同时还与其他企业有交易往来的顾客；忠诚顾客则是指对企业有高度信任，并与企业建立起了长期、稳定关系的顾客，他们基本就在本企业消费。

不同忠诚度的顾客对企业利润的贡献有较大的差别，如图9-1 所示。

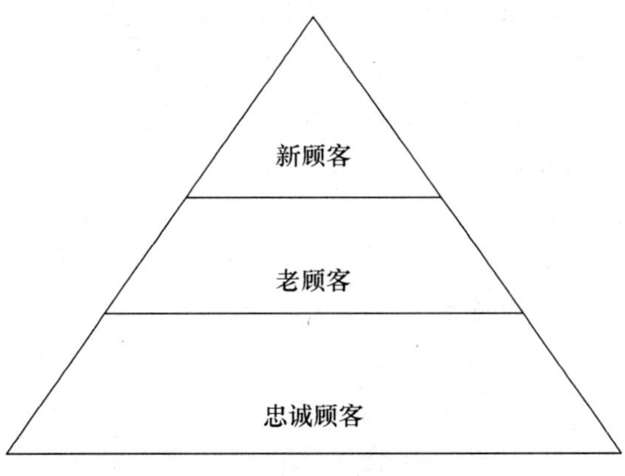

图 9-1　不同顾客创造的利润分布

一般来说，顾客的忠诚程度与顾客和企业交易的时间长短和次数的多少相关，只有忠诚的顾客才能长时间、高频率地与企业发生交易。而顾客的忠诚程度是不断发生变化的，只要企业对顾客的服务得法，能赢得顾客的信任，潜在顾客就可以变成新顾客，新顾客可以变成老顾客，老顾客可以转化成忠诚顾客；反过来也是如此，如果企业不注意提高对顾客的服务水平，随意损害顾客的利益，就有可能使新顾客、老顾客和忠诚顾客中止与企业的交易，弃企业而去。

可以按照不同的标准对顾客进行分类，但在顾客管理中，按照顾客价值分类，找到最有价值的顾客，是企业最重要的工作。经过对现有顾客数据的分析、整理、基本上可以做到识别每一个具体的顾客，可以从顾客信息中找到有多方面相同或相似的顾客群体，而且这些不同的顾客群体对企业的重要程度、对企业的价值是不同的。比如，一般普通的电信顾客对深圳电信的价值贡献远远不如华为公司这样的顾客。据统计，现代企业57%的销售额来自12%的重要顾客，而其余88%的大部分顾客对企业是微利甚至是无利可图的。因此，企业要想获得最大程度的利润，就必须对不同顾客采取不同的策略。

事实上，许多企业已经开始意识到通过价值区别来对顾客进行分类管理，以便获得更多的利润。这在快速交易的业务中，如金融服务、旅游、电信和零售等行业尤为明显，这些行业中已有很多企业正在运用复杂的数据模型技术来了解如何更有效地分配销售、市场和服务资源，以巩固企业同最重要顾客的关系。

二 顾客价值

在营销领域，顾客价值已经成为一个非常时髦的术语。许多公司将顾客价值视为一种基本的战略导向。企业界普遍认为，增加顾客价值是实现利润增长和提高企业总体价值的关键。但对顾客价值的概念的理解，目前营销界和学术界存在多种不同的看法。理解顾客价值的基本内涵、特点及评价标准是企业进行价值创新，实现顾客价值并进而实现企业价值的前提和基础。

关于顾客价值的含义，人们的理解千差万别。早在1954年，彼得·德鲁克就指出，顾客购买和消费的绝不是产品，而是价值。“营销的真正意义在于了解对顾客来说，什么是有价值的。”

（一）顾客感知价值

顾客感知价值是顾客所能感知到的利益与其在获取产品或服务时所付出的成本进行权衡后对产品或服务效用的总体评价。顾客感知价值体现的是顾客对企业提供的产品或服务所具有价值的主观认知，而区别于产品和服务的客观价值。

顾客感知价值的核心是感知利益与感知付出之间的权衡。这一概念包含着两层含义：首先，价值是个性化的，因人而异，不同的顾客对同一产品或服务所感知到的价值并不相同。其次，价值代表着一种效用（收益）与成本（代价）间的权衡，顾客会根据自己感受到的价值做出购买决定，而绝不是仅仅取决于某单一因素。很多学者针对感知利益与感知付出进行研究，得出如下几个结论：

1. 感知利益成分包括显著的内部特性、外部特性、感知质量和其他方面。虽然许多顾客将产品质量（内部特性）作为价值收益中的主要部分，但总体上衡量价值收益仍包括诸如包装、颜色等外部特性和产品或企业的信誉、便利、形象等更高层次的抽象利益。而且，产品的内部属性本身可能并不直接与顾客所感知到的价值相关；相反，它们往往要透过产品的外部特性甚至顾客个人所感知的抽象的利益才能得到体现。

2. 感知价值中所付出的包括货币成本和非货币成本。顾客付出货币和其他资源（如时间、精力、努力）以获得产品或服务。对于一些价格感知程度高的顾客而言，货币方面的付出是关键性的因素，减少货币上的支出即是增加了感知价值；对于那些价格感知程度低的顾客而言，减少时间、精力方面支出更能增加感知价值。

3. 外部特性是“价值信号”，能够在一定程度上取代顾客在收益与成本之间进行的权衡。在评定产品价值时，顾客对组成产品的各种要素的认知能力是有限的，大多数顾客并不认真考虑价格与收益，而是依赖于暗示，经常是外来的暗示，“不经意”地形成自己对价值的印象，他们只对已获取的信息进行少量加工便实施购买行为。他们重复购买一个信任的品牌，利用外部价值暗示来简化其挑选过程。

4. 价值感性认识依赖于顾客进行估价的参照系统，即依赖于进行估价的背景。例如，在不同的购买地点、购买时间、消费时间与地点，顾客对价值的感知就不一样，这意味着顾客感知价值是动态的。

（二）顾客让渡价值

菲利普·科特勒在《营销管理》一书中提出了几个不同的价值概念。他从顾客让渡价值和顾客满意的角度来阐述顾客价值。其研究的前提是：顾客将从那些他们认为提供最高认知价值的公司购买产品。他认为，“顾客让渡价值是指总顾客价值与总顾客成本之差。总顾客价值就是顾客期望从某一特定产品或服务中获得的一组利益。而总顾客成本是在评估、获得和使用该产品或服务时引起顾客的预计费用”。

总顾客价值包括产品价值、服务价值、人员价值和形象价值四个方面；顾客总成本是指顾客为购买某一产品所耗费的时间、精力、体力以及所支付的货币资金等。因此，顾客总成本包括货币成本、时间成本、精力成本和体力成本等。由于顾客在购买产品时，总希望把有关成本包括货币、时间、精力和体力等降到最低限度，而同时又希望从中获得更多的实际利益，以使自己的需要得到最大限度的满足，因此，顾客在选购产品时，往往从价值与成本两个方面进行比较分析，从中选择价值最高、成本最低，即“顾客让渡价值”最大的产品作为优先选购的对象。企业为在竞争中战胜对手，吸引更多的潜在顾客，就必须向顾客提供比竞争对手具有更多“顾客让渡价值”的产品，这样，才能使自己的产品为消费者所注意，进而购买本企业的产品。为此，企业可从两个方面改进自己的工作：一是通过改进产品、服务、人员与形象，提高产品的总价值；二是通过降低生产与销售成本，减少顾客购买产品的时间、精力与体力的耗费，从而降低货币与非货币成本。

(三) 顾客期望价值

顾客期望价值是指顾客理想中的对产品或服务的需求以及要求，或者说主要是存在于顾客头脑中的对现有产品或者新产品的一种理想化的要求。该定义强调顾客价值来源于顾客通过学习得到的感知、偏好和评价，并将产品、使用情景和目标导向的顾客所经历的相关结果相联系。顾客对企业提供的产品或服务的价值的期望依赖于他对诸多因素的期望，例如方便性、可靠性等，这些因素称为顾客期望价值构成要素。不同性别、年龄、收入、爱好的顾客对同一产品的价值期望会有所不同，其价值构成要素也会有所差异，顾客期望价值构成要素探测的目的就是揭示这些差异，从而为市场细分和其他营销决策提供依据。

总结以上顾客价值概念，有如下几个共同点：（1）认为顾客价值是顾客通过接触企业所提供的产品或服务后对企业产品的一种评价。（2）顾客价值是顾客对所得到的产品或服务与所付出的货币或时间等的一种权衡。（3）顾客的所得和所失比较复杂，受很多具体的要素影响。

第二节　顾客满意与顾客忠诚

企业增加顾客价值，目的是提高顾客的满意度，进而培育顾客的忠诚度。许多企业运用顾客满意度调查来了解顾客对本企业产品和服务的评价，这些企业就是想通过提高顾客的满意度来培育顾客的忠诚感。

一　顾客满意

顾客满意的观念，早在20世纪50年代就受到营销界的关注。学者们对顾客满意的认识大都围绕着“期望—差异”范式。这一范式的基本内涵是顾客期望形成了一个可以对产品、服务进行比较、判断的参照点。顾客满意作为一种主观的感觉被感知，描述了顾客某一特定购买的期望得到满足的程度。

（一）顾客满意含义

不同的学者对于顾客满意概念的界定基本是一致的。菲利普·科特勒认为，顾客满意“是指一个人通过对一个产品的可感知效果（或结果）与他的期望值相比较后，所形成的愉悦或失望的感觉状态”。亨利·阿塞尔认为，当商品的实际消费效果达到消费者的预期时，就导致了满意，否则，则会导致顾客不满意。ISO9000 认为：顾客满意是顾客对其要求已被满足的程度的感受。是人们在接受了产品或服务包括其所携带信息的刺激以后，所产生的一种的心理状态，是人们对产品和所提供产品企业的一种主观综合评价。因此，顾客满意的实质是顾客的感受。图 9－2 为顾客满意的三种状态。

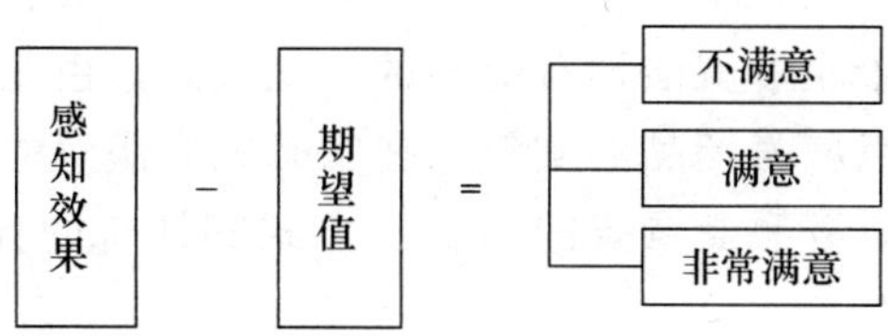

图 9－2 顾客满意的三种状态

顾客满意度是顾客接受产品或服务的实际感受与其期望值比较的程度。由此可见，顾客满意度是由顾客对产品或服务的期望值与顾客对购买的产品或服务所感知的实际体验两个因素决定的。进行顾客满意度衡量的关键是通过衡量满意度，提升顾客满意度，从而使顾客成为忠诚顾客。

（二）如何测量顾客满意

在市场上，一个企业很难做到让每一个消费者都满意，同时，对企业的每一位顾客的感受进行测量或调查也是不现实的。企业的经营需要对市场进行细分，针对目标市场开发产品。同样，在对顾客感受进行测量时，也需要重点针对目标顾客群进行。如果测量结果显示产品或服务向目标顾客传递了价值和满意，那就表示成功了。如果结果显示不良，则应分析是什么因素导致了目标顾客的不满，这对企业的生存是至关重要的。

对目标客户进行满意度测量，至少应重点考虑以下顾客群体或其组合：（1）企业产品销售量前 3—5 位的重要客户；（2）企业产品覆盖地域前 3—5 位的地域代表性客户；（3）产品主要定位的顾客人群，如年龄、性别、收入、职业、教育程度、社会地位、种族等不同人文特性的目标顾客群，对快速消费品（如洗化用品）、服装、服务业等尤其重要。（4）产品主要销售渠道的顾客：如分销商、代理商、连锁加盟机构等。（5）增长速度较快的客户群体，这对于扩大市场有较大作用。（6）一直使用企业产品/服务的老顾客。

比如，一个外销企业，其产品80%出口，而其顾客满意度调查只针对产品销量仅占20%的国内客户，这样的调查结果很难真实反映企业顾客的全面感受。

（三）明确顾客满意的标准

一般来说，顾客之所以对产品和服务产生偏爱，本质上是因为企业的产品和服务能够令顾客惊喜与愉悦（即顾客的感受和产品质量之间的关系是密不可分的）。顾客对高质量产品和服务的钟情着迷，会使顾客产生持续购买行为。产品和服务高质量的魅力为顾客带来持续的惊喜感，所以顾客对产品和服务产生偏爱，会在未来持续的购买，不会转换这种购买行为。因此，可以说，哪个企业能生产优质的产品，哪个企业就能拥有更多的忠诚顾客。由此可以看出，监控顾客感受的出发点和落脚点应是产品的质量。在明确顾客满意的标准时，应从产品的质量方面考虑，制定顾客感受调查的项目、方式和评价的标准。如表9－2所示的手机质量感知。

表9－2　手机质量感知

调查项目	不满意	满意	非常满意
通话	通话质量不好	通话质量好、清晰	
待机时间	待机时间较短	待机时间中等水平	超长待机
显示屏	显示屏小	显示屏中等	显示屏大
显示色彩	单色显示	彩色显示	显示色彩鲜艳
输入方便	输入汉字不方便	输入汉字方便	输入软件人性化
听音乐、照相	—	能听音乐、照相	听音乐、照相效果好

（四）获取顾客感受的方法

1. 倾听“顾客之声”，建立顾客信息反馈系统。企业可以通过记录顾客投诉来获得顾客满意。然而96%的不满意顾客不会投诉，在国内，这一比率更高，除非顾客忍无可忍，绝大多数是不会投诉的，顶多是几句抱怨。作为企业，没有什么比倾听“顾客的声音”更重要，这需要建立顾客信息反馈系统，使“顾客的声音”能够正确、快速传递。方法可分为被动的和主动的两种方式。

2. 监控顾客退货和拒收、索赔、现场维修服务信息。顾客的要求得不到满足就会引起顾客的不满意，顾客之所以对交付的产品提出退货、拒收或要求现场进行维修的要求，恰恰是因为产品的质量或顾客的期望没有得到满足，这是一种最直接的顾客不满意的体现，许多企业以为仅仅通过换货或降价等手段处理后就万事大吉了，忽略了对这些信息的全面利用。通过对顾客退货、拒收和现场维修的信息的收集和分析，能够最直接暴露企业在产品质量和管理过程中的薄弱环节，从而加以改进和完善。

3. 佯装购物者。企业可以雇一些人，装扮成潜在顾客，报告他们在购买公司及其竞争对手产品的过程中发现的优点及不足。经理们应该走出办公室，进入他们不熟悉的公司以及竞争者的实际销售环境，体验作为“顾客”所受到的待遇，定期形成报告，提供给有关部门分析和决策。

4. 分析流失的顾客。对于那些已经停止购买或转向另一个供应商的顾客，公司应该与他们接触一下以了解发生这种情况的原因。公司不仅要和那些流失的顾客谈话，还需要监控顾客流失率。定期形成顾客流失分析报告，至少应明确，期限内顾客的流失率是多少？什么原因导致了顾客的流失？流失的顾客去了哪里？它们哪方面比我们做得好？通过对流失顾客的分析，可以识别出顾客的极端不满意，使得“小事”一经发生就能做出调整。

5. 经销商的反馈。企业的经销商也是企业的顾客，而且是较为重要的顾客组成部分，很多企业的产品都是通过经销渠道到达最终消费者手中，也需要对他们的感受进行测量。许多企业也很重视经销商的反馈，但没有意识到这也是顾客满意测量的一个组成部分。具体做法很多，常见的主要方式有经销商座谈会（年度会议）、经销商订货会、主要经销商的走访，经销商问卷调查、经销商业务分析报告等。

6. 外部相关方反馈信息。企业不是孤立存在的，还受到政府、社会等监督，企业对这些相关方的反馈信息也是构成顾客满意的一部分内容，许多企业往往忽视了这方面信息的收集。主要关注的反馈信息可包括：（1）国家行业质量技术监督、工商、卫生等部门的产品抽查检验结果；（2）行业协会的行业分析报告；（3）消费者组织的反馈信息；（4）电视、报刊、网络等媒体的评论和分析。

（五）顾客满意度测评

顾客满意度是对顾客满意程度的定量化描述。许多国家和公司都开发运用了顾客满意度指数方法，这种方法能帮助部门和组织为它们的顾客满意工作业绩打分，将顾客满意效果用满意度指数来衡量，既可以作为一种企业的诊断手段，也可以将企业的顾客满意效果与竞争对手进行比较。在一些发达的市场经济国家，顾客满意度评价经过十多年的实践，逐步形成比较完善的专业化测评组织，开发出一系列有效的测量工具和方法。

在收集信息时，企业应从质量方面考虑顾客的感受，根据不同的特性选择适合的测量方式和方法，这样才能使顾客能够更加主动地加入到我们企业的顾客满意测量活动中来，为我们提供更多的有价值的信息。如表 9 - 3 所示的汽车销售 4S 店的顾客满意测量。

表 9 - 3　　汽车销售 4S 店的顾客满意度调查

调查项目	调查内容	调查方式
核心产品	车辆维修的可靠性	通过调查维修后车辆的二次维修时间、里程间隔测量进行统计分析
有形产品	接待人员的文明性、顾客在等待时间中的舒适性、维修的及时性等	通过问卷调查形式测量
附加产品	4S 店提供的附加服务。如免费洗车、一定时间间隔免费检测、保养、会员活动等	通过标杆对比、暗访、行业报告等形式加以明确

二　顾客忠诚

在营销实践中，顾客忠诚被定义为顾客购买行为的连续性。它是指顾客对企业产品或服务的依赖和认可，坚持长期购买和使用该企业产品或服务所表现出的在思想和情感上的一种高度信任和忠诚的程度，是顾客对企业产品在长期竞争中所表现出的优势的综合评价。

顾客忠诚度指顾客忠诚的程度，是一个量化概念。顾客忠诚度是指由于质量、价格、服务等诸多因素的影响，使顾客对某一企业的产品或服务产生感情，形成偏爱并长期重复购买该企业产品或服务的程度。

（一）顾客忠诚与顾客满意的关系

美国学者琼斯和赛斯的研究结果表明，顾客忠诚和顾客满意的关系受行业竞争状况的影响，影响竞争状况的因素主要包括限制竞争的法律、高昂的改购代价、专有技术和有效的顾客奖励计划四类。图 9 - 3 为顾客忠诚度与顾客满意度的关系。

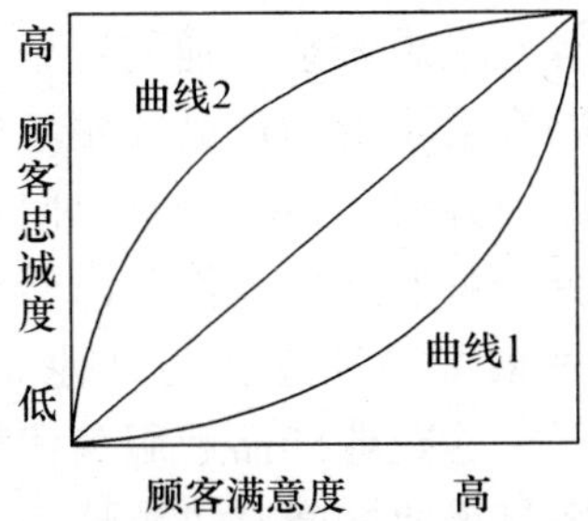

图 9－3 顾客忠诚度与顾客满意度的关系

如图 9－3 所示，对角线左上方表示低度竞争区，对角线右下方表示高度竞争区，曲线 1 和曲线 2 分别表示高度竞争的行业和低度竞争的行业中顾客满意程度与顾客忠诚可能性的关系。如曲线 1 所示，在高度竞争的行业中，完全满意的顾客远比满意的顾客忠诚。在曲线右端（顾客满意程度评分 5），只要顾客满意程度稍稍下降一点，顾客忠诚的可能性就会急剧下降。这表明，要培育顾客忠诚，企业必须尽力使顾客完全满意。在低度竞争的行业中，曲线 2 描述的情况似乎表明顾客满意程度对顾客忠诚度的影响较小。但这是一种假象，限制竞争的障碍消除之后，曲线 2 很快就会变得和曲线 1 一样。因为在低度竞争情况下，顾客的选择空间有限，即使不满意，他们往往也会出于无奈继续使用本企业的产品和服务，表现为一种虚假忠诚。随着专有知识的扩散、规模效应的缩小、分销渠道的分享、顾客奖励的普及等，顾客的不忠诚就会通过顾客大量流失表现出来。因此，处于低度竞争情况下的企业应居安思危，努力提高顾客满意程度，否则一旦竞争加剧，顾客大量流失，企业就会陷入困境。

（二）顾客忠诚的层次

顾客忠诚一般分为四个层次，如图 9－4 所示。

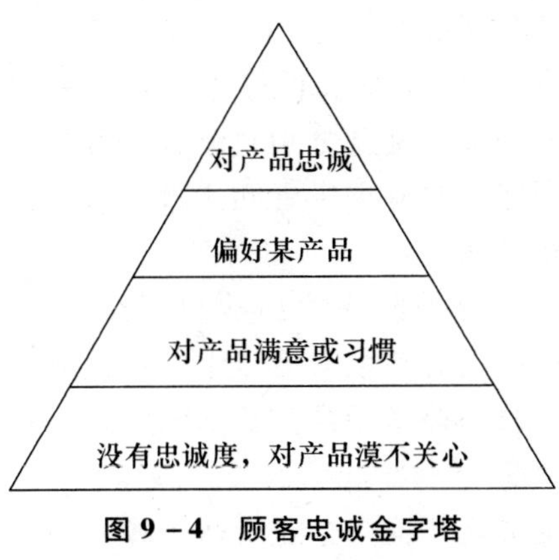

图 9－4 顾客忠诚金字塔

最底层是顾客对企业没有丝毫忠诚感。他们对企业漠不关心，仅凭价格、方便性等因素购买。第二层是顾客对企业的产品或服务感到满意或习惯。他们的购买行为受到习惯力量的驱使。一方面，他们没有时间和精力去选择其他企业的产品或服务；另一方面，转换企业可能会使他们付出转移成本。第三层是顾客对某一企业产生了偏好情绪，这种偏好是建立在与其他竞争企业相比较的基础之上的。这种偏好的产生与企业形象、企业产品和服务体现的高质量以及顾客的消费经验等因素相关，从而使顾客与企业之间有了感情联系。最上层是顾客忠诚的最高级阶段。顾客对企业的产品或服务忠贞不贰，并持有强烈的偏好与情感寄托。顾客对企业的这种高度忠诚，成为企业利润的真正源泉。

（三）影响顾客忠诚的因素

1. 顾客满意因素。顾客不满意容易导致顾客流失，而顾客满意未必能保证顾客忠诚。研究表明，顾客忠诚度的获得必须有一个最低的顾客满意度水平。在这个满意度水平线以下，忠诚度将明显下降，在该满意度水平线以上的相对大的一定范围内，忠诚度不受影响，但满意度达到某一高度，忠诚度会大幅度增长。所以，顾客满意是导致重复购买的最重要的原因，也是形成顾客忠诚的关键因素之一。

2. 内在价值因素。顾客忠诚的首要理由就是顾客价值，顾客价值主要包括质量、服务和价格，这三个方面成为企业吸引和保留顾客的关键。可以说质量是根本因素，服务是保障因素，价格是促进因素，三者缺一不可共同满足顾客需求，赢得顾客忠诚。

3. 顾客让渡价值因素。顾客让渡价值是指顾客所能感知到的收益与其在购买产品或服务时所付出的成本进行权衡后而得到的总体评价。顾客让渡价值的大小主要取决于对顾客总价值的感知和顾客总成本的感知两个因素。顾客让渡价值越大顾客越倾向于购买该公司的产品。

4. 顾客关系利益因素。顾客关系利益主要包括社会利益、特殊待遇利益、信心利益和尊重利益，四种关系利益分别对顾客忠诚具有不同的影响作用。顾客所得到的社会利益包含顾客与服务提供者间亲近的感觉，提供者对顾客的个人认同，两者发展友谊，互相交往。

特殊待遇利益其内涵可分为经济性利益和非经济性利益。就经济性利益而言，认为顾客与组织维持持久的关系，可从中获得价格上的特殊优惠。

信心利益是指顾客与服务提供者维持长期的关系，其重要的收获就是风险的降低。

尊重利益是指在一定文化环境中企业所赋予顾客的尊重，这种尊重使顾客得到心理上的满足。

5. 转换成本因素。转换成本通常出现在许多顾客进行购买决策选择的情景下，所面临的从一个供应商转向另一供应商的一次性成本，除了货币性的成本外，转换成本还表现为在面对一个新的服务提供者所导致的不确定性引起的心理上和时间上的成本。转移成本的高低对于维系顾客忠诚有着直接影响。

除了以上五个因素之外，还有社会和感情因素、社会规范和情境等因素也会间接对顾客忠诚产生影响，所以企业想提高顾客的忠诚度不仅要针对顾客本身因素，顾客所处的环境也应该重视。

（四）提高顾客忠诚度的策略

1. 建立顾客数据库。企业运用顾客数据库，可以使每一个服务人员在为顾客提供产品和服务的时候，明了顾客的偏好和习惯购买行为，从而提供更具针对性的个性化服务。建立和管理顾客数据库本身只是一种手段，而不是目的。企业的目的是将顾客资料转变为有效的营销决策支持信息和顾客知识，进而转化为竞争优势。企业的实践证明,企业利润的80%来自于其20%的顾客。只有与核心顾客建立关系，企业稀缺的营销资源才会得到最有效的配置和利用，从而明显地提高企业的获利能力。

2. 识别核心顾客。认识核心顾客最实用的方法是回答三个互相交替的问题。(1) 企业的哪部分顾客是最有利可图的、最忠诚的？企业应特别关注那些对价格不敏感、付款较迅速、服务要求少、偏好稳定、经常购买的顾客。(2) 哪些顾客将最大购买份额放在你所提供的产品或服务上？(3) 哪些顾客对你比你的竞争对手更有价值？通过对这三个问题的回答可以得到一个清晰的核心顾客名单，而这些核心顾客就是企业实行顾客忠诚管理的重点对象。

3. 超越顾客期望，提高顾客满意度。顾客的期望指顾客希望企业提供的产品和服务能满足其需要的水平，达到了这个期望，顾客会感到满意，否则，顾客就会不满意。所谓超越顾客期望指企业不仅能够达到顾客的期望，而且还能提供更完美、更关心顾客的产品和服务，超过顾客预期的要求，使之得到意想不到的，甚至感到惊喜的服务和好处，获得更高层次上的满足，从而对企业产生一种情感上的满意，发展成稳定的忠诚顾客群。

4. 正确对待顾客投诉。要与顾客建立长期的相互信任的伙伴关系，就要善于处理顾客抱怨。有些企业的员工在顾客投诉时常常表现出不耐烦、不欢迎，甚至流露出一种反感，其实这是一种非常危险的做法，往往会使企业丧失宝贵的顾客资源。

5. 提高顾客转换成本。一般来说，顾客转换品牌或转换卖主会面临一系列有形或无形的转换成本。对单个顾客而言，转换购买对象需要花费时间和精力重新寻找、了解和接触新产品，放弃原产品所能享受的折扣优惠，改变使用习惯，同时还可能面临一些经济、社会或精神上的风险；对机构购买者，更换使用另一种产品设备则意味着人员再培训和产品重置成本。提高转换成本就是要研究顾客的转换成本，并采取有效措施人为增加其转换成本，以减少顾客退出，保证顾客对本企业产品或服务的重复购买。

6. 提高内部服务质量，重视员工忠诚度的培养。实践证明，顾客保持率与员工保持率是相互促进的。这是因为企业为顾客提供的产品和服务都是由内部员工完成的，他们的行为及行为结果是顾客评价服务质量的直接来源。一个忠诚的员工会主动关心顾客，热心为顾客提供服务，并为顾客的问题得到解决感到高兴。因此，企业在培养顾客忠诚的过程中，除了做好外部市场营销工作外，还要重视内部员工的管理，努力提高员工的满意度和忠诚度。

7. 加强退出管理，减少顾客流失。退出是指顾客不再购买企业的产品或服务，终止与企业的业务关系。正确的做法是及时做好顾客的退出管理工作，认真分析顾客退出的原因，总结经验教训，利用这些信息改进产品和服务，最终与这些顾客重新建立起正常的业务关系。分析顾客退出的原因，是一项非常复杂的工作。顾客退出可能是单一因素引起的，也可能是多种因素共同作用的结果。

第三节　顾客关系管理

顾客关系管理思想源于“以顾客为中心”的经营理念，是一个把有关市场和顾客的信息进行统一管理，并进行有效分析、处理的新型应用系统；也是一个通过管理企业与顾客（包括现有顾客、目标顾客、潜在顾客和业务合作伙伴等）之间的关系来实现顾客价值最大化的方法。

一　顾客关系管理概述

（一）顾客关系管理的内涵

从整体上讲，顾客关系管理是一个“以顾客为中心”的商务战略，包含三个层面的内涵。即理念、机制和技术三个层面。正确的理念、机制是顾客关系管理实施的指导，信息技术是顾客关系管理成功实施的手段和方法，三者构成顾客关系管理的内涵。

1. 顾客关系管理是一种新型的管理理念。顾客关系管理是通过计算机管理企业与顾客之间的关系，以实现顾客价值最大化的方法。其核心思想是将顾客

（包括最终顾客、分销商、合作伙伴等）作为最重要的企业资源，通过深入的顾客分析和完善的顾客服务来满足顾客需要。建立稳定、庞大的顾客资源群体，通过进一步提升顾客资源价值来实现企业最佳经济效益。

传统的顾客关系管理的特点是顾客信息的分散性、片面性和私有性。企业的很多资源往往成为业务员的私人财产。因此，企业中任何一个部门都很难得到顾客的完整信息。这不仅浪费了相当多极其宝贵的顾客资源，失去了很多商业机会，而且一旦这个业务员离开企业，就会带走相当一部分顾客，使企业遭受不应有的经济损失。

2. 顾客关系管理是一种旨在改善企业与顾客之间关系的管理机制。顾客关系管理主要实施于企业的市场营销、销售、服务与技术支持等与顾客相关的领域，通过对业务流程的全面管理来优化资源配置、降低成本、增加市场份额。这类概念的主要特征是从企业管理模式、经营机制的角度进行定义。

3. 顾客关系管理是一整套解决方案。顾客关系管理是企业通过技术投资，建立能收集、跟踪和分析顾客信息的系统，或建立可增加顾客联系的渠道、顾客互动以及对顾客渠道和企业后台的整合功能模块。主要范围包括销售自动、顾客服务和支持、营销自动化、呼叫中心等。这主要从微观的信息技术、软件及其应用的层面对顾客关系管理进行定义。

（二）顾客关系管理的核心内容

为赢得顾客的高度满意，建立与顾客的长期良好关系，顾客关系管理应以顾客为中心来设计工作内容。

1. 顾客信息交流。顾客信息交流指企业与顾客之间交换信息的各种形式。这不仅是单纯地输出企业信息以影响顾客的行为，顾客信息交流还是一种双向的交流，其主要功能是实现双方的互相联系、互相影响。从实质上说，顾客管理过程就是与顾客交流信息的过程，实现有效的信息交流是建立和保持企业与顾客良好关系的基本途径。如企业中的呼叫中心、电话交流、网络交流、电子邮件、传真和直接接触等。

2. 营销、销售和服务的自动化。顾客关系管理是企业的前台业务，主要功能包括营销自动化、销售自动化和服务支持。在这三块功能中，任务管理是自动的，也是交互的。

3. 顾客分析。顾客分析的目的是具体了解企业的顾客。要满足顾客首先是了解顾客，所以说顾客分析是进行顾客关系管理的基础。在顾客分析中主要回答谁是企业的顾客、顾客的基本类型及个人购买者、中间商和制造商顾客的不同需求特征和购买行为，并在此基础上分析顾客差异对企业利润的影响等问题。

4. 顾客档案管理。顾客档案管理是顾客关系管理的一项经常性工作，很多企业的顾客关系管理都是从建立顾客档案入手的。在顾客档案管理中，首先需要明确顾客档案的基本内容，并根据档案管理对象的具体情况采用科学的方法进行分类。其次是选择建立档案的形式。其主要有顾客名录、顾客资料卡、顾客数据库、数据仓库等。收集信息的目的是利用信息，所以顾客资料的分析与利用是更为重要的。根据管理决策的需要，一般需要进行顾客构成分析、顾客信用分析和顾客对企业的利润贡献分析等。

5. 顾客反馈管理。对于企业所作出的一切营销努力，顾客总会作出有意识或无意识的、主动或被动的反应，这就是顾客反馈。顾客反馈对于衡量企业承诺目标实现的程度、测试企业各种营销策略的有效性、及时发现顾客服务中的问题等方面具有重要作用。掌握和利用顾客反馈的具体途径，及时收集顾客反馈，以作为作出各种企业决策的重要依据。投诉是顾客反馈的主要途径，如何正确处理顾客的意见和投诉，对于消除顾客不满，维护顾客利益，赢得顾客信任是十分重要的。

二 顾客关系管理的过程

（一）顾客识别

随着企业之间竞争的日趋激烈，消费者有了越来越大的选择自由，同时，消费需求也日益呈现出多样化、复杂化、个性化等趋势。消费者的选择决定着企业的未来和命运，任何企业要想在激烈的市场竞争中求得生存和发展，就要设法吸引消费者，使其成为自己的顾客，并尽力与其建立长期的、良好的关系。

但是，假如不知道哪些顾客是重要的，哪些顾客是最有潜力的，那么顾客关系管理将无从谈起。因此，顾客识别将成为顾客关系管理实际运作过程中不可缺少的管理技术。

1. 顾客识别的内涵。企业最重要的资源是顾客，同时，顾客关系管理也要求以“顾客为中心”来构架企业，但并不是所有的顾客都可以给企业带来效益，也并不是所有顾客都是企业应该争取的。

国内某证券企业在解决顾客资料分析方面的问题时发现，他们的重点顾客虽然仅占公司总顾客的20%，但却占了公司利润来源的90%。换言之，有八成顾客是让公司几乎赚不到钱的！这充分验证了80:20法则。其含义是20%的顾客创造了公司80%的利润，然而，企业也有没价值的顾客。一个公司应该“剔除”没有价值的顾客，以增加企业利润收入。

一般情况下，顾客识别的含义具体有两方面：首先是它定义了顾客范围，这里的顾客不单指产品的最终用户，还包括企业供应链上的任何一个环节，如供应商、分销商、经营商、批发商和代理商、内部顾客等成员；其次是它明确了顾客的类别和属性，不同顾客对企业利润贡献差异很大。

那么，在企业资源有限的情况下，如何把有限的资源分配在对企业贡献较大以及非常具有潜力的顾客群体上，放弃或部分放弃那些对企业利润没有贡献，甚至使企业亏损、浪费企业资源的顾客，将成为企业管理者不得不考虑的问题。所以顾客关系管理的过程中首先就是顾客识别，它直接影响企业是否能成功地实施顾客关系管理。

2. 顾客识别的步骤。顾客识别不仅是贯穿整个顾客关系管理运作流程的一条主线，而且也是企业判断是否进行以及如何进行顾客获取、顾客保持、关系终止活动的根本依据。顾客识别可以分为顾客定位、顾客分类、顾客调整和顾客发展几个步骤。

（1）顾客定位。如果要准确定位顾客，就必须知道企业和顾客之间的关系是什么性质，还必须对顾客进行差异性分析。不同顾客的差异性主要表现为对企业贡献价值和产品需求两方面的不同。对顾客进行差异性分析可以辨识顾客的种类，详细需求和价值取向，使企业清楚地知道其利润形成所主要依赖的经营业务范围，顾客对企业的依赖动力以及顾客的分布情况。

（2）顾客动态调整。由于市场环境是瞬息万变的，因此必须用动态的、发展的眼光看待顾客。随着企业核心业务的变化，有可能过去的顾客已经流失，而过去的竞争对手已变为今天的核心顾客。所以，寻找顾客是一个长期的工作，它会一直伴随着企业生产经营的全过程，应根据企业的发展不断更新补充企业的核心顾客。

（3）顾客分类。在进行顾客识别与调整后，下一步就是顾客分类的工作。因为不同的顾客有不同的特征，在一定范用内所存在的共同点而形成差异较大的不同群体，企业可以据此来进行顾客群的划分，这也正是企业选择顾客获取、顾客保持以及关系终止策略过程中的必要步骤。

（4）顾客发展。对不同的顾客进行分类之后，更好地了解当前顾客的价值并采取相应的顾客维系政策将变成工作的重心。企业需要采取合适的具有针对性的营销方案来发展顾客，从而降低成本、增加企业活动的效用。如果企业对所有的用户采取相同的维系政策，既不利于激励顾客更多地消费，还有可能导致高价值顾客的不满。

（二）顾客关系建立

1. 顾客关系建立的定义。顾客关系是指企业为达到其经营目标，主动与顾客建立起的某种联系。这种联系可能是单纯的交易关系、通信联系，也可能是为顾客提供一种特殊的接触机会，还可能是为双方利益而形成某种买卖合同或联盟关系。顾客关系不仅仅可以为交易提供方便、节约交易成本，也可以为企业深入理解顾客的需求和双方信息交流提供机会。

2. 顾客关系的类型及选择。企业在具体的经营管理实践中，建立何种类型的顾客关系，必须针对其商品的特性和对顾客的定位来作出抉择。著名的营销学家菲利浦·科特勒在研究中把企业建立的顾客关系分为五种不同的类型。(1) 基本型。这种关系是指企业把产品销售出去后就不再与顾客接触。(2) 被动型。企业的销售人员在销售产品的同时，还鼓励顾客在购买产品后，如果遇到问题或有意见，及时向企业反馈。(3) 负责型。产品销售完成后，企业及时联系顾客，询问产品是否符合顾客的要求，有何缺陷和不足，有何意见或建议，以帮助企业不断改进产品使之更加符合顾客需求。(4) 能动型。销售完成后，企业不断联系顾客，提供有关改进产品的建议和新产品的信息。(5) 伙伴型。不断协同顾客，努力帮助顾客解决问题，支持顾客的成功，实现共同发展。

这五种顾客关系类型之间不具有简单的优劣对比程度或顺序，因为企业所采用的顾客关系类型取决于它的产品以及顾客的特征。企业可能根据其顾客数量和边际利润水平，选择合适的顾客关系。如果企业在面对少量顾客时，提供的产品或服务的利润水平相当高，那么它应当采用“伙伴型”的顾客关系，力争实现顾客成功的同时，自己也获得丰厚的回报。如果产品或服务的边际利润水平很低，顾客数量极其庞大，那么企业会倾向于采用“基本型”的顾客关系，否则它可能因为今后服务的成本较高而出现亏损。因此，一般来说，企业对顾客关系进行管理或改进的趋势，应当是朝着为每个顾客提供满意的服务，并提高产品的边际利润水平的方向转变。

3. 发展顾客关系。要留住顾客，提高顾客的忠诚度，可以在正确识别顾客的基础上按照以下三个步骤发展顾客关系。

(1) 对顾客进行差异分析。不同的顾客之间的差异主要在于两点：顾客对于公司的商业价值不同；顾客对于产品的需求不同。因此，对顾客进行有效的差异分析，可以帮助企业区分顾客、了解顾客需求，进而更好地配置资源，改进产品和服务，牢牢抓住顾客，取得最大的利润。

(2) 与顾客保持良好的接触。顾客关系管理的一个主要组成部分就是降低与顾客接触的成本，增加与顾客接触的收效。前者可以通过开拓“自助式”接触来实现，用互联网上的信息交互来代替人工的重复工作。后者的实现需要更及时、充分地更新顾客的信息，从而加强对于顾客需求的透视深度，更精确地描述需求画面。具体地讲，也就是把与顾客的每一次接触或者联系放在“上下”的环境中，对于上一次接触或者联系何时何地发生，都应该清楚了解，可以在下次继续下去，形成一条连续不断的顾客信息链。

（3）调整产品或服务以满足每个顾客的需要。要进行有效的顾客关系管理，将顾客锁定在“学习型关系”中，企业就必须因人而异提供“个性化”的产品或服务，调整点不仅仅是最终产品，还应该包括服务，如提交发票的方式、产品的包装样式等。

4. 提升顾客关系。顾客关系的进展程度与企业顾客管理和服务水平紧密相关，顾客关系提升的过程是营销和管理精细化和信息化的过程。由此顾客关系管理可以通过实现顾客的忠诚度提升顾客关系。

在顾客关系管理条件下，通过网络技术与顾客建立互动式管理，创造并稳定顾客关系，实现顾客忠诚。用顾客关系管理维护顾客关系，应遵循四个原则：一是给顾客以亲切感并进行感情投资；二是给顾客更多方便的选择；三是提供个性化的服务，更有效地满足顾客需求；四是提供快速、有效的服务，建立快速反应机制。

5. 顾客关系生命周期。顾客关系是一个具有生命周期的过程。顾客关系阶段的划分是从动态角度理解顾客关系的形成、发展、维持与解体过程的基础。一个完整的顾客关系生命周期包括考察期、形成期、稳定期和退化期四个阶段。考察期是客户关系的孕育期，形成期是客户关系的快速发展期，稳定期是顾客关系的成熟期，退化期是顾客关系水平发生逆转的时期。考察期、形成期、稳定期顾客关系水平依次增高，稳定期是供应商期望达到的理想阶段，顾客关系必须经过考察期、形成期才能进入稳定期。

（1）考察期。在这一阶段，双方考察和测试目标的相容性、对方的诚意、对方的绩效，考虑如果建立长期关系双方潜在的职责、权利和义务。双方相互了解不足、不确定性大是考察期的基本特征，评估对方的潜在价值和降低不确定性是这一阶段的中心目标。在这一阶段顾客会订一些尝试性的订单。

（2）形成期。双方关系能进入这一阶段，表明在考察期双方相互满意，并建立了一定的相互信任和交互依赖。在这一阶段，双方从关系中获得的回报日趋增多，交互依赖的范围和深度也日益增加，逐渐认识到对方有能力提供令自己满意的价值（或利益）和履行其在关系中担负的职责，因此愿意承诺一种长期关系。在这一阶段，随着双方了解和信任的不断加深，关系日趋成熟，双方的风险承受意愿增加，由此双方交易不断增加。

（3）稳定期。在这一阶段，双方或含蓄或明确地对持续长期关系作了保证。这一阶段有如下特征：①双方对对方提供的价值高度满意；②为能长期维持稳定的关系，双方都做了大量有形和无形投入；③高水平的资源交换，即大量的交易。因此，在这一时期双方的交互依赖水平达到整个关系发展过程中的最高点，双方关系处于一种相对稳定状态。

（4）退化期。关系的退化并不总是发生在稳定期后的第四阶段，实际上，在任何一阶段关系都可能退化，有些关系可能永远越不过考察期，有些关系可能在形成期退化，有些关系则越过考察期、形成期而进入稳定期，并在稳定期维持较长时间后退化。引起关系退化的可能原因很多，比如，一方或双方经历了一些不满意；发现了更适合的关系伙伴；需求发生变化等。退化期的主要特征有：交易量下降、一方或双方正在考虑结束关系甚至物色候选关系伙伴（供应商或顾客）、开始交流结束关系的意图等。

（三）顾客关系维持

顾客关系维持所带来的不仅仅是顾客的保留，之所以会保持这些顾客，还因为顾客对企业的满意和忠诚。事实上，顾客很愿意把这种感觉告诉所认识的人，而这种“宣传”的效果胜过企业花巨资拍摄广告所带来的强烈吸引。对企业而言，顾客维持比吸引新顾客成本更低。据统计，吸引一个新顾客所需要花费的成本是维持一个老顾客所需成本的5—10倍。

1. 顾客维持的方法。

（1）注重质量。长期稳定的产品质量是保持顾客的根本。高质量的产品本身就是优秀的推销员和维持顾客关系的强力凝固剂。这里的质量不仅是产品符合标准的程度，还应该是企业不断根据顾客的意见和建议，开发出真正满足顾客喜好的产品。因为随着社会的发展和市场竞争的加剧，顾客的需求正向个性化方向发展，与众不同已成为一部分顾客的时尚。

（2）优质服务。在市场竞争中，服务与产品质量、价格、交货期等共同构成企业的竞争优势。由于科技发展，同类产品在质量和价格方面的差距越来越小，而在服务方面的差距却越来越大，顾客对服务的要求也越来越高。虽然再好的服务也不能使劣质产品成为优质品，但优质产品会因劣质的服务而失去顾客。

大多数顾客的不满并不是因为产品质量本身，而是由于服务问题。顾客能够用双眼观察到的质量往往比产品或服务的质量重要得多。他们往往把若干因素掺杂在一起：产品或服务的可信度、一致性、运货的速度与及时性、书面材料的准确度、电话咨询时对方是否彬彬有礼、员工的精神面貌等，这些因素都很重要，其中一些甚至非常关键。有人提出，在竞争焦点上，服务因素已经逐步取代了产品质量和价格，世界经济已进入服务经济时代。

（3）品牌形象。面对日益繁荣的商品市场，顾客的需求层次有了很大的提高，他们开始倾向于商品品牌的选择，偏好差异性增强，习惯于指名购买。顾客品牌忠诚的建立，取决于企业的产品在顾客心目中的形象，只有让顾客对企业有深刻的印象和强烈的好感，他们才会成为企业品牌的忠诚者。

（4）价格优惠。价格优惠不仅仅体现在低价格上，更重要的是能向顾客提供他们所认同的价值，如增加顾客的知识含量、改善品质、增加功能、提供灵活的付款方式和资金的融通方式等。如顾客是中间商，生产通过为其承担经营风险而确保其利润也不失为一种具有吸引力的留住顾客的方法。

（5）感情投资。一旦与顾客建立了业务关系，就要积极寻找商品之外的关系，用这种关系来强化商品交易关系。如记住顾客的生日、结婚纪念日，企业顾客的厂庆纪念日等重要的日子，采取适当的方式表示祝贺。对于重要的顾客，其负责人要亲自接待和走访，并邀请他们参加本企业的重要活动，使其感受到企业所取得的成就离不开他们的全力支持。对于一般的顾客可以通过建立俱乐部、联谊会等固定沟通渠道，保持并加深关系。

对于以上顾客维持的各种方法，既要认识到这五个方面都很重要，忽视任何一个方面都会造成不利的后果，同时又应该权衡这五个方面不同的侧重点。顾客维持的第一层次是注重质量，品牌形象和优质服务是第二层次，在此基础上构建起价格优惠和感情投资是第三层次。

2. 顾客维持管理的内容。

（1）建立、管理并充分利用顾客数据库。企业必须重视顾客数据库的建立、管理工作，注意利用数据来开展顾客关系管理，应用数据库来分析现有顾客情况，并找出顾客数据与购买模式之间的联系，以及为顾客提供符合他们特定需要的定制产品和相应服务，并通过各种现代通信手段与顾客维持自然密切的联系，从而建立持久的合作伙伴关系。

（2）通过顾客关系提高顾客的满意度与忠诚度。顾客关系应该包含在顾客从购买前、购买中到购买后的顾客体验的全部过程中。购买前的顾客关系活动主要是在提供有关信息的过程中沟通和交流，这些活动能为以后企业与顾客建立关系打下基础。购买期间的顾客关系与企业提供的产品或服务紧密地联系在一起，包括订单的处理以及各个相关细节都要与顾客的期望相吻合，满足顾客的需求。购买后的顾客关系活动，主要集中于高效地跟进和圆满地完成产品的维护和修理的相关步骤。售后的跟进和提供有效的关怀，其目的是促成顾客的重复购买行为，并向其周围的人多作对产品有利的宣传，形成的口碑效应。

（3）利用顾客投诉或抱怨，分析顾客流失原因。为了留住顾客，必须分析顾客流失的原因，尤其是分析顾客的投诉和抱怨。顾客对某种产品或服务不满意时，可以说出来也可以一走了之。如果顾客拂袖而去，企业连消除他们不满的机会都没有。

投诉的顾客给了企业弥补的机会，他们极有可能再次光临。因此，企业应该充分利用顾客投诉和抱怨这一宝贵资源，不仅要及时解决客户的不满，而且应该鼓励顾客提出不满意的地方，以改进企业产品的质量和重新修订服务计划。

三　顾客关系管理战略的实施

企业保留顾客可以有两种途径：一是设置高的转换壁垒。例如，如果顾客转向使用其他企业的产品，那么就失去专门提供老顾客的折扣和优质的服务。二是提供高顾客满意和顾客让渡价值，这是保持顾客的根本办法。如果竞争者只是简单地采用低价或一些廉价的促销手段，很难争取到顾客。培植顾客的忠诚就是顾客关系战略的任务。实施顾客关系营销战略的主要方法有：

（一）实施战略合作，推进重点顾客发展战略

当今世界，无论一个企业规模如何大而全，也不可能拥有市场竞争所需要的全部资源竞争优势。随着世界经济一体化进程的加快以及市场竞争的日益加剧，世界经济已进入战略联盟时代。因此，我们要积极与政府、供应商、制造商、代理商等合作，做大蛋糕，做强做优企业，增强企业竞争力和抗市场风险能力。20%的顾客创造80%的收益，大客户对企业收入贡献大。因此，与大客户建立良好的关系是保证业务收入稳步增长、提高市场占有率的重要手段。推进大客户战略，就是要在战略上充分重视大客户对企业发展的重要性，在价格、服务等方面给予特殊待遇，满足大客户个性化、差异化的需求，以留住大客户。

（二）实行大客户经理制，为顾客提供差异化服务

顾客是企业的衣食父母，在市场经济条件下，产品同质性越来越强，企业能获得长远的发展，就必须为顾客提供一流的服务，培养顾客忠诚。由于顾客需求的差异性，这要求我们不能为市场提供无差异服务，而要为不同的顾客提供差异化、个性化的服务。在顾客导向的时代，就需要我们设置客户经理制，主要包括大客户经理和市场细分经理，由客户经理为客户提供一对一、个性化的服务，客户经理主要职责是了解顾客需求，收集顾客需求信息，进行产品推广和顾客消费跟踪评价，加强与顾客沟通，建立良好的顾客关系。

（三）加强与顾客沟通，充分重视顾客的投诉和建议

一个满意的顾客意味着公司无形资产的增加，而一个不满意的顾客则意味着公司资产的流失。研究显示，一个满意的顾客会向3个人讲述买了件好产品，而不满意的顾客却会向10个人进行抱怨；如果抱怨能够得到迅速解决，95%提出抱怨的顾客还会买公司的产品，而且他们具有更高的企业忠诚度。因此，企业不

要害怕顾客的投诉和抱怨，不能躲开不满意的顾客。相反，要不断根据顾客的投诉建议和抱怨，找出服务、经营、管理中存在的问题及其产生的原因，要不断加以改进，提高服务水平，尽力让不满意的顾客重新高兴起来。美国运通公司副总裁玛丽安·雷斯缪森提供了这样一个公式：

更好地处理抱怨 = 更好的顾客满意度 = 更高的品牌忠诚度 = 更好的业绩

因此，我们要强化企业内在素质，针对造成顾客不满意的原因，主动出击，为顾客排忧解难，并设法使他们获得真正的满意。在这里，保持与顾客的沟通至关重要。根据美国营销协会的研究，只有1/3的顾客是因为产品或服务有毛病而不满，其余2/3的问题都出在沟通不良上。可见，正确地与顾客沟通，是使更多的顾客感到满意的一个重要环节。

（四）建立顾客关系营销方案

重要顾客和高端顾客是企业收入和盈利的重要来源，因此在企业市场营销中要更加关注重要顾客，同时针对企业的特点也要关注商业顾客和公众顾客，要建立对不同顾客的营销计划体制，目的是建立与顾客的关系，抢占市场。建立顾客营销方案的主要步骤是：（1）确定顾客关系营销的顾客分类，目前主要有大客户（以行业分类）、商业顾客和公众顾客。（2）为每个主要顾客群选派精干的关系营销经理，为顾客提供主动、及时、满意的服务。（3）明确关系营销经理的主要职责，就是为顾客提供服务，了解顾客需求，制定保持顾客的营销方案，处理与企业内部的关系等。（4）任命一名管理各关系经理的主管领导，成立关系营销部，确定关系营销经理的工作内容、评价标准和资源分配，确保工作有效开展。（5）每个关系营销经理必须制订长期和年度顾客关系管理计划，明确目标、战略和具体活动及所需的资源。

（五）满足顾客需要，更多地为顾客着想

更多地为顾客着想意味着提供一种顾客想要的产品而不是一种有市场前景或利润的产品。海尔的大地瓜洗衣机就是典型案例。农村消费者反映，海尔的洗衣机洗地瓜时，经常阻塞出水道。市场需要，就要开发。于是，既可以洗衣服，又可以洗地瓜的洗衣机应运而生。尽管大地瓜洗衣机的销量不大，但却真正体现了产品开发以顾客为导向的理念。

第四节 顾客资产管理

早在20世纪50年代，菲利普·科特勒等人就提出以消费者为中心，按照消费者的需求进行生产的现代营销观念。但是，从90年代开始，在新的市场、观念和技术背景下，顾客资产管理给“以顾客为中心”的观念注入了前所未有的内涵。“顾客”不再仅仅是营销活动的出发点，而成为一种持续的、可经营的和差异化的内部资源。“以顾客为中心”也不再仅仅是一种理念和口号，而是一个可测量、可操作的管理过程。顾客被赋予了前所未有的力量，顾客关系管理正步入一个新的阶段——顾客资产管理阶段。企业通过提升顾客忠诚度和对不同的顾客进行不同的管理方式以提升顾客资产管理的绩效，顾客资产管理的能力将成为企业获取竞争优势的重要手段。

一 顾客资产的构成

所谓顾客资产，就是企业所有顾客终身价值折现现值的总和，即顾客的价值不仅仅是当前通过顾客而具有的盈利能力，也包括企业将从顾客一生中获得的贡献流的折现净值，把企业所有顾客的这些价值加总起来，称之为顾客资产。

一般认为，顾客资产由三个部分组成：价值资产、品牌资产和维系资产。价值资产指通过从顾客价值感觉获得的顾客资产，这些感觉更多是一种认识、客观的评价或理性的判断；品牌资产指通过对品牌的主观评价而获得的顾客资产，这些感觉更多是一种情感、主观的评价或非理性的判断，它受顾客的消费体验和顾客与品牌的关系的影响；维系资产是通过维系活动和关系培养活动而获得的顾客资产，对于重复购买的顾客而言，维系活动和关系培养活动能提高这些顾客再次与企业做生意的机会。我们可根据顾客所能提供价值的能力，将顾客类型大致分为以下四类：

（一）灯塔顾客

灯塔顾客对新生事物和新技术非常敏感，喜欢新的尝试，对价格不敏感，是潮流的领先者。当然，这些行为特征背后一定还存在一些基本特征，比如他们往往收入颇丰，受教育程度较高，具有较强的探索与学习能力，对产品相关技术有一定了解，在所属群体中处于舆论领导者地位或者希望成为舆论领导者。灯塔顾客群不仅自己率先购买，而且积极鼓动他人，并为企业提供可借鉴的建议。正是灯塔顾客拥有的这些优秀品质，使其成为众商家愿意倾力投资的目标，这也提升了其交易价值。

（二）跟随顾客

跟随顾客最大的特点就是紧跟潮流。他们不一定真正了解和完全接受新产品和新技术，但他们以灯塔顾客作为自己的参照群体，他们是真正的感性消费者，在意产品带给自己的心理满足和情感特征，他们对价格不一定敏感，但十分注意品牌形象。

(三) 理性顾客

理性顾客在购买决策时小心谨慎，他们最在意产品的效用价格比，对产品(服务)质量、承诺以及价格都比较敏感。理性顾客对他人的建议听取而不盲从，他们一般只相信自己的判断，而且每一次购买决策都需精密计算，不依赖于某一品牌。因此他们基本不具备交易价值，只能为企业提供顾客购买价值、信息价值与口碑价值。

(四) 逐利顾客

逐利顾客对价格十分敏感，他们只有在企业与竞争对手相比有价格上的明显优势时才可能选择购买本企业产品。逐利顾客的形成原因可能与他们的收入水平密切相关，这导致其可能处在社会的较底层，对他人的影响力较低，而且其传达的信息也集中于价格方面，因此逐利顾客的口碑价值可以忽略不计。逐利顾客只为企业提供最基本的两种价值：购买价值与信息价值。

二 顾客资产管理

(一) 顾客资产获取

决定顾客资产的因素主要有价值资产、品牌资产和维系资产。价值资产由顾客对产品(或服务)的价格、质量、便利性等方面的主观感知决定。品牌资产由顾客的品牌认知、品牌态度以及品牌道德感等决定。维系资产则取决于顾客保持与企业长久关系的愿望，企业可以通过顾客计划、忠诚回报活动、特殊赞赏和特殊对待活动、联谊活动等方式鼓励顾客与企业建立长久关系。

顾客资产是可经营的资产，但顾客资产的经营不是为了“锁定”顾客，而是为了给顾客创造真正的价值，使顾客成为企业竞争的优势资源。对顾客资产的经营方式可能通过追加销售、交叉销售或者是多元化经营实现。在经营顾客资产的过程中，企业往往会根据需要对业务流程进行再造。

(二) 顾客资产规划

“顾客资产管理”要求将顾客视为公司内部资源，围绕顾客资产进行战略规划。一要评价顾客资产，按照顾客终身价值把顾客分为高价值顾客和低价值顾客。二要针对不同的顾客类型安排不同的资源，制定不同的顾客资产经营策略。三要跟踪顾客资产的变动，并根据顾客资产收益情况评估企业绩效。

一般认为，那些买卖双方交易较为稳定和持续的行业，例如航空、酒店、银行、通信等服务行业，更适合从事顾客资产管理。这些类型的公司不但与顾客的交易比较稳定，而且在提供服务的过程中也比较容易收集和跟踪顾客信息。

依靠高效的信息技术和网络的帮助，近年来，一些快速消费品公司也开始涉足顾客资产管理。联合利华将其品牌组合从 1800 种缩减至 400 种，并推出“顾客战略”，希望直接与顾客建立关系。而宝洁则连续几年增加网络营销的投入，努力通过网络这个互动平台获得顾客信息，识别高价值顾客，并与他们建立广泛的联系。

三 顾客资产经营策略

（一）顾客细分

现实中我们经常看到不同的顾客给企业带来不同的价值，也就是说，顾客资产不是均质的，顾客资产中不同的顾客结构所产生的价值是有着显著差异的，因此对顾客资产中存在的顾客类型进行研究，了解它们对顾客资产价值的影响，深度剖析顾客的构成，进行顾客细分。

1. 确定对企业的顾客盈利能力能够产生重要影响的直接要素和间接要素。顾客盈利能力是成本与收益的函数。其中直接影响要素将在顾客盈利能力核算中直接计入，例如，单位周期内的交易产品数量、重复购买频率、交易金额、产品或服务成本、投诉次数与时长等；而间接影响因素则大多是难以直接获得或量化的因素，例如，顾客综合满意度。在要素搜集过程中，企业不应仅仅局限在企业的顾客群中寻找这些要素，还应收集对经济、行业或社会生活产生重大影响的相关要素。

2. 通过企业向内部各部门查询及向每个顾客调查等方式，收集每个顾客的要素基础数据，建立一个信息完备的动态顾客数据库，这一数据库应尽量与企业的其他信息管理平台能够共享信息。

3. 企业的顾客细分并不是只有一种结果。由于应用目的的不同，需要人为选取一些要素作为细分变量，因此细分结果也因此而有差异。细分结果可以反映企业的顾客资产构成，即企业的顾客金字塔构成比例，使得企业的管理决策层可以及时了解企业的顾客状况，并可以据此预测将来一段时间企业的市场发展趋势。

4. 提炼顾客细分变量。通过因子分析提炼出这些公共因子，并为这些公共因子指定直观的名称，便可以发现各个顾客细分具有明显差异的影响因素。

（二）定制式解决方案

在以顾客为中心的经济时代，随着竞争的不断加剧，特别是信息工具和渠道的快速发展，顾客的需求呈现出显著的个性化的特征。从理论上讲，每一位顾客的需求都是不同的，因此可以将其视为细分，针对每一位顾客，实行“一对一定制营销”。它要求企业与每一个顾客建立一种学习型关系，尤其是那些对企业最有价值的“忠诚顾客”。企业通过与顾客的交往不断加深对顾客的了解，在顾客细分阶段所得到的结果指导下，根据顾客提出的需求不断地改善产品和服务中对顾客资产影响最大的那些方面，不断追求提高顾客满意度，进而可以强化顾客忠诚度，帮助实现顾客资产的维系与提升。

（三）沟通与互动

市场经济中买方与卖方地位的不同决定了双方获取信息的不对称，顾客相对总是处于劣势，这对于提高顾客的满意度和忠诚度不利，对于企业顾客资产的维系和提升也产生了不良影响。由于买卖双方信息的不对称，顾客对自己欲望的满足方式不能全面了解，或者缺乏判断各种方案优劣的知识，在消费过程中可能选择了较差的方案，而欲望却得不到很好地满足。顾客在消费不满意后也较少有人选择与企业沟通反馈，这对企业提高产品或服务水平是不利的。只有引入充分和有效的沟通与互动，才有可能使得这种情况得到改善，使企业的顾客资产得到有效维系与提升。企业与顾客的沟通与互动主要包括以下几个方面的内容：

1. 根据顾客细分结果制定针对特定细分的顾客，或与该细分有相同特征的潜在顾客的营销活动。作为企业的管理决策层，为了优化企业的顾客资产结构，应当在合理的成本支出前提下，最大限度地维系铂金层级和黄金层级顾客，适当保持钢铁层级顾客，尽量减少企业在重铅层级顾客身上支出的成本。这就需要充分运用第一阶段中顾客细分的关键影响因子。首先，要维系高盈利能力的顾客，就必须保证此类顾客具有非常高的满意度。其次，对于为企业制造负价值的低盈利顾客，企业应该分析其向中高盈利层级转化的可能性，这个可以通过分析该顾客同与之相邻的中等盈利细分顾客的关键影响因子的相关性概率得知。

2. 在前期分析的基础之上，准确地向有潜在需求的顾客传达企业具有高让渡价值的定制的服务信息。定制式解决方案的提出主要是为了挖掘企业现有顾客的潜在价值，增加其与企业的交易产品种类、金额和频率，使其更依赖于本企业，因此该方案针对的是具有较高盈利能力的顾客细分。通过前期对各细分顾客的科学分析，制定了能为企业提高顾客资产的定制式解决方案后，一方面应以高盈利顾客细分的关键影响因子为沟通重点，积极主动向其宣传该解决方案的高让渡价值，增加企业在该类细分顾客市场活动中的钱包份额，从而有利于实现顾客资产的提升；另一方面要充分利用战略合作伙伴的顾客资产，将其纳入企业的顾客数据库中，帮助企业了解战略合作伙伴的顾客资产结构的同时，也可以寻找该类顾客的价值挖掘方法，从一定程度上优化企业的顾客资产。

3. 企业调整产品或服务策略，与顾客建立学习型关系。所谓学习型关系，就是每一次与顾客接触的过程中，都会对顾客多一分了解和认识。顾客提出要求，企业去改进产品或服务，在这样一个良性循环的过程中，企业提高了产品或服务及顾客满意的能力，能够有效地提高顾客忠诚度。

企业与顾客已经建立的学习型关系增加了顾客的转移成本，提高了竞争对手的进入障碍。原因在于竞争对手与顾客接触时，必须对产品或服务做出调整，但是这时企业的顾客是不会轻易转移的。因为顾客必然要再对竞争对手上一遍同样的“课”，而竞争对手跟进、模仿或复制需要时间，企业就可以及早调整策略、改进产品或服务，做得更快一步、更好一点，更能赢得顾客忠诚。

【案例】

你能否区分三种类型的大客户

A 客户是很有进取心的运输公司老板。他告诉公司销售部门：“不要派你的销售人员到我这儿来，把你的报价送过来就行了。你的报价最好尽快送来，价格还要便宜。因为在我的门外有十几个推销员，如是他们报价比你们快，价格比你们低，你们的生意就要被他们抢走了。”

B 客户是一个新成立的混凝土公司。他讲了一个完全不同的故事。“我们需要很多帮助。我们办公室的每个人都按自己的方式行事。我们没有统一的程序，而且我们没有公用的信息系统。如果你们的人准备和我们每个办公室合作，帮助他们采取一致的行动，那我们会和你们签订很多业务合同。”

C 客户与上述两客户规模相同，是一个工程机械单位，他正寻找一种不同的关系。“我们想要的”，他们告诉销售人员，“是战略性的合作伙伴，他们会将产品带到我们的办公室；他们会与我们一起研究如何为我们节省开支，我们希望它报价迅速，送货及时，服务范围广，超出任何人的想象。我们需要你们的支持，而且我们对你们的营销人员进入我们内部规划过程感兴趣。”

这 3 位客户是中国石化燃料油品公司最优质的客户。然而每一个客户想要得到的是完全不同的。传统的以规模划分的方法会将每一种客户都视为重要客户。根据其规模和业务量，他们会得到大致相同的销售投入。而且重要客户销售团队会用十分相似的方法将产品售给他们。但是，由于他们的价值需要如此不同，很显然，对重要客户使用同一种标准的销售方法是不正确的。（资料来源：摘自丁兴良《大客户销售策略与项目管理》，机械工业出版社 2006 年版）

问题讨论

1. 案例中客户分类主要依据的标准是什么?

2. 试分析案例中的 ABC 客户分别对应哪三种大客户类型?

【本章小结】

在市场经济条件下，顾客的地位越来越重要。传统意义上的顾客指购买商品的人。市场营销中的顾客定义为：“具有特定的需要或欲望，而且愿意通过交换来满足这种需要或欲望的人。”顾客可按不同的标准或属性分为贵宾型、重要型、普通型；新顾客、老顾客、忠诚顾客。营销的真正意义在于了解顾客价值。顾客价值的基本内涵是顾客感知价值、顾客让渡价值和顾客期望价值。企业增加顾客价值的目的是提高顾客满意度，进而培育顾客的忠诚度。

顾客满意指一个人通过对一个产品的可感知效果与他的期望相比较后，所形成的愉悦或失望的感觉状态。测量顾客满意度就是要对目标顾客的感受进行量化，需要制定顾客感受调查的项目及评价标准。顾客忠诚指购买行为的连续性，顾客坚持长期购买和使用某企业的产品或服务所表现出的在思想和情感上的一种高度信任和忠诚的程度。顾客满意是形成顾客忠诚的必要条件，影响顾客忠诚的因素包括顾客满意、内在价值、顾客让渡价值、顾客关系利益和转换成本等。

顾客关系管理思想源于“以顾客为中心”的经营理念。顾客关系管理就是企业将顾客作为重要的企业资源，借助于信息技术，通过深入的顾客分析和完善的顾客服务来满足顾客需要，并能和顾客建立且保持一种长期、良好的合作关系。其主要内容是通过技术投资，建立收集、跟踪和分析顾客信息的系统，或建立可增加顾客联系渠道、顾客互动以及对顾客渠道和企业后台的整合功能模块。主要范围包括销售自动、客户服务和支持、营销自动化、呼叫中心等。

顾客资产管理指企业将顾客纳入企业资产中，并以顾客资产为核心，优化配置企业资源，提升顾客忠诚度和顾客价值。顾客资产由 3 部分组成：价值资产、品牌资产和维系资产。测量顾客资产必须划分顾客类型。目前是根据顾客终身价值的大小，将顾客分为四类：灯塔顾客、跟随顾客、理性顾客和逐利顾客。四种不同类型的顾客的终身价值总和构成企业的顾客资产。顾客资产管理从价值资产、品牌资产和维系资产三方面来规划和获取。

【思考与练习题】

1. 顾客价值的内涵是什么？如何进行顾客价值分析？
2. 顾客关系管理的内涵是什么？
3. 如何建立顾客关系？
4. 顾客资产构成有哪些？
5. 顾客资产管理应如何实施？

【战略篇实训内容和操作步骤】

（一）技能训练

1. 单项技能操作训练

人口状况是市场细分的重要指标，列出人口状况的相关因素。

2. 综合技能操作训练

某企业拟开发儿童用品市场，请你根据企业提供的资料，帮助选择目标市场。

（二）职业能力开发

1. 开发你的市场调研能力

●目标：该项练习帮助你掌握市场细分的基本理论与技能。

●内容：在学校选择三家大的综合百货商场，了解各个商场经营商品类别、层次，分析其定位上的差异。

●步骤：（1）将班级里每10位同学分成一组，每组确定1—2人负责。（2）确定选择哪几类商品作为调研的范围。（3）学生按组进入商场调查，并将调查情况详细记录。（4）对调查的资料进行整理分析。（5）依据市场细分和市场定位理论，找出各商场市场定位的特点与差异。（6）各组在班级进行交流、讨论。

2. 开发你的产品开发与管理能力

●目标：该项训练帮助你掌握生产资料与生活资料的区别。

●内容：同学根据老师提供的商品目录将其划分为生产资料和生活资料两大类型。

●时间：20分钟。

●步骤：（1）老师提供40种商品目录。（2）学生依据商品的用途将其分为生产资料和生活资料两大类。（3）老师将学生认识不统一的商品单独提出来进行讨论。（4）进一步讨论生产资料与生活资料市场细分的标准。

3. 帮助提升商品销售力

●目标：该项练习帮助你提高商品销售能力。

●内容：在社会生产力和科技飞速发展的今天，消费者所需要的产品，绝大多数都是能够生产出来的。当你打算推出自己产品的时候，实际上要挤进市场，免不了要参与竞争。竞争并不可怕，关键是在策略上要做到“避其锋芒，攻其不备”。然而，“不备”之处在哪里？运用市场细分理论进行分析，并提出相应的产品及市场定位方案。

●步骤：（1）学生分成若干小组。（2）让学生开展市场调查，每组确定一个产品，如A组以啤酒为例。（3）A组在营销决策前，对啤酒市场做了认真调查。他们发现，根据对啤酒饮用程度的不同，可将消费人群分为两类：一类是轻度饮用者；另一类是重度饮用者。重度饮用者的饮用量是轻度饮用者的8倍。重度饮用者以中低收入水平的蓝领人群为主，于是，针对“真正爱喝啤酒”的中低收入者开发啤酒产品，确定销售渠道和销售价格。（4）针对中低收入者开展各种促销活动。（5）对啤酒销售的市场趋势，市场竞争进行分析，并提出应对措施。（6）A组派出1位同学就啤酒市场定位原因和过程以及涉及的知识、能力等在班级与其他组进行交流。

4. 帮助提升品牌策划力

●目标：该项目训练帮助你掌握品牌延伸策划能力。

●内容：策划某一品牌的延伸产品。

●步骤：（1）分析原有品牌的关键成功因素。（2）分析延伸产品的关键成功因素。（3）分析本公司原有品牌的竞争优势。（4）通过分析原品牌与延伸品牌的关键成功因素一致，即将公司的原品牌的竞争优势移植到品牌延伸产品上去，建立起竞争优势。（5）如果品牌延伸产品的关键成功因素不一致，则对品牌可延伸性（品牌的包容性、消费者对品牌的联想、价值认知等）的理性分析，延伸目标市场消费者心理和需求的准确把握。以对品牌发展优劣性进行客观比较的基础上进行决策。

策 略 篇

第十章　产品策略

【学习目的】 通过学习本章内容，应该掌握：

1. 产品整体概念的含义及意义
2. 产品生命周期的含义及判断，掌握产品生命周期各阶段的营销策略
3. 产品组合的分析方法，掌握波士顿矩阵图的理解和运用
4. 产品组合策略的要点及运用

【开篇故事】地毯中的指南针

几乎没有人会把指南针与地毯这两个互不相干的东西联系在一起，但有人在营销中把这两个东西巧妙地结合在一起，一举取得了成功。在阿拉伯国家，虔诚的穆斯林每日都要祈祷，无论居家、旅行，一年四季，天天如此，且穆斯林祈祷时有一大特点，即祈祷者一定要朝向圣城麦加。

比利时商人看到了这个极大的市场，他从指南针的基本原理上得到启发，巧妙地把这种特殊的指南针制成扁平的形状，并嵌入祈祷的地毯中。无论你走到哪里，只要将这种装有特殊指南针的地毯铺在地上，就能准确地告诉你圣城麦加的方向。这种地毯在市场上刚一推出，就引起了虔诚的穆斯林的争购，成为穆斯林居住区的抢手货，仅几个月一下子就销售了三万元，又赚了一大笔钱，范德维格则因此而名声大振，名利双收。

第一节　产品的整体概念

现代市场营销学认为，产品是指人们向市场提供的能满足消费者或用户某种需要的任何有形产品和无形服务。有形产品包括产品实体及其品质、特色、式样、商标和包装；无形服务包括可以给买主带来附加利益和心理上的满足感及信任感的售后服务、保证、产品形象、销售者声誉等。这就是“产品的营销概念”，也叫“产品的整体概念”。

产品的营销概念由核心产品、形式产品（形体产品）和扩大产品三个基本层次组成。

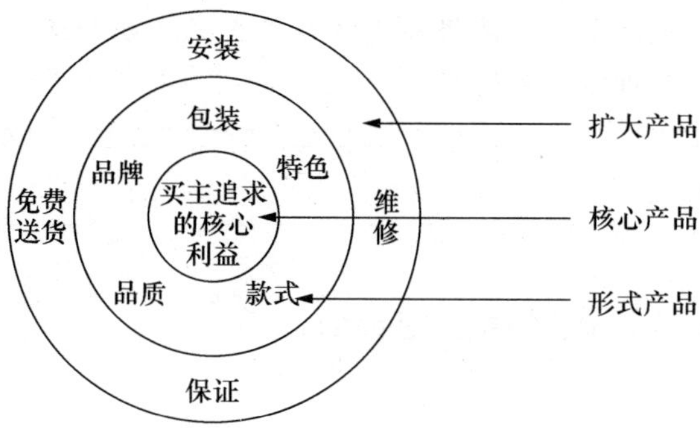

图 10－1　产品营销概念

一　核心产品

也叫实质产品，是产品营销概念最基本的层次。核心产品为顾客提供最基本的效用和利益，即产品的使用价值，是构成产品最本质的核心部分，消费者或用户购买某种产品绝不仅仅是为获得某种产品的各种构成材料，而是为了满足某种特定的需求。比如，人们买洗衣机不是为了买洗衣机本身，而是为了通过洗衣机的洗涤功能洗涤衣服。核心产品向人们说明了产品的实质，企业市场营销人员在推销产品时，最重要的是向顾客说明产品实质。应当指出，劳务也是产品，这种产品的实质是通过一种特定的服务来满足特定的需求。如旅游服务是为了满足人们观光、游玩的需要等。

二　形式产品

形式产品即产品的形式，较产品实质具有更广泛的内容，它是目标市场消费者对某一需求的特定满足形式，是核心产品的表现形式，是向市场提供的实体和劳务可以为顾客识别的面貌特征。产品形式一般通过不同侧面反映出来。如质量水平、产品特色、款式、包装和商标。以洗衣机为例，人们在购买洗衣机时还要考虑产品的品质、造型、颜色、商标等因素。劳务产品也有产品形式，如人们在旅游时，不但需要观光、购物，而且需要旅行社提供满意的导游服务。形式产品是呈现在市场上可以为顾客所识别的，因此它是消费者选购商品的直观依据。产品的基本效用必须通过形式产品有效地实现，才能更好地满足消费者的需要。

三　扩大产品

扩大产品即产品的各种附加利益的总和。通常是指各种售后服务，提供产品使用说明书、保证、安装、维修、送货、技术培训等。比如，购买计算机产品，获得的不仅仅是计算机本身，即主机、终端、存储设备等硬件，而且得到使用说明书、软件系统、送货服务、安装调试、程序设计服务、维修服务以及保证等。在日益激烈的竞争环境中，扩大产品——产品给顾客带来的附加利益，已成为竞争的重要手段之一。许多资料表明，新的竞争并非公司在其工厂中生产的部分，而在于附加在包装、服务、广告、顾客咨询、资金融通、运输、仓储及其有其他价值的形式，因此，能够正确发展扩大产品的企业必将在竞争中获胜。

第二节　产品生命周期策略

一　产品生命周期理论

研究产品生命周期理论，对于企业正确制定产品决策，及时改进老旧产品，开发新产品，有计划地进行产品更新，正确地制定各项经营策略，指导企业经营管理，都具有重要意义。

产品生命周期是指一种产品从完成试制、投放到市场开始，直到最后被淘汰退出市场为止的全部过程所经历的时间。对产品生命周期的分析，主要是通过对产品的销售量或利润随时间的变化来进行研究。大多数产品的生命周期大致可分为投入期、成长期、成熟期和衰退期四个阶段，从而形成产品的生命周期曲线。

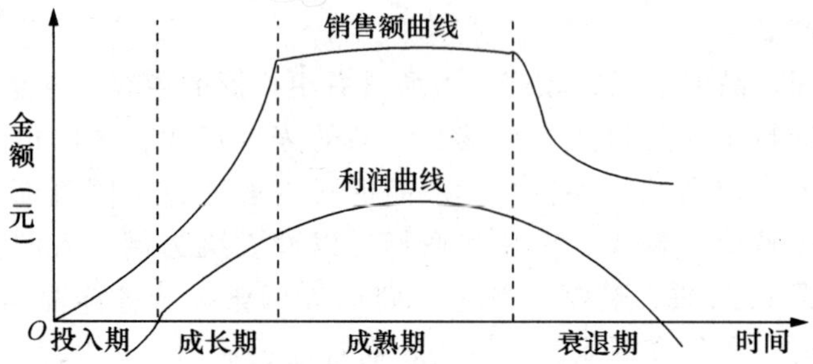

图 10－2　产品生命周期

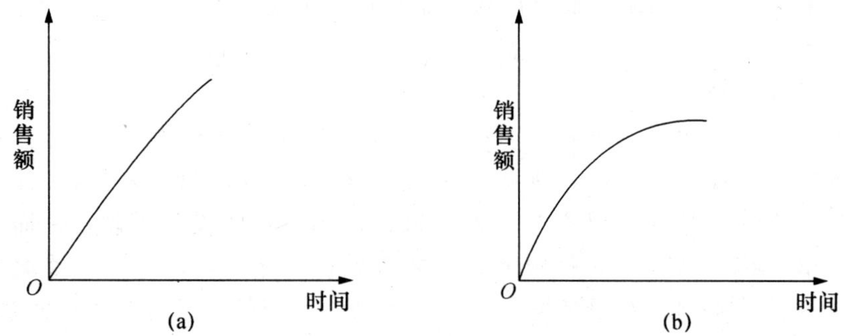

图 10－3　产品生命周期的特殊

但是，在现实经济生活中，并非所有产品的寿命周期都呈倒 s 形，有些产品一上市就很快进入成长期，而并不经过投入期的缓慢增长过程，如图 10－3（a）所示；有些产品没有成长期，从投入期直接进入成熟期，如图 10－3（b）所示；还有些产品经过成熟期以后，再次进入第三次迅速增长期。目前，营销学家已推出多种不同的循环式产品寿命周期曲线，其中最典型的有“循环—再循环”形、“多次循环”形、“非连续循环”形。

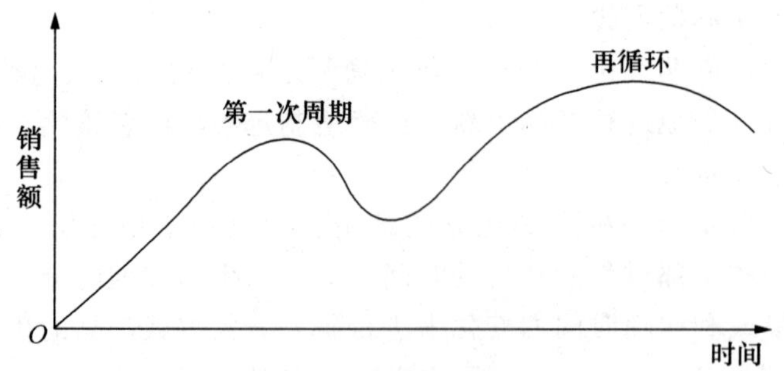

图 10－4　产品生命周期再循环

（一）“循环—再循环”形

产品寿命周期曲线呈该种形态是因为厂商投入了更多的销售推广费用，采取降价或优惠的营销策略等措施的结果。

（二）“多次循环”形

多次循环的出现并非仅求助于营业推广费用的增加，而是在产品进入成熟期后，在产品销售量未下降以前，厂商通过进一步发展新产品特性，寻求产品新用途，或者改变企业营销战略，重新树立产品形象，开发新市场，使产品销售量从一个高潮进入一个新高潮。例如，尼龙的寿命周期就呈该形态。因为后来发现了尼龙的许多新用途，如用它来制衬衫、袜子、地毯等。

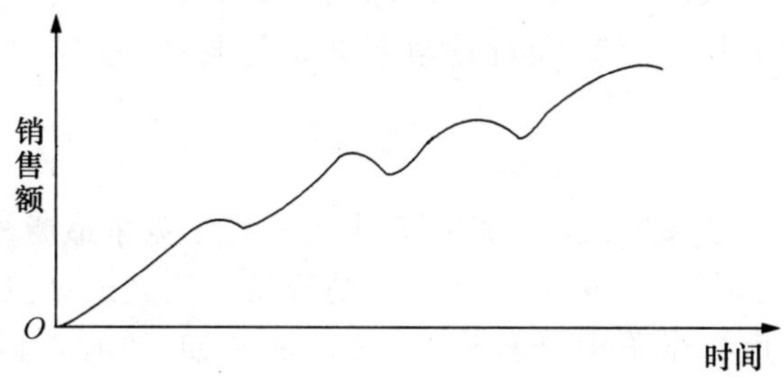

图 10－5 产品生命周期多次循环

（三）“非连续循环”形

大多数时髦商品呈非连续循环型，这些产品一上市即热销，而后很快在市场上销声匿迹。企业既无必要也不愿意做延长其成熟期的努力，而是等待下一周期来临。

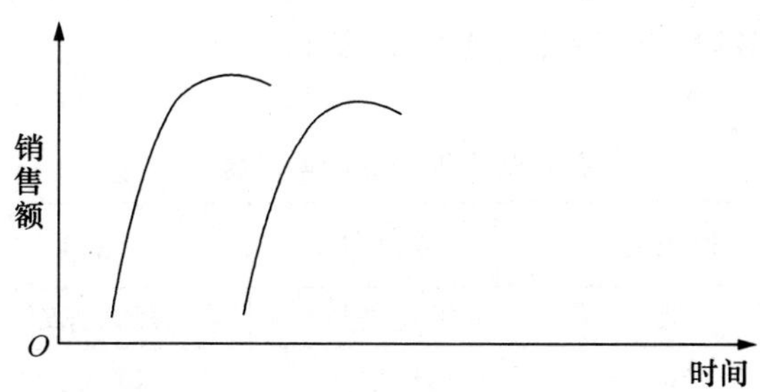

图 10－6 产品生命周期非连续循环

二 产品生命周期各阶段的主要特征

（一）投入期

也称介绍期、引入期、证生期。一般是指新产品试制成功投放市场试销的阶段。其主要特征：（1）产品刚进入市场试销，尚未被顾客接受，其销售额增长缓慢。（2）生产批量很小，试制费用很大，因而产品生产成本较高。（3）用户对产品不了解和不熟悉，需要多做广告，销售费用高。（4）除仿制品外，产品在市场上一般没有同行竞争。（5）产品刚进入市场，由于生产成本和销售费用较高，企业在财务上往往是亏损的。

（二）成长期

成长期是指新产品试销成功后，转入成批生产和扩大市场销售阶段。其主要特征：（1）销售量迅速增长。（2）产品设计和工艺基本定型，可以组织成批或大量生产，产品成本显著下降。（3）用户对产品已经有所熟悉，广告费用可以相对减小，销售成本大幅度下降。（4）随着产量和销售量的迅速增加，企业扭亏为盈，利润迅速上升。（5）同行竞争者开始仿制这类产品，市场上开始出现竞争趋势。

（三）成熟期

成熟期是指产品进入大批量生产而在市场上处于竞争最激烈阶段。其主要特征是：（1）市场需求量已逐渐趋向饱和，销售量已达到最高点。（2）很多同类产品已进入市场，市场竞争十分激烈。（3）成熟期后期，市场需求达到饱和，销售增长率趋近于零，甚至会出现负数。

（四）衰退期

衰退期是指产品已逐渐老化，转入产品更新换代的新时代。其主要特征是：（1）已有新产品开始进入市场，正在逐渐代替老产品，除少数或个别名牌产品外，市场销售量日益下降。（2）市场竞争突出表现为价格竞争，价格不断被迫下跌。（3）企业获利很少，甚至亏损，部分企业已无利可图，被迫退出竞争。

产品生命周期各阶段的特点可总结为表 10 - 1。

表 10 - 1　各生命周期产品的阶段特点

特点＼阶段	投入期	成长期	成熟期	衰退期
销售额	低	迅速增长	缓增或降	下降
利润	低	迅速增长	减低	低或无
成本	高	低	下降	回升
顾客	试用者	多数	多数	保守者
竞争者	很少	增多	最多	减少
价格	高或低	适当	降低	降低

三 产品生命周期各阶段的市场营销策略

（一）投入期的营销策略

此阶段一般要突出一个“短”字，即尽可能缩短投入期，以便在短期内迅速进入和占领市场，打开局面，为进入成长期打好基础。主要策略有以下几种：

1. 双高策略。即采取高价格、高促销费用的方式推出新产品。以求迅速扩大销售量，取得较高的市场占有率，快速收回投资。这种策略的适用条件是：产品有特色，有吸引力，但其知名度不高；市场潜力大，目标市场和顾客求新心理强，急于购买该新产品；企业面临潜在竞争对手的威胁，需尽快使顾客对产品形成偏好，建立品牌形象。

2. 密集式渗透策略。是指用低价格和高促销费用推出新产品的策略。这种策略的显著作用就是以最快的速度占领市场，达到最大的市场占有率。采用这种策略应具备如下 5 个条件：市场规模大；市场顾客并不了解该项新产品；大部分顾客对价格比较敏感；有强大的潜在竞争力量；随着生产规模的扩大和生产经验的积累，企业的单位生产成本会大幅度下降。

3. 选择性渗透策略。即以高价格和低促销努力相配合的策略。采取低促销努力的目的是为了降低推销费用，以便赚取较高利润，回收垫付资金。采取这种策略的市场环境必须是市场容量较小，竞争的潜在威胁不大，不需要抢占市场，市场上消费者对产品已有认识，亟待购买这种产品，解决有无问题。

4. 双低策略。是指以低价格和低促销努力推出新产品的策略。低价格将使市场迅速接受该产品；同时，又以低水平的促销成本来实现较多利润。采取这种策略的条件是：市场规模大；市场上该产品已有较高的知名度；市场对价格敏感；存在潜在竞争对手。

（二）产品成长期的营销策略

这一阶段是企业产品销售的黄金阶段，营销策略应突出一个“快”字，以便抓住市场机会，迅速扩大生产能力，以取得最大的经济效益。这一阶段的具体策略主要有以下几种：

1. 积极筹措和集中必要的人力、物力和财力，进行改进和完善生产能力和工艺工作，以迅速增加或扩大生产批量。

2. 在广告宣传上，从介绍产品转为树立本企业产品形象，以进一步提高企业产品在社会上的声誉，创立名牌。

3. 进一步开展市场细分，不断地改进和完善产品，满足目标市场的要求，并积极开拓新市场，创造新用户，以扩大销售。

4. 对高价产品，应在扩大生产批量的基础上，选择时机，降低产品价格，以防竞争者成功。

（三）产品成熟期的营销战略

产品进入成熟期后其销售量已达最高点，销售增长速度缓慢甚至徘徊不前，生产能力过剩，市场竞争加剧，利润率呈下降趋势。企业对进入成熟期的产品所应采取的基本策略，就是延长产品的寿命周期，使已处于停滞状态的销售增长率和已趋下降的利润率重新得到回升。可供选择的延长产品寿命周期的策略有三种，即市场改良策略、产品改良策略和市场营销组合改良策略。

1. 市场改良策略。所谓市场改良就是开发新市场，为产品寻求新顾客。市场改良的可能方式有四种：

（1）发展产品的新用途。这里所说的新用途是指并不改变产品的特性或功能而得到的，例如，美国杜邦公司生产的尼龙，20 世纪 40 年代初期只用于军事市场，生产降落伞、绳索等；第二次世界大战以后，尼龙产品迅速进入民用市场，企业生产尼龙袜、蚊帐、窗纱等日用品；60 年代以后又用来生产轮胎、地毯、包装物等工业用品，每一次开发新用途都使尼龙由成熟期转入新的成长期，生命延续至今不衰。

（2）开辟新地域市场。新市场是相对原市场而言，如果产品原有市场在本国、本省，则外省、外国就是新市场。国外工业发达国家的通常做法是把已经处于成熟期甚至衰退期的产品向发展中国家推进，提高产品销售量和利润率。

（3）重新树立产品形象，寻求新顾客。每种产品都有吸引顾客的潜力，因为有些顾客或是不知道这种产品，或是因某种特殊原因不想购买。这时，制造商可以利用市场渗透策略寻求顾客。如香水制造商说服那些不用香水的女士使用香水，说服男士使用香水。

（4）刺激现有顾客增加使用量，扩大产品市场。使目前使用某种品牌的消费者增加对该品牌的年使用量，也可以增加销售量，使成熟期延长。如火腿肠制造商在产品包装上印着该产品的多种食用方法——剥皮即食或切丝切片凉拌、烹炒、油炸、炖汤——使消费者了解这种产品的多种食用方法而增加使用量。

2. 产品改良策略。处于成熟期的产品，还可通过对产品做某种改进而吸引新的使用者，或者为现有使用者开辟新用途，而使趋于停滞的销售量获得回升。产品改良策略有四种可能方式：

（1）质量改良。是指提高产品质量，增进使用效果，如提高产品的耐久性、可靠性。

（2）特性改良。是指为提高产品的适用性、安全性或使用、操作上的简便而作出的改进。

(3) 形态改良。就是产品外形的改进。在家庭用品、包装食品方面，制造商经常用外形和色彩的变化或包装装潢的改进来扩大产品销售量。

(4) 扩大产品改良。就是向消费者提供优质服务、条件优惠、技术咨询、质量保证、消费指导等。

3. 市场营销组合改良策略。所谓市场营销组合改良就是对产品、定价、销售渠道、促销措施这 4 个影响销售量的市场因素加以改革，以刺激销售量的回升。常用的方法为降价、增加广告，改善销售渠道及提供更完善的售后服务等。

(四) 产品衰退期的营销策略

产品衰退期的具体策略有以下几种：

1. 维持或缩小策略。由于这一阶段中很多竞争者已经纷纷退出市场，而这种产品在市场上尚有一定的需求。因此，有条件的企业可适当地保留一部分生产。

2. 停止生产和经营衰退期产品。这种策略包括两种具体形式：一是立即停止，或者将产品所有权出卖或转让给其他企业；二是逐渐停产，逐步退出市场，使企业的资源有序地转向新的经营项目。

第三节　产品组合策略

产品生命周期理论说明了工业产品在市场上都有从成长至衰退的发展过程。因此，一个企业不应该只生产经营单一的产品，应该同时生产经营多种品种，同时使各种产品分别处于生命周期的不同阶段，使各种产品之间有一个最优化的组织结构，以避免风险，最有效地分配企业的有限资源，取得尽可能大的经济效益。

一　产品组合的有关概念

(一) 产品线 (或称产品系列)

产品线是指技术上和结构上密切相关，具有相同的使用功能、规格不同而满足同类需求的一组产品。一个企业所有产品线的数量称为产品线的宽度，产品线数量越多，产品线宽度就越大。每种产品线中不同规格产品的多少称为产品线的深度。各种产品线之间，在最终用途、生产条件、销售渠道或其他方面可以存在联系，也可以是互不关联，产品系列之间的关联程度称为关联度。如一个汽车制造厂制造轿车、卡车和大客车，分别有 3 种、5 种、7 种型号，那么这个厂的产品线有三条，即宽度为 3，轿车、卡车、大客车的深度分别为 3、5、7，这三条产品线关联程度很高。

（二）产品组合

它是指一个企业经营的全部产品线的组合方式。产品组合包括产品线的宽度、深度和关联度三个因素。这三个因素的不同构成了不同的产品组合。

企业的产品组合应该符合两个原则：有利于促进销售和增加企业的总利润。

产品组合的三个因素和两个原则有密切的关系。一般来说，拓宽产品线，有利于发挥企业的潜力，开拓新的市场；加深产品线，可以适合更多的特殊需要；加强产品系列的关联性，可以增强企业的市场地位，发挥和提高企业有关专业的能力。

二　产品组合策略

企业拓展产品系列宽度、加深其深度及其关联性都有可能促进销售、增加利润。但是，这种努力一般会受到以下三个条件的限制：（1）受企业所拥有的资源条件限制。一个企业所拥有的资源总是有限的，而且企业总有自己的特长和薄弱环节，因此，并不是经营任何产品都是可能的或者是有利的。（2）受市场需求限制，企业只能拓宽或加强具有良好成长机会的产品线。（3）受竞争条件限制，如果新增加的产品线将遇到强大的竞争对手，利润的不确定性很大，那么与其加宽产品线，倒不如加深原有产品线更为有利。因此。企业对其产品线宽度、深度和关联度的决策就有多种选择，从而形成多种产品组合方式。通常有如下几种类型可供选择：

（一）扩大产品组合策略

扩大产品组合策略包括拓展产品组合的宽度和加强产品组合的深度两方面的内容。开拓产品组合的宽度是指增加一个或几个产品线，加强产品组合的深度是指在现有产品线内增加新的产品。企业采取这种决策的主要动机是：（1）急欲得到更多利润。（2）满足其经销商增加一些品种以便增加销售额的需要。（3）利用平时过剩的生产能力，以提高经济效益。（4）企图成为产品的全面领导者。（5）防止给竞争者造成可乘之机。

（二）缩小产品组合策略

缩小产品组合策略是指缩小产品组合的宽度或缩减其深度，使之变为较窄的产品组合。一般在下列两种情况下企业才会采取该策略：（1）整条产品线或产品线中的某些产品获利甚微或无获利希望。（2）企业面临高度需求，但又没有足够的生产能力来生产某些行情看好的产品。

（三）产品线延伸策略

产品线延伸是企业把产品线延长，使其超出目前范围的一种形式。其目的可能在于：（1）开拓新的市场，增加顾客。（2）适应顾客需求的改变。（3）使本企业成为经营种类全面的企业，防范竞争者。产品线延伸有向下延伸、向上延伸和双向延伸三种形式。

1. 向下延伸。是指企业原来生产高档产品，后来决定增加低档产品。企业采取向下延伸决策的主要原因是：（1）企业发现其高档产品增长缓慢，因此不得不将其产品组合向下延伸。（2）企业的高档产品受到激烈的竞争，因此不得不用侵入低档产品市场的方式来反击竞争者。（3）企业当初进入高档产品市场是为了建立其质量形象，然后向下延伸。（4）补充企业的产品线空白。

企业采取向下延伸决策时，会遇到一些风险。主要表现是：（1）有可能损害企业的质量形象，为此企业可采取多品牌策略。（2）可能会刺激本来生产低档产品的企业进入高档产品市场，使竞争加剧。（3）企业的经销商可能不愿经营低档产品，因为经营低档产品利润较少。

2. 向上延伸。是指企业原来生产低档产品，后来决定增加高档产品。主要理由是：（1）高档产品畅销，销售增长较快，利润高。（2）企业估计高档产品市场上的竞争者较弱，易被击败。（3）企业想使自己成为生产种类全面的企业。

采取向上延伸决策也具有一定的风险，主要表现是：（1）可能引起生产高档产品的竞争者进入低档产品市场进行反攻。（2）顾客可能不相信企业能生产高档产品。（3）企业可能需要培训或物色新的销售人员。

3. 双向延伸。即原定位于中档产品市场的企业，掌握了市场优势后决定向产品线的上下两个方面延伸，一方面增加高档产品；另一方面增加低档产品，扩大市场阵容。

（四）产品线现代化策略

在某些情况下，虽然产品组合的宽度、深度都非常适应，但产品线的生产形式却已经过时，这时可对产品线实施现代化改造。产品线的现代化可采取两种方式实现：一是逐项更新；二是全面更新。采取何种方式企业可根据市场情况及本企业情况具体分析。

三 最佳产品组合

产品组合策略只能从原则上提供产品组合的基本形态。由于市场环境和竞争形势的不断变化，产品组合的每一个决定因素也必然会在变化的市场环境下发生变化：一部分产品获得较快的成长，并持续取得较高利润；另一部分产品则可能趋向衰退。因此，企业必须根据形势的变化，调整产品组合，在变动的形势中寻求和保持产品的最佳组合。如果不重视对产品组合的经常调整，不重视开发新产品和淘汰过时产品，则原有的良好产品组合将会逐渐出现不健全和不平衡的现象。因此，每一个企业都应经常分析本企业产品组合状况，判断各产品在市场上的生命力，评价其发展潜力和趋势，不断地对原有产品组合进行调整。

为保持产品组合的动态平衡，以求达到最佳产品组合。许多企业在实践中创造了不少有效方法，如波士顿矩阵法（见图 10－7）和三维分析图法。实践证明，这两种方法是非常有效的。

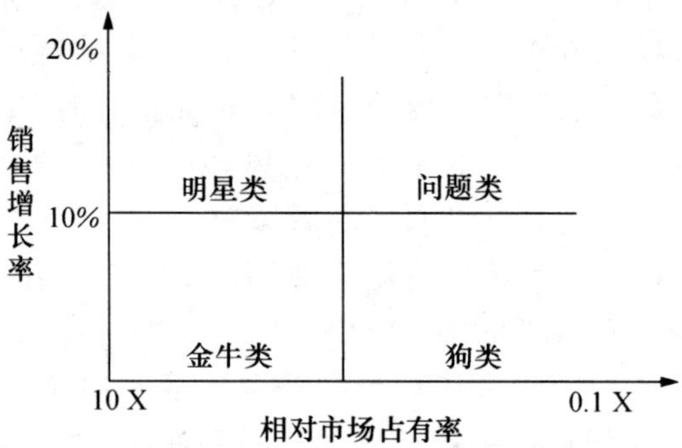

图 10－7 波士顿矩阵

（一）波士顿矩阵法

这是一种根据产品市场占有率和销售增长率对产品进行评价的方法，是由美国波士顿咨询公司提供的一种评价方法，如图 10－7 所示。图中的纵坐标表示销售增长率，以 10% 为分界线，分高低两部分。图中的横坐标表示产品的市场占有率与最大竞争对手市场占有率的比，称为相对市场占有率，以 1.0 为分界线，分高低两个部分。如果相对市场占有率为 0.2，则表示自己的市场份额为最大竞争对手的市场份额的 20%；相对市场占有率为 5，则表示自己的市场份额为最大竞争对手的市场份额的 5 倍。

根据图分析，可将所有产品分为四类：

1. 明星类。它是销售增长率和相对市场占有率都高的产品。对这类产品，企业需要大量投资，以扶植其迅速成长并击败竞争对手。但明星类的成长速度最终会逐步缓慢，变成金牛类。

2. 金牛类。它是销售增长率低、相对市场占有率高的产品，此类产品利润高，可为企业提供大量资金，对此企业应采取努力改造、维持现状和提高盈利的对策。

3. 问题类。它是销售增长率高、相对市场占有率低的产品。这类产品具有极高风险性，企业对此是大量投入使之转为明星类，还是精简合并以致淘汰，应慎重考虑，及时作出决策。

4. 狗类。它是销售增长率和相对市场占有率都低的产品。这类产品无利或微利，企业应果断有计划地淘汰，并作战略上的转移。

产品的位置不是一成不变的，而是随时间的推移而变化的。多数产品在初期都属问题类，如果经营成功，就会进入明星类，以后会逐渐进入金牛类，最后进入狗类。

（二）三维分析图法

此法是在三维空间坐标上，以 X、Y、Z 三个坐标轴分别表示市场占有率、销售增长率及利润率，每一个坐标轴又有高低两段。这样就能得到 8 种可能的位置，如图 10－8 所示。每一个位置代表三种因素的一种组合情况，分析企业经营的每一个产品各自在坐标空间上占有的位置，就可以看出产品在市场上所处的地位，就能有针对性地作出经营决策。

这种对产品项目加以分类并进行分析的方法，具有以下优点：（1）可以看出企业在新产品的开发上是否作出了足够努力。如果高成长率产品为数很少，说明在这方面的努力不够。（2）可以为企业提供应剔除的衰退产品的信息。由图 10－8 中处于第 8 号位置的产品数目就可获得这一信息。（3）为企业对每一种产品制定经营策略和目标提出了方向。（4）可以显示企业资源在每一个产品上的分配方向，如对于高成长率的产品，就该以较大投资支持其发展；对于低利润率、低成长率的产品则采取相反的策略。

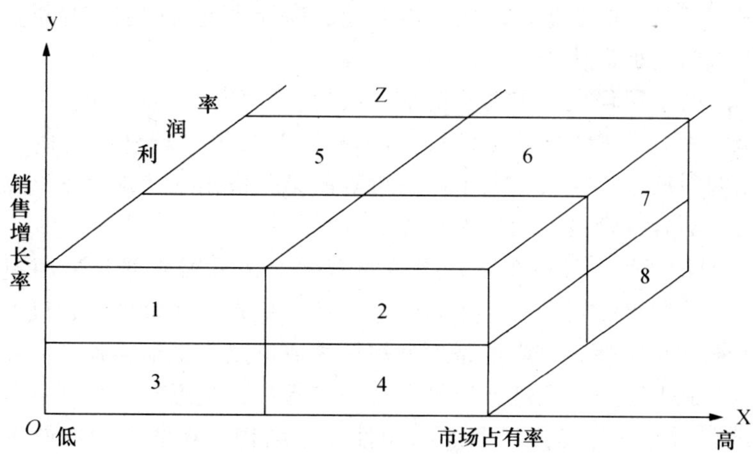

图 10－8　三维分析

如果企业大多数产品都处于 1、2、3、4 号位置，就可以认为已达到最佳产品组合。因为任何一个产品的利润率、增长率和市场占有率都有一个由低到高又转向低落的变化过程，不能要求所有产品都同时达到最佳状态，即使同时达到也是不能持久的。因此企业所追求的最佳产品组合，只能是在一定市场环境和企业自身条件情况下，以及在可以预测的变动范围内，能使企业获得最大的利润。这种产品组合包括：目前虽然不能获利，但具有良好发展前景的产品；目前已达到高盈利率、高增长率和高市场占有率的主要产品；目前虽然仍有较高利润率而销售增长率已趋于降低的维持性产品，已经决定逐步收缩其投资，做战略转移，最终要退出市场的产品。

第四节　新产品开发策略

一　开发新产品的必要性

（一）新产品的含义

新产品是一个很广泛的概念。所谓新产品，一般应具备以下三个条件：首先，和旧产品相比较，在产品结构、性能、材质、技术特征等某一方面或几方面有显著改进、提高或有独创。其次，具有先进性、实用性，能提高经济效益，有推广价值。最后，是在一个省级地区范围内第一次试制成功的产品。但从市场营销学的观点看来，所谓“新”是相对的，新发明创造的产品固然是新产品，而对市场上现有产品有所改进，采用了本企业的商标也是新产品，在企业现有产品系列中增加新的品种也认为是新产品，等等。

根据产品的新颖程度，市场营销学一般把新产品分为如下四类：

1. 全新产品。是指应用新原理、新结构、新技术、新材料制造的前所未有的产品。比如，汽车、飞机、电子计算机等的第一次出现，都属于全新产品。全新产品往往伴随着科学技术的重大突破而问世。

2. 换代型新产品。是指在原有产品的基础上，采用或部分采用新技术、新材料、新工艺研制出的新产品。比如，电子计算机自从面世以来，已经过多次换代，从电子管、晶体管、集成电路到大规模集成电路。更新换代产品相对于原有产品而言，性能上有一定改进，质量上有一定提高，它顺应时代发展的要求。

3. 改进型新产品。是指对旧产品的性能、结构、功能等加以改进，使其与老产品有比较明显的差别。与换代型新产品对比，改进型新产品受技术限制较小、成本较低，便于在市场上推广。如电视机有多画面的功能等。

4. 仿制型新产品。是指企业仿制市场上已有的新产品，有时在仿制时又可能局部改进或创新，但基本原理和结构是仿制的。

(二) 开发新产品的必要性

企业开发新产品的必要性表现在以下四个方面：

1. 新产品开发是企业生存与发展的要求。企业同产品一样也存在生命周期。如果企业不开发新产品，当产品走向衰退之时，企业也走到了生命周期的终点。因而，企业必须不断地开发新产品以弥补因老产品进入衰退期而导致的产品销售量的降低。只有这样，企业才能生存和发展。

2. 新产品开发是消费需求变化的要求。随着经济的快速发展，人们生活水平的不断提高，消费需求也发生了较大的变化，方便、健康、轻巧、快捷的产品越来越受到顾客青睐。消费结构的变化、消费选择的多样化，使顾客对产品的需求不仅仅是数量的膨胀，质量的提高，对花色品种亦提出了更高的要求。企业要满足广大人民群众不断增长的、日新月异的需求，就必须推陈出新，创新更多更好的新产品。

3. 新产品开发是提高企业竞争能力的保证。任何企业只有不断创新，开发新产品，争取在市场上占据领先地位，才能增强企业竞争能力，提高企业信誉，从而有利于保持既有市场和开辟新市场。

4. 新产品开发是科学技术发展的要求。科学技术的迅猛发展，导致许多高新技术产品的出现，加快了产品更新换代的速度。比如，光导纤维的出现，对通信的信息处理设备的更新换代起到了推波助澜的作用。科技的进步有利于企业淘汰老产品，创造新产品。企业只有不断地开发新产品，不断地用新的科学技术改造自己的产品，才能振兴与发展。

二 企业获取新产品的方式

在现代市场上，企业要得到新产品，并不意味着必须由企业独立完成新产品由创意到生产的全过程。除自己开发外，企业还可以通过购买专利、经营特许、联合经营，甚至直接购买现成的新产品来取得新产品的经营权。这些方式大致可分为获取现成新产品和自己开发两类。

(一) 获取现成新产品

这种方式有如下几种：

1. 联合经营。如果某一小企业开发出一种有吸引力的新产品，另一家大公司可以通过联合的方式共同经营该产品。这样，小企业可以借助大公司的雄厚资金和销售力量扩大产品的影响，提高自己的知名度；大公司则可以节省开发新产品的一切费用。

2. 购买专利。企业同有关科研部门、开发公司或别的企业购买某种新产品的专利权。这种方式可以节省时间，这在复杂多变的现代市场上极为重要。

3. 经营特许。某企业向别的企业购买某种产品的特许经营权。如世界各地的不少公司都争相购买美国可口可乐的特许经营权。

4. 引进先进技术设备。直接购入先进的生产技术和设备，利用其生产新产品。

5. 仿制。企业直接模仿制造市场上出现的新产品。

（二）自己开发

自己开发有以下两种基本形式：

1. 独立研制开发。企业完全依靠本身的技术力量进行产品开发的方式。凡是采用这种方式进行开发的新产品，大多数属于更新换代或全新产品。

2. 协约开发。雇用独立的研究开发机构或企业开发某种产品。此种方法可以克服企业技术力量不足的缺陷。

企业在选择获取新产品的方式时，一般要考虑许多因素。主要有：何者是取得新产品的最廉价方式？有能力制造这种新产品吗？有购置生产该种新产品所需设备的资金吗？保密性很重要吗？已经有人开发了这种产品吗？时间性强吗？

三　新产品开发程序

企业新产品的市场开发至关重要。瑞士资深教授勃立姆对企业的新产品成败原因的统计分析表明，对市场判断错误的占 30%，对技术发展判断错误的占 20%，对生产与制造费用估算错误的占 20%，而真正属于研制和制造失败的仅占 10%。所以许多企业日益重视新产品的开发工作。

新产品的市场开发程序，一般经过八个阶段，即构思产生、构思筛选、概念发展与测试、市场营销战略、商业分析、产品开发、市场测试和商品化阶段，各个阶段的要求、任务可归纳如表 10－2 所示。

在新产品的市场开发过程中，应特别注意以下问题：

1. 市场顾客的需要是产品构思和创意的主要来源，要重视创造性的产品构思方法的研究和应用。例如可以通过强行结合法将不同产品的用途列举出来，然后对其相关联系进行分析，实行特性结合，就可能产生新的产品概念。组合家具的出现就是这方面的典型。

2. 慎重筛选构思，不是简单的“择优而取”，还应当按照市场需求、经济实用和易生产的原则，使好的产品构思不致遗漏。

3. 周密市场测试和商业化工作。不是先做产品再想市场营销方案，而是在市场营销观念和市场营销规划基础上向市场推出产品。正因如此，管理学家彼得·德鲁克指出：“营销的目的就是使推销成为多余。”

表 10-2　新产品开发的要求及任务

阶段	要求与任务
构思产生	产品构思，并使之符合市场和企业的未来方向 新产品构思来源包括：顾客、科研人员、竞争者、职工、推销人员、高层管理人员 产品构思的艺术是创造性的。可采取多样的个人或群体技术 包括：属件列举法、多维分析法、问题求解法、强制关联法、头脑风暴法等
构思筛选	构思筛选的目的是尽早发现和放弃不良构思 构思筛选需确定一套审核标准 对保留下来的构思应按产品成功要素加权评定，以备选择
概念的发展与测试	产品概念是用有意义的消费者术语描述产品构思，有吸引力的产品构思需要发展成产品概念 产品概念应转换成品牌概念。应结合细分市场模拟研究 概念测试是用符号或实物形式来表示概念产品 一般需和目标消费者小组测试概念产品的竞争性效果
市场营销战略	为新产品引入市场而制订营销战略计划。它包括：目标市场的规模、结构、市场份额、利润目标；产品市场营销组合策略预算；产品长期市场目标和分阶段预算
商业分析	估算和审查销售量、成本和利润计划，确定实现企业目标程度，评价其商业吸引力
产品开发	产品概念通过商业测试，可移至研究开发部，使它发展成实体产品 产品实体原型必须通过严格的功能测试和消费者测试
市场测试	对产品功能测试结果满意后，要确定试行营销方案，并在可信的消费者环境中进行市场测试 市场测试是为了取得有价值的市场信息，便于将产品推向市场
商品化	企业产品的商品化是解决何时（时机）、何地（市场区域）、给谁（目标顾客）、用什么方法（如何引入市场）等问题 商品化过程中，消费者（尤其是创新消费者）、舆论领袖等，对产品的市场扩散有重要作用

第五节 包装策略

一 产品包装及装潢的作用

包装是产品的容器和外部的包扎；装潢是指对产品包装进行美化和装饰。对绝大多数产品来说，包装是产品运输、储存、销售和使用，并保护产品的质量不受损伤不可缺少的条件。现代包装及装潢的作用，有以下几个方面：

（一）保护产品

即保证产品在生产领域转移到消费者手中，直至产品被消费掉以前，使产品的使用价值不受外来影响，产品实体不致损坏、散落溢出和变质腐烂。对易碎、易燃、易蒸发的产品，完善的包装能保护其使用价值，精致的装潢及图案附着在包装上，更惹人喜爱，在装卸运输中倍加爱护、小心，起到保护产品的作用。

（二）增进销售

产品包装装潢具有识别和推销功能。产品经过包装装潢后，可与同类竞争品相区别。优良的包装装潢，都经精心设计与印制，精美完整，不易仿制、假冒、伪造，有利于保持企业信誉。在产品陈列中，包装起着“沉默的推销员”的作用。良好的包装装潢能引起消费者注意，激发购买欲望。在产品销售中，包装装潢是争取顾客的工具，包装装潢能兼收广告宣传效用，美化与提高产品品质，激发消费者的购买欲望，使消费者产生购买动机。从便利品和工业用品来说，著名的牌子品质也许不相上下，包装装潢便成为顾客选购时主要的考虑因素，有时由于改进包装装潢，能使一种旧产品给人以新印象。因此，包装装潢有利于产品上市，维持或扩大市场份额。产品包装化，可以保持产品清洁卫生，有利于实现产品规格化。定额包装装潢方便销售，有助于推广自动服务售货。

（三）增加利润

包装装潢美观，不仅可使好的产品与好的包装装潢相得益彰，而且能使产品卖上好价钱，且为顾客所乐意接受。另外，包装产品的存货管理也比较单纯和容易。由于包装装潢完善，可使产品损耗率降低，运输、储存、销售各环节的劳动效率提高，从而增加企业盈利。

（四）便于储存、携带和运输

产品包装装潢可以使产品形体规范美观，重量、体积合理，不仅便于搬运和携带，而且能充分利用运输设备和库房。

（五）美化产品，提高价值

好的产品，配上好的包装装潢，可以使产品身价倍增；反之则往往会损其身价，甚至出现“一等产品、二等包装、三等价格”的不良后果。

二 产品包装装潢策略

常见的产品包装装潢策略有如下几种：

（一）一致性包装装潢策略

又称类似包装装潢策略或称产品线包装策略，是指企业将其所生产的各种产品，在包装外形上采用相同的图案、近似的色彩、相似的外形、共同的特征，使消费者易于辨认或联想到是同一企业的产品，借以提高企业声誉。特别是在新产品上市时，能利用企业的信誉消除消费者对新产品的不信任感。同时，采用类似包装装潢策略，可节省包装设计成本。但是，这一策略宜应用于同一品质的产品，如品质相差过分悬殊，就会增加低档产品的包装费用，或对优质产品产生不良效果。

（二）等级包装装潢策略

它是将产品分成若干等级，对高档优质产品采用优质包装装潢，一般产品采用普通包装装潢，使包装产品的价值和质量相称，表里一致，方便不同消费者选购。

（三）一揽子包装装潢策略

又称配套包装策略，是指将数种有关联的产品组合在一起包装、一起出售，以便于消费者购买，也有利于新产品推销。如节日礼品、化妆品等。这样，将新产品与其他旧产品放在一起，使消费者在不知不觉中接受新观念，习惯于新产品的使用。

（四）再使用包装装潢策略

又称双重用途包装策略，即将原包装的产品使用完后，包装物可将包装转作他用。例如，印有游览图、服装式样的包装纸可以保存和利用，空罐、空盒、空瓶等可改装其他物品，或将杯状玻璃容器用作玻璃杯。此种包装装潢策略一方面使消费者产生好感，往往为得到一个漂亮的包装而产生购买产品的欲望；另一方面，使刻有商标的容器起到了广告的作用，引起重复购买。在儿童影响力较大的市场，这一策略效果尤为显著，附赠品包装方式甚多，如在包装盒附有连环画、彩色人物照片、集字图，以及赠品券、奖券等。

（五）变换包装装潢策略

就是在不改善产品质量的前提下，通过改变包装装潢来促进产品销售，有时会起到同改进产品质量相同的效果。特别是老产品，若其包装已使用多年，就应该推陈出新，变换包装。同时，在产品市场寿命周期的不同阶段，也应更换不同的包装式样，才有利于达到扩大产品销售的目的。

三 产品包装装潢的基本要求

产品包装装潢按其在流通过程中作用的不同，可以分为运输包装和销售两种。运输包装的作用，主要在于保护产品品质安全和数量完整。运输包装又分外装和内装两种。外装包于产品的外部，如箱装、袋装、桶装等；内装专用于装箱货物，防止水分、湿气和日光的侵入，并防止箱内物品因互相摩擦而破坏。销售包装又称小包装，它随同产品进入零售环节和消费者直接见面。实际上是零售包装。因此，销售包装除要求符合保护产品的条件外，更重要的是具备适用于销售的各项条件。在造型结构、装潢画面和文字说明等方面都有较高的要求。选用销售包装时，要求遵循以下原则：

（一）保护产品原则

选用包装首先要考虑能保证产品质量、保持产品数量、保质保量、包装材料及其构造必须适合产品的物理、化学、生物性能，保证产品不损坏、不变质、不变形、不渗漏等。

（二）便于使用原则

为方便顾客和满足消费者的不同需要，包装的容量和形式应当多种多样。如包装的大小要适当，便于携带和使用，在保证包装封口严密的条件下，要求容易打开。为适应消费者的不同需要，可以采用单件包装、多件包装和配套包装。

（三）便于运输、保管与陈列原则

销售包装一般要排列组合成运输包装，才能满足运输和储存的需要。因此，销售包装的造型结构应满足运输包装要求，以便于从事运输和储存。在保护产品安全的前提下，应尽可能缩小销售包装的体积，以节省包装材料和运输、储存费用。产品零售前，一般都陈列在货架上，成千上万的产品，通过堆叠、排列、悬挂、摆放等方式，构成一个琳琅满目的产品海洋。因此，销售包装的造型结构，既要便于陈列摆设，又要便于消费者识别和选购，如采用明包装和开窗包装等。

（四）美观大方原则

产品包装的好坏，既反映出一个国家生产水平的高低，也是文化艺术、科学文明的一种标志。销售包装具有美化产品、宣传产品的作用。要使顾客看了后有美的感受，有艺术吸引力。某些精巧美观的双重用途包装，不仅能提高产品的身价，具有宣传产品的作用，而且包装本身也可做装饰品，供室内陈设和观赏。特别是礼品包装，要求外形新颖、大方、美观，具有较强的艺术性，以增加产品和包装的名贵感。因此，根据不同产品的属性与档次，应采用既实用又美观的包

装，以扩大销售。

（五）维持社会利益原则

产品包装，在一定程度上反映了生产者和设计者的思想。搞好产品包装，有建设精神文明的内容。包装设计和使用，应注意维护消费者的利益，增进社会福利，防止不必要的过高的包装成本，努力减轻消费者的负担，节约社会资源。对有害的包装物应禁止使用，对易造成污染者应限制或取缔。

四 产品标签及其内容

标签是指附着或悬挂在产品上和产品包装上的文字、图形、雕刻及印制的说明。为了限制冒名顶替，防止欺蒙顾客，把包装内产品的数量如实地告诉消费者，便于消费者借以进行价值的比较，作出最佳选择。许多国家制定了产品标志条例，规定产品标签应记载某些指定的项目。产品标签的内容包括：制造者或销售者的名称和地址；产品名称；商标；成分；品质特点；包装内数量；使用方法及用量、编号；储藏应注意事项等。

【案例】

动感地带——我的地盘我做主

2001 年 11 月 21 日，广东移动公司在广州和深圳两地举行品牌推介会，正式推出了精心打造的“动感地带”品牌。在此之前，他们专门成立了一个项目团队，揣摩目标用户群的心理创造了一个卡通人物——酷酷的、刺猬头、带着一脸坏笑的 M 仔——作为品牌代言人。这个最潦草的品牌包装最终成为了“动感地带”走向全国的有力参照，因为广东移动做得很成功。只是广东移动没有想到的是，自己一个一不小心的试点，居然给中国移动平添了一个支撑未来的战略核心业务。

2002 年 3 月，中国移动再一次在竞争中显示了自己的领先地位，在针对用户市场进行科学细分的基础上将发端于深圳、广州等地的“动感地带”推向全国，抢先将低端用户中最有潜力和价值的大中学生及时尚青年网罗在自己的旗下，斥巨资邀请周杰伦作为其形象代言人，在全国范围内进行了立体式媒体轰炸。很快，无论是电视、报纸还是户外广告，处处可见“我的地盘我做主”的激情宣言。

在短短的15个月内，经中国移动重新包装的“动感地带”，就获得了2000万“激情的用户”，也就是说，平均每3秒钟，就会有一个“动感地带”新用户诞生。据中国移动2003年年末的不完全统计，中国移动启用“动感地带”品牌比未启用“动感地带”品牌短信流量增长超过63%；点对点短信业务收入增长超过30%；短信增值业务收入增长超过45%。

这个增长不过是“动感地带”用户人群1000万时的收益，在2004年整个数据业务全速推进的产业背景下，中国移动在移动通信领域的一股独大，以最新的财报显示来看，显然已撇去了移动增值服务领域最丰厚的一块油脂。中国移动能够最先涉足并攫取移动增值服务领域里的第一桶金，“动感地带”绝对是功不可没。

品牌的战略决策：中国移动将“动感地带”的目标人群定位为年轻人群。虽然目标人群喜欢追新求异，见异思迁，忠诚度不高，并且由于没有收入来源，购买力也有限，但从长远来看，随着经济的发展，移动通信需求的增加，以及父母给子女“零花钱”的递增，使得年轻人群正成为了一支不可小觑的消费力量，并且恰恰是这部分人群喜欢追新求异，才会让他们勇于尝试新业务。更重要的是，年轻人群是未来主力消费的生力军，在长期潜移默化的熏陶中培养他们对中国移动的品牌情感，对中国移动的长期发展也是大有裨益。

通过反复的试点和调研，中国移动终于作出了自己的品牌战略抉择：将“动感地带”作为与全球通和神州行并行的第三大子品牌，以全球通为利润品牌，神州行为大路品牌，动感地带为狙击和种子品牌。其深度原因就是：电信业竞争不仅激烈，而且可谓“惨烈”。这两年，行业的“独裁者”中国移动明显感觉到了竞争者扑面而来的威胁。中国电信、中国网通的小灵通对低端市场猛烈的冲击，中国联通从技术和价格双向的、高中低端的全面挑战，让中国移动举步维艰。

中国移动推出的“动感地带”产品，可以用低价的优势笼络消费低端的人群，给竞争者釜底抽薪式的打击，同时，作为一个未来的战略业务增长点，“动感地带”弥补了中国移动品牌架构的空缺，为高端品牌全球通打通坚实的客户基础，中国移动的“动感地带”也将不断健全完善，预计到未来3—4年，这种不断积累下来的顾客忠诚度就会升级成为“年轻群体”和“中国移动”之间一种主客方的依存。促使全球通由“明星业务”快速向“金牛业务”转型。

在品牌核心价值与品牌定位已经确定的条件下，品牌的各类目标消费群都已经清晰化和精确化，下一步就是塑造相应的品牌性格，以实现品牌与消费者的对话。所谓品牌性格就是将品牌进行人格化，塑造出鲜活的具有人的性格特征的品牌形象。它代表特定的生活方式、价值观念与消费观念，当塑造出来的品牌性格符合目标消费群心理对这个品牌的一些预期、一些感情上的要求，甚至能够符合消费对象本身的个人生活形态的时候，品牌就能够建立起与目标消费群的长期友谊。

"动感地带"为年轻人营造了一个个性化、充满创新和趣味性的家园。它代表一种新的流行文化，用不断更新变化的信息服务和更加灵活多变的沟通方式来演绎移动通信领域的"新文化运动"；用创新的手段拓展了通信业务的外延，将无线通信和时尚生活融为一体，将引领令人耳目一新的消费潮流。

看"动感地带"的后现代广告，听"我的地盘，听我的"这句口号，再加上周杰伦的代言形象，总能给人一种很强烈的视觉、听觉以及思想上的冲击。这种冲击便是"动感地带"的鲜明的品牌个性的体现。足以和"全球通"的高贵、领导个性以及"神州行"的大众个性区别开来。

"动感地带"品牌属性包括品牌的名称、LOGO等视觉化的标志。"动感地带"的品牌名称是"M-ZONE"，LOGO是动感地带和M-ZONE的合成体，主色是充满年轻朝气和活力的橙色。品牌个性好比一个人的言行举止，"动感地带"的品牌个性定位是：时尚、好玩、探索，补充描述是：创新、个性、归属感。"动感地带"的文化定位是年轻人的通信自治区，社区文化倡导流行、前卫、另类、新潮。"动感地带"品牌核心人群的DNA描述是：年龄在15—25岁以上，追求时尚，崇尚个性，乐于接受新事物，容易相互影响，尝试新事物，有成长性，是未来高端客户的生力军。

"动感地带"的推出是市场细分的产物，标志着中国移动进入了品牌延伸以及对话音、数据业务进行整合的阶段。对"动感地带"这一品牌的清晰规划，一方面将有利于贴近不同用户群体的需求重点，刺激用户消费，提升品牌忠诚度；另一方面也有利于根据不同的目标市场的异质化需求进行产品开发。

"动感地带"定位的高明之处在于，不是以产品的特性而是以客户的特性细分了市场，区别了国内许多行业细分市场以产品的特性为标准的市场定位。[资料来源：上海财经大学市场营销学课程教学案例（http://course.shufe.edu.cn/course/marketing/allanli/donggan.htm）]

问题讨论

1. 你认为动感地带的成功应该解决哪些问题？

2. 动感地带取得巨大成功的产品因素具体有哪些？对我们企业新产品开发有什么启示？

【本章小结】

产品有狭义和广义两种概念，它分为核心产品、形式产品和扩大产品三个层次，它们是不可分割、密切相连的。

产品组合是指一个企业生产经营的所有产品线和产品品种的组合方式。其分析评估方法主要有波士顿矩阵法和三维分析法。产品组合策略包括：扩大产品组合策略；缩小产品组合策略；产品线延伸策略；产品线现代化策略。

新产品的市场开发程序，一般经过八个阶段，即构思产生、构思筛选、概念发展与测试、市场营销战略、商业分析、产品开发、市场测试和商品化阶段。

产品包装装潢策略有如下几种：一致性包装装潢策略；等级包装装潢策略；一揽子包装装潢策略；再使用包装装潢策略；变换包装装潢策略。

【思考与练习题】

1. 产品整体概念对企业营销有何意义？
2. 产品生命周期各阶段有何特点？
3. 导入期与成熟期的市场策略？
4. 开发新产品应遵循哪些基本程序？
5. 产品组合的宽度、长度、深度与关联度？
6. 产品包装有何作用？产品包装策略有哪几种？

第十一章　价格策略

【学习目的】 通过学习本章内容，应该掌握：

1. 价格的定义
2. 不同类型的定价目标
3. 成本导向、需求导向和竞争导向定价的区别
4. 各种基本的定价方法和定价技巧
5. 价格适应和调整的方法

【开篇故事】凯特比勒公司拖拉机的价格

美国凯特比勒公司是一家生产和销售大型机械和拖拉机的公司。它的定价方法十分奇特。市场上的大型拖拉机的价格多为2万美元，然而该公司的同类产品却卖2.4万美元，虽然高出4000美元，销量却更多。

该公司是这样通过各种宣传手段向顾客说明原因的：

1. 20000美元，是与竞争者同一型号的机器的价格。
2. 3000美元，是为产品更耐用多付的溢价。
3. 2000美元，是为产品可靠性更高多付的溢价。
4. 2000美元，是为公司服务（如维修服务）更佳多付的溢价。
5. 1000美元，是为保修期更长多付的溢价。
6. 28000美元，包括一揽子价值的产品价格。

7. 4000 美元，给客户的折扣。

8. 24000 美元，最终的价格。

这样，凯特比勒公司的经销商就能向顾客解释为什么凯特比勒的拖拉机比竞争者贵了。顾客从中认识到，虽然他被要求多付 4000 美元的溢价，但事实上他得到了 4000 美元的折扣。

第一节 价格概述

价格是市场营销诸要素中唯一为经营者提供收益的因素，其他因素都代表着成本；同时价格又是市场竞争的一种重要手段。定价是否恰当，将直接关系产品的销售量和企业的利润额。因此，如何为产品制定适当的价格，使之既能为购买者乐意接受，又能为经营者带来更多的利润，已成为市场营销策略的重要方面。

如何为产品定价是一个极其复杂又十分敏感的问题，涉及许多影响因素以及这些因素之间错综复杂的关系。为此，需要首先了解价格，并作为制定价格策略的理论基础。

一 价格定义

对价格的理解有狭义与广义之分。从狭义来说，“价格的简单意义就是指每种商品具体单位的货币价值”[①]。如某种商品每公斤 10 元。但从广义来说，价格是指交换过程中所需支付的一切代价条件。因此，广义的价格已不是简单的商品对货币的比例，而是包括一切直接的和间接的、现期的和未来的代价。正因为如此，沃森和霍尔曼认为：“价格更广泛的意义是指获得商品所需的条件。获得更加昂贵的耐用消费品的条件不仅包括标价，还有诸如此类的问题：分期付款的第一次付款额，以旧货换新货的折价，信贷费用和贷款期限等。”[②] 对价格的上述广义的和灵活的理解，是经营者构造价格策略的基点。

二 影响企业定价的因素

价格作为营销组合中最活跃的因素，受多方面的影响，这些因素主要包括成

---

① D. S. 沃森、M. A. 霍尔曼：《价格理论及其应用》，中国财政经济出版社 1983 年版，第 17 页。

② 同上书，第 18 页。

本、市场需求、竞争状况、消费者心理及政策法规等。

产品价值是产品价格的基础，在现实的市场营销活动中，除了产品成本、市场供求、竞争状况以外，市场营销组合中的其他变数：产品策略、渠道策略、促销策略，以及政府的经济政策，企业本身的生产能力、财务能力等都会对企业的定价策略产生不同程度的影响。因此，必须在产品价值的基础上，认真研究影响价格的各方面因素，才能定出保证营销目标实现的合理价格。

第二节 企业的定价目标

企业在定价前必须先确定定价目标。定价目标以企业营销目标为基础，是企业选择定价方法和制定价格策略的依据。因为定价目标是为企业营销目标服务的，所以，与实现营销目标可以通过多种途径一样，企业的定价目标也有多种。

一 以获取利润为定价目标

价格高于成本，获取经营利润是任何企业开展经营活动的基本目标。而能否获取期望利润则在很大程度上取决于销售价格的制定。所以，获取适当利润便成为最常见的定价目标。根据企业对利润的期望水平不同，利润定价目标又可分为适当利润定价（或称目标利润定价）和最大利润定价。

适当利润定价就是企业对某一产品和服务的定价足以保证其达到一个既定的目标利润额或目标利润率。采用这种定价目标的企业，一般是根据投资额规定利润率，然后计算出单位产品的利润额，把它加在产品的成本上，就成为该产品的出售价格。采用这种定价目标，必须注意两个问题。（1）要确定合理的利润率。一般来说，预期的利润率应该高于银行的存款利息率，但又不能太高，太高了所定的价格消费者不能接受。（2）采用这种定价目标必须具备一定条件。即自己的产品是畅销产品，不怕竞争对手竞争。否则，产品卖不出去，预期的投资利润就不能实现。

最大利润定价就是企业期望通过制定较高的价格，从而迅速获取最大利润的定价目标。采用这种定价目标的企业，其产品多处于绝对有利的地位。例如，企业新产品上市时，希望快速收回投资，获取高额利润，并取得同竞争者展开价格竞争的有利条件，而采用这种目标定价。当然，最大利润定价也包括企业的产品和服务在某一特定情况下无法迅速回收投资，而此时的最大利润即表现为高于变动成本的最大边际收益。

利润目标又分为短期利润目标和长期利润目标两种。在当时市场竞争不是十分激烈，而市场需求尚未能得到较好满足的情况下，较高的价格水平可能有助于企业短期利润目标的实现。但较高的价格水平和盈利水平也可能迅速引至大量的竞争者，从而使企业在未来面临十分严峻的竞争局面，不利于企业的长期利润目标。因此，即使是以获取最大利润为定价目标，其价格的高低也应是适当的。企业应该着眼于长期利润目标，兼顾短期利润目标。因为从长期观点看，企业追求最大利润就会使其不断提高技术水平，改善经营管理，以求在竞争中取胜，这对企业、对社会、对消费者都是有利的。而企业如果只顾眼前利益，甚至不择手段地追求最高利润使企业信誉受损而不能发展，最终可能连短期利润也难以实现，即使侥幸能够实现，也会因为企业不牢固的基础而使整个经营失利。

二 以扩大销售为定价目标

有时企业会将定价的目标主要着眼于产品销售量的扩大。如在新产品刚进入市场的阶段，只有迅速扩大销售才可能形成规模效应，导致产品成本的下降。所以企业不宜将利润目标定得太高，而应通过市场能够接受的价格迅速打开市场。

此外，在产品的成熟期乃至衰退期，为了要迅速地出清存货，进行产品结构的变换，有时也会以能促进销售的价格策略来吸引广大消费者。

三 以市场占有率为定价目标

即企业从占领市场的角度来制定商品的定价目标。市场占有率的高低，对于价格的高低有很大影响。市场占有率包括绝对占有率和相对占有率，是反映企业市场地位的重要指标，影响到企业的市场形象和盈利能力。与同类企业或产品比较，市场占有率高，表明在竞争过程中，企业拥有一定优势，意味着企业生产和销售的规模大，即便在单位利润水平不高的情况下，企业仍具有较强的盈利能力；反之，市场占有率很低，则可能意味着企业没有明显优势，甚至可能处于十分危险的地位。即便单位利润水平很高，但在生产经营量有限的情况下，盈利能力仍是有限的。因此，许多企业经常采用价格手段，力图维持或扩大其市场占有率。在现有生产量和销售量基础上，仍具有较大的扩张潜力，成本也有一定的下降空间，而产品的价格需求弹性又较高的企业，更是经常采用降价手段，扩大自身的市场占有率。

但是，在采用这一定价目标时也必须慎重考虑，量力而行。因为运用低价策略扩大市场占有率，必然会使需求量急剧增加。为此，企业必须有充足的商品供应，否则，由于供不应求而造成潜在的竞争者乘虚而入，这反而会损害企业的利益。

四 以改善形象为定价目标

即把价格作为确定企业特定形象的表现手段的定价目标。

价格是消费者据以判断企业行为及其产品的一个重要因素。一个企业的定价与其向消费者所提供服务的价值比例协调，企业在消费者心目中就较容易树立诚实可信的形象；反之，企业定价以单纯的获利，甚至以获取暴利为动机，质价不符，或是质次价高，企业就难以树立良好的形象。比如，与产品策略等相配合，适当的定价也可以起到确立强化企业形象特征的作用。为优质高档商品制定高价，有助于确立高档产品形象，吸引特定目标市场的顾客；适当地运用低价或折扣价则能帮助企业树立“平民企业”、以普通大众作为其服务目标对象的企业形象。又比如，激烈的价格竞争常常使企业之间“两败俱伤”，从短期看可能会给消费者带来一定好处，但是，破坏了市场供求正常格局，从长期看终究会给消费者带来伤害。在这样的情况下，如果有企业为稳定市场价格作出努力并取得成效的话，就会在社会上确立其在行业中举足轻重的领导者地位。

五　以应对竞争为定价目标

即企业通过服从竞争需要来制定价格的定价目标。

一般来说，企业对竞争者的行为都十分敏感，尤其是对方的价格策略。事实上，在市场竞争日趋激烈的形势下，企业在定价前都会仔细研究竞争对手的产品和价格情况，然后有意识地通过自己的定价目标去对付竞争对手。根据企业的不同条件，一般有下面四种情况：（1）力量较弱的企业，可采用与竞争者的价格相同或略低于竞争者价格出售产品的方法。（2）力量较强的企业，又要扩大市场占有率时，可采用低于竞争者价格出售产品的方法。（3）资力雄厚，并拥有特殊技术或产品品质优良或能为消费者提供较多服务的企业，可采用高于竞争者价格出售产品方法。（4）为了防止别人加入同类产品竞争行列的企业，在一定条件下，往往采用一开始就把价格定得很低的方法，从而迫使弱小企业退出市场或阻止对手进入市场。

在实际工作中，以上几种定价目标有的单独使用，有时也会配合使用。定价目标是企业定的，当然也要由企业灵活运用。

第三节　企业定价的基本方法

实际工作中，企业的定价方法很多，一般来说，定价方法的具体运用不受定价目标的直接制约。不同企业、不同市场竞争能力的企业以及不同营销环境中的企业所采用的定价方法是不同的，就是在同一类定价方法中，不同企业选择的价格计算方法也会有所不同。因此，从价格制定的不同依据出发，可以把定价方法分为三大类。

在影响定价的几种因素中，成本因素、需求因素与竞争因素是影响价格制定与变动的最主要因素。企业通过考虑这三种因素的一个或几个来定价，但是，在实际工作中，企业通常根据实际情况侧重于考虑某一方面的因素并据此选择定价方法，此后再参考其他方面因素的影响对制定出来的价格进行适当的调整。因此，企业的定价导向可以划分为成本导向、需求导向和竞争导向三大基本类型。

一 成本导向定价

所谓成本导向定价，就是企业以成本费用为依据来制定价格，主要包括成本加成定价法和目标利润定价法两种具体方式。

（一）成本加成定价法

成本加成定价法即根据单位成本与一定的加成率来确定产品的单位价格，具体有如下两种方式：

1. 以成本为基础的加成。即企业在产品的单位总成本（包括单位变动成本和平均分摊的固定成本）上加一定比例的利润（即加成）来制定产品的单位销售价格。其计算公式是：

单位产品价格 = 单位成本 ×（1 + 成本加成率）

2. 以售价为基础的加成。有的企业（如零售商）往往以销售额中的预计利润率为加成率来定价。由此可以看到，成本加成定价法的关键是加成率的确定。在这方面，企业一般是根据某一行业或某种产品已经形成的传统习惯来确定加成率。不过，不同的商品、不同的行业、不同的市场、不同的时间、不同的地点加成率是不同的，甚至同一行业中不同的企业也会有不同的加成率。一般来说，加成率应与单位产品成本成反比；加成率应和资金周转率成反比；加成率应与需求价格弹性成反比（需求价格弹性不变时，加成率也应保持相对稳定）；零售商使用自己品牌的加成率应高于使用制造商品牌的加成率。

（二）目标利润定价法

目标利润定价法也称为目标收益定价法、投资报酬定价法，这是制造企业普遍采用的一种定价方法。该方法的操作过程是企业在单位总成本、预计销售量等指标的基础上，考虑企业的投资所能获得的投资报酬率来制定价格。

成本导向定价法曾一度为多数企业所推崇，因为它简单易行。但是，这种定价导向存在很明显的缺陷。在大多数行业中，要在产品价格确定之前确定产品单位成本是不可能的，这是因为单位成本随产品的销量而变化。为了解决确定单位成本的问题，成本导向的定价者，只能假设产品价格不影响销售数量，销售量也不影响成本，这显然与实际情况相违背。成本导向定价往往容易导致在市场疲软时定价过高，在市场景气时定价过低。

从国际上看，近年来，定价的特点有了相当大的变化。除了极少数企业外，大都放弃了单纯的成本导向定价法，而转变为需求导向定价法和竞争导向定价法，基于竞争和消费者心理的定价策略越来越受到重视。

二　需求导向定价

现代市场营销观念要求，企业的一切生产经营必须以消费者需求为中心，并在产品、价格、分销和促销等方面予以充分体现。只考虑产品成本，而不考虑竞争状况及顾客需求的定价，不符合现代营销观念。根据市场需求状况和消费者对产品的感觉差异来确定价格的方法叫做需求导向定价法，又称"市场导向定价法"、"顾客导向定价法"，主要包括认知价值定价法、反向定价法、需求差异定价法、价值定价法、集团定价法等。

（一）认知价值定价法

认知价值（perceived value）定价法是指企业依据消费者对商品价值的理解，而不是依据企业的成本费用水平来定价，通过运用各种营销策略和手段，在消费者心目中建立并加强认知。认知价值定价法的关键和难点，是获得消费者对有关商品价值认知的准确资料。企业如果过高估计消费者的认知价值，其价格就可能过高，难以达到应有的销量；反之，若企业低估了消费者的认知价值，其定价就可能低于应有水平，使企业收入减少。因此，企业必须通过广泛的市场调研，了解消费者的需求偏好，根据产品的性能、用途、质量、品牌、服务等要素，判定消费者对商品的认知价值，然后据此来定价。认知价值定价法的关键在于提供并向潜在顾客展示比竞争者更高的价值。

（二）反向定价法

反向定价法主要不是考虑产品成本，而是重点考虑需求状况，依据消费者能够接受的最终销售价格，反向推算出中间商的批发价和生产企业的出厂价格。反向定价法被分销渠道中的批发商和零售商广泛采用。其特点是：价格能反映市场需求情况，有利于加强与中间商的良好关系，保证中间商的正常利润，使产品迅速向市场渗透，并可根据市场供求情况及竞争状况及时调整，定价比较灵活。

（三）价值定价法

目前，顾客都希望从购买的商品中获取高价值，所以，采用以低价出售高质量供应品的价值定价法在某种程度上可获得顾客忠诚，其主要的表现形式就是天天低价（everyday low pricing，EDLP）定价法，被许多零售商采用。在零售市场上与天天低价法对立的高/低定价法也被广泛采用。在高/低定价法（highorlow pricing strategy）中，零售商制定的价格会高于其竞争者的天天低价，但使用广告进行经常性的降价促销。在降价过程中常常出现一种“仅此一天，过期不候”的氛围，从而导致购买者人头攒动，大大刺激了消费。过去，零售商仅仅在季末降价销售时尚商品，杂货店和药店也只有在供货方提供优惠价格或存货过多时才会降价销售。现在，许多零售商对日益加剧的市场竞争和顾客对价值的关注做出反应，采用经常降价的方式进行促销。杂货店和药店的供货方也通过增加“处理期”（deal periods）获得更高收益，在“处理期”内，制造商则对零售商购买的商品提供特惠价格。

当然，零售商也可交替使用两种定价方法。在美国，较早实行天天低价的零售商（如沃尔玛）现在也开始进行经常性的促销活动，而主要使用高/低定价法的零售商则为努力稳定其价格而使用天天低价法。

（四）集团定价法

为了给顾客以更多的实惠，不少企业制定了一系列团购价，尤其是对一些金额较大的商品如小汽车，顾客自发组织起来以团购价购买，可以大大降低购买价格。互联网的兴起更加便利了这种方式，毫不相识的顾客通过互联网，可以加入企业已有购买意向的顾客当中，当购买量达到一定标准后，顾客便可以理想的价格进行购买。当然这种方式对顾客的耐性是一种挑战，因为有些顾客可能等不到集团价格实行的时候就退出了。

三　竞争导向定价

竞争导向定价是指在激烈的竞争性市场上，企业通过研究竞争对手的生产条件、服务状况、价格水平等因素，依据自身的竞争实力，参考成本和供求状况来确定商品的价格。其特点是：价格的制定以竞争者的价格为依据，与企业自身商品的成本及市场需求状况不发生直接关系。竞争导向定价主要包括：

（一）通行价格定价法

通行价格定价法（going - rate pricing）也称随行就市定价法、流行水准定价法，是指企业按照行业的现行平均价格水平来定价，利用这样的价格来获得平均报酬。在企业难以估算成本、打算与同行业竞争对手和平共处、另行定价时很难估计购买者和竞争者对本企业价格的反应、经营的是同质产品、产品供需基本平衡时，采用这种定价方法比较稳妥。这样定价易于被消费者接受，可以避免激烈竞争特别是价格竞争带来的损失，同时可以保证适度的盈利。另外，由于企业不必去全面了解消费者对不同价差的反应，可为营销、定价人员节约很多时间。

通行价格定价法，最重要的就是确定目前的“行市”。在实践中，“行市”的形成有两种途径：第一种途径是在完全竞争的环境里，各个企业都无权决定价格，通过对市场的无数次试探，相互之间取得一种默契而将价格保持在一定的水准上。第二种途径是在垄断竞争的市场条件下，某一部门或行业的少数几个大企业首先定价，其他企业参考定价或追随定价。

（二）封闭式投标拍卖定价法

许多大宗商品、原材料、成套设备和建筑工程项目最终的买卖和承包价格就是通过此方法确定的。其具体操作方法是首先由采购方通过刊登广告或发出函件说明拟采购商品的品种、规格、数量等具体要求，邀请供应商在规定的期限内投标。供应商如果想做这笔生意就要投标，即在规定的期限内填写标单，填明可供应商品的名称、品种、规格、价格、数量、交货日期等，密封送给招标人（采购方）。采购方在规定的日期内开标，选择报价最合理的、最有利的供应商成交并签订采购合同。一般来说，招标方只有一个，处于相对垄断地位，而投标方有多个，处于相互竞争地位，因此，最后的价格是供应商根据对竞争者报价的估计制定的，而不是按照供应商自己的成本费用或市场需求来制定的。

第四节　价格策略

制定价格不仅是一门科学，而且需有一套策略和技巧。定价方法着重于确定产品的基础价格，定价技巧则着重于根据市场的具体情况，从定价目标出发，运用价格手段，使其适应市场的不同情况，实现企业的营销目标。

一　新产品价格策略

企业新产品能否在市场上站住脚，并给企业带来预期效益，定价因素起着十分重要的作用，因此必须研究新产品的价格策略。

（一）撇脂价格策略

这是一种高价格策略，即在新产品上市初始，价格定得高，以便在较短时间内获得最大利润。这种价格策略因与从牛奶中撇取油脂相似而得名，由此制定的价格称为撇脂价格。

撇脂价格策略不仅能在短期内取得较大利润，而且可以在竞争加剧时采取降价手段，这样，既可以限制竞争者的加入，也符合消费者对待价格由高到低的心理。但是，使用此法由于价格大大高于产品价值，当新产品尚未在消费者心目中建立声誉时，不利于打开市场，有时甚至无人问津。同时，如果高价投放形成旺销，很易引起众多竞争者涌入，从而造成价格急降，使经营者好景不长而被迫停产。

作为一种短期的价格策略，撇脂价格策略适用于具有独特的技术、不易仿制、有专利保护、生产能力不太可能迅速扩大等特点的新产品，同时市场上要存在高消费或时尚性需求。

（二）渗透价格策略

这是一种低价格策略，即在新产品投入市场时，以较低的价格吸引消费者，从而很快打开市场。这种价格策略就像倒入泥土的水一样，从缝隙里很快渗透到底，由此而制定的价格叫渗透价格。

渗透价格策略由于价格较低，一方面能迅速打开产品销路，扩大销售量，从多销中增加利润；另一方面能阻止竞争对手介入，有利于控制市场。不足之处是投资回收期较长，如果产品不能迅速打开市场，或遇到强有力的竞争对手时，会给企业造成重大损失。

作为一种长期价格策略，渗透价格策略一般适用于能尽快大批量生产、特点不突出、易仿制、技术简单的新产品。

（三）满意价格策略

这是一种折中价格策略，它吸取上述两种定价策略的长处，采取比撇脂价格低、比渗透价格高的适中价格。既能保证企业获得一定的初期利润，又能为消费者所接受。由此而制定的价格叫满意价格，也叫“温和价格”或“君子价格”。

二　产品组合价格策略

也叫相关产品定价法，是指在销售上有相互联系性，生产经营多种相关产品，这样的企业就可能利用这种联系性制定价格。

（一）替代产品价格策略

替代产品是指基本用途相同的产品。替代产品价格策略是指营销企业有意识地安排本企业消费替代性产品间的价格比例，用以实现某种营销目标。

具有替代关系的产品，降低一种产品的价格，不仅会使该产品的销售量增加，而且会同时降低替代产品的销售量。企业可以利用这种效应调整产品结构。如企业为了把需求转移到某些产品上去，它可以提高那些准备淘汰的产品价格，或者用相对价格诱导需求，以牺牲某一品种，稳定和发展另一些品种；企业也可以利用这种效应，提高某一知名产品的价格，突出它的豪华、高档，创造一种声望，从而利用其在消费者心目中的良好形象而增加其他型号产品的销售量。

（二）互补产品价格策略

互补产品是指需要配套使用的产品。互补产品价格策略即指利用价格对消费连带品市场需求的调节、诱导功能，运用一定的定价技巧，使营销目标的实现由一个“点”扩展到一个“面”。

具有互补关系的产品很多，如眼镜框与镜片，照相机与胶卷，圆珠笔与笔芯，旅游活动中的食、宿、购物等。在互补关系中，一般存在起主导作用的内容，在旅游活动中，观光是主要目的，食、宿、购物是辅助消费项目。互补产品价格策略就是降低连带消费关系中起主导作用的产品或服务项目的价格，来促进系列产品的销售。

（三）一揽子价格策略

即把相关产品进行搭配销售定价的策略。一般有以下两种方法：

1. 分级定价策略。即把企业的产品分成几个价格档次，而不是提供过多价格种类的策略。这种明显的等级，便于满足不同的消费需要，还能简化企业的计划、订货、会计、库存、推销工作。关键是分级要符合目标市场的需要，级差不能过大或过小，否则都起不到应有的效果。

2. 配套定价策略。即把有关的多种产品搭配好后一起卖出。如多件家具的组合、礼品组合、化妆品组合等。成套的定价，多种产品有赔有赚，但总体上保证企业盈利，而且使消费者感到比单价购买便宜、方便，从而促进销售。

三 差别定价策略

这是相同的产品以不同价格出售的策略，目的是通过形成数个局部市场以扩大销售，增加利润。

（一）地理差价策略

即企业以不同的价格策略在不同地区营销同一种产品，以形成同一产品在不同空间的横向价格策略组合。差价的原因不仅是因为运输和中转费用的差别，而且由于不同地区性市场具有不同的爱好和习惯，具有不相同的需求曲线和需求弹性。明显的例子就是沿海与内地的价格，国内市场与国外市场的价格。像大城市著名酒店中对饮料的需求呈现的强度高于小城镇的街边饮食店，那么即使是同种饮料，前者的价格要明显高于后者。

（二）时间差价策略

即对相同的产品，按需求的时间不同而制定不同的价格。这只能在时间需求的紧迫性差别很大时才能采用。采用此种策略能鼓励中间商和消费者增加购货量，减少企业仓储费用和加速资金周转，从而保证企业处于竞争的最佳地位。

（三）用途差价策略

即根据产品的不同用途制定有差别的价格。实行这种策略的目的是通过增加产品的新用途来开拓市场。

（四）质量差价策略

高质量的产品，包含着较多的社会必要劳动量，应该实行优质优价。当然，这个价格差要使消费者接受，并非一件简单的事情。在现实的市场营销中，必须要使产品的质量为广大消费者所认识和承认，成为一种被消费者偏爱的名牌产品，才能产生质量差价。因此，质量差价策略必须依靠其他营销因素的配合才能实现。对于尚未建立起声誉的高质量产品，不要急于和竞争者拉开过大的差价，而应以促销等多方面努力，争取创立优秀品牌的产品形象；对于已经创名牌的优质产品，则可以较大的差价提高产品身价，吸引那部分喜爱名牌产品的消费者。

四　折扣价格策略

这是一种在交易过程中，把一部分利润转让给购买者，以此来争取更多顾客的价格策略。

（一）现金折扣

也称付款期限折扣，即对现款交易或按期付款的顾客给予价格折扣。买方如果按卖方规定的付款期以前若干天内付款，卖方就给予一定的折扣，目的是鼓励买方提前付款，以尽快收回贷款，加速资金周转。如美国许多企业规定提前10天付款者，给予2%折扣；提前20天付款者，给予3%折扣。

（二）数量折扣

是指卖方为了鼓励买方大量购买或集中购买其产品，根据购买者所购买的数量给予一定的折扣。

1. 累计数量折扣。即规定在一定时期内，购买总数超过一定数额时，按总量给予一定的折扣。如一客户在一年中累计进货超过6000件，每次购货时按基本价格结算收款，到年终，营销企业按全部价款的5%返还给该客户。采用这种策略利于鼓励顾客集中向一个企业多次进货，从而使其成为企业的长期客户。

2. 非累计数量折扣。即规定顾客每次购买达到一定数量或购买多种产品达到一定的金额所给予的价格折扣。如根据每次交易的成交量，按不同的价格折扣销售，购买500件以上按基本价格的90%收款，购买1000件以上按88%收款，购买2000件以上按85%收款。

3. 业务折扣。也称功能性折扣。即厂商根据各类中间商在市场营销中所担负的不同职能，给予不同的价格折扣。如给批发商的折扣较大，给予零售商的折扣较小，使批发商乐于大批进货，并有可能进行批转业务。使用业务折扣的目的在于刺激各类中间商充分发挥各自组织市场营销活动的能力。

五　心理定价策略

这是运用心理学原理，根据不同类型的顾客购买商品的心理动机来制定价格，引导消费者购买的价格策略。

（一）尾数定价策略

也称非整数定价策略，即给产品定一个以零头数结尾的非整数价格。消费者一般认为整数定价是概括性定价、定价不准确，而尾数定价可使消费者产生减少一位数的看法，产生这是经过精确计算的最低价格的心理。同时，消费者会觉得企业定价认真，一丝不苟，甚至连一些高价商品看起来也不太贵了。

（二）整数定价策略

即企业在定价时，采用合零凑数的方法制定整数价格，这也是针对消费者心理状态而采取的定价策略。如把一块名表价格定在50000元而非49999元以下。因为商品太复杂，许多交易中，消费者只能利用价格辨别商品的质量，特别是对一些名店、名牌商品或消费者不太了解的产品，整数价格反而会提高商品的"身价"，使消费者有一种"一分钱、一分货"的想法，从而利于商品的销售。

（三）声望定价策略

即针对消费者"价高质必优"的心理，对在消费者心目中有信誉的产品制定较高价格。价格档次常被当做商品质量最直观的反映，特别是消费者识别名优产品时，这种心理意识尤为强烈。因此，高价与性能优良、独具特色的名牌产品比较协调，更易显示产品特色，增强产品吸引力，产生扩大销售的积极效果。当然，运用这种策略必须慎重，绝不是一般商品可采用的。

（四）招徕定价策略

商品定价低于一般市价，消费者总是感兴趣的，这是一种"求廉"心理。有的企业就利用消费者的这种心理，有意把几种商品的价格定得很低，以此吸引顾客上门，借机扩大连带销售，打开销路。

采用这种策略，仅从几种"特价品"的销售看企业不赚钱，甚至亏本，但从企业总的经济效益看还是有利的。

第五节　价格变动与企业对策

虽然营销组合中其他要素的重要程度日益提高，价格决策的重要性并未因此而下降。如何协调顾客需要与企业发展之间的关系，科学地进行价格决策，仍是所有企业家都必须要面对并必须要处理好的问题。

一　价格仍是企业竞争的重要手段

价格决策是营销组合的重要组成部分，也是一个有着若干独特而又鲜明特征的组成部分。价格是营销组合中作用最为直接、见效最快的一个，也是唯一一个与企业收入直接相关的营销手段。

价格决策与企业的市场占有率、市场接受新产品的快慢、企业及其产品在市场上的形象等都有着密切的关系。价格策略的正确与否对企业成败来说至关重要，与竞争者相比，本企业所提供的产品价值与价格比率的高低将决定竞争过程中的优势归属，决定竞争的胜负。在竞争过程中，谁能以较低的价格向市场提供较大的价值，谁就可能成为竞争中的赢家。反之，如果价格决策失误，缺乏价格策略与营销组合中其他策略之间的协调，即便企业所提供的产品的内在质量优异、外形设计符合消费意愿，仍无法得到市场的认同和接受。几乎所有的企业，包括那些拥有显赫的市场地位的企业，在制定价格时，也都必须要慎重地考虑自身的价格行为对市场可能产生的影响，必须考虑来自竞争者的可能的价格威胁。

二　价格调整的原因

价格竞争的内容很多，除企业使用的定价方法和价格策略外，另一个比较明显的表现就是企业进行的价格调整。企业经营面对的是不断变化的环境，在采用一定方法并确定了定价策略后，企业仍需要根据环境条件的变化，对既定价格进行调整。

企业对原定价格进行调整可分为两种情形：一是调高价格，二是降低价格。对价格进行调整的必要性源于企业经营内外部环境的不断变化。

（一）提价的原因

具体地说，企业往往在下述一种或几种情形同时出现时需要提高现有价格。

1. 生产经营成本上升。在价格一定的情况下，成本上升将直接导致利润的下降。因此，在整个社会发生通货膨胀或生产产品的原材料成本大幅度上升的情况下，抬高价格就是保持利润水平的重要手段。

2. 需求压力。在供给一定的情况下，需求的增加会给企业带来压力。对于某些产品而言，在出现供不应求的情况下，可以通过提价来相对遏制需求。这种措施同时也可为企业获取比较高的利润，为以后的发展创造一定的条件。

3. 创造优质优价的名牌效应。为了企业的产品或服务与市场上同类产品或服务拉开差距，作为一种价格策略，可以利用提价营造名牌形象。充分利用顾客“一分钱、一分货”的心理，使其产生高价优质的心理定式。创造优质效应，从而提高企业及产品的知名度和美誉度。

（二）降价的原因

降低价格则往往在下述情形下采用：

1. 应付来自竞争者的价格竞争压力。在绝大多数情况下，反击直接竞争者价格竞争见效最快的手段就是“反价格战”，即制定比竞争者的价格更有竞争力的价格。

2. 调低价格以扩大市场占有率。在企业营销组合的其他各个方面保持较高质量的前提下，定价比竞争者低的话，能给企业带来更大的市场份额。对于那些仍存在较大的生产经营潜力，调低价格可以刺激需求，进而扩大产销量，降低成本水平的企业，价格下调更是一种较为理想的选择。

3. 市场需求不旺。在宏观经济不景气或行业性需求不旺时，价格下调是许多企业借以渡过难关的重要手段。比如，当企业的产品销售不畅，而又需要筹集资金进行某项新产品开发时，可以通过对一些需求价格弹性大的产品予以大幅度降价，从而增加销售额以满足企业回笼资金的目的。

4. 根据产品寿命周期阶段的变化进行调整。这种做法也被称为阶段价格策略。在从产品进入市场到被市场所淘汰的整个寿命周期过程中的不同阶段，产品生产和销售的成本不同，消费者对产品的接受程度不同，市场竞争状况也有很大不同。阶段价格策略强调根据寿命周期阶段特征的不同，及时调整价格。例如，相对于产品导入期时较高的价格，在其进入成长期后期和成熟期后，市场竞争不断加剧，生产成本也有所下降，下调价格可以吸引更多的消费者、大幅度增进销售，从而在价格和生产规模之间形成良性循环，为企业获取更多的市场份额奠定基础。

5. 生产经营成本下降。在企业全面提高了经营管理水平的情况下，产品的单位成本和费用有所下降，企业就具备了降价的条件。对于某些产品而言，由于彼此生产条件、生产成本不同，最低价格也会有差异。显然，成本最低者在价格竞争中拥有优势。

三 价格调整中的顾客反应

适当的价格调整能够产生良好的效果。但是，若调整不当则适得其反。无论是调高价格还是降低价格，企业都必须要注意到各个方面的反应。衡量定价成功与否最重要的标志是消费者将如何理解价格调整行为；企业所确定的价格能否为消费者所接受。企业打算向顾客让渡利润的降价行为可能被理解为产品销售状况欠佳、企业面临经济上的困难等，一个动机良好的价格调整行为就可能产生十分不利的调整结果。因此，企业在进行调整前，必须慎重研究顾客对调整行为可能的反应，并在进行调整的同时，加强与顾客的沟通。

顾客对企业的提价行为可以会有这样的反应：（1）普遍都在提价，这种产品价格的上扬很正常；（2）这种产品很有价值；（3）这种产品很畅销，将来一定更贵；（4）企业在尽可能谋取更多的利润。

顾客对企业的降价行为可以会有这样的反应：（1）产品的质量有问题；（2）这种产品老化了，很快会有替代产品出现；（3）企业财务有困难，难以经营下去；（4）价格还会进一步下跌。

四 价格调整引发的竞争者的反应

在竞争市场上，企业制定某种价格水平、采用某种价格策略的效果还取决于竞争者的反应。在竞争者的策略不会作任何调整的情况下，企业降低价格就可能起到扩大市场份额的效果；而若在企业降低价格的同时，竞争者也降低价格，甚至以更大的幅度降低价格，企业降价的效果就会被抵消，销售和利润状况甚至不如调整前。同样，在企业调高价格后，如果竞争者并不提高价格，则对企业来说，原来供不应求的市场可能变成供过于求的市场。因此，企业在实施价格调整行为前，必须分析竞争者的数量、可能采取的措施及其反应的剧烈程度。

（一）竞争者对价格调整的反应

企业面对的竞争者往往不止一家，彼此不同的竞争位势，会导致不同的反应。比如，如果竞争对手认为其实力强于本企业，并认定本企业的价格调整目的是争夺市场份额的情况下，必然会立即作出针锋相对的反应；反之则不反应，或采取间接的反应方式。一般而言，面临企业的降价行为，竞争对手的反应可能会有以下情况：（1）如果降价会损失大量利润，竞争者可能不会跟随降价；（2）如果竞争者必须降低其生产成本才能参与竞争的话，则可能要经过一段时间才会降价；（3）如果竞争者降价导致其同类产品中不同档次产品间发生利益冲突的话，就不一定会跟随降价；（4）如果竞争者的反应强烈，其一定会跟随降价，甚至有更大的降价幅度。

由于环境是复杂的，竞争者的反应又会对企业的价格调整产生重大的影响，因此企业在变价时必须充分估计每一个竞争者的可能反应。

（二）企业对竞争者价格调整的反应

在市场经济条件下，企业不仅自己可以用价格调整来参与市场竞争，同时也会面临着竞争者价格调整的挑战。如何对价格竞争作出正确、及时的反应，是企业价格策略中的重要内容。

1. 企业应变必须考虑的因素。为了保证企业作出正确反应，企业应该了解：竞争者进行价格调整的目的是什么？这种变价行为是长期的还是暂时的？如果不理会竞争者的价格调整行为，市场占有率会发生什么变化？如果作出相应的变价行为，对本企业存在什么影响？竞争者和其他企业又会有什么反应？

2. 企业应变的对策。在同质产品市场上，如果竞争者降价，企业必须随之降价，否则顾客就都会购买竞争者的产品；如果某一个企业提价，其他企业也可能随之提价，但只要有一个不提价的竞争者，那么这种提价行为只能取消。

在异质产品市场上，企业对竞争者的价格调整的反应有更多的自由。因为在这种市场上，顾客选择产品不仅考虑价格因素，同时还会考虑产品的质量、性能、服务、外观等多种因素。顾客对于较小价格差异并不在意的条件，使得企业面对价格竞争的反应有了更多的选择余地。

【案例】

格兰仕微波炉：价格策略的成功

1978年9月28日，广东顺德人梁庆德带领十多个乡亲打算办一个羽绒制品厂。1979年，这个名叫广东顺德桂洲羽绒厂的小厂正式成立，以手工操作洗涤鹅、鸭羽毛供外贸单位出口。当时谁都不会想到，这个再普通不过的乡镇小厂，会成为震惊世界的“微波炉大王”。

格兰仕成功的原因到底在哪里？这绝不是用一句话就能回答的，其中有企业体制方面的原因、企业领导人素质方面的原因和企业经营战略决策方面的原因等。特别是价格策略运用上的独到之处，揭示了其成功的奥秘。

在微波炉市场的发展过程中，格兰仕成功地运用价格因素，经历“三大战役”，在市场中确立起霸主地位。

(1) 1996年8月，格兰仕集团在全国范围内打响微波炉的价格战，降价幅度平均达40%，带动中国微波炉市场从1995年的不过百万台增至200多万台。格兰仕集团以全年产销量65万台的规模，占据中国市场的34.7%，部分地区和月份的市场占有率超过50%，确立市场领先者地位。

(2) 1997年，格兰仕看到了市场形势的变化，趁洋品牌尚未在中国站稳脚跟，国内企业尚未形成气候之际，抓住时机，于春节后发起了微波炉市场的“第二大战役”——阵地巩固战。

这次是变相的价格战。格兰仕采用买一送一的促销活动，发动新一轮的让利促销攻势，凡购买格兰仕任何一款微波炉均赠送一个豪华高档电饭煲。1997年5月底，格兰仕进一步“火上加油”，突然宣布在全国许多大中城市实施“买一赠三”，甚至“买一赠四”的促销大行动。品牌消费的高度集中使得格兰仕的产销规模迅速扩大，1997年，格兰仕已经成为一个年生产能力达260万台微波炉的企业，市场占有率节节攀升，1998年3月最高时达到58.69%，创造了行业新纪录。到1997年年底，市场上的价格激战无疑极大地促进了整个市场潜在消费能力的增长，市场容量快速扩大，格兰仕也因此成为全球最具规模的微波炉生产企业之一。

（3）在取得市场的绝对优势后，格兰仕并没有因此而停滞，反而乘胜追击，加紧了市场的冲击力度，发动了微波炉市场的“第三大战”——品牌歼灭战。

1997年，东南亚爆发了金融危机，韩国企业受到重创，政府下令要调整亏损企业，这再度给格兰仕创造了一个绝好的市场契机。1997年10月，格兰仕凭借其规模优势所创造的成本优势，再度将12个品种的微波炉降价40%，全面实施“薄利多销”的策略，以抑制进口品牌的广告促销攻势，“格兰仕”微波炉在全国的市场占有率始终保持在50%左右，最高时达到58.9%。1998年6月13日，微波炉生产规模已经成为全球最大的格兰仕企业（集团）公司，在国内微波炉市场又一次实施“组合大促销”：除购买微波炉可获得高档豪华电饭煲、电风扇、微波炉饭煲等赠品外，又有1998年世界杯世界顶级球星签名的足球赠品和千万元名牌空调大抽奖。这种以同步组合重拳打向市场，被同行业称之为毁灭性的市场营销策略，再度在全国市场引起巨大震动。

格兰仕靠着规模优势所创造的成本优势连续几次大降价，获得了微波炉的霸主地位，同时也加速了微波炉这一产业的价格下降趋势。通过降价，格兰仕成功地为这个行业树起了一道价格门槛：如果想介入，就必须投巨资去获得规模，但如果投巨资做不过格兰仕的盈利水平，就要承担巨额亏损，即使做过格兰仕的盈利水平，产业的微利和饱和也使对手无利可图。因此，格兰仕成功地使微波炉变成了鸡肋产业，并成功地使不少竞争对手退出了竞争，使很多想进入的企业望而却步。

目前，格兰仕垄断了国内60%、全球35%的市场份额，成为中国乃至全世界的“微波炉大王”。全球微波炉市场中每卖出两台微波炉就有一台是格兰仕生产的。格兰仕用11年的时间让自己完成了从一家乡镇羽绒制品厂到全球最大的微波炉生产商的转变。

问题讨论

1. 格兰仕采取了怎样的价格策略获得成功？为什么这种价格策略能取得成功？

2. 你认为格兰仕以大规模和低成本为支撑的“价格战”，能够支撑它的长期持续发展吗？为什么？

3. 格兰仕的成功之路对中国的企业有什么借鉴作用？

【本章小结】

在营销策略组合中，价格具有任何其他营销组合手段所无法替代的作用。企业在定价之前必须首先确定定价目标。定价目标为企业营销目标服务，是企业选择定价方法和制定价格策略的依据。企业的定价目标有多种：以获取理想利润为定价目标；以取得适当的投资利润率为定价目标；以维持或提高市场占有率为定价目标；以树立和改善企业形象为定价目标；以应付与防止竞争为定价目标。

产品价值是产品价格的基础，在现实的市场营销活动中，除了产品成本、市场供求、竞争状况以外，市场营销组合中的其他变数：产品策略、渠道策略、促销策略，以及政府的经济政策，企业本身的生产能力、财务能力等都会对企业的定价策略产生不同程度的影响。因此，必须在产品价值的基础上，认真研究影响的各方面因素，才能定出保证营销目标实现的合理价格。

企业定价一般有成本导向型、需求导向型和竞争导向型等几种方式。在成本导向定价中，可按成本加成定价法、目标利润定价法进行定价；在需求导向定价中，可按习惯定价法、可销价格倒推法、认知价值定价法进行定价；竞争导向定价则是以竞争各方之间的实力对比和竞争者的价格为主要定价依据。

企业定价面对的是复杂多变的环境。企业必须要在采用某种方法确定出基本价格的基础上，根据目标市场状况和定价环境的变化，采用适当的策略，保持价格与环境的适应性。

【思考与练习题】

1. 企业定价的主要目标有哪些？
2. 什么是成本导向定价法？有哪些具体方法？
3. 什么是需求导向定价法？有哪些具体方法？
4. 竞争导向定价法的特点是什么？
5. 常见的消费价格心理有哪些？如何进行心理定价？
6. 企业进行价格调整应该注意哪些问题？

第十二章　营销渠道策略

> **【学习目的】** 通过学习本章内容，应该掌握：
>
> 1. 掌握营销渠道的概念与作用
> 2. 了解渠道策略的不同类型及其适应性
> 3. 掌握渠道设计与决策的基本步骤
> 4. 了解实施营销渠道控制的基本方法

【开篇故事】A 公司销售渠道的失控

A 产品是一种生产资料，在 D 市一直只有一个代理 K，K 也借助 A 产品从小店做成全省最大的代理。但近两年随着 A 产品的知名度提高，利润率也相对降低了。K 于是就借助此名做其他牌子的同类产品，而且做得很好，几乎成了该行业的“沃尔玛”。并且有意识地阻碍 A 产品的销售，如劝说客户购买其他利润率更高的产品、波动 A 产品的市场价格等等。同时由于 A 公司产品利润率低而且长期由 K 垄断销售，造成其他同行不愿意推销 A 产品。

很快地 A 产品的市场占有率由 45% 下降到 10% 左右，同时由于 K 大力扶持其他牌子。A 的同级对手的市场也下降了 20 个百分点，该类产品在 D 市的整个市场几乎全被 K 操纵。A 公司因为政策的原因，又没有销售权，只能通过经销商或是 A 公司总部进行销售。

把所有的蛋糕放在一个篮子里，自己完全放弃渠道的管理与控制，同时又没有新产品的推出，经销商没有利润，所以A公司终于走到了今天的这个局面。

第一节 营销渠道概述

一 营销渠道定义

所谓营销渠道，是指配合、生产、分销和消费某一生产者的商品和劳务的企业和个人。也就是说，市场营销渠道包括某种产品的供给、生产和销售过程的所有相关企业和个人，如供应商、生产者、中间商、代理中间商、辅助商以及最终消费者或用户。

二 营销渠道的性质与作用

在我们的日常经济活动中，生产厂商为何愿意把企业全部或部分销售工作委托给营销中介机构呢？从某种意义上说，公司管理当局的这种委托意味着放弃部分经营控制权，等于把公司的一半命运放在他人手中。然而这样做是有其经济效益的。事实上，我们只要简单地将使用营销中介机构和不使用营销中介机构做一个简单的比较，就可以得出结论。图12-1是营销中介机构的经济效果图，从中我们便可以直观地感受到营销中介机构的介入为生产企业带来的好处。

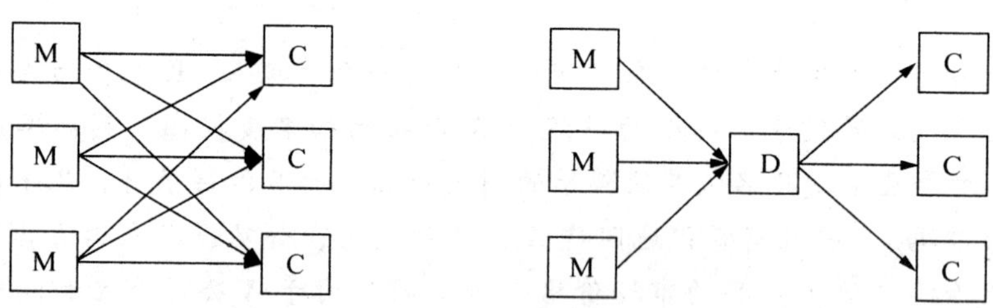

图12-1 营销中介机构经济效果示意

从图12-1中我们可以得知，如果不使用营销中介机构，三个制造商和三个顾客之间将发生总共九次的交易行为，而使用了营销中介机构后，交易行为只有六次，节省了交易成本，因而后者更为经济、更有效率。

在实际交易中，情况更为复杂。这是因为在产品从生产厂商向最终顾客或用户流动的过程中，不仅发生了产品实体的流动，还发生了其他多项与之相关的流动。在营销渠道中，一般存在实体流（物流）、所有权流（商流）、付款流、信息流和促销流五种流。它们各自的流程如图 12－2 所示。

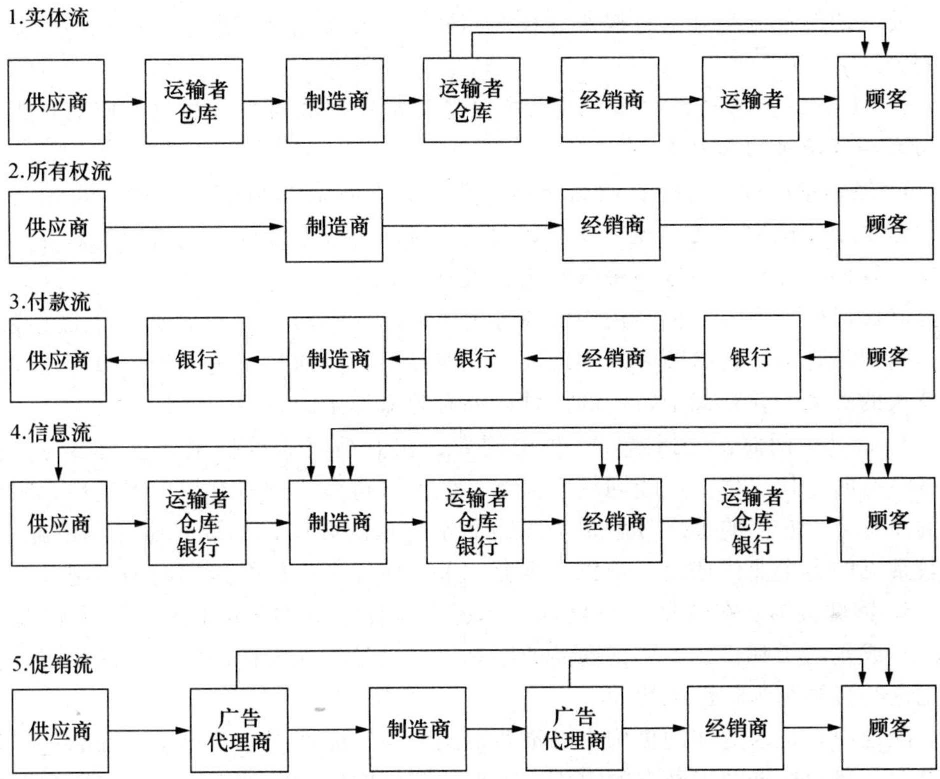

图 12－2　营销渠道中的五种不同营销流

各级中间商是营销渠道的重要组成部分，在市场营销中，中间商至少具有如下作用：

首先，中间商的存在能为生产者和消费者带来方便。因为对买主来说，中间商可以提供包括更多的花色品种、合适的时间地点、灵活的付款条件、周到的售后服务等各种方便。而对生产企业和贸易企业来说，中间商是大买主，还能为卖主联系千千万万的用户，使企业的销路有了保证。

其次，中间商的存在可以缓和产需之间在时间、地点和商品数量和种类方面的矛盾。同时，中间商又是架设企业和市场之间的桥梁，中间商可以向企业反馈市场信息，了解市场，还可以利用自己在当地市场上多年经营形成的商誉为企业的产品提供无形保证，使市场了解企业。

三　营销中介机构的主要类型

按照不同的归类方法，我们可以将营销中介机构分成不同的类型。在此，我们主要介绍两种分类方法：按所有权的归属划分和按商品流通途径中承担的角色来划分。

（一）按照所有权的归属，我们可以将营销中介机构分为经销中间商、代理中间商和辅助机构三大类

1. 经销中间商。是指在商品流通过程中，取得商品所有权，然后再出售商品的营销中介机构，又称经销商。如我们常说的一般批发商、零售商等。在下一章中，我们将详细介绍这两种营销中介机构。

除此以外，还有一种经销中间商称为工业品经销商。它们主要是将工业品或耐用消费品直接出售给顾客的中间商。工业品经销商通常同它们的供应者之间建有持久的关系，并在某个特定的区域内拥有独家经销的权利。

2. 代理中间商。是指这样一种中间商，在商品流通过程中，它们参与寻找顾客，有时也代表生产厂商同顾客谈判，但不取得商品的所有权，因此也无须垫付商品资金，它们的报酬一般是按照商品销售量的多少，抽取一定比例的佣金。比较常见的有企业代理商、销售代理商、采购代理商、佣金代理商和经纪人。

3. 辅助机构。在营销中介机构中，还有这样一种类型的机构——它们既不参与买或卖的谈判，也不取得商品的所有权，只是起到支持产品分配的作用。我们把这类机构称为辅助机构。

配送中心是这类辅助机构中的重要形式之一。配送中心主要是对商品进行集中储存，然后根据销售网点的需要，定期或不定期地对所需商品进行组配和发送的机构。在现代连锁业广泛发展的今天，配送中心的作用显得尤为重要。目前在欧美及日本等国，不少批发企业实际上是以配送中心为外壳而存在的，它们集商流、物流、信息流于一体，大大提高了批发流通的效率。

辅助机构还包括运输公司、独立仓库、银行和广告代理商。

（二）如果按照在渠道中承担的不同角色来划分，我们还可以将渠道成员分成批发商、零售商、批发零售商和辅助机构

如果从国际贸易的角度考虑，还有进口商、内外贸兼营等形式。在此，我们主要向大家介绍批发零售商、进口商和内外贸兼营等几种类型。

1. 批发零售商。是指批零兼售的中间商。在外国许多城市里，大零售商经常将商品批发给本地小商店出售。如英国有经营服装、纺织品、食品、水果及工

业原料零售业务的独立批发商。有的零售商兼营建筑材料、谷物等批发业务。批零兼营的营业额占英国批发总额的26%。

2. 进口商。是指那些直接向海外制造厂商采购商品，然后出售给批发商、零售商的中间商。一般来说，制造厂商可以将其产品同时卖给多个进口商。在我国，这样的中间商过去主要由对外经济贸易部所属的各进出口公司或其他部门所属的各种专营或兼营进出口贸易的公司以及省、直辖市所属的对外贸易公司担任。外贸放开经营以后，开始出现专门从事进出口业务的服务企业，成为一般情况下我们所讲的进口商。

3. 内外贸兼营。内外贸兼营的例子中最为突出的是瑞典的“批发商和进口商联合会”，其成员包括进口商、批发商、代理商等。营业额约占瑞典进口总额的2/3。其实这种类型的中间商是批发商和进口商的综合体，只不过对外以同一的名义进行业务活动。

第二节　营销渠道的布局

渠道对于企业来说十分重要，但由于它同时具有非常强大的惯性，不能轻易地被改变，企业在建立渠道时，一般需要考虑渠道的长度、宽度和各种渠道的结构与布局。

一　渠道的长度策略

谈到渠道的长度策略，我们不得不先来解释一下什么是渠道级数。渠道级数也即是指产品所经过渠道的环节数目。每个中间商，只要在推动产品及其所有权向最终买主转移的过程中承担了若干项工作，就是一个渠道级。由于生产者和最终消费者都担负了工作，他们也是渠道的组成部分。我们用中介机构的级数来表示渠道的长度，具体分成如下：

零级渠道是由生产者直接销售给消费者，有时又称为直销。直接营销的主要方式是上门推销、邮购、制造商自设商店、电视直销和电子通信营销。

一级渠道包括一个销售中介机构。在消费者市场，这个中介机构通常是零售商。在工业市场，它常常是一个销售代理商或经销商。

二级渠道包括两个中介机构。在消费者市场，它们一般是一个批发商和一个零售商。在工业市场，它们可能是一个工业分销商和一些经销商。

三级渠道包括三个中介机构。通常由一个批发商、一个中转商（专业批发商）和一个零售商组成。

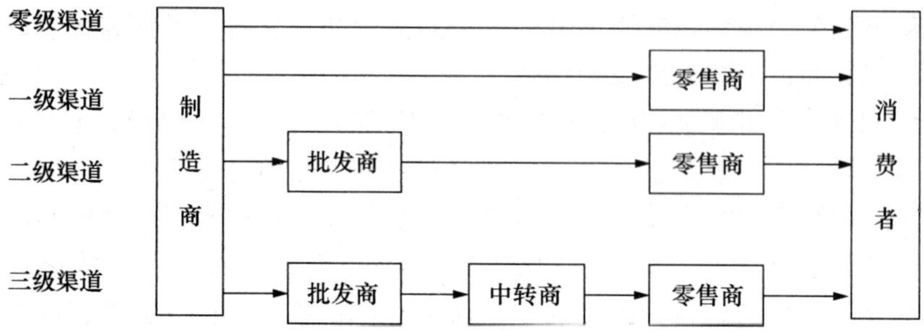

图 12－3　渠道级数类型

级数更高的营销渠道也还有，但是不多。从生产者的观点看，渠道级数越高，控制也越成问题，制造厂商一般总是和最近的一级中间商打交道。

渠道的长度策略即是指企业根据产品特点、市场状况和企业自身条件等因素来决定渠道的级数。

一般来说，技术性强的产品，需要较多的售前、售后服务水平，保鲜要求高的产品都需要较短的渠道；而单价低、标准化的日用品需要长渠道。从市场状况来看，顾客数量少，而且在地理上比较集中时，宜用短渠道；反之，则宜用长渠道。如果企业自身的规模较大，拥有一定的推销力量，则可以使用较短的渠道；反之，如果企业的规模较小，就有必要使用较多的中间商，则渠道就会较长。

此外，企业渠道级数的多寡还取决于企业的经营意图、业务人员素质、国家政策法规的限制等因素。

二　渠道的宽度策略

即企业在某一市场上并列地使用多少个中间商。企业在制定渠道宽度策略时面临着三种选择：

（一）独家分销

即在一定地区、一定时间内只选择一家中间商经销或代理，授予对方独家经营权。这是最窄的一种分销渠道形式。生产和经营名牌、高档消费品和技术性强、价格较高的工业用品的企业多采用这一形式。这种做法的优点在于：中间商经营积极性高，责任心强。缺点是市场覆盖面相对较窄，而且有一定风险，如该中间商经营能力差或出现意外情况，将会影响到企业开拓该市场的整个计划。

（二）广泛分销

又称为密集性分销。即使用尽可能多的中间商从事产品的分销，使渠道尽可能加宽。价格低、购买频率高的日用消费品，工业用品中的标准件、通用小工具等，多采用此种分销方式。其优点是市场覆盖面广泛，潜在顾客有较多机会接触到产品。缺点是中间商的经营积极性较低，责任心差。

（三）选择性分销

即在市场上选择部分中间商经营本企业产品。这是介于独家分销商和广泛分销商之间的一种中间形式。主要适用于消费品中的选购品，工业用品中的零部件和一些机器、设备等。当然经营其他产品的企业也可以参照这一做法。如果中间商选择得当，采用此种分销方式可以兼得前两种方式的优点。

三　营销渠道网络的布局及内容

所谓营销渠道网络布局，就是根据企业的目标，设计市场营销渠道网络的点、线、面三个基本要素，使实物流、付款流、信息流和促销流能够通过市场营销网络的关键点，流经一定的线路，对划定的区域进行市场覆盖。

（一）营销渠道网络的布局主要通过布置网点、疏通渠道、地域扩张三个步骤来进行

1. 营销渠道网络的布局要根据企业自身的实力与战略，市场需求的地区差异、分布特点来进行。因此，企业要先做好对各地区经济状况和市场状况的调查工作，做到心中有数，才能有区别、有重点地投放企业的营销力量，以期发挥最大的效益。

2. 必须确定和选择优势区位。优势区位包括优势区域和优势方位两个方面，要有明确的优势区位战略，通过不同层次的网点布局，抢先进驻优势区位，建立牢固的市场据点。

3. 在建立优势区位后，要依据自然条件、交通状况和经济发展情况，设计科学的营销渠道，使商品和各种流程能够在网络间有效地组织和顺畅地运行。

4. 企业要明确地区扩张战略，通过点、线对区域进行渗透和覆盖，通过各种促销手段和产品宣传，形成和保持产品的形象，最大可能地占据和巩固目标市场。

（二）营销渠道的“点、线、面”网络布局法

营销渠道的布局的三要素是“点”、“线”、“面”。

“点”，是指市场营销力量（人、财、物）在市场上所选择的关键点。通常指优势区位，通过对“点”的选择与抢占，争取竞争的主动权或适度“回避”竞争对手，进入现有竞争格局中的薄弱地带，以形成局部优势，所以，“点”是整个营销网络的支撑，是营销网络布局的基础。

“线”，是指营销渠道实际流通的线路。营销渠道的“线”可以实现营销过

程的实物流、信息流等流程，完成营销网络的动态运行。“线”受环境变化的影响较大，道路的开通、经济的发展、人口的流动都会使得原来运行的线路不经济或效率不高，因而须经常评估和调整营销线路。

“面”，是指“点”与“线”所构成的框架的总体功能和综合作用。主要是通过对区域的划分、渗透及在区域内建立优势竞争地位，防止和阻击竞争对手对区域的进入。

（三）“点”、“线”、“面”布局战略的原则

1. 阶段性。网络布局是一个过程，需要许多步骤来完成，前一步骤的实现又为下一步骤的开展建立前提条件。所以，网络的布局工作要经过周密的通盘计划，严格按照点—线—面的顺序进行。

2. 地域性。阶段性从时间延续的角度来分析，而地域性则是从空间分布的视角来观察营销网络的布局，任何企业的资源都存在稀缺性，营销的力量也有限，所以为了达到最佳效果，在合适的地区要有重点地投入营销力量。

3. 层次性。在营销渠道的网络的组织上必须要有层次性。通过设置合理而有效的层次与结构，网络管理组织应有效地推进网络布局进程，实现营销渠道网络的布局战略。

四　渠道的垂直、水平和多渠道营销系统

（一）垂直营销系统的发展

垂直营销系统是近年来渠道发展中最重大的发展之一，它是作为传统营销渠道的对立面而出现的。传统营销渠道由独立的生产者、批发商和零售商组成。每个成员都是作为一个独立企业实体追求自己的利润最大化，即使它是以损害系统整体利益为代价也在所不惜。没有一个渠道成员对于其他成员拥有全部的或者足够的控制权。传统渠道可以说是一个高度松散的网络，各成员间各自为政，各行其是。

垂直营销系统则正相反，它是由生产者、批发商和零售商所组成的一种统一的联合体。垂直营销系统主要有三种类型：公司式、管理式和契约式垂直营销系统。

1. 公司式垂直营销系统。公司式垂直营销系统是由同一个所有者名下的相关生产部门和分配部门组合成的。垂直一体化能向后或向前一体化，能对渠道实现高水平的控制。如假日旅馆正在形成一个自我供应的网络。

2. 管理式垂直营销系统。管理式垂直营销系统不是由同一个所有者属下的相关生产部门和分配部门组织形成的，而是由一家规模大、实力强的企业出面组织的。名牌制造商有能力从再售者那里得到强有力的贸易合作和支持。因此，柯

达、吉利和宝洁等公司能够在有关商品展销、货柜位置、促销活动和定价政策等方面获得其再售者强有力的贸易合作和支持。

3. 契约式垂直营销系统。契约式垂直营销系统是由各自独立的公司在不同的生产和分配水平上组成，它们以契约为基础来统一它们的行动，以求获得比其独立行动时所能得到的更大的经济和销售效果。契约式垂直营销系统近年来获得了很大的发展，成为经济生活中最引人注目的发展之一。

（二）水平营销系统的发展

另一个渠道发展形势是由两个或两个以上的公司联合开发一个营销机会。这些公司缺乏资本、技能、生产或营销资源来独自进行商业冒险，或发现与其他公司联合开发可以产生巨大的协同作用。公司间的联合行动可以是暂时性的，也可以是永久性的，也可以创立一个专门公司。这被称为共生营销。

（三）多渠道营销系统的发展

过去，许多公司只向单一的市场使用单一渠道进入市场。今天，随着顾客细分市场和可能产生的渠道不断增加，越来越多的公司采用多渠道营销。这是指一个公司建立两条或更多的营销渠道以达到一个或更多的顾客细分市场时的做法。蒂尔曼将多渠道零售组织定义为："所有权集中的多种经营商业帝国，通常由几种不同的零售组织组成，并在幕后实行分配功能和管理功能的一体化。"

通过增加更多的渠道，公司可以得到三个重要的利益：增加市场覆盖面、降低渠道成本和更趋向顾客化销售。公司不断增加渠道是为了获得它当前的渠道所没有的顾客细分市场（如增加乡村代理商以达到人口稀少的地区农业顾客市场）；公司可以增加能降低向现有顾客销售成本的新渠道（如电话销售而不是人员访问小客户）；公司可以增加其销售特征更适合顾客要求的渠道（如利用技术型推销员销售较复杂的设备）。

第三节　营销渠道的设计

一　确立影响渠道设计的因素

渠道设计是指建立以前从未存在过的营销渠道或对已经存在的渠道进行变更的策略活动。设计一个渠道系统要求建立渠道目标和限制因素，识别主要的渠道选择方案，并对它们作出评价。

进行渠道的设计工作，就不能不对影响渠道结构的因素进行分析。影响渠道结构的因素很多，我们在此只讨论一些比较基本的影响因素，如市场因素、产品因素、公司因素、中间商因素、环境因素和行为因素。

（一）市场因素

市场因素在渠道策略中起着举足轻重的作用。其对渠道的影响主要通过以下三个方面来实现。

1. 市场规模。也就是市场的潜在顾客数目。市场规模直接决定着渠道的长短和宽度。一般而言，规模越大，渠道的长度和宽度会相对更大一些。

2. 市场在地理上的分散程度。市场在地理上的分散程度是由每单位区域面积上的销售量决定的。市场的地理分散程度越高，渠道的控制越难，费用也相应较高。

3. 市场的主要购买方式。市场上的消费者习惯于哪种购买方式对于渠道的结构也是十分重要的。比如说，中国的顾客就习惯于在商店里购买商品。如果制造商采用直接上门推销的方法就可能事倍功半。

（二）产品因素

产品因素是另一个在评价渠道结构中十分重要的因素，下面是一些主要的产品因素：

1. 产品的价值和重量。笨重的、价值高的商品往往意味着高的装运成本和高的重置成本，因此一般而言，价值高、笨重的商品往往采用较短的渠道结构。

2. 产品的耐腐性。产品是否会迅速地腐烂是一个在实体运输和储存中非常关键的问题。如果产品十分容易腐烂，那么渠道的长度就不易太长，而应该采用短而迅速的渠道结构。鲜活产品的渠道一般都较短就是这个道理。

3. 产品标准化程度。一般而言，渠道的长度与宽度是与产品的标准化程度成正比的。产品的标准化程度越高，渠道的长度也越长，宽度也越大。

4. 单位产品的价值。如果是低单位价值的产品（如方便面、零食等），它往往会通过中间商来进行销售，以让中间商承担部分的销售成本。另一方面，只有通过大量的中间商，方便食品才有可能最大限度地覆盖整个市场。

5. 产品的技术特性。一个高技术的产品往往会采用公司的销售员向目标顾客直接销售的方法。因为中间商可能对产品的各项性能不是很了解，有可能对顾客产生误导，为以后埋下隐患。

6. 产品的创新程度。许多新产品进入市场都需要进行广泛而深入的宣传促销活动，而且需要公司随时掌握市场的变化情况。因此，在实际销售工作中，短渠道被视为是产品进入市场时期最好的渠道结构。

（三）公司因素

渠道的设置需要与公司的整体情况相一致。因此，在渠道的设置中，我们也必须将公司的因素考虑在内。最主要的影响渠道结构的往往是以下几个因素：

1. 公司的规模。不同渠道结构的选择范围受到公司本身规模大小的限制。这是由于小的公司往往难以获得理想的中间商的支持，而大的公司则不必担心没有中间商加入它们的渠道。

2. 公司的基本目标和政策。公司的政策和目标在很大程度上决定了公司在渠道结构策略中所采取的政策和态度。如果公司追求的是严格控制，那么公司就会要求减少中间商的数目，以加强自身的权力集中程度。

3. 管理的专业水平。有一些公司缺乏必要的进行渠道活动的能力，在这种情况下，寻找一个能够提供良好服务和配合的中间商就显得十分重要。尤其是在从事国际市场的贸易时，由于面临的可能是一个完全不同的市场体系，因此，寻求一个良好的中间商就显得格外重要。假以时日，当管理者已经获得了足够的管理经验时，可以再进行对渠道的改进工作。

（四）中间商因素

作为渠道中的主要成员，中间商自然对渠道的结构产生举足轻重的影响。与渠道结构有关的中间商的影响因素包括：

1. 中间商的能力。中间商的能力在很大程度上影响着渠道策略。如果中间商的能力不能令公司感到放心，那么公司有可能宁可增加成本进行直接销售，而不愿采用中间商来进行销售。

2. 利用中间商的成本。如果公司认为中间商进行销售或向公司提供的服务小于公司的付出，那么公司对渠道的选择就有可能偏向于减少中间商的数目。毕竟公司采用渠道的目的是降低自己的成本与不便。

3. 中间商的服务。公司总是希望能用最为“合理”的价格获得最多的来自于中间商的服务。但评价中间商服务的优劣往往是从公司的直观感觉出发的，带有较强的主观性，所以在渠道结构的设计中，这是一个需要谨慎对待的问题。

（五）环境因素和行为因素

渠道的活动属于组织的运作，这就不可避免地受到经济、社会文化、法律、竞争、技术等环境因素的冲击。这些因素中，有的是直接对渠道的结构造成影响，有的则通过对市场、对顾客产生影响而反映到渠道结构上。比如，计算机网络的发展使得企业可以通过网络直接与异地顾客交易，然后通过当地的中介商送货上门，减少了在各个地区设立门市网点的成本。对顾客而言，通过网络直接与制造商交易也能够获得较低的购买成本。这种电子商务的发展必然将对营销渠道的任务、性质产生重大影响。

近年来，由于公司开始注重对市场长远利益的关注，而不是仅仅满足于对短期效益的追求，因此，渠道的控制和渠道的适应性这两项已逐渐成为渠道设计者们考虑的重要因素。

二 选择“最佳”的渠道结构

从理论上讲，我们可以在所有的备选方案中找出最优化的方案，得到最好的效果。即要求用最少的成本来确定各渠道任务在中间商之间的分配是最有效的。但在实际上，寻求最优的方案是不可能的。因为这意味着设计者将考虑所有的可能因素，列示出所有的可能方案，这样成本就太高了。因此，我们在此所说的最佳方案实际是指在已经列示出的方案中的最好的选择。它将对渠道的任务作出相对比较合理的分配。

评估方案的方法有许多，诸如财务信息分析法、储运成本法、管理科学方法和加权计分法等。在此，我们只介绍加权计分法。加权计分法是由菲利浦·科特勒首先提出的。这种方法强调在方案筛选过程中的定量化分析。该方法按照以下五个步骤进行：

1. 对策略的影响因素加以明确列示。在第一步中，我们应该尽可能将所有我们认为对营销渠道策略产生影响的因素分类加以列示。具体的各种可能影响因素我们在前面已有论述，在此不再重复。

2. 对每一个影响因素都根据它们的相对重要性尽可能精确地给予一定的权数。每个企业都有自己的特点，每个企业的策略者都应该根据企业的特点对所有的影响因素作一个评价。根据其影响程度的大小，给每一项影响因素一个权数，所有的权数累计应为1。权数越大说明对企业越重要。

3. 对每一个可能方案的每一项影响因素都进行评分；下一步是对每一项因素打分，分数越高表明企业在该方面做得越好或者该项因素对企业越有利。

4. 对所有方案进行加权分的计算，得到最终的评分。对评分进行加权计算是为了更为精确地反映各项影响因素对企业的影响程度。比如说，企业的品牌知名度很高，可以打4分，销售增长率一项只能打2分，但品牌知名度的权数很小，只有0.02，那么其加权分只有0.08分，而销售增长率的权数却有0.15分，其加权分有0.30分。在这种情况下，我们发现销售增长率的因素对企业策略的实际影响更大。

5. 得到最后的分数后，从中选出分数最高者，即可以认为该方案是在考虑了已列示的因素后得到的最佳方案。

三 营销渠道的管理与评估

公司在确定了方案、选择了渠道成员后，营销渠道就建立起来了。但这并不意味着公司的工作就结束了。营销渠道必须作为企业的一项宝贵资源而加以长期地、有效地管理。这就意味着企业必须对渠道的每个成员管理工作，进行必要的激励和评价。此外，随着时间的变化，渠道必须调整以适应新的市场状况和环境变化。

（一）激励渠道成员

同企业的员工一样，渠道的成员也需要激励。促使他们参加这渠道体系的条件固然已提供了若干激励因素，但是这些因素还必须通过制造商经常的监督管理和再鼓励得到补充。从这个角度出发，我们认为制造商要想激励渠道成员出色地完成任务，就必须尽力了解各个中间商的不同需要和欲望。首先，中间商作为一个独立经营的商业企业，其必然会追求利润。因此，从某种意义上讲，中间商是充当一个顾客的采购代理人。其次，才是它的供应商的销售代理。它对顾客希望从它那里买到的任何产品感兴趣。所以，如果企业能及时地向中间商提供市场热销的产品，那么中间商就会感到企业对它的重视。而且，出于自身的利益，中间商也会更为热情地投入销售制造商的产品中去。

由于中间商往往是同时为多个制造商经销产品，因此中间商有可能把它的商品编成一个品目组合；它可以把商品像一揽子品种组合那样综合起来出售给单个顾客。由于这样的做法能使它的商品更快地流转，资金更有效地得到使用，所以中间商的销售努力往往主要用于获取这类品种组合的订单，而不是个别的商品品目。如果企业提供这样的产品组合的建议或能较好地满足中间商所提出的类似要求，那么企业也能达到激励中间商的目的。

同样，由于中间商为多个企业经销产品，因此除非有一定的刺激，中间商不会为所出售的各种品牌分别进行销售记录。有关产品开发、定价、包装或者促销计划的大量信息都被埋没在中间商的非标准记录中，有时它们甚至有意识地对供应商保密。而对企业来说，这些信息是非常宝贵的。因此，企业及时提供必要的业务折扣、销售支持就显得十分重要。它将会给企业带来重要的市场信息。

在与中间商进行合作的谈判时，价格是非常重要的一项内容。有时，企业会为了争到些许小利而雀跃不已。殊不知，这已经埋下了隐患。如我们前文所说的，中间商也追求自己的利润。所以，我们应当给予中间商适当的利润。如果公司锱铢必较，势必会挫伤中间商的积极性。

对中间商进行适当的培训也是一种激励的方式。由于中间商并不是对自己的所有商品都了解得很详细，因此对中间商的销售和维修人员进行适当的培训是非常重要的一环。而中间商出于更快地售出商品也非常愿意接受企业的这种培训。

（二）评价渠道成员

制造商要想对中间商进行适当的激励，首先需要按一定的标准来衡量中间商的表现，并将这种衡量长期化。这些标准可以根据中间商的不同而不同。这种标准往往包含以下几个方面的内容：

中间商的渠道营销能力是每一个制造商在选择中间商时首先考虑的问题，也往往是衡量中间商的能力与参与程度的第一个标准。其中又包括销售额的大小、成长和盈利记录、偿付能力、平均存货水平和交货时间等内容。

中间商的参与热情也是评价中间商的一个重要标准。一个十分有能力的中间商不积极配合制造商的营销活动，其结果可能比一个普通的中间商积极配合制造商的活动的效果要差许多，甚至可能会危害到制造商目标的完成。衡量中间商参与程度的内容包括对损坏和遗失商品的处理，与公司促销和培训计划的合作情况以及中间商应向顾客提供的服务等。

由于中间商往往是经营多种品牌或多种类型的产品。因此，我们也可以通过对中间商经销的其他产品进行调查来衡量中间商的能力。如果，中间商的经营品种多、总体的销售量大，那么说明该中间商是十分具有实力的。同时，我们还可以从中了解到自己的产品销量在中间商销售的产品总量中占有多少比例、处于什么样的地位，从而决定对中间商进行的激励着重于哪一个方面。

（三）渠道控制

对渠道成员进行激励、评价的目的都是为了更好地对渠道成员进行管理、控制，使渠道能够按照企业的目标共同前进。营销渠道的目的是促使商品不断地、更好地向消费者或用户运动，而只有所有渠道成员的目标相一致时，渠道才能很好地运转。所以控制渠道的首要任务是使中间商了解企业的营销目标。

制造商的任务不能仅限于设计一个良好的渠道系统，并推动其运转。由于各个独立的业务实体的利益总不可能一致，因此无论对渠道进行多好的设计，总会有某些冲突存在。尤其是当消费者的购买方式发生变化、市场扩大、新的竞争者兴起和创新的分销战略出现时，这种冲突更为突出，所以渠道结构需要不断改进，以适应市场新的动态。制造商采用较多的改变渠道结构的方法包括增减个别渠道成员，增减某些特定的市场渠道，或者创立一个全新的方式在所有市场中销售其产品。只有不断适应市场的变化，才能更好地控制好渠道为己所用。

第四节　营销渠道的冲突管理

一　渠道冲突

渠道冲突是指某个渠道成员意识到另一个渠道成员正在损害、威胁其利益，或者以牺牲其利益为代价获取稀缺资源的活动，从而引发的在他们之间的争执、敌对和报复行为。简言之，渠道中相关成员的某一方或几方利用某些优势和机会，采取有损于另一个或几个成员利益的敌意行为的情况都可以认为是渠道冲突。

二 渠道冲突的原因和解决方法

（一）渠道冲突产生的根本原因

1. 角色不一致。在分销渠道中，每个成员都可以说担任着一定的角色。一个成员的角色是指所有成员都能接受的有关该成员的行为范围。如果每个人的角色是合适的，那么其他成员就可以对他的行为作出预期，因而能够有效地处理彼此之间的合作关系。如果一个成员的行为超出了由其他成员角色预期决定的可接受的范围，即发生了角色不一致的问题，就会发生渠道冲突。

2. 观点差异。在分销渠道运转中，经常会面临一些需要有关成员一起共同作出决策的事情。例如，在决定商业折扣时，作为供货一方的生产厂商可能觉得3%的商业折扣应当是合适的，因为该折扣率已经占到生产厂家销售毛利的20%，但是作为购买者一方的零售商则觉得3%的商业折扣太低，不能充分弥补零售商在组织商品销售中所付出的宣传和促销费用，应当再提高一些才行。

3. 决策权分歧。当一个零售商在特定地区以较高价格销售商品时，如果受到生产厂商有关价格限制要求的影响，这个零售商就会产生不满意的心情。在许多情况下，一个渠道成员在似乎拥有独立决策权的领域，受到来自同一渠道其他成员的权利影响，这样就产生了“决策权分歧”。

4. 期望差异。由于渠道成员对经济形势的预测、市场发展、客户经营的预期不同，也会导致冲突。例如，制造商预测近期经济形势比较乐观，希望分销商经营高档商品，但分销商对经济形势的预期却并不乐观，拒绝销售高档商品。

5. 目标错位。矛盾的一个主要原因是渠道成员有不同的目标，如代理商的目标是零售商有更多的存货、更多的促销支出、更低的毛利；而零售商的目标则是更高的毛利、更快的周转、更低的促销支出，当两者的目标值超出对方可接受的范围时，冲突就有可能产生。

6. 沟通困难。渠道成员之间的有效沟通对于保证渠道合作具有重要的作用。然而，经常发现不少成员之间的信息传递存在障碍或者非常迟缓，有的信息内容不清晰，甚至出现发布虚假信息的情况。

7. 资源稀缺。分销渠道中由于资源（包括客源）分配上的意见分歧也会引起成员之间的冲突。

（二）渠道成员之间冲突的管理取向和解决方法

渠道冲突的形态具体地表现为：在水平渠道冲突发生后，应有渠道的领导者担负起责任，制定明确可行的政策，促使渠道冲突上流到管理阶段，迅速采取行动减轻或控制这种冲突。垂直渠道冲突，是指同一渠道各个不同层次之间的利益冲突，也叫渠道纵向冲突。

当然，某种程度的冲突是有益的，问题不在于如何消除这些冲突，而在于如何对其实行有效的管理以实现合作。应从以下几个方面入手：

1. 完善渠道管理的约束机制。生产厂商在自己的销售部门设立销售渠道的管理机构，配备一定数量的、具有较强责任心的人员，在明确责任的同时给予一定的监督权力，使企业的销售渠道有人管理、有人负责。同时要建章立制，使对企业销售渠道的管理有章可循、有法可依。

2. 根据实际情况适当划分市场范围，使每个经销商都有一定容量的市场。当某个销售商希望加盟生产厂商的销售系统时，在销售区域上，生产厂商的市场开发部门除了要考察该商家本身的条件外，还应该到准备销售的区域去进行实地考察调研，了解当地的实际情况，比较准确地确定当地的可能销售量。根据销售情况预测，科学地确定中间商的销售量，使每个中间商都有一定的能力完成自己的销售任务。

3. 强化工商联盟，商定合理的价格，理顺价格体系，合理分配利润。

4. 加强与经销商的沟通。生产厂家可以通过业务培训等方式，增进生产厂家和经销商的联系和沟通。

第五节　现代物流管理

一　现代物流管理的概念

物流管理，又叫产品实体分销，源于美国，在我国曾一度叫做商品储运。

（一）物流的定义

所谓物流，是指通过有效地安排商品的仓储、管理和转移，使商品在需要的时间到达需要的地点的经营活动。物流的职能就是将产品由其生产地转移到消费地，从而创造地点效用。物流作为市场营销的一部分，不仅包括产品的运输、保管、装卸、包装，而且还包括在开展这些活动的过程中所伴随的信息的传播。

（二）物流成本

每一个特定的物流系统都由仓库数目、库址、规模、运输策略以及存货策略等构成，因此，每一个可能的物流系统都隐含着一套总成本，可用数学公式表示为：

$$D = T + FW + VW + S$$

式中，D 表示物流系统总成本；T 表示该系统的总运输成本；FW 表示该系统的总固定仓储成本；VW 表示该系统的总变动仓储成本；S 表示因延迟销售所造成的销售损失的总机会成本。

在选择和设计物流系统时，要考虑各种系统的总成本，然后从中选择总成本最低的物流系统。

二　订单的处理

订货部门接到销售代理、经销商和顾客发来的订货单后，根据订单内容开具多联发票并送交储运部门；储运部门首先查询该种货物的库存；如果库存货物已全都售完则回复销售部无货，如果仓库有存货，则以多联发票形式向仓库和运输部门发出发货和入账指令。从竞争需要出发，所有企业都希望能迅速而准确地完成这一循环的各个环节，计算机化管理是提高处理的效率和精确度、实现销售过程快捷化的唯一途径。

三　产品的储存策略

产品的储存是指产品离开生产领域而尚未进入消费领域之前，在流通领域的合理停留。为了保证社会再生产的顺利进行和满足顾客的消费需求，必须保持一定数量的产品储存。产品的储存策略主要包括仓库的选择和存货水平的控制。

（一）仓库的选择

仓库是产品储存的主要场所，是组织产品流通的必要物质设施。

1. 库址的选择。仓库地址的选择是一个较难处理的问题，有多种因素的变动将影响库址的选择。选择仓库地址的主要标准是：是否有利于增加企业的经济效益。

2. 仓库数量。仓库的数量必须在顾客服务水平和销售成本之间平衡。近年来，有减少仓库数量来降低成本的趋势，通过改善运输，特别是采用集装箱运输，可加速产品的运输并减少储存，促使储存费用下降。

（二）存货水平的控制

存货水平的高低与顾客的需求量密切相关。存货水平太低，可能造成脱销，不能满足顾客的需求和中断供应；存货水平太高又会增加成本，降低经济效益。

因此，为了保持适当的存货水平，要确定两个问题：一是订多少货（订货量）；二是何时订货（订货点）。

1. 订货量。是指企业每次订货的数量。在任何情况下，企业的订货数量都会遇到两个相互矛盾的因素，即订货费用和存储费用。若订货数量少，则订货次数多，订货成本高，而存储成本低；若订货数量多，则订货次数少，订货成本低，而存储成本高。要使总费用最少，常用的计算方法是经济订货批量法。经济订货批量就是使库存总成本达到最低的订货数量，它是通过平衡订货成本和保管成本两方面得到。其计算公式为：

$$EOQ=\sqrt{\frac{2CD}{H}}=\sqrt{\frac{2CD}{PF}}$$

式中，EOQ 表示经济订货批量；C 表示每次订货成本（元/次）；D 表示年需求总量；Q 表示批量或订货量；P 表示单位商品的购置成本；H 表示单位商品年保管成本（元/年）；$H=PF$，F 为年仓储保管费用率。

2. 订货点。存货水平随着不断的销售而下降，当降低到一定数量时，就需要再订货、进货，这个需要再进货的存量就称为订货点。

订货点的确定要考虑办理进货手续的繁简、运输时间的长短、是否容易发生意外情况等。总的原则是：既要保证企业的销售需求，又不至于因存货增多而导致存储费用加大。实际上，订货点是确定仓库的进货时间，亦即确定采购时间的库存量。根据它来订货，可保证销售产品的采购不早不晚，供应不中断，库存不积压。其计算公式为：

$$R=dXm$$

式中，R 表示订货点；d 表示每日销售量；m 表示产品备运天数。

四　物流的运输策略

（一）物流的运输方式

铁路运输是我国产品运输的主要方式。

水运主要包括轮船运输及沿海驳船和内陆水路驳船运输。

公路运输在运输业中所占比重一直在稳步上升，它特别适合短途运输，尤其在一些没有水运条件也不通铁路的地方，公路运输成了唯一可以利用的运输方式。

航空运输是运输速度最快的方式。

管道运输已成为重要的运输方式之一。

集装箱是一种规格标准化、便于机械装卸、搬运和仓储的货箱。在运输中大量使用集装箱，可以充分利用运输工具的载重量和容积，装卸省时，少占码头和车站，减少停泊和作业时间，为搬运、仓储机械化提供了条件，并可减少产品的损耗，提高效率。

（二）产品的运输策略

产品的运输策略，即企业选择何种运输方式和运输路线，将产品运送到销售地点。

在做出运输策略选择时，必须对各种运输方式之间复杂的利害关系加以权衡，同时还须考虑其他销售要素诸如仓储和存货水平的潜在影响。由于不同运输方式的相对成本会随着时间的推移而发生变化，企业在探索最佳物流计划时必须分析研究所做出的选择是否得当。

企业必须对产品的运输策略进行系统的检查。假如运送到西北地区的货物的平均重量为50公斤，企业应采取铁路运输；但铁路运输不仅速度缓慢，而且会引起丧失销售的机会成本，因此最好采用卡车运送。这样，企业虽然要负担较高的运输费用，但却降低了丧失销售的机会成本。当然在得出这一结论之前，企业管理人员还必须考虑到不同运输方式所带来的存货成本。

运输路线的选择，要以缩短运输里程、减少产品的在途时间为原则，以降低运输费用，准时向顾客交货。

【案例】

西门子的渠道运作

西门子是一个有着百年历史的国际名牌，其冰箱产品自登陆中国市场以来，道路并非一帆风顺，也有过困惑。在国产冰箱技术不断进步、质量不断提升、产品不断创新的滚滚潮流中，西门子赖以骄傲的“技术”、“质量”难以形成明显的差异优势。然而，在国内同行认为是其“弱项”的渠道领域，西门子却下足工夫，创造了生机勃勃的销售活力，其成功的销售渠道运作经验对国产家电企业不无借鉴之处。

一　网络开发上正确处理数量与质量的关系，重质胜于重量，是培育市场、保持可持续发展之道

铺货率是网络开发的重要指标，但不是唯一指标。铺货率太低不利于销售，但也不是越多越好。有的厂家虽然铺货率很高，但网点的销售业绩及厂家合作效果却不理想，造成资源浪费。由于各企业资源及效用的实际情况不同，最理想的铺货率难有定说，但西门子的可取之处却在于能正确处理网点开发中数量与质量的关系。

西门子在网点建设方面有一个良好的战略规划，在一个地区重点扶持一个点，时机成熟后再增加新的销售网点，所选的点基本是做一个活一个，走的是“以点带线，以线带面”的路线。

西门子重视网络质量还具体体现在以下两个方面：

（一）对网点的细心培育

销售人员经常深入终端市场与零售商进行广泛地沟通，听取它们的意见，及时解决它们在销售中遇到的困难和问题，在产品展示陈列、现场广告促销、及时补货等方面给予有力支持，处理好厂家与零售商的利益关系。不仅如此，还帮助零售商做市场，如分析消费者、提供有关市场信息、制订销售计划和策略、帮助它们提高经营水平。同时，也严格规范零售商的销售行为，用制度来管理，一视同仁、奖罚分明，避免了零售终端无序经营和乱涨价现象的发生。

这种市场培育的方式不仅大大提高了终端网络成员的积极性和对企业及产品的忠诚度，增强了他们对产品、品牌、市场的责任心，还使他们的营销水平和能力得到提高，行为更加规范，使西门子从点到面整个网络得以健康、快速、持续地发展。

（二）零售业态的有效组合

目前，家电销售形态大致有百货商场、大型电器城、超市、品牌专卖店、小型电器店等。西门子根据企业实际能力、产品市场拓展的规划和一级市场的特点，大大减少了小型电器店的比例。因为从消费习惯上看，消费者绝少在小型电器店购买冰箱，且小型电器店由于店面形象及专业力量不足，销售过程中难免会对知名厂家的产品及品牌形象造成损害。因此西门子的售点选择侧重于那些信誉好、对消费者影响力大、走货快、又能树立形象的零售业态。

二　创造厂家与零售商的互惠协作关系，重视把产品卖给消费者，而非仅仅把产品卖给零售商，是与零售商荣辱与共的双赢之道

西门子冰箱销售采取的是直接面对零售终端的渠道模式。其特点是不通过任何中间批发环节，直接将产品分销到零售终端，由厂家直接开拓和培育网络。这种方式虽然有网点拓展慢、交易分散、配送难度大、人力投入大的不足，但在家电产品销售成功与否还看终端的今天，企业对售点的控制力、维护能力、市场沟通能力、人际亲和力则更加重要，只有这样，才能真正提高市场的渗透力。因此可以说，这种渠道模式将成为家电销售发展的趋势。

“情感营销”这个有中国特色的概念在家电销售领域被西门子注入了新内容，成为渠道操作的一种“软件”策略，并逐步跳出私人友情的小圈子，成为一种销售沟通手段，走向制度化、规范化，同时注重渠道运作效率、反应，大大增强了渠道活性。

三 卓有成效的导购员管理，注重帮消费者买产品，而不是向消费者推产品，是有效的营业推广之道

为了有效发挥营业推广作用，西门子十分重视导购员的管理，如招聘、培训、激励，拥有了一批优秀的导购员队伍，提高了终端销售的竞争能力。具体体现在以下几个方面：

（一）严格的导购员招聘

西门子导购员管理从开始招聘人员时就严格把关，对被招聘人员的良好品质、个人素质和推销能力等方面提出了具体要求。招聘人员必须通过严格的考试和培训才能上岗，实行制度化管理和操作，对上岗者也引入了竞争淘汰机制。

（二）系统的导购员培训

西门子系统化的培训，包括公司历史、企业理念、生产流程、产品特点、推销技巧和人员举止六个方面，使导购员具有良好的素质、精益的专业知识、熟练的推销技能，能够准确地把握消费者心理，进行有诱惑力的产品介绍，使导购员掌握顾问式销售的方法。

（三）有效的导购员激励

导购员的工作动力来源于两个方面：一是厂家经济利益上的激励；二是精神上的满足，需要一种归属感。西门子为了激发导购员最大的动力，将这两个方面有机地结合起来。一方面是采取“阶梯翻倍”的激励政策，也就是将激励与销量挂钩，把销量划分为几个阶梯，每增加一个梯段，提成比例将翻倍增长，而且各梯段的差距比较合理，使政策对导购员具有强烈的吸引力和有向上冲的动力。另一方面是非常注重培养导购员的主人翁精神，细致关心每一位销售人员的生活，使销售人员对企业的感情加深。

四 保证快速有效的信息沟通，注重的不是单向传递，而是“自上而下”、“自下而上”的双向互动，是把握市场动态、争取主动之道

市场变化万千，谁能快速地掌握市场信息，并能做出及时的反应，谁就能争取主动，西门子能对市场了如指掌，在于它成功的信息沟通方式和可行的措施。

措施：(1) 组成了由导购员、业务员、信息员、市场巡视员全方位的市场信息收集网；(2) 制定完整的信息搜集及反馈制度；(3) 信息收集及反馈的方式多样化、内容细致而全面。

方式：(1) 自上而下的信息沟通，传达企业信息，在沟通方面，西门子更加规范和别具一格，除了在私人关系沟通方面取得良好的效果外，在新产品信息提供、存货情况提供、各型号销售情况、企业经营动向等方面都会定期主动与零售商沟通，并宣传西门子的企业文化，使经销商感到“我就是西门子的一员”。(2) 自下而上的信息沟通，了解市场信息。西门子为了实现终端市场信息快速反馈，在区域分公司设有监督热线，专门用来接受零售商的询问和及时了解市场销售情况。(资料来源：引自林三卓《西门子的渠道运作》，《销售与市场》2001年第1期)

问题讨论

1. 西门子是如何成功地进行渠道运作的？
2. 分析销售渠道在市场营销中的重要性。
3. 西门子的渠道运作给我们哪些启示？

【本章小结】

营销渠道是产品由生产者向最终消费者或用户流动所经过的途径或环节。营销渠道由众多承担营销功能的中介机构所组成。由于这些营销中介机构的存在，缓和了产需之间在时间、地点、商品数量和种类方面的矛盾，也使得市场上总体交易的次数减少，交易费用降低并且大大提高了产品流通的速度和效率。

企业在构建营销渠道时，必须做出几种渠道策略的策略，即是选择长渠道、宽渠道还是联合渠道。通过这些策略，企业可以搭建出自己所需的营销渠道的框架。

在进行渠道设计时，企业要结合考虑市场因素、产品因素、公司因素、中间商因素、环境因素和行为因素对渠道的影响，以求设计尽可能完善，能够适应多种市场态势。

有了一个适用于企业的分销策略和营销渠道体系之后，企业还必须注意对渠道成员的控制、评估和激励。企业可以通过设置一定的标准来衡量适用的中间商；通过给予中间商一定的财力、物力、人力的支持，激励其发挥积极的作用。企业还必须根据市场的新动态，及时改变渠道结构和分销方式，只有这样，企业才能有效地控制好渠道为己所用。

【思考与练习题】

1. 什么是市场营销渠道？其功能与作用是什么？

2. 什么是市场营销网络的“点”、“线”、“面”？如何对“点”、“线”、“面”进行布局设计？

3. 如何看待对分销渠道的冲突？

4. 如何确定企业的经济订货批量？

第十三章 促销策略

【学习目的】 通过学习本章内容，应该掌握：

1. 促销策略的含义及内容
2. 促销的常见活动方式
3. 广告定位与创意的方法
4. 人员推销的基本技巧
5. 营业推广计划的制订方法
6. 公共关系的运作流程

【开篇故事】《读者文摘》的赢家密码

美国《读者文摘》风靡全球，它的发行量在世界名列前茅，除了杂志内容好、质量高外，其赢家密码使它销售上时有创意。

《读者文摘》的前身叫《智慧》。一天，林肯在华盛顿大街看到一家杂志社门前围满了人，原来该社大门旁边华丽的墙上被打了个小洞，洞旁写着“不许往里看”五个醒目大字。人们争先恐后向洞里观望，发现里面是用五彩霓虹灯组成的一本叫《智慧》的杂志广告画。林肯看到这本杂志内容丰富、印制精美，就订了一份。有一天，他办完公务后顺手翻看新到的《智慧》，发现杂志的中间几页没裁开，很扫兴，对这样好的一本杂志竟会出如此错误感到不解。突然，他联想起杂志社的那次促销，心中隐约感到可能有“名堂”。

于是用刀小心裁开连页，其中有一页的内容被用纸糊住了。他撬开糊纸，下面竟写着这样一行字：恭喜您，您用您的好奇心和接受新事物的能力获得了本刊1万美元的奖金……林肯对杂志启发读者智慧和好奇心的做法很欣赏，便给编辑部写了一封信。不久，林肯收到了编辑部寄来的1万美元和回信，信中写道："总统先生：在我们这次有意错印的500本杂志中，只有8人获得了奖金，绝大多数人采取了寄回杂志社调换刊物的做法，看来你的确是位智者。"

好产品也要出色的促销。让售卖饱含智慧，让智慧与你相随，产品就不仅仅止于产品了。

第一节　促销策略概述

促销策略是市场营销组合的基本策略之一。好的促销策略，能改善企业与消费者的沟通状况，建立良好的产品形象，提升产品的市场份额，巩固企业的市场地位。随着大众传播向分众传播的发展，多样性的沟通手段和与之相应的促销策略得到了普遍运用。从企业的角度来说，如何因应沟通环境的变化，创造出契合企业整体营销战略的促销思路及实施方法，对实现企业的经营目标有重要的影响。

一　促销策略的含义

（一）促销的含义

促销是企业通过人员和非人员的方式，沟通企业与消费者之间的信息，引发和刺激消费者需求，从而促使消费者购买的活动。在现实的市场运作中，企业与消费者的基础关系是信息沟通关系：一方面，企业作为商品或服务的供应者，面对广泛的消费者，需要把有关企业自身及所生产的产品、劳务的信息传达给消费者，使他们充分了解企业及其产品、劳务的性能、特征、价格等，借以进行判断和选择（这种由卖方向买方的信息传递，是买方得以做出购买行为的基本前提）；另一方面，作为买方的消费者，也把对企业及产品、劳务的认识和需求动向反馈到卖方，促使卖方根据市场需求进行生产（这种由买方向卖方的信息传递，是卖方得以适应市场需求的重要前提）。由此可见，促销的实质是卖方与买方的信息沟通，这种沟通不是单项式沟通，而是一种由卖方到买方和由买方到卖方的不断循环的双向式沟通。如图 13－1 所示。

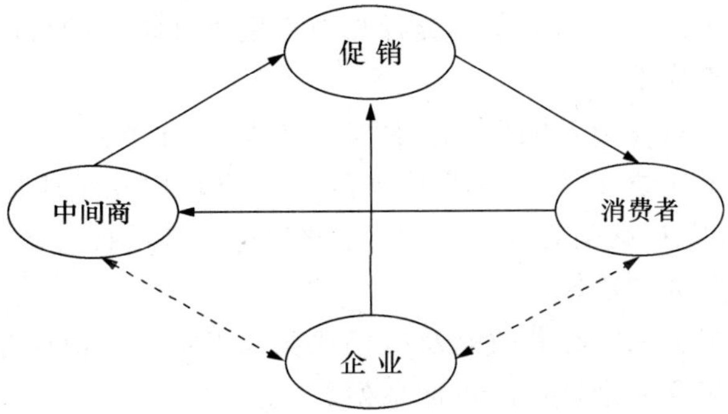

图 13－1　促销的实质是信息沟通

（二）促销策略的含义

促销策略是一种基本的市场营销组合，是企业以顾客需要为出发点，根据经验获得顾客需求及购买力信息，通过相互协调的促销活动组合，向消费者及用户传递产品或服务信息，树立企业与产品形象，以引发消费者注意和兴趣，并促使其生发购买欲望和购买行为，进而扩大销售的市场营销系列活动。促销策略实施的最终目的是引发和刺激消费者产生购买行为。通过运用各种促销手段，对本企业产品和服务进行有效宣传，刺激消费者的消费欲望，引发消费需求和购买动机，促成消费者的购买行为，实现产品和劳务的转移。

根据活动实施主体的差异，促销策略可分为通过人员和非人员推销两种方式。其中，人员推销即促销员和顾客面对面地进行信息沟通和商品交易；非人员推销，即通过各种传播媒介向广大顾客传递产品或服务信息（主要包括广告、公共关系和营业推广三种形式）。此外，目录、通告、赠品、店标、陈列、示范、展销等也属于促销策略的范畴。

二　促销的目标与作用

（一）促销目标

促销目标是指企业促销活动所期望达到的成果。例如，可以是在一定时期内，在某一市场激发消费者的需求，扩大企业的市场份额；或者是加深消费者对企业的印象，树立企业的形象，为其产品或服务以后占领市场、提高市场竞争地位奠定基础。

促销目标可以是短期的，也可以是长期的。短期促销目标是指在一年或更短的时间内实现的目标，而长期目标需要花更长时间来实现。不同的促销目标，要求以不同促销方式的组合来实现。虽然并不是所有的促销方式都可以立刻创造销售业绩，每一种促销方式都会在消费者心中产生某种特定的反应，为最终达成预期的促销景况积累成果。

一般来说，针对消费者的促销目标主要有以下五个：（1）增加销售量、扩大销售区域。（2）开拓新客户、巩固老客户。（3）树立企业形象、提升知名度和美誉度。（4）应对竞争者，争夺对手的客户。（5）宣告新产品或产品组合，增加特殊产品或服务的销售。

促销目标要根据企业经营战略及市场状况来确定，促销目标可以确立为单个目标，也可以是包含多个目标的目标系列。

（二）促销的作用

促销的作用主要体现在以下几个方面：

1. 传递产品或服务消息。产品及服务进入或即将进入市场，企业通过促销手段及时向中间商和消费者提供情报，引起社会公众的注意，吸引他们关注这些产品和劳务的存在。通过传递产品及服务信息，把分散、众多的消费者与企业联系起来，便利于消费者选择购买，成为现实的买主。

2. 诱导和创造消费需求。在促销活动中向消费者介绍产品及服务，不仅可以诱导需求，有时还可以创造需求。消费需求产生的原始动机，是由人类生存和发展的需要而引发的。随着经济发展和人民生活水平的提高，人们生存、发展需要的内容和范围也在不断扩展，从而形成不断发展的潜在需求。促销的重要作用就在于通过介绍新的产品，展示合乎潮流的消费模式，提供满足消费者生存和发展需要的承诺，从而唤起消费者的购买欲望，创造出新的消费需求。

3. 凸显产品或服务个性。在同一类商品或服务市场上，其满足消费者需求的基本功能大体上也是相同的。面对琳琅满目的商品或种类繁多的服务项目，消费者往往难以准确地识别商品或服务的性能、效用。企业通过促销活动，可以显示自身产品或服务的突出性能和特点，或者显示产品或服务消费给顾客带来的满足程度，或者显示产品或服务消费给顾客提供的附加价值等，凸显企业个性特征，促使消费者加深对该企业产品或服务的了解，从而促使消费者增加购买。

4. 稳定企业的市场销售。由于商品市场的激烈竞争，企业产品或服务的销售可能起伏不定，企业的市场份额亦呈现不稳定状态，有时甚至可能出现较大幅度的滑坡。通过有效促销活动的实施，企业可以得到真实市场信息的反馈，及时做出相应对策，加强促销的目的性，使更多的消费者对该企业产品或服务由熟悉到偏爱，形成对该企业产品或服务的惠顾动机，从而稳定产品销售，巩固企业的市场地位。

第二节　人员推销策略

人员推销是指通过推销人员深入中间商或消费者进行直接的宣传介绍活动，使其发生购买行为的促销方式。它既是一种渠道方式，也是一种促销方式，但根本上是一种互惠互利的信息沟通活动。推销人员在运用各种促销技巧和手段说服客户接受企业的产品或服务时，必须同时满足企业和用户双方的利益，解决双方的问题，才能促进双方交易的达成，实现扩大企业销售的目的。

一　人员推销的一般程式

（一）人员推销的特点

人员推销是人类最古老的促销手段，远在小商品经济时代，商人的沿街叫卖、上门送货等就属于人员推销的性质。在商品经济高度发展的现代社会，人员推销这种古老的形式更焕发了青春，成为现代社会最重要的一种促销形式。

同非人员推销相比，人员推销的最大特点是供需交换的直接性。无论采取面对面交流形式，还是通过电话访问顾客的形式，推销人员都在通过自己的声音、形象、动作或拥有的样品、宣传图片等直接向顾客展示、操作、说明，直接推进相互交流。人员推销的这种交换直接性，决定了其实施过程中不同于非人员推销的诸种特点。

1. 活动弹性大。推销人员与顾客保持直接联系，在促销过程中可以直接展示商品，进行操作表演，帮助安装调试，并且根据顾客反映出来的欲望、需求、动机和行为，灵活地采取必要的协调措施，对顾客表现出来的疑虑和问题，也可以及时进行讨论和解答。此外，推销人员在促销的同时，尚可兼做许多相关性的工作，如服务、调研、情报收集等。

2. 沟通针对性强。采取广告方式等非人员推销手段，面对的是广泛的社会公众，他们可能是也可能不是该产品的顾客。而人员推销在作业之前往往要事先对顾客进行调查研究，选择潜在顾客，直接针对潜在顾客进行促销活动。沟通过程中还可以针对顾客的具体反应，调整沟通策略，减少无效信息及其他浪费，促销绩效通常比较明显。

3. 购买促成及时。人员推销的直接性，大大缩短了从促销活动到采购购买行为之间的时间间隔。采取广告促销方式，顾客有一个接受、思考、比较、认定以及到店购买的时段，而人员推销活动，则可以使顾客的种种问题迎刃而解，在推销人员面对面的讲解、说服帮助下，可以促进顾客立即采取购买行为。

4. 有利于巩固长期关系。推销人员在与顾客长期反复的交往过程中，往往培养出亲切友好的关系，这种关系有利于培育顾客忠诚度，稳定企业销售业务。一方面，推销人员在帮助顾客选择称心商品或服务、解决产品或服务使用过程中的种种问题，使顾客对销售人员产生亲切感和信任感；另一方面，顾客对推销人员的良好行为予以肯定和信任，也会积极宣传企业的产品，帮助销售人员扩展业务，从而形成长期稳定的关系。

（二）人员推销的一般程式

人员推销是一门科学，也是一门艺术，要遵循一定的程序和方法，但同时又要灵活运用，只有结合推销人员自身条件以及市场环境，融会贯通，巧妙运筹，才能取得良好的促销效果。人员推销的一般程序包括七个步骤，详见图 13－2。

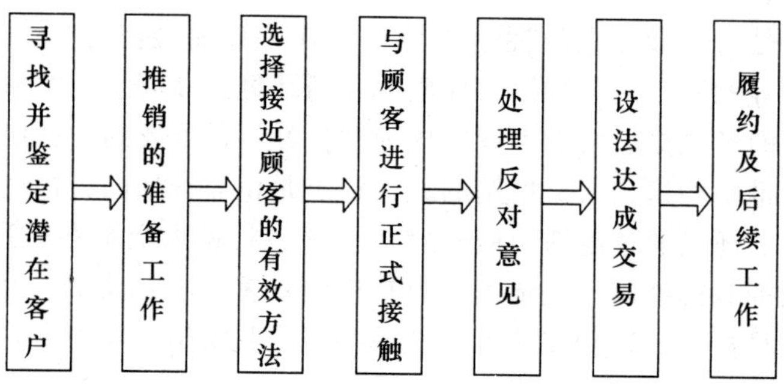

图 13－2 人员推销的一般程式

1. 寻找并鉴定潜在客户。人员推销的活动对象是潜在客户，找寻其所在是人员推销的活动起点。顾客寻定和筛选，指的是依据企业产品或服务的性能特征，及其与顾客需求的匹配情形，确立企业的顾客对象。成功的推销员大都通过研究潜在顾客的财务能力、业务量、具体的需求、地理位置和连续进行业务的可能性，来衡量他们的资格，从而淘汰那些没有价值的线索。

2. 推销的准备工作。人员推销是一项复杂的沟通活动，要取得预期成效，需要有充分的预备，对顾客需求、自身产品或服务的性能特征、竞争者的基本情况、推销对话的常见话术、有助沟通的样品和表格、各类现场促销辅助工具等，要事先调查、演练和配备好，使推销人员知彼知己，自如自信，从容出入工作情景。

3. 选择接近顾客的有效方法。不同客户的需求和个性差异，要求与之相适应的接近方法。常见的方法主要包括介绍接近方法、产品接近法、接近圈接近法、好奇接近法、利益接近法、震惊接近法、戏剧化接近法、赞美接近法、讨论接近法、调查接近法、求教接近法、搭讪与聊天接近法、馈赠接近法等。按照国际惯例，此阶段促销员应：第一，确定访问目标——此次专访主要是收集其情报，还是希望马上达成交易；第二，选择访问方法——可以是私人拜访、电话访问或者信函访问；第三，配备资料和工具——准备好样品、说明材料、演示工具、文具、应变语言以及顾客资料卡等。

4. 与顾客进行正式接触。推销人员与顾客相见，在完成短暂寒暄后，可以按照 AIDA 模式介绍该产品或服务的“故事”：A（attention）——争取注意，I（interest）——引起兴趣，D（desire）——激发欲望，A（action）——见诸行动。在交流的整个过程中，推销人员应以产品性能为依据，突出产品的特点，着重说明产品对客户所带来的利益，特别注意倾听对方的发言，以判断顾客的真实意图。顾客通常可能知道自己的问题和目标，但不知道通过什么方式来满足需求，不知道选择什么商品以及这些选择带来的影响。推销人员要在一系列表面现象中抓住本质，明确消费者的实际需求，判明顾客决策的关键人物和做出购买决策的方法。一般来说，推销人员可以通过提出问题、筛选问题和讨论问题，来分辨顾客需求。“提出问题”，即通过对拟订问题的提问，倾听顾客对问题的回答，让顾客用自己的话把他的想法说出来。“筛选问题”即推销人员在认真分析顾客交谈内容的基础上，筛选出顾客感兴趣或需求敏感的项目。“讨论问题”即对顾客感兴趣的问题展开重点讨论，启发顾客对需求目标进行深入、细致、全面的思考。

5. 处理反对意见。顾客在接受产品介绍或推销人员要他们订购时，由于心理和逻辑的原因，几乎都会表现出抵触情绪。心理原因的抵触主要有：对外来干预的抵制、固守已经养成的习惯、生性对事物漠不关心、不愿意放弃某些东西、对他人不愉快的联想、反感由别人摆布、预定的构思、不喜欢作决定、对金钱的过敏反应等；逻辑原因的抵触通常是对价格、交货期或者是对某些产品或某个公司的抵制等。一般来说，这些抵触情绪的表现并不十分明显，因而给推销人员采取积极的方法进行解释、协商和克服障碍提供了空间和可能。

6. 设法达成交易。这是人员推销各阶段工作的关键，也是推销活动的重要目的。推销人员必须抓住顾客发出的交易信号（如顾客的动作、语言、评论和提出的问题等），及时推动顾客购买行为的实现。常见的达成交易的方法有：推销人员邀请顾客订货、强调协议要点、帮助顾客填写订单、询问顾客的产品选择、让顾客对颜色尺寸进行确认、告知顾客若不订货将会遭到的损失等。此外，推销人员还可以给予购买者特价、免费加送货量、赠送礼品等，来促成交易的实现。

7. 履约及后续工作。交易手续完成后，推销人员要着手履约的各项具体工作，保证交货时间，及时向顾客提供使用指导和售后服务。此外，推销人员还应了解买主的购买满意状况，及时帮助买主解决使用中遇到的问题，持续保持同顾客的良好关系。这些工作不仅可以发现产品或服务存在的问题，减少可能出现的认识上的不一致，而且有利于树立企业信誉，密切双方的关系，增强顾客对企业的信任，从而促成顾客的重复购买，扩大市场销售。

二　人员推销的基本技巧

人员推销技巧是推销人员在促销过程中表现的巧妙技能，是推销人员对促销方法熟练和灵活运用的结果。概括起来，人员推销的基本技巧有接近顾客技巧、与顾客洽谈技巧、推动交易技巧和排除推销障碍技巧四大类。

（一）接近顾客的技巧

接近顾客是人员推销的起点，是推销人员赢得顾客信任的活动前提。在具体的促销过程中，要做好如下几点：

1. 找准上门对象。寻找潜在顾客的途径与方式很多，国际上通行的做法有：向现有顾客询问潜在顾客的姓名；培养其他能提供潜在顾客线索的来源，如供应商、非竞争性的促销代表、银行和贸易协会负责人；加入潜在客户所在的组织；从事能引人注意的演讲和写作活动；仔细阅读各种资料来源（报纸、企业目录、指南）寻找潜在顾客并掌握其名字；通过电话和邮件寻找线索；未先通报偶然拜访某些办事处等。还可以通过商业性资料手册或公共广告媒体寻找重要线索，甚至可以到商场、门市部等商业网点寻找客户名称、地址、电话、产品和商标。

2. 预备交流功课。推销人员既要尽可能多地了解和收集备访用户的情况，包括生产状况、资金状况、需要什么、谁参与决策购买、购买者的性格特征及购买风格；又要深入了解本企业的历史和现状、产品性能、服务特点、价格及促销陈列计划、广告计划、促销陈列海报/架、销售表达手册、产品存货水平等。

3. 掌握“开门”的方法。成功敲开顾客的“家门”，是检验推销人员接近顾客技能的基础环节。良好的着装形象、得体的仪态举止、合适的上门时间，都有助于避免吃“闭门羹”，可以采用电话、传真、电子邮件等手段事先交谈或传送文字资料给对方并预约面谈的时间、地点；也可以采用请熟人引见、名片开道、与对方有关人员交朋友等策略，赢得客户的欢迎。

(二) 与顾客洽谈的技巧

与顾客洽谈效果的好坏，是决定人员推销成败的关键。在与顾客沟通的不同阶段，推销人员要掌握不同的洽谈技巧。

1. 洽谈开始阶段。敲开顾客“家门”后，稍事寒暄，推销人员就应巧妙地把谈话转入正题，做到自然、轻松、适时。可采取以关心、赞誉、请教、炫耀、探讨等方式入题，顺利地提出洽谈的内容，以引起客户的注意和兴趣。

2. 洽谈过程中。推销人员应谦虚谨言，注意让客户多说话，认真倾听，表示关注与兴趣，并作出积极的反应。遇到障碍时，要细心分析，耐心说服，排除疑虑，争取推销成功。在交谈中，语言要客观、全面，既要说明优点所在，也要如实反映缺点，切忌高谈阔论、“王婆卖瓜”，让客户反感或不信任。

(三) 推动交易的技巧

推销的效果是由顾客的行动来衡量的。如果无法成交，你就无法卖出。成交是一系列促使顾客做出购买决定的行为。所有的交易在最后时刻都面临三种结果：拒绝、拖延、成交。推销人员要力求避免前两种情况的出现，一鼓作气推动交易完成。

1. 选择适当的成交时间。推销人员要特别注意达成交易的信号，在出现这些信号时，再提出成交的要求。当成交的时机尚不成熟、交易信号不明显时，应适当引导，进一步将顾客引向要求成交的途径。一般来说，当顾客出现购买意向时，往往会发出一些信号。例如，顾客反复对你的问题给予积极反应，顾客的问题转向细节，顾客询问订单，顾客给予强烈的肯定，顾客喜爱使用样品等。

2. 说服顾客现在采取行动。成交的一般规律是：一直向顾客提供现在就买的理由，提出如果延误造成的损失及立即行动带来的收益。为了保证让顾客考虑产品的适用性，可再次提醒他。用顾客的话复述购买的必然性，可以使顾客充分认识到购买的迫切性。

3. 重复保证购买的收益。推动交易的另一个重要方法是：当感到顾客有拖延的倾向、犹豫不决时，应及时抓住重点，向顾客重复宣传达成交易带来的收益以及延伸效益，加强顾客的信心。

4. 巩固交易成果。签约成功后，推销人员要用友好的态度和巧妙的方法祝贺客户达成了好交易，并指导顾客做好合约中的重要细节和其他一些注意事项，切忌一实现签约就匆忙终止洽谈或突兀离去，避免让顾客产生上当受骗的错觉，从而使客户反悔违约。

(四) 排除推销障碍的技巧

顾客在与推销人员沟通时，有时会有多种抵触倾向，如果不能及时排除顾客的情绪障碍，会对推销带来很大阻力。

1. 排除客户异议障碍。若发现客户欲言又止，推销人员应主动少说话，直截了当地请对方充分发表意见，以自由问答的方式真诚地与客户交换意见。如果顾客对企业产品或服务存有一时难以纠正的偏见，推销人员可将话题转移，避免负面信息放大、强化。对恶意的反对意见，推销人员选择“装聋扮哑”则属上策。

2. 排除价格障碍。当顾客认为企业产品或服务价格偏高时，推销人员应在介绍企业定价依据的基础上，充分说明和展示产品、服务的性能、特色和价值，使客户感到“一分钱一分货”、物有所值甚至物超所值；如果产品或服务的定价较低，应在说明定价原因的同时，强调产品或服务的品质，让客户感到物美价廉。

3. 排除习惯性障碍。对客户不熟悉的产品或服务，推销人员可以有效运用交易辅助品（如纸、笔、样品、宣传资料、视听资料、图片等），以形象、直观的方式，将其与顾客已熟悉的产品或服务相比较，使顾客眼见为实，从而乐于接受新的消费观念。

第三节　广告促销策略

广告（advertise）一词源于拉丁语，有“注意”和“诱导”的意思，现在通行的广告概念，是将有说服力的信息广而告之，传之天下，目的在于促进某种观念和信息的传递与交流，引起注意，启发理念，指导行为。从营销的专业视角看，广告是由明确的组织或个人，为达到一定的目的，通过支付费用，由媒体实施的，以非人员的方式所进行的有关产品、劳务或观念的销售促进活动。

广告促销策略是企业借助各种媒体，向消费者或用户传递产品信息，引起他们的注意和兴趣，激发他们的购买欲望和购买行为，以达到扩大销售的目的营销活动方式，它是市场营销促销组合的基本策略之一。

一　广告计划

（一）广告计划的含义

广告计划是对广告目标、预期完成的指标体系、达到目标的各项广告安排和时间进程，广告效果的评价方式等，进行系统规划的综合性活动。广告计划一旦确定，就成了广告活动必须遵守的准则和努力方向。

（二）广告计划的构成

广告计划作为广告活动的行动文件，其基本构成主要包括如下要素：

1. 广告计划执行摘要。广告计划的执行摘要，是具体一项广告活动的要点概述。它简明地罗列了广告计划的要点，如本次广告策划活动的广告预算、主要目标、广告主题、广告创意策略、媒体选择及日程表与各种促销的配合等。执行摘要的制作目的，是使广告实施方能在最短的时间内，对本次广告策划的内容有一个大概的了解，并为需要时翻阅有关详细内容作引导。广告计划的执行摘要，要强调本次广告策划活动的独到之处，或最吸引人的促销措施，以激发相关者"读下去"的兴趣。

2. 广告市场分析。市场分析主要包括企业或产品品牌分析、产品或服务分析、目标市场分析和竞争状况分析四方面内容。

（1）企业或产品品牌分析一般包括：①产品或品牌的历史背景；②过去的广告预算；③过去的广告主题（或诉求点）；④过去的媒体使用及费用情况；⑤专利权或技术上的历史情况；⑥政治上或法律上的重大影响；⑦目前在广告中所使用的创意主题；⑧目前所面临的问题及机会；⑨在未来计划期间可能影响产品或品牌的问题等。

（2）产品或服务分析通常包括：①以特点、成分、用途、消费者接受率与竞争者相比有何特点？②消费者或经销商对产品或服务的看法与意见；③消费者购买产品是否方便，配销情况如何？④包装及产品识别系统有什么问题，等等。

（3）目标市场分析主要包括：①目标市场的规模，目标市场上消费者的人口统计方面的基本情况（如职业、婚姻状况、教育、年龄、家庭收入、社会阶层、地点分布等）；②消费者的心理特点分析（如消费者的购买动机、购买习惯、对产品的认知程度和个人偏好等）；③消费者使用产品或服务的行为特点（如产品或服务的使用频率、使用方式、使用感受、使用信息反馈及投诉等）。

（4）竞争状况分析一般包括：①主要的直接竞争者和间接竞争者；②竞争者目前及过去的广告主题；③本企业在过去广告竞争中的长处及弱点；④竞争者的包装设计、品牌命名的长处及弱点分析；⑤竞争对批发、零售及消费者的影响等。

3. 广告促销目标。广告服务于企业的市场营销规划，广告促销目标要围绕企业营销的目标。

（1）广告目标的内容。主要包括：①广告策划活动在本计划期内达到什么目标；②此目标与企业整个营销目标的关系；③目标中最重要的是什么内容。

（2）广告目标的确定方法。广告目标的表述应尽量具体、量化，以便于过程控制和效果测评。美国广告学家科利（Russell H. Colley）对此提出了"6M"目标确定方法：①商品（merchandise）——我们所卖的商品与服务其最重要的那些利益是什么？②市场（markets）——我们所要影响的人们是谁？③动机（motives）——他们为什么要买或者不要买？④信息（messages）——我们所要传达的主要想法、资讯与态度是什么？⑤媒体（media）——怎样才能达到这些潜在顾客？⑥测定（measurements）——我们提出什么样的准则来测定所要传达给特定视听众的成果？科利的“6M”目标确定法在国际上得到了广泛运用。

4. 广告创意和实施。这是广告计划最核心的要素，一般包括：①广告主题的确定；②广告创意的策略；③媒体的选择与确定（媒体要解决的主要问题、媒体策略和媒体使用日程表）；④广告实施计划。

5. 广告活动预算。广告预算也是广告计划书的重要组成部分。在广告预算中，广告策划者要将本次广告宣传活动所需的广告费用总额明确地列出来，并对它的分配情况进行较详细的阐述。

6. 广告效果测定。广告效果测定包括：①广告效果测定的时间依据、广告效果的性质；②测定的指标体系；③如何进行测定。

（三）广告预算

广告预算是广告主对开展广告活动所需费用的匡算，是广告主进行广告宣传活动投入资金的使用计划。它规定了广告计划期内开展广告活动所需的费用总额、使用范围和使用方法。广告预算支撑着广告计划，也关系着广告计划能否落实以及广告活动的最终效果。

美国广告学家肯尼思·朗曼（Kenneth Longman）对广告与广告费用支出关系列出了一个模式（见图13－3）。

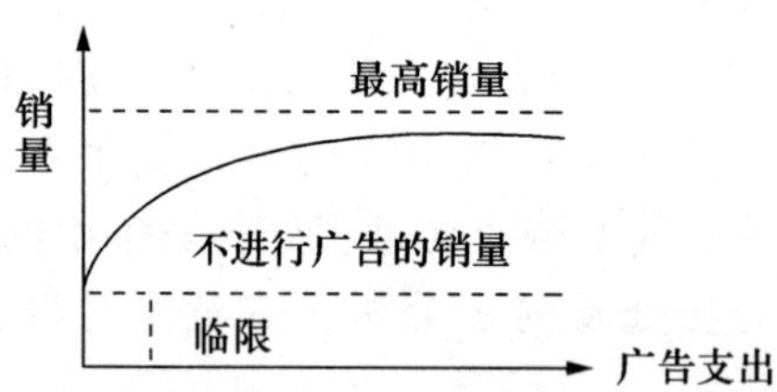

图13－3　广告与广告费用支出的关系

朗曼研究发现，在不做任何广告的情况下，产品也有一定销售（为最低销量），同时，产品都有一个最高销量，最高销量是由企业生产能力、市场情况及资源状况等决定的。在最低与最高销量之间，广告是有作用的，当广告投入达到一定规模时，其边际收益呈递减趋势。朗曼认为，广告成功的关键在于用尽可能少的费用达到最高销量。朗曼的理论发现应作为一种营销思想贯穿于广告预算中，广告应作为一种投资，与其他投资一样，投资多少应以投入产出比为依据。

广告预算确定的方法多种多样，以下五种较为常用：

1. 随机分摊法。这是一种最原始的，不需数据支持的预算方法。它完全凭领导者的“判断”、“经验”和灵感确定。这种方法在我国还很多见。

2. 销售额百分比法。这是一种广泛被采用的方法，它要求按销售额目标来预算广告费用，一般只确定一个比例，如1.5%或2.0%等。这种方法的依据通常是过去的经验、竞争者支出比率或某些特殊指导方针。这种方法的“先天不足”是把广告当成了销售的结果，而不是一种促销措施。简单或单一运用这种方法会造成恶性循环，即销售额越少，广告越少。所以这种方法必须参照其他方法共同使用。

3. 竞争平衡法。这也是已被普遍采用的方法，它根据同行（特别是有竞争关系的企业）的平均广告支出来预算本企业的广告费用。但这种方法较适用于以打压竞争对手为主要目标的广告活动。

4. 目标任务法。这种方法要求根据广告的目标，详细列出完成目标所必须进行的各项工作，并计算每项工作需要的费用（广告调查费、媒体费用、制作费用等），这些费用之和即广告预算的额度。

5. 投资效益法。这种方法把广告费用支出当做是一种投资，按某些回收标准来确定广告预算。首先确定投资目标，按一定的投资效益和回收率来确定，然后，根据广告的经济效益测算预算。这种方法的明显缺陷在于，广告效果并不能全部折算成经济效益，如知名度提高百分之几可多获销售额或利润多少。

值得注意的是，以上各种广告预算的确定方法都有一定局限，我们在实际进行广告预算时，应同时使用几种方法并参照促销目标来最终确定预算标准。

二　广告的媒体选择

广告媒体是指能借以实现广告主与广告对象之间联系的物质或工具。由于新媒体的不断涌现，使广告媒体的分类日益丰富。

广告媒体多种多样，各有其优缺点。企业在进行广告策划时，必须对具体的媒体对象进行选择，做好媒体选择是广告目标成功的关键。

（一）媒体选择的方法

要选择适合的广告媒介，应当综合考察媒介特征、受众需求与信息接收偏好以及企业的营销方针、广告目标等多方面因素。就单维的媒介选择来说，要考虑各类媒介的覆盖域（传播发挥影响的区域范围）、触及率（触及传播信息的人数比率）、时效性（传播信息的速度和有效性）、重复率（重复接收信息的次数）、连续性（信息连续传播后所产生的影响和效果）、权威性（媒介的影响力）、效益（传播带来的经济效益）等各项指标和因素。各类传播媒介因性质、状态不同，传播方式、手段、功能各不相同，应根据企业营销需要来审慎选择。

媒体选择的方法通常有经验法和分析法两种。经验法又称为尝试法，即先对各种媒体做小规模和短期的试验，评价其传播效果，然后作出选择；分析法又称为剔除法，是将企业在该次广告活动中对媒体选择的要求一一列出，然后对各媒体进行整体评价，选择出符合要求或评价较高的媒体。

（二）媒体的组配策略

广告媒体组配的策略包括单一媒体策略和组合媒体策略。单一媒体策略是指企业在自有媒体之外选择一种租用媒体发布广告，这种策略的广告花费少，且能将力量集中在某种媒体，以取得较高的信息到达率和信息频度。组合媒体策略是指企业在自有媒体之外选择两种或两种以上的租用媒体发布广告，这种策略花费较大，但覆盖面宽且各种媒体之间在发布的广告信息方面可以取长补短、互相配合。

由于不同企业的具体情况和要求各不相同，在精心运筹、恰当组配各类媒介时，要注意三个方面：一是对同类媒介进行组合使用，如各种不同电子媒介的配合；二是把不同类型的媒介组合使用，如印刷和电子媒介配合；三是把自有媒介和租用媒介组合使用，以求经济实用。对媒介组合应用时，要善于筹划，优化组合各种方案，以求少花钱，多办事，办好事。

第四节　营业推广策略

营业推广（Sales Promotion）也称销售促进，是企业用来刺激需求或市场反应而采取的各种短期性促销方式的总称，它是营销活动的一个关键要素（科特勒，1999）。据权威机构统计，美国企业的营业推广费用为广告费用的一半以上，其中消费品制造商的营业推广费用占总开支的60%—70%，且年平均增长12%，而广告平均增长率为7.6%。尤其是一些特殊消费品，如烟草、药品等，营业推广费用甚至远过于广告。美国布朗—威廉烟草公司推出超低焦油含量的“巴克雷”牌香烟，第一年度的广告费用为5000万美元，而营业推广费用则高达1亿美元。随着市场竞争的日益加剧，营业推广作为一种有效的促销手段，必将被越来越多的中国企业广泛应用。

一　营业推广的含义和特点

（一）营业推广的含义

迄今为止，营业推广还没有一个具有充分说服力且“一统江湖”的定义，霍（Haugh，1983）在对其再定义时认为，“销售促进是一种直接的诱惑，它向购买产品的销售人员、分销商或者最终的使用者提供一种额外的价值或者激励，其首要的目标是创造即刻的销售”。科特勒（1999）指出：“销售促进包括各种多数属于短期性的刺激工具，用以刺激消费者和贸易商迅速和较大量地购买某一种特定的产品或服务。”美国市场营销协会将之定义为“除了人员推销、广告、宣传以外的、刺激消费者购买和经销商效益的各种市场营销活动，例如，陈列、演示、展览会、示范表演以及其他推销努力”。

综合不同专家学者对销售促进的界定，我们将之表述为“营业推广是一种适宜于短期推销的促销方法，是企业为鼓励购买、销售商品和劳务而采取的除广告、公关和人员推销之外的所有营销活动的总称”。如果说广告提供了购买的理由，那么，销售促进则提供了购买的刺激。

（二）营业推广的特点

与广告、公关和人员推销比，营业推广有明显的特点，主要表现为：

1. 活动的短期性。营销理论一般认为，营业推广是适用于短期的促销手段，它在吸引新的消费者试用或破坏其他品牌使用者的忠诚度最为有效。然而，长时间使用营业推广，会造成消费者对价格的敏感。不但无法使消费者建立起真正的品牌忠诚度，甚至会产生负面影响，如怀疑质量降低，无法维持正常价位，造成恶性竞争等。而广告、公共关系和人员推销与营业推广相比，其活动方式要求保持长期性、连续性。

2. 方式的综合性。营业推广是企业运用各种短期诱因，鼓励购买或销售企业产品或服务的促销活动。如果说广告的主要目的是使消费者对产品的服务产生兴趣；公关的作用是使消费者对企业产品或服务产生良好印象的话，营业推广则侧重于使消费者将兴趣和印象转化为行动。所以，在多数情况下，企业是通常把营业推广和广告宣传、公共关系活动结合在一起运用。如宝洁公司在中国市场的洗发用品，继海飞丝、飘柔、潘婷、沙宣等著名品牌之后，专为亚洲妇女研制了新产品“润妍”。为给新品上市助阵，宝洁公司推出了“润妍，现代东方系列文化大赛”（包括书法大赛、黑白摄影大赛、现代东方女性美标准讨论等活动），并在北京、上海、广州三地举办消费者有奖竞猜活动、“润妍”洗护发产品派送等活动，得到消费者的认同。

二 营业推广的有效形式

营业推广的表现形式丰富多彩，变化无穷。据统计，在美国，企业一年发放的折价优惠券超过900亿张，人均每年400张；美国一般的大型超市每年所设置的展示商品超过2500种；美国企业每年花费的“付费赠送”支出超过6.4亿美元；美国家庭每户平均年收到500份以上的直接信函。在我国，随着市场经济的迅猛发展，营业推广的方式也不断丰富，花样繁多。

据调查，仅对消费者的营业推广，国内外就有530多种方式。由于篇幅有限，无法将所有营业推广形式展开讨论，下面侧重介绍几种实践证明卓有成效的对消费者的营业推广形式。为了便于掌握，根据这些营业推广方式涉及的不同主题，我们将之概括为以价格、赠品、奖励和展示为核心的四个主题群：

（一）以价格为核心的营业推广

这种形式的营业推广以商品或服务的价格变化（通常是价格减让）作为刺激消费者消费的主要手段。其常见应用形式有：

1. 折价销售。折价销售是对消费者营业推广中运用最普遍的手法之一，它指的是商家在一定的时间里进行价格上的减让（如商品七折、八折销售），特定时间一过，又恢复原价。著名管理学家塔克尔指出的21世纪十大经营趋势，其中之一便是“折价竞争”，他说，企业为了“缔造佳绩，都必须了解折扣这项趋势。……折扣就像一种病毒，正蔓延到所碰触的每种行业。”据统计，我国目前绝大多数商家都采用过折价销售的方法进行营业推广。有家名叫“皇冠”的书店，其广告口号就是：“请记住，如果你买书没有打折，那你一定不曾光临皇冠书店。”在皇冠书店，人们最高可以享受到六折的价格优惠。折价销售使皇冠书店业务急速扩张，十几年便成长为拥有260家分店的集团公司。

2. 优惠卡券。优惠卡券是一种证明减价的凭证，持有者凭券或卡可在购物时享受一定数量的减价优惠。优惠券的发放既可通过邮局寄送，也可印在杂志、报纸上供读者自行剪下使用，或者夹放于产品包装内附送给消费者，还可以在销售现场根据消费者的购买情况配额发放。优惠券对那些购买频率高的商品促销效果较大。优惠卡一般由商家或厂家直接发送，发送的目的是吸引那些有一定消费兴趣和消费能力的老顾客，使其不断进行重复消费。优惠卡的具体形式一般有贵宾卡、会员卡等两种。消费者一次性购买量达到约定额度或者交足一定数额入会费，便可拥有该卡项，以后凭卡可享受一定的价格折扣，如南昌天虹的贵宾卡，顾客持卡可享受八至九五折的优惠。

3. 特价包装。厂家对其商品的正常零售价格以一定幅度的优惠，并将优惠金额标示在商品包装或价格标签上。特价包装的形式灵活多样，可以直接在包装上印出原价与供应特价，如碧浪400克装洗衣粉的包装袋上明示着“原价9.80元，优惠价8.70元”的字样；也可以将同种商品组包后减价出售，如伊利纯牛奶5瓶封装，标价只相当于原来4瓶的价格；还可以将两件或多件相关商品组配在一起标价出售，如牙膏配牙刷、洗发水配梳子等。有的厂家甚至在包装上赫然印上“建议零售价×××”……林林总总的包装显价形式，为商品的促销起到了不可低估的作用。

特价包装适用于购买频率高、价格水平低的商品的促销。使用这一推广工具时要注意使用频次，不能频繁出招，否则容易模糊商品的市场价位，甚至损害商品的品牌形象。

4. 退款优惠。消费者购买商品后，可将商品证明（如注册商标、商品条码等）连同购货凭证，到购买现场的指定地点，办理部分货款退还。退款优惠的功能与折价销售及优惠券卡等相似，它主要用于鼓励顾客试用新产品，其运作成本相对较低。

5. 以旧换新。顾客在购买商品时交出同类产品的废旧品，便可享受一定价格折扣的优惠。以旧换新的“新”与“旧”，在品牌关联上通常有两种做法：一种是“新”与“旧”商品的品牌必须相同，如美国博士伦公司每年在中国组织一次以旧换新活动，但要求“旧货”必须是博士伦隐形眼镜镜片，这种促销方法对巩固既得市场和更新产品有较好的效果；另一种是“新”与“旧”商品只要类属相同，品牌可以不同，如爱仕达压力锅推出的以旧换新活动期间，消费者带上任何一款旧压力锅，就可获得每只爱仕达新压力锅40元的价格优惠。这种没有门户歧视的以旧换新，对吸引新客户、提高产品知名度有明显作用。

（二）以赠送为核心的营业推广

赠送是厂家或商家为影响消费者行为，通过馈赠或派送便宜商品或免费品，来介绍产品的性能、特点和功效，建立与消费者之间友好感情联系的有效促销形式，以赠送为核心的营业推广形式主要包括如下几种：

1. 赠品。在消费者购买某种商品后，免费或以较低的价格向顾客提供商品。赠品的形式多种多样，有的赠品就是商品本身，有的是与商品无直接关系的纪念品，有的赠品为相关商品，如买洗衣机赠洗衣粉或熨衣架，买高档商品房赠豪华家具等；有的赠品为时尚新品，如买桑塔纳轿车送电脑、手机，买摄影机送商务通个人数字助理等。

赠品的发放方式主要有两种：（1）随货赠送。顾客每购买一款商品则免费获得相应赠品。（2）量额赠送。顾客购买企业某家产品达到一定批量或金额时，可以免费得到赠品。

2. 赠券。当消费者购买某一商品时，企业给予一定数量的交易赠券，消费者将赠券积累到一定数额时，可到指定地点换取赠品。如国内一些大中城市的游乐场所里，消费者每参加一项游艺活动都可获得或多或少的赠券，赠券越多，换取的赠品价值越高，从一支小铅笔到一本精美的台历，甚至令许多青少年发狂的跳舞毯，应有尽有，令人眼花缭乱。赠券的实施对刺激消费者大量消费本企业产品，扩大企业的市场占有率有较大的影响力。

3. 样品。在新产品导入期，通过向消费者免费提供样品供其试用，使之亲身体验产品所带来的利益，而后促使消费者购买的促销活动。美国一厂家推出名为“安静的小狗”的猪皮拖鞋，为试市场水性，厂家先向100个美国家庭派发样品免费试穿三个月，三个月后厂家向这100个家庭回收拖鞋，结果99个家庭愿意每双5美元将拖鞋留下。之后厂家以每双7.5美元的价格，向市场推出“安静的小狗”，得到消费者的快速认可。

（三）以奖励为核心的营业推广

奖励是企业为激励消费者的购买行为而提供的现金、实物、荣誉称号或旅游奖券等奖励方式。一般来说，以奖励为核心的营业推广形式主要有竞赛、抽（摇）奖、猜奖、现场兑奖等方式。

1. 竞赛。即由企业制定竞赛规程，让消费者按竞赛要求参与活动并获得预定的现金、实物、荣誉称号或旅游奖券等奖项。竞赛的内容一般要求与主办单位的自身特征或产品相关，如润妍护发素的系列文化大赛活动，既有中国传统书法比赛，又有黑白摄影比赛，还有关于东方女性美的标准讨论，其赛事内容与产品特征处处照应。

2. 抽（摇）奖。当顾客进行消费时为其提供一个获奖的机会，获奖者既可以由抽取票号来确定，也可以由摇转数码来确定。如可口可乐公司在其出售的饮料罐拉环里印有号码，最后在公证部门的公证下经摇转数码确定中奖号码，中奖者可获丰厚的奖金或免费旅游的机会。而湖南卫视“快乐大本营”的幸运观众则是由现场嘉宾当场抽取写有参与者姓名、单位、地址、身份证号码的信封来确定的。由于抽（摇）奖的奖励分量通常都比较重，使消费者能在正常的消费中获得意外的惊喜，因而参与积极性容易高涨。

3. 猜奖。即让消费者猜测某一结果，猜中者给予奖励。如日本富士达饮料曾举行过一次“猜奖”活动，内容为“请猜一猜一部丰田可乐娜轿车可装多少罐富士达饮料?”奖品为雅马哈摩托车，竞猜活动一推出，消费者趋之若骛，富士达饮料很快畅销日本。猜奖与抽（摇）奖不同，抽（摇）奖的奖项是事先预定的，因而也是固定的；而猜奖却很难事先确定有多少人能中奖，有可能自始至终无人涉奖，也有可能夺奖者若干。所以，在设定奖项时要作充分准备，以防消费者中奖后却得不到企业承诺的奖励品。

4. 现场兑奖。即消费者根据消费额的多少领取奖票，现场刮号或揭底，中奖者可现场得奖。现场兑奖通常是将具有较强吸引力的奖品展销在销售场点，形成强烈的现场刺激，营造旺盛的人气，授奖时往往鼓乐齐鸣，人声激昂，场面热烈，极富鼓动性，甚至会引得周边居民或路上行人入场观看。

以奖励为核心的促销活动要取得良好效果，关键是活动的主题设计和奖品的选择。活动主题即活动内容的高度概括，如法国一调味品公司为促销其产品芥末，举办了一次“让生活更有味”的家庭食谱有奖活动。参加者只需创作一份使用“法国芥末”烹调的食谱即可参加评奖，最高奖奖金为2500美元。由于活动主题“让生活更有味”设计得巧妙，既与产品关联密切，又体现出较高的活动品位，吸引了众多参加者踊跃投稿，即使未获奖也收获到“让生活更有味”的快乐，法国芥末因之一炮打响。

奖项的选择应根据活动对象的特点及活动主题来确定，如活动对象是中低收入阶层的消费者，则宜选奖金或实物奖品形式；如果是面向高收入阶层的消费群，奖项应更多考虑其对精神、心理的满足功能。即使是同一活动主题，也应在奖项选择上不断出新。如宾尚公司开展的“奖100大抽奖活动”，以100种不同类别的东西组成奖品，有时奖一部新车，有时送100把芦笋，有时送10万美元100天的利息……由于奖品常出常新，活动历经十余年而“威风”不减，受到广大消费者的热捧。

（四）以展示为核心的营业推广形式

展示是让商品直接面对消费者，使商品与消费者进行心灵对话的直观性促销方式。以展示为核心的营业推广形式主要有展销会、售点陈列、现场示范等。

1. 展销会。企业将商品分主题展示出来并进行现场售卖，以便于消费者了解商品信息，增加销售机会。常见的展销形式有为适应消费者季节购买特点而举办的“季节性商品展销”；以名优产品为龙头的“名优产品展销”；为新产品打开销路的“新产品展销”等。

2. 售点陈列。有效的售点陈列是增强商品销售力的重要手段。售点陈列首先应选择好的陈列点，一般来说，柜台后面与视线等高的货架上、台秤旁边、收银机周围以及柜台前面的空地等都是很好的陈列点。其次要考虑陈列的视觉吸引力，如同种商品堆放在一起显示气势，弱势品牌尽量陈列在第一品牌旁边，运用指示牌、插卡等手段有效传达商品信息等。最后要注意陈列品拿取的方便性，保证在货架上至少有80%的商品可以让消费者方便地自行拿取。杜邦公司对商品陈列有独到而深刻的见解：商品陈列的最根本要点，就是要让消费者第一眼就看到商品，让商品直接跟消费者对话。

3. 现场示范。销售人员在现场对产品的用途进行实际演示和解说，以吸引消费者注意、消除消费者对产品的疑虑。现场示范一般适用于新产品上市或产品功能改进宣传。如松下公司于千禧年之际在杭州推出可以洗纸巾的洗衣机，采用的就是现场示范促销方法，消费者亲眼看到经松下洗衣机洗涤过的纸巾完好如初，无不叹服，松下推出的该款新产品很快就受到消费者的认可。蝙蝠牌电扇当年在全国市场走红，靠的也是这种“让产品自己说话”的现场演示，当时各地大商场都没有商品橱窗，蝙蝠牌电扇稳立窗口，电扇旁一块精致的显示牌“蝙蝠牌电扇现在已无故障连续运行8760小时”，营业员还在显示牌上不断地更新着记录：“8761小时”、“8762小时”……蝙蝠电扇于是成为消费者心目中高质量的象征。

由于展示是把商品直接呈现在消费者面前，因此要求采用此法进行营业推广的企业，其产品的质量必须绝对过硬，要经得起消费者挑剔求完美如显微镜般的检阅，并力求外形美观、包装精致、质感精良。

对消费者的营业推广形式经过变形改造，还可以作为对中间商和对销售人员的营业推广形式。对中间商常用的营业推广形式如产品展览、展销、订货会议、销售竞赛、价格折扣和赠品等；对销售人员常用的营业推广形式如销售提成、销售竞赛、销售培训及赠品等，都可以在对消费者的营业推广形成中找到影子。无论是对消费者的销售促进还是对中间商或销售人员的销售促进，企业在具体的促销过程中，一定要根据市场特点和消费者需求进行谨慎选择、巧妙安排，以确保企业营销目标的实现。

三 营业推广计划的制订

中国台湾著名的营销专家樊志育先生指出：“理想的SP（营业推广）活动，要有周详的全国性计划、充分的广告支持及杰出的演出，这些要件必须紧密配合，方能对消费者产生刺激作用。”无数的营销实践也证明，开展营业推广活动，必须制订周密的推广计划，才能实现推广的预期效果。营业推广计划的内容一般包括以下几个方面：

（一）确定营业推广目标

企业应根据目标市场的现状和特点，结合企业的总体营销策略来确定营业推广目标。营业推广目标的确定，要求首先确定推广对象是消费者、中间商抑或是销售人员。其次要确定期望通过营业推广促使推广对象作出何种反应；然后再据此确定采用何种营业推广方式。

（二）设定最佳诱因

营业推广要取得促销成效，必须提供一定的诱因（刺激物）来刺激消费者的需求。诱因的大小与刺激的效用在一定区域内呈正相关关系，超出这一域值的上限，其刺激作用将会出现递减现象。同时，诱因的大小还与推广费用成正比，因此，必须深入分析推广费用与销售反应之间的关系，通过考察销售和成本增加的相对比率，设定最佳的诱因规模。

（三）选择推广途径

选择什么样的具体途径来传递营业推广信息或分发刺激物，是关系到营业推广效率的重要环节。如实行折价优惠，就可以通过在产品包装内分发优惠券，或者邮寄优惠券，或者通过广告传递折价优惠的信息等多种途径来实现。不同途径的送达率不同、成本不同，推广效果也不同，因此，必须谨慎选择。

（四）确定推广时间

这里的推广时间是一个多向度概念，既包括推广时点（时机）的把握，又包括时长的选择，还包括推广时频的设定。时点即选择最有利的销售日程来进行营业推广，如节假日、重大事件发生日等都可能成为营业推广的适当时机。时长即营业推广活动持续的时间长短，太短则一些顾客无法参与或享用不到推广提供的利益；太长则可能使消费者认为是长期降价，而使推广失去效力，甚至会使消费者对产品的质量产生疑虑。时频指营业推广开展的周期或频次，阿瑟·斯特恩在大量调查分析的基础上，发现一般日用品的营业推广最佳的频率为每季度有三周的推广活动，最佳的时间长度为平均购买周期。

（五）进行推广预算

常见的营业推广预算方法有三种：一是参照法。通常参照上期费用来确定本期费用的额度，此法简便易行，但必须注意推广对象、目标、方式等因素的变化对推广费用的影响。二是比例法。按总促销费用的一定比例来确定营业推广的费用，再将之分配到各个推广的项目上。运用此法要注意不同市场、不同品牌、不同产品生命周期阶段，其费用预算的百分率也应不同，必须统筹兼顾、妥善协调。三是总和法。即先确定各营业推广项目的费用，然后汇总得出营业推广的总预算。营业推广各个项目的费用可以概括为两个部分：管理成本 Ac（即运作成本），如广告费、印刷费、邮票费和活动费等；诱因成本 Ie（即优惠成本），如免费赠送的样品成本、赠奖成本、折让成本等。预算营业推广总成本（Pc）的公式为：

$Pc=(Ac+Ie)\,Qe$（Qe 为营业推广期间可能售出的商品预期数量）

第五节 公共关系策略

有人说，公共关系是把一碗水变成一桶油的科学和艺术。1987 年，国际设计协会的统计结果表明：公共关系每投入1美元，可以获得227美元的收入。公共关系在现代营销中的出色表现，召唤着越来越多的企业举起善待公关的旗帜。

一　公共关系的概念和构成要素

（一）公共关系的概念

公共关系又称公众关系（public relations）。公共关系是社会组织为了塑造良好的组织形象，运用各种传播手段，来建立和维持与公众之间的相互理解、相互协调的关系的一系列管理活动。它包含公共关系的目的、公共关系的基本内容和公共关系的运作方式三方面的内容：

（二）公共关系的构成要素

公共关系是社会组织运用各种传播手段来建立和维持与公众之间良好内外关系的活动，所以，公共关系运作的构成要素可以分解为运作主体（社会组织）、运作客体（公众）和运作手段（信息传播）三大板块。

1. 公共关系的主体：社会组织。社会组织，在社会学中一般指具有特定目标和职能并具有一定独立性的社会群体。从市场营销的角度说，公共关系的运作主体，指的是主动开展公共关系活动，向社会公众施加影响的各类企业。

2. 公共关系的客体：公众。在公共关系中，公众指的是与公共关系主体有着实际或潜在的利益关系的组织、群体或个人，它们是公共关系活动的直接对象，公共关系的一切活动都是围绕了解公众、沟通公众、满足公众而展开的。不同组织有不同的公众，甚至同一个组织的不同公共关系活动，其公众也大不相同。以企业为例，其公共关系的对象主要有：

（1）内部公众。即社会组织（这里指企业）的内部成员，主要包括领导者、管理层、员工和股东四种类型。其中，员工既是组织内部公共关系的客体，又是开展对外公关活动的主体。只有内部员工关系融洽，团结向上，充分发挥员工的积极性和创造性，才能保证组织目标的稳步实现。

（2）顾客公众。顾客公众通常又称消费者公众。对企业来说，消费者是衣食父母，失去消费者就失去了生存的基本依托，正如日本日立公司的广告课长和田可一所说：“在现代社会里，消费者就是至高无上的王。”消费者投向企业的信任选票，就是企业通往强盛王国的绿卡。因此，积极维护消费者权益，努力创新以满足不断变化的消费者需求，及时与消费者传递信息沟通感情，就成为公共关系赢得顾客理解和支持的首要任务。

（3）政府公众。政府是对社会进行统一管理的权力机构，作为社会构成的一分子，企业必须服从政府的宏观管理与指导。在市场经济条件下，政府一般不直接干预企业的生产和经营，但政府制定的政策方针、法律法规、财税制度、能源计划等，对企业的生产经营有着举足轻重的影响。要处理好与政府关系，就必须熟悉政策，及时与政府部门沟通信息，当企业利益与政府利益发生冲突时，要以顾全大局的胸怀积极协调关系。

(4) 媒介公众。即新闻界公众，主要包括报纸、杂志、电台、电视台、互联网络等传播媒体的成员。新闻媒介是企业开展对外公关活动的主要传播渠道，又是企业必须争取的首要公众。企业通过新闻媒介获取大量社会信息，知晓民情世事，为企业决策提供可靠的依据，同时，企业也可利用新闻媒介的影响力、传播力来宣传企业的方针政策、推销商品和服务、接受社会舆论的监督和帮助。

(5) 竞争者公众。主要是指具有竞争关系的各类社会组织，如不同的洗衣机生产厂家、同一街市上的几家副食品商店等。过去商界有“商场如战场，同行是冤家”之说，一些企业为了打压竞争对手，往往使出低价抢市、挖人墙脚、毁人声誉的损招，致使竞争双方都遭受沉重打击，这种状况必须引起公共关系主体的高度重视。基于行业不正当竞争日盛的情景，一些有市场洞见的企业家，纷纷举起自律旗帜力筑市场秩序。荣事达集团近年连续推出《企业竞争自律宣言》、“企业公平竞争日”活动，倡导健康的新型竞争关系，受到了社会各界的好评。

(6) 社区公众。是指企业所在地的居民和其他各类社会组织，它们是企业的左邻右舍。作为企业生存与发展的直接环境，社区为企业提供了一个相对稳定的消费市场，为企业提供了诸如交通、治安、环保服务、电力、水源、土地、劳动、原材料资源等生存要素。因此，企业必须树立良好的社区意识，主动加强与社区公众之间的沟通，服务社区、绿化社区、减少摩擦、化解矛盾，做合格的社区公民。

(三) 公共关系的手段

公共关系的手段是信息传播。信息传播是公共关系主体与客体的中介，是联系企业与公众的纽带与桥梁。公共关系的传播与一般传播有着明显的区别：后者通常只要求按技术标准将信息发送给受众，至于受众的反应和愿望如何，传者往往无从知晓；而前者以引起公众赞同进而产生合作行为为己任，因此，高度重视与公众之间的信息交流与反馈。公关信息传播过程是社会组织与公众之间的双向沟通过程，这个过程可以分解为三个环节：编制与发送信号—接收与处理信号—信息反馈与循环。信息反馈的介入使公共关系的信息传播具有了明显的互动性。

二 公共关系的运作程序

公共关系工作是一个连续的动态过程，这个过程一般可分为调查、策划、实施和评估四个基本步骤。

（一）公共关系调查

成功的公共关系活动离不开周密细致的调查。调查既是公关活动不可缺少的前提，也是公关人员的必备技能之一。公关调查的目的，是为了甄别公众对象、了解社情民意、评价组织形象、发现存在的问题，为企业的公共关系工作指明方向。

公共关系调查的内容要根据实际需要来确定，如果是全面调查，其内容一般包括企业的基本情况（如公关意识、公关机会、公关条件、公关阻力等）、各类公众的意见（如对企业的认识、看法、评价、期望等）和企业的外部环境（如政策法规、经济制度、文化信仰等）。如果是专项调查，则不必面面俱到，只需集中精力，获取与公关活动主题相关的资料即可。

公共关系调查作为市场调查的一种具体样式，市场调查通行的步骤、方法与技术对其基本都适用。

（二）公共关系策划

公共关系策划是在调查分析的基础上，针对存在的问题和企业的要求，确立公关目标、制定公关方案的过程。

1. 目标设定。通过调查分析，企业了解到自我期望形象与公众对企业的实际印象之间的差距，并据此来确定公关活动的目标。在具体的确立目标过程中，要注意使这个目标具备可行、可控、具体的特点。可行，即实现目标的现实条件基本具备，实施过程中不会出现难以排除的障碍；可控，即有一定的回旋余地，即使中途发生意外，也能通过努力消解干扰，不致影响目标的最终实现；具体，即将抽象的公关目标具体化，如“在原有知名度基础上提高15个百分点”，或者“使80%的消费者对企业有好感”等。

2. 选择活动形式。公共关系活动的展现形式多种多样，概括起来大致有四种：一是以信息传播为中心内容的活动，如新闻发布会、记者招待会等；二是以推销产品或服务为主要目的的活动，如举办与产品或服务相关的文化艺术节、进行义务咨询等；三是在某些特殊时间举行的活动，如节庆日、纪念日等；四是利用企业现有财物举行的活动，如赞助公益活动、捐赠自产商品等。不同的公关目标、不同的目标受众，其公关活动形式的选择也不相同，必须因人因事而异。

3. 进行媒介组配。根据公关目标和公众特点，科学有效地选择传播媒介，是公关策划中极为重要的内容。一般来说，以传播信息为目的的公关活动，宜选择印刷品、信息发布会、电视、广播、网络主页等媒体；以联络感情、建立友谊为目标的公关活动，可选择贺卡、通信、电话、电子邮件等媒介。有时，为了取得最佳传播效果，还可同时使用多种传播媒介，多管齐下。

4. 方案筛选与审定。公关活动策划通常要求同时设计 2—3 种思路各异的方案，并对其加以比较鉴别，通过考察论证各套方案的目标设定、操作过程及经费预算情况，择优而从，以确保方案的可行性、可控性和高效性。

（三）公关方案实施

公共关系方案的实施，是将计划所确定的内容变为现实的过程。和许多事物的发展都要历经风雨坎坷一样，公关方案在实施过程中也会遇到这样或那样的问题。为了及时发现方案实施中存在的问题，公关人员必须对照方案内容逐项检查落实情况，并根据实际需要适当调整完善方案自身。

（四）公关绩效评估

绩效评估即企业根据一定的标准，对公共关系方案的策划、实施及其效果进行衡量、检测和评价，以判断整个活动的优劣成败。通过公关绩效的评估，一是可以向决策部门报告公共关系的工作情况；二是可以将公关成果量化以对公关促销进行质的评价；三是可以为后续公关活动提供借鉴，使企业发扬成绩、纠正偏误、激励士气，从胜利走向更大的胜利。

三　公共关系策划方案的制订

按目前国内及国外通行的做法，公关策划可分两个阶段七个步骤，其流程调查情况，分析处理如图 13 –4 所示。

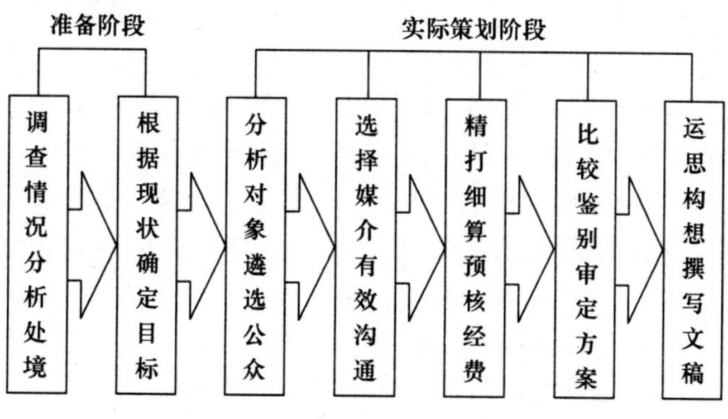

图 13 –4　公共关系策划流程

由于在本节“公共关系的运作流程”中已有篇幅介绍了上述两阶段的部分内容，这里仅对公关策划方案中的主题设计和策划书构成作简要介绍。

（一）主题设计

公共关系活动的主题是整个活动的灵魂，是对公共关系内容的高度概括。根据具体公关目标，设计鲜明、简洁、亲切的主题，有利于公共关系活动目标的完成和总目标的实现。

主题的表达可以不拘一格。可以是一种简洁的陈述，也可以是一个寓意深刻的警句，还可以是一句鲜明的口号。比如，为了争取2000年奥运会主办权，1992年各申办国和申办城市推出的宣传主题很有意义。伊斯坦布尔的宣传主题是“让我们相聚在亚欧相汇聚的地方”——主题鲜明、意义非凡，又表现得十分贴切自然，令人心动；柏林的宣传主题简单、明了、言简意赅——“柏林感谢世界”；北京申办的主题是“开放的中国盼奥运”，用“开放”作为我们迎接奥运会到来的前提，用一个“盼”字说明了12亿人民的热切愿望；悉尼申办的主题是“分享奥运精神”，内涵丰富，寓意深远。北京申办2008年奥运会的宣传主题，根据时代的特点发展为“新北京，新奥运”，“绿色奥运，科技奥运，人文奥运”，含义明确，观点鲜明，便于记忆，表现出中国人民对奥运事业一如既往的坚定、自信、豪迈与负责精神，给人们留下了深刻印象。

（二）策划书结构

公共关系方案构思完成后，必须形成书面报告——策划书。策划书的写作要简明扼要地说明背景，引人入胜地描绘策划主题，详细地描述整体形象，严谨科学地说明预算，尽量条款化和图表化。

一份完整的公共关系策划书应包括以下十个方面内容：

1. 封面。注明策划的形式与名称、策划的主体（公司或部门）、策划日期、文件编号。此外，还可加上简短新颖的内文说明。

2. 序文。扼要说明策划背景，概括提炼策划书的要点，篇幅不宜超过1页。

3. 目录。提纲挈领地将策划内容列出，体现策划精髓，给人一目了然之感。

4. 活动宗旨。说明活动的重要性、活动目标和意义、操作实施的可能性。

5. 活动内容。这是策划书的主体，说明策划项目的具体内容，主要包括：（1）活动主题、口号；（2）情境安排、参与人员；（3）项目（故事）的展开明细；（4）时间、地点、场地布置、辅助工具等。

6. 预算按方案目标系统，列出开支细目，计算所需经费。

7. 策划进度表及目标责任即策划活动全部实施过程的安排表。标明各时间段的实施内容，相关人员的责、权、利等。

8. 策划所需物资及活动场地安排，何时何地提供何种物资以及场地布置的规格必须事先周密安排，并逐项落实。

9. 可能出现的意外及防范充分，估计方案实施过程中可能出现的不测并预设补救方法。

10. 附件指与策划相关的资料。一般包括有关的背景材料、前期调查结果、类似项目及竞争对手情况等，为策划的参与者和审查者提供决策参考。

【案例】

宝洁公司 Cheer 牌洗涤剂的促销方案

22 岁的塞思（Seth）从一所常春藤大学拿到了 MBA 后，来到宝洁公司（P&G）的包装肥皂和洗涤剂部门的 Cheer 品牌组上班。他从部门厚厚册子中了解到 Cheer 牌的洗涤剂是专门为开顶式洗衣机设计的一种白色并有蓝色和绿色微粒的洗涤产品。

在以百亿美元计算的美国洗涤品市场上，宝洁公司的汰渍（Tide）独占鳌头，远远领先其他产品，排名第二的 Cheer 虽然比不上老大哥，却也排名第二。而在全球范围内，三巨头瓜分了大部分市场：美国的宝洁、高露洁—棕榄（Colgate - Palmolive），还有一家是欧洲的联合利华（Unilever）。研究表明，大多数顾客在走进商店时，要买什么牌子的洗涤品心中早就想好了。因此，它们都创造了几十个眼花缭乱的品牌来占据客户内心最首要的位置。为此，各式各样的折扣、优惠券、小礼品是它们进行激烈却司空见惯的厮杀的惯常工具。

这天，公司促销部的桑娅（Sonya），想和塞思谈谈 Cheer 新促销方案的事。

在促销部里，塞思被琳琅满目的小礼品惊呆了："这么多五花八门的玩意儿，怎么知道哪个适合 Cheer 啊？Cheer 也不常采用小礼品来促销的，我不知道部门的同事会怎么想呢。Cheer 适不适合礼品促销，什么礼品适合它？"

"完全正确，"桑娅回答，"但是至少值得一试吧，我们这儿有完善的测试手续，每个产品都有它自己独特的地方，我请你来就是希望你能选择几个你觉得适合 Cheer 的小礼品，也许能够促进 Cheer 的销售呢？"塞思坐下来，仔细察看每个小礼品，它们从毛巾、烹饪书到小玩具，什么都有。越看他越觉得 Cheer 不适合这样的促销手段，桑娅也有些灰心了。

正当塞思要离开的时候，某个蓝绿色交织有红斑纹长腿的小玩意儿吸引了他的注意："这是什么？""噢，这是新来的样品，一种橡胶玩具，给很小的小孩的，它们无毒，又足够大让小孩子无法吃下去，安全耐用。"塞思把它抓在手里："我带这个回去给大伙儿看看。"

面对这个小玩意儿，部门的同事有不同的看法。斯基普（Skip）看了一眼，就说："纯粹浪费时间"然后扬长而去。洛林达（Lorinda）是三个小孩的母亲，她说"我带回去给我的孩子们看看有什么反应。"经理汤姆（Tom）觉得这么做是个好主意。

第二天洛林达却很兴奋地跑来说她的孩子们爱不释手，这让塞思觉得很鼓舞，如果能够成功，他就可以成为公司引人注目的人物了，晋升也是十拿九稳的事情。他赶紧和桑娅联系，她答应用这个产品以及另外4个参照做一系列测试。一个月后，就在塞思觉得这事可能没戏了时，桑娅打来电话告诉他令人震惊的结果：不仅这个玩具很受欢迎，而且是整个公司历史上最畅销的三个促销礼品之一。塞思简直手舞足蹈了，他给它命名为Cheery怪物，并仔细考虑各种的促销选择。

根据采购部门的估计，这个玩具的成本大约每个6美分。这包括制造成本和从亚洲的产地运到辛辛那提的运费。塞思的设想是每个大包装的Cheer放三个Cheery怪物来促销。那么，一盒就要增加18美分的成本，如果增加销售的效果好的话，抵消这部分损失绰绰有余。塞思分析了所有能想到的促销方式：

（1）邮寄促销：让顾客把洗涤剂包装盒上的UPC寄到公司换取礼品。这样的方式对生产毫无影响，但无疑会减少礼品的吸引力，邮寄和等上两三个礼拜来收取小玩意儿实在是一件烦琐的事情。预计增加销量：20万盒成本增加：每三个礼品的包装邮寄处理费用是75美分。

（2）放在包装内：礼品放在包装内，那么包装外面就必须有醒目的提示。包装过程不受影响，但是包装盒制造要修改一下，况且设计吸引顾客的提示也是个问题，另一个消极因素是，顾客不能直接看到可爱的小怪物。预计增加销量：50万盒成本增加：改变包装的额外花费不会高于1.30美元。

（3）包装外面，但是和产品捆在一起：用真空包装膜将礼品和Cheer洗涤剂捆在一起，这要看工厂有没有专门的设备了。但是爱占便宜的客户可能会将礼品扯下偷走，而不买产品。不过，放在外面的直观性要强多了。预计增加销量：至少75万盒成本增加：外包其他包装厂将礼品捆绑在产品外：1.75美元，由于增加体积导致每大包装内盒数减少产生的费用：45美分。

（4）随产品派送：别打产品包装的主意了，在购买点即时奉送好了。这要求零售商安排额外人员，而且，也许某些小的零售店就干脆"贪污"了这些小礼品或者拿出来卖……预计增加销量：60万盒成本增加：每300个Cheery怪物运费是25元。全国有超过8000家零售商。

(5) 互联网上促销：塞思没能马上想到如何用互联网来促销，但是他觉得这也许是条路子。无论如何，不能不考虑互联网的潜在作用。

在向上司汤姆作出详尽汇报之前，塞思需要作出选择和决定。塞思的促销计划应该怎样作？这些方案各有什么利弊？应该如何选择？

问题讨论

1. 塞思采用了哪些促销策略？你认为它们是否可行，为什么？
2. 一份完整的促销计划应该包含哪些组成部分？塞思的方案该怎样完善？
3. 塞思的上司汤姆看到塞思的上述材料会有什么反应？为什么？

【本章小结】

促销策略是市场营销组合的基本策略之一，好的促销策略，对实现企业的经营目标有极为重要的影响。

本章介绍了促销策略的概念、目标作用与活动方式；阐述了广告计划、广告媒体选择；回顾了人员推销的一般程式、基本技巧和管理激励要素；探讨了营业推广的有效方式及推广计划的制订方法；阐述了公共关系的运作程式和公关策划方案的制作重点。

促销策略是企业以顾客需要为出发点，通过相互协调的促销活动组合，促使顾客生发购买欲望和购买行为，进而扩大销售的市场营销系列活动。促销的组合形式有推动策略和拉引策略之别，推动策略是通过人员推销方式为主的促销组合，把商品推向市场的促销策略；而拉引策略是通过以广告为主的促销组合，把消费者吸引到企业特定的产品或服务上来的促销策略。

人员推销指通过推销人员深入中间商或消费者进行直接的宣传介绍活动，使其发生购买行为的促销方式。人员推销的基本技巧主要包括接近顾客的技巧、与顾客洽谈的技巧、推动交易的技巧和排除推销障碍的技巧。

广告促销策略是企业借助各种媒体，向消费者或用户传递产品信息，激发他们的购买欲望和购买行为，以达到扩大销售的目的营销活动方式。广告计划作为广告活动的行动文件，其基本构成主要包括执行摘要、市场分析、广告创意实施和经费预算等要素。

营业推广作为企业用来刺激需求或市场反应而采取的各种短期性促销方式的

总称，主要有以价格、赠品、奖励和展示为中心的四大类营业推广形式，在整个营业推广中，选择合适的推广形式、制订完备的推广计划，是达成营业推广效果的必要前提。

公共关系是企业运用信息沟通手段，与各类公众（特别是消费者）建立良好关系，以提升组织形象的营销策略。有效开展公共关系活动，必须准确鉴别目标公众，遵循公关活动的运作流程，设计富有创意的策划文案并予实施和测评。

【思考与练习题】

1. 市场营销的促销策略的含义是什么？
2. 广告定位的一般方法有哪些？其理论依据是什么？
3. 人员推销中，推销人员推动交易的常见方法有哪些？怎样有效地规避推销障碍？
4. 营业推广与其他促销策略相比有什么特色？为什么不适合作为企业市场营销的长期促进策略？
5. 公共关系的目标公众可以分成哪些类型？公关活动的运作流程包括哪些环节？

【策略篇实训内容和操作步骤】

（一）技能训练

1. 单项技能操作训练。按是否耐用，将下列商品和服务进行分类：

电视机、牙膏、牙刷、电冰箱、汽车、肥皂、洗衣粉、微波炉、烟酒、音响、大米、食盐。

2. 综合技能操作训练。

（1）春天到了，某服装公司库存一批款式仍然新颖的羽绒服装，请你帮助公司制定这批服装的处置方案。

（2）某企业生产某种产品需要花去折旧费 5 万元，管理费用 3 万元，劳动保护及保险费用 1.3 万元，制造每吨产品消耗的原材料 535 元，工人工资 200 元，该企业生产 200 吨产品刚好盈亏平衡，问每吨产品售价应为多少？其价格定在什么样的水平能保证企业盈利 20 万元？

（二）职业能力开发

1. 开发调研能力

●目标：该项目训练帮助拓展学生的思维能力。

●内容：让学生收集家电营销方面的资料。

●步骤：

（1）让学生收集家电营销方面的资料。

（2）将收集家电营销资料相近的学生分在同一组。

（3）各组讨论本组家电营销策划的优缺点。

（4）各组进行交流。

2. 帮助掌握促销技能

●目标：该项目训练帮助学生掌握节日促销的一些技能。

●内容：端午节即将来临，请为某商场设计两个促销方案。

●步骤：

（1）老师介绍端午节的由来及吃粽子和“五黄”（即黄鱼、黄瓜、黄鳝、咸蛋黄、雄黄酒）等习俗。

（2）进行促销方案设计：

①举办端午节粽子展，如“家庭粽子”展区、“思乡粽子”展区、“中国名粽”展区等。

②价格促销。对一些成品粽及熟食进行特价活动，或按照端午节习俗对粽子、咸鸭蛋等熟食捆绑销售、价格优惠等。

（3）同学之间进行促销方案交流。

3. 帮助掌握大客户服务技能

●目标：该项目训练帮助学生掌握渠道策略中的大客户跟踪销售需要技能。

●内容：保持与大客户的联系。

●步骤：

（1）让学生明白80∶20理论，即推销员80%的销售业绩来自于20%的客户。这20%的客户就是推销员需要与之建立长期合作关系的客户。

（2）让学生通过讨论，提出推销员与大客户建立长期合作关系的措施。

①明确跟踪的对象，建立客户资料档案。

②通过各种方式与客户保持联系。

③消除大客户的防范。

④防范大客户流失。

4. 帮助掌握广告宣传方案制订技能

●目标：该项目训练帮助学生掌握POP广告宣传方案制订技能。

●内容：为某商场设计POP广告。

●步骤：

（1）了解该商场的内外部环节。

（2）分析 POP 广告的作用。

（3）选择 POP 广告的形式，如宣传标语、商品海报、招贴画、商场吊旗、指示卡、门工横招、气球、花束装饰等。

（4）费用预算。

（5）POP 广告设计。

管 理 篇

第十四章　营销管理计划与理论

【学习目的】通过学习本章内容，应该掌握：

1. 市场营销计划的主要内容
2. 市场营销组织的演变过程
3. 市场营销组织的类型
4. 市场营销组织的设计

【开篇故事】完美的厕所

有一户人家，住在两个市镇之间的路上，以种菜为生，颇为肥料不足所苦。有一天，主人灵机一动："在这条路上，来往贸易的人很多，如果能在路边盖一个厕所，一方面给过路的人方便，另一方面也解决了肥料的问题。"因此，他用竹子与茅草盖了一间厕所，果然来往的人无不称便，种菜的肥料从此不缺了，青菜萝卜也长得肥美。

路对面有一户人家，也以种菜为主，看了非常羡慕，心想："我也应该在路边盖个厕所，为了吸引更多的人来上厕所，我要把厕所盖得清洁、美观、大方、豪华。"于是，他用上好的砖瓦搭盖，内外都漆上石灰，还比对面的厕所大上一倍。完工之后，他觉得非常满意。

奇怪的是，对面的茅厕人来人往，自己盖的美观的厕所却无人光顾，后来问了过路人，才知道因为他的厕所盖得太美、太干净，一般人以为是神庙，内急的人当然是跑茅厕，不会跑神庙了。

营销是有针对性地对顾客进行工作，如果看到机会而缺乏周密的计划安排，仓促上马，那么，所做的工作再完美也必然导致失败。（资料来源：http：//www.bestu.com.cn/arcfeedbacks.html？value=2&arcId=618）

第一节　市场营销计划

市场营销管理过程最重要的一个产出就是市场营销计划。市场营销计划是企业基于现有市场形势和机会的分析，对未来一定时期市场营销活动所制定的方针及具体的策略行动方案。

“凡事预则立，不预则废。”这里的“预”就是计划的意思，也就是说，做任何事情只有预先计划才能成功。在现代市场经济条件下，企业必须致力于建立先进的计划系统，实施战略计划，才能在竞争激烈的市场中占有一席之地。

一　市场营销计划的类型

（一）按计划时期的长短划分

可分为长期计划、中期计划和短期计划。长期计划的期限一般在5年以上，主要是确定未来发展方向和奋斗目标的纲领性计划。中期计划的期限为1—5年。短期计划的期限通常为1年，如年度计划。

（二）按组织层次划分

可分为企业整体计划、事业部计划、产品线计划、产品项目计划和品牌计划。

企业整体计划包括企业所有的业务计划。整体企业计划规定企业的使命、发展战略、业务决策、投资决策和当前的目标。

事业部计划主要包括事业部的发展及盈利目标，规定事业部的营销及相应的财务、生产及人事。

产品线计划一般由产品线经理对产品线的目标、战略及战术作出具体规定。

产品项目计划一般由产品经理制订。产品经理对一个特殊产品或产品项目的目标、战略技战术作出具体规定。

品牌计划是规定产品系列中一个品牌的目标、战略和策略。本计划由品牌经理制订。

（三）按计划的程度划分

可分为战略计划、策略计划和作业计划。战略计划是对企业将在未来市场占有的地位及采取的措施所做的策划；策略计划是对营销活动某一方面所做的策划；作业计划是各项营销活动的具体执行性计划，如一项促销活动需要对活动的目的、时间、地点、活动方式、费用预算等做策划。

二 市场营销计划的内容

市场营销计划主要包括八项内容，如表 14 - 1 所示。

（一）计划概要

计划概要是对主要营销目标和措施的简短摘要，目的是使高层主管迅速了解该计划的主要内容，抓住计划的要点。例如，某零售商店年度营销计划的内容概要是："本年度计划销售额为 5000 万元，利润目标为 500 万元，比上年增加 10%。这个目标经过改进服务，灵活定价，加强广告和促销努力，是能够实现的。为达到这个目标，今年的营销预算要达到 100 万元，占计划销售额的 2%，比上年提高 12%。"

表 14 - 1　　市场营销计划的内容

项目	目的
1. 计划概要	对拟议的计划给予扼要的综述
2. 当前营销状况	提供有关市场、产品、竞争、分销以及宏观环境的相关背景资料
3. 机会与问题分析	确定企业存在的机会和面临的问题
4. 目标	确定计划在销售量、利润和市场份额等领域所实现的目标
5. 营销战略	提供将用于实现计划目标的主要营销手段
6. 战术行动方案	确定：将要做什么？谁去做？什么时候去做？费用多少
7. 预计盈亏表	预测计划中的预期财务收支
8. 控制	指明如何监控计划的实施

计划概要是整个市场营销计划的精华所在。市场营销计划通常要提交给上级主管人员审核，而这些管理人员又不一定有充裕的时间详细阅读全文内容，因此计划提要应将整个计划的核心内容描述出来，使他们能够迅速掌握计划的要点。如果上级主管人员仍需仔细推敲计划，则可查阅计划书中的有关部分。所以，最好在计划提要后面附列整个计划的目录检索。

（二）当前市场营销状况

这一部分是提供有关市场、产品、竞争、分销以及宏观环境方面的有关背景资料。众所周知，市场营销工作的现状是计划制订的基础与计划实施的前提，只有充分对现状的认识与把握，才能使计划的制订、实施工作有的放矢，积极稳妥。主要内容应包括以下几个方面：

1. 市场形势。主要提供的是目标市场的数据。如市场的规模、销售增长率、各细分市场的销售额，以及顾客的需求状况、观念和购买行为的趋势。

2. 产品状况。产品组合中每种产品的销售量、价格、边际收益以及净利润。

3. 竞争状况。明确主要的竞争对手，并就他们的规模、目标、市场份额、产品质量、营销战略，以及其他能帮助了解他们的意图与行为的特征加以阐述。

4. 分销状况。主要提供有关各分销渠道规模与重要性的数据。如各分销渠道的近期销售额及发展趋势等。

5. 宏观环境形势。主要从广泛意义上描述与企业未来有关的宏观环境趋势。

（三）机会与问题分析（SWOT分析）

在市场营销现状的基础上，围绕产品找出主要的机会和威胁，优势与弱点，以及面临的问题。

1. 通过机会（opportunities）与威胁（threats）分析，阐述影响企业未来的外部因素，以便考虑可以采取的应变行动。对所有机会和威胁，要有时间顺序，并分出轻重缓急，使更重要、更紧迫的因素能受到应有的关注。

2. 通过优势（strengths）与劣势（weaknesses）分析说明企业内部条件。其中优势是企业成功利用机会和对付威胁所具备的有利的内部因素，劣势则是企业必须加以改进、提高的方面。通过企业自身优势、劣势的分析与比较，能够使企业更客观地找出自己在市场中的位置，以便于成功地利用某些策略，避免某些不利因素威胁已达成的目标。

3. 通过问题分析，明确企业的优势和可以利用的市场机会，并且在计划中加以强调和突出，对这些问题的决策产生出市场营销的目标、战略和战术。通过这种分析方法产生出来的市场营销目标、战略与战术更符合企业内情，对外更易于适应环境，使企业营销计划更为容易执行并取得经营上的成功。

（四）目标

明确问题之后，市场营销部门要作出与目标有关的基本决策，即确定具体的经营目标。

目标包括两大方面：一是财务目标，包括投资报酬率、利润率、利润额等指标。二是市场营销目标，如销售收入、销售增长率、销售量、市场份额、品牌知名度、分销范围等。目标要用数量化指标表达出来，要注意目标的实际、合理，并应有一定的开拓性。比如希望该产品获得30%的投资利润率，若干数额的纯利润或销售收入。因此，该产品的销售利润必须达到26%，市场占有率由13%上升为20%，销售量完成若干单位或金额，以什么价格水平销售，扩大10%的销售网点，产品知名度从20%提高到30%等。

（五）营销战略

每个目标都可以通过多种途径去实现。比如说完成一定的利润目标，可以薄利多销，也可以厚利限销。通过深入分析，权衡利弊，要为有关产品找出主要的市场营销战略，并作出基本选择。市场营销部门还要对战略加以详细说明。

需要强调的是市场营销部门在制定战略的过程中，要与有关部门、有关人员讨论、协商，争取他们的合作与支持。比如向采购部门、生产部门了解原材料供应情况，确认他们能否买到足够的原材料，制造足够的产品，以满足计划所需；向财务部门了解资金运转情况，确认有无足够的资金作保证等。

市场营销战略主要由三部分组成：

1. 目标市场战略。阐明企业及其产品准备投入的细分市场。由于不同细分市场在顾客偏好、对企业市场营销的反应、盈利潜力及企业能够或愿意满足需求的程度等方面各有特点，市场营销部门要在精心选择的目标市场上慎重地分配营销资源。

2. 市场营销组合战略。对选定的各个细分市场，分别制定包括产品、价格、分销和促销因素在内的组合战略。通常，在针对目标市场发展市场营销组合时，市场营销部门会有多种不同的方案可供选择。对此，要辨明主次，选出最优方案。

3. 市场营销费用预算。提出执行各种市场营销战略所需的最适量的费用预算。

（六）战术行动方案

营销战略指明了为实现营销目标而采用的主要营销策略。而营销策略还要转化成具体的行动方案，内容包括：将要做什么？什么时候去做？由谁负责做？需要多少成本？以及达到什么要求等。可以把各种具体的战术行动，用图表形式表达，标明日期、活动费用和负责人员。这样，使企业的整个战术行动方案做到一目了然，便于计划的执行和控制。

（七）预计盈亏表

市场营销部门在决定目标、战略、战术行动方案之后，便可编制一个类似损益报告的辅助预算，并在预算书的收入栏中列出预计销售量及平均单价；在支出栏中列出划分成细目的生产成本、实体分配成本及营销费用。收支间的差额为预计的利润（或亏损）。上级管理者将核查预算，并评价和修正预算。如果预算过高，就必须削减。一旦预算通过，便成为制订计划和安排原材料采购、生产制造、人员招聘以及营销活动的基础。

（八）控制

这是市场营销计划的最后部分，用来监测计划执行的进度。通常，把目标和预算按每月或每季度进行分解，以便于企业的高层管理者能够进行有效的监督检查，并及时发现未达到目标的业务，督促未完成任务的部门改进工作，确保营销计划的实现。

计划的控制部分，还应包括意外事件的应急计划，扼要地列举可能发生的某些不利情况，以及管理部门因此应采取的措施。应急计划的目的在于事先考虑到可能出现的各种困难，以防万一。

三　制订市场营销计划需要收集的资料

（一）企业概况

企业在本行业中的信誉；组织结构状况；人员的素质；固定资产和投资总值；机械和设备状况；库存、资金周转、信贷和利率的情况；规划和管理生产、维护、经销和销售活动的程序；成本和利润控制的程序；当地是否可得到原料供应？是否有自己的专利产品？企业如何研究新产品以便实现多样化？产品的现行标准如何？生产是否达到这些标准？是否会采用新标准？等等。

（二）利润和成本

每一种产品的利润史；每一种产品的成本史；每一种产品对企业其他产品的贡献；企业通过出售每一种产品获得的非利润好处；对过去五年利润变化的分析；生产成本上较之于竞争者的有利之处；在销售和营销费用方面较之于竞争者的有利之处；竞争者优于本企业的有利条件；研发方面与竞争者相比情况如何。

（三）产品

产品的主要用途，这些用途与竞争者相比如何？企业的产品范围；消费者心目中的“理想产品”形态；实际产品与“理想产品”相比，其优点与弱点各是什么？产品与5年前相比有何不同？与去年相比又如何？等。

（四）市场结构

市场的主要国内供应厂商；主要进口来源；主要竞争者的出口情况；主要的出口市场；国内市场的地理差别；国内市场的季节差异；有利于竞争者出现的主要因素；可能减少竞争的主要因素等。

（五）市场的倾向和趋势

市场规模的大小与10年前、5年前以及去年相比如何？产品需求与10年前、5年前以及去年相比又有何不同？明年的需求变化趋势如何？今后5年以及10年后的变化趋势又如何？上述变化可能会以何种形式出现？目前在用户或消费者以及整个经济方面出现的哪些变动会引起上述变化？原材料、生产、标准、经销、规格、价格等方面的变化会促进需求吗？

（六）市场份额

企业每种产品的市场份额；主要竞争者的市场份额；对国内外新老客户的销售额所占百分比；产品对本国工业或农业的重要性；从整个国家利益来看，企业是否成为一种战略要素？企业在投资、设备、人员、出口等方面的发展计划。

（七）销售和推销

每种产品的销售史；企业销售和推销费用史；本企业销售和推销策略和竞争者的比较；销售促进活动的有效性和特点；对过去五年推销策略的主要变化和变化原因的分析；各种促销媒介占预算的百分比；对各种媒介显示出来的潜在和有效用户或消费者的估价；新老客户的询盘百分比，一次新的促销活动之后对上述比例变化的分析。

（八）销售方法

实际经销制度的有效性；与竞争者经销制度的比较；其他可供选择的经销方法；不同种类、不同地区、不同规模的经销商递交的销售情况报告，直接出售的每种产品的销售额所占总销售额的百分比；导致现行经销制度发展的因素；“缺货”情况史；经销阶段一般存货比例；经销商为顾客服务的效率；对经销商管理能力的评估；经销商销售人员和销售工作的效率；向经销商提供的服务以及与竞争者向其经销商提供的服务比较；和经销商保持联系并监督其活动的制度。

（九）包装和运输

包装是销毁、回收还是重复使用？在多远距离内可辨明包装？包装的库存时间；运输和搬运制度；与竞争者运输方式的比较；对运输储存、搬运不当、盗窃等造成的损失的分析；对延迟交货的分析；决定运输或包装改变的材料变革、生产工艺变革和终极用途变革。

（十）价格

规定产品价格的制度；毛价和净价与竞争者毛价和净价的比较；折扣制与竞争者折扣制的比较；每种产品的价格史；盈利最低的产品的价格史；价格波动的原因；是否实行定价制度？由价格造成的产品信誉。

（十一）用户或消费者的态度

用户或消费者对产品倾向程度的分析；发展新客户的原因；失去老客户的原因；对新产品、新价格、新经销渠道或方法、新促销手段的市场态度；对类似的竞争者产品、竞争者产品价格、竞争者经销渠道、竞争者促销方式的市场态度。

（十二）新产品

企业是否准备推出一种新产品？该产品将向哪个市场推出？新产品的潜在市场如何？能与企业其他产品配套吗？新产品与竞争者产品相比较如何？新产品能填补工厂和设备的空闲时间吗？新产品是否具备某些有利的竞争条件？在定价政策、规格、质量等方面是否有些因素会影响产品的出售？新产品的原材料等供应是否有保障？目前喜爱一种产品的倾向性有多大？买主愿意接受新产品的概率有多大？用户或消费者喜爱采用何种经销渠道和促销方式？等。

（十三）竞争性活动

哪些企业制造竞争性产品？它们各自的市场份额是多少？主要竞争者拥有哪些具体有利条件？主要竞争者的信誉如何？利用何种经销方法？他们的销售结构如何？使用哪些促销技术？提供哪些服务？价格是否被用作销售政策的一种手段？竞争者产品研究和发展的程度如何？管理能力和人员素质如何？生产潜力如何？竞争者的产品出口所占比例是多少？主要出口市场有哪些？

（十四）竞争性产品

特点非常相似的竞争性产品的比较情况如何？不相似但可以互相替代的竞争性产品的比较情况如何？竞争性产品有哪些“优点”？竞争者拥有的产品范围能提供哪些销售有利条件？竞争性产品的信誉如何？竞争性产品与本企业产品在质量、价格、性能、包装等方面相比较情况如何？经销商、代理商通常备有何种存货？等。

（十五）需求

产品的需求历史如何？有哪些限制需求的因素？大多数买主是否能接受产品的特点？各细分市场对产品的需求有何不同？哪些环境因素会影响需求？

（十六）政府方面的因素

目前税收的结构；企业在保护、资金援助、支持价格、技术支援、促销协助、价格协定、限制性做法等方面所处的地位如何？关于安全、质量管理、标准和规格、包装等的立法有哪些？政府的哪些支持可能有助于企业的发展和扩展？

总之，市场营销计划是为在目标市场实现产品目标而采取的详细的营销战略和方案，是指导和协调营销活动的主要工具。因此，每个企业都必须对市场营销计划给予高度的重视。

第二节　市场营销组织

市场营销组织是为了实现企业目标，实施营销计划，面向市场、面向顾客的职能机构，是企业内部联结其他部门，使企业经营一体化的核心。

一　市场营销组织的演变

营销组织的构成和运行程序，必须适应市场环境的变化而不断地作出调整。营销组织形式受三方面的制约：（1）宏观环境和国家经济体制；（2）企业的市场营销观念；（3）企业自身所处的发展阶段、经营范围、业务特点等。在这些因素影响下，企业的市场营销组织结构经历了五个发展阶段。

（一）单纯的销售部门阶段

20世纪30年代以前，西方国家企业均以生产观念作为经营管理的指导思想，大多采用这种形式。一般来说，所有企业都是从财务、生产、销售和会计这四个职能部门来发展的。财务部门负责资金的筹集和管理，生产部门负责产品的设计和制造，销售部门负责产品的销售，会计部门负责记账。销售部门通常由一位副总经理负责，管理一批销售人员，并兼管若干市场营销调研及广告宣传工作（见图14－1）。在这个阶段，销售部门的职能仅仅是销售生产部门生产出来的产品，生产什么，销售什么，生产多少，销售多少。产品生产、库存管理等完全由生产部门决定，对产品的品种、规格、数量等问题，销售部门完全没有发言权。

（二）具有附属功能的销售部门阶段

20世纪30年代以后，市场竞争日趋激烈，企业以推销观念作为经营管理的指导思想。企业的销售部门把千方百计推销产品作为自己最主要的职责。为了完成销售目标，销售部门还必须进行广告宣传、销售促进、市场调研等工作。当工作量达到一定程度时，企业便会设立一名营销经理，负责这方面的工作。

（三）独立的市场营销部门

随着企业规模和业务范围的不断扩大以及市场竞争的激化，原来作为附属性工作的市场调研、新产品开发、广告和促销、售后服务等营销职能的重要性日益增强。于是，有必要在销售部门之外成立一个新的专管市场营销的机构，由一名营销副总经理专管，与销售副总经理平行，形成了销售部门与独立的营销部门相并立的格局（见图14－1）。但在具体工作上，这两个部门是需要密切配合的。

（四）现代市场营销部门

尽管销售副总经理和营销副总经理需要互相配合和协调，但由于他们所站的

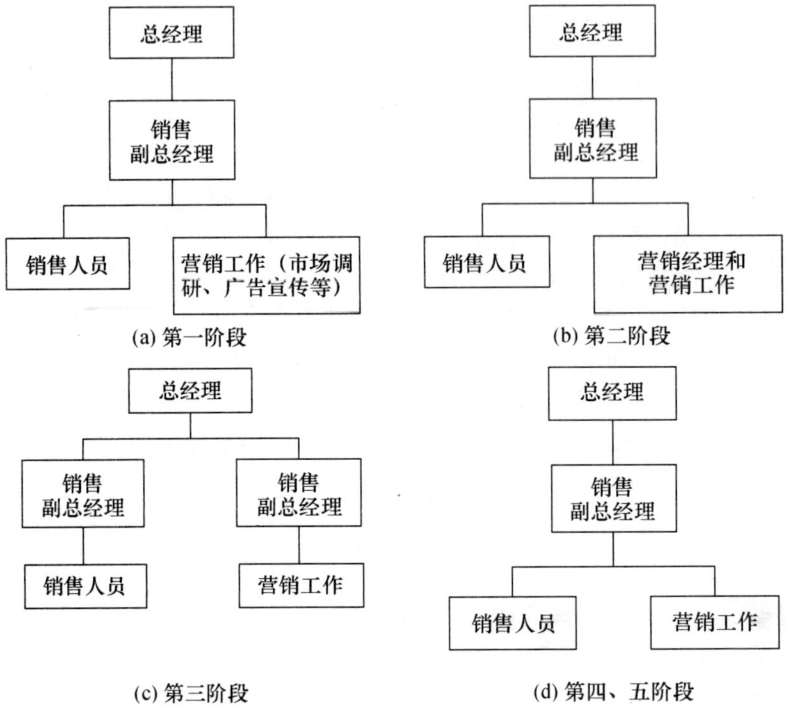

图 14－1　市场营销组织演变的五个阶段

角度和地位不同，对生产经营过程中存在的诸多问题的看法也就有所不同，致使双方无意或有意地存在许多矛盾和摩擦，彼此关系因此弄得很紧张。比如，销售副总经理总认为营销副总经理会通过“营销组合因素”来压低自己的重要性；销售副总经理注重的是企业短期利益，一切以实现短期高销售额为主，而营销副总经理则多考虑企业的长期利益，并致力于制定正确的产品和营销策略以满足目标顾客的长期需要。

面对以上两部门的冲突，企业总经理有两种解决办法：一种是免除营销副总经理的职务，把营销部门仍划归于销售副总经理管辖，这实质上是对旧形式的恢复。另一种方法是，加强营销部门，由营销副总经理负责包括销售部门在内的营销管理，并赋予相应的职权。后一种解决方法则逐渐形成现代市场营销部门的基础，即由营销副总经理全面负责，下辖所有的营销职能部门和销售部门。这样，使企业营销活动的整体性得到了组织上的保证。

（五）现代市场营销企业

市场营销部门建立以后，对于企业贯彻市场营销导向起了很大作用，它使企业营销活动形成一个系统。但是，不管企业市场营销负责人做出多大努力，仍会遇到来自各方面的阻力，从而阻碍了“以顾客为中心”的市场营销观念的进一步贯彻。比如，负责生产的经理只关心单纯地降低成本，而对于因照顾消费者的需求而干扰生产安排颇为不满足；财务经理也由于对市场调查研究、广告、销售促进等工作没有认识而不感兴趣，或者不予增加进行这方面工作的财务预算，或者就是一遇到不景气现象，就立即要求削减以上这些旨在发展市场、提高市场占有率的费用；其他部门对市场营销部门为满足市场需求，促进产品市场占有率的提高而采取的一些特殊措施，也往往持不合作态度。可见，一个企业仅仅有了现代市场营销部门，还不能说它是完全意义上的现代市场营销企业。现代市场营销企业取决于企业内部各种管理人员对待市场营销职能的态度，只有当所有的管理者都认识到企业一切部门的工作都是“为顾客服务”，市场营销不只是一个部门的名称，而是始终贯穿于整个企业运营的企业哲学时，企业才能称得上是完全意义上的现代营销企业。

二　市场营销组织的类型

市场营销部门的组织形式是多种多样的，但不管采用哪一种形式，都必须与营销活动的各个领域——职能、地域、产品和市场相适应。

（一）职能型营销组织

这是最常见的市场营销组织形式，即按不同的营销职能分别设立有关营销部门。比如，按广告、销售、营销研究等不同的职能分设若干个部门，这些部门的经理通常由一些专家担任，他们直接向营销副总经理报告，而营销副总经理则主要负责协调他们之间的活动，如图 14－2 所示。

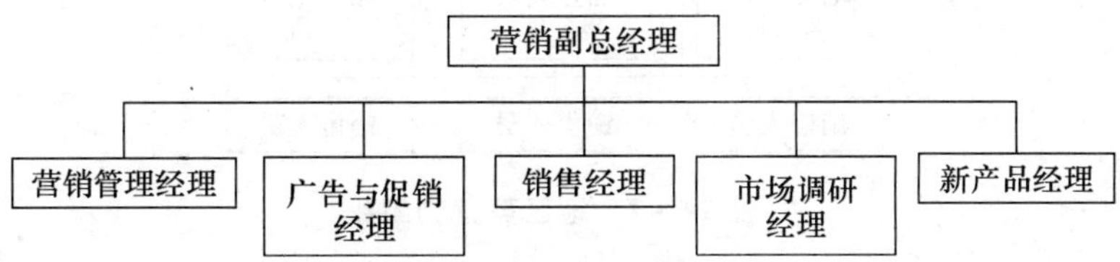

图 14－2　职能型营销组织

职能型营销组织的主要优点是层次简化、分工明确、管理集中，从而可以简化行政管理。但当企业规模扩大、产品品种和市场面增大时，这种组织形式就会暴露出一些弱点：（1）制定的规划与具体的产品及市场不相适应，因为没有人对某种产品或某个市场负完全责任。有些有潜力的产品，往往被忽略掉，从而错过市场发展的机会。（2）各部门都强调各自的重要性，以便争取获得更多的预算和更高的地位，致使营销副总经理每每穷于应付协调关系和纠纷。

（二）地区型营销组织

规模较大的企业，经营区域往往也比较广泛。为了适应不同区域市场的特点，不少企业按照地理区域设置其市场营销组织，即将销售人员按地域划分，一个全国性销售经理负责几个区域销售经理，他们又分别负责几个地区销售经理，每个地区销售经理又负责几个地方销售经理，后者又负责若干个销售人员。如图14－3所示。从全国销售业务经理依次到地方销售经理，其所管辖的人员数量是逐级增加的。在销售任务繁杂，而销售人员的工资很高，并且对利润的影响又至关重要的情况下，这种分层的具体控制是很有必要的。这样，可以有效地监督下级销售部门完成任务，提高销售工作的经济效益，同时可以因地制宜地发展当地需要的产品，拟订长期规划和短期计划。为了使整个市场营销活动更为有效，地区型营销组织通常都是与其他类型的组织结合起来使用。

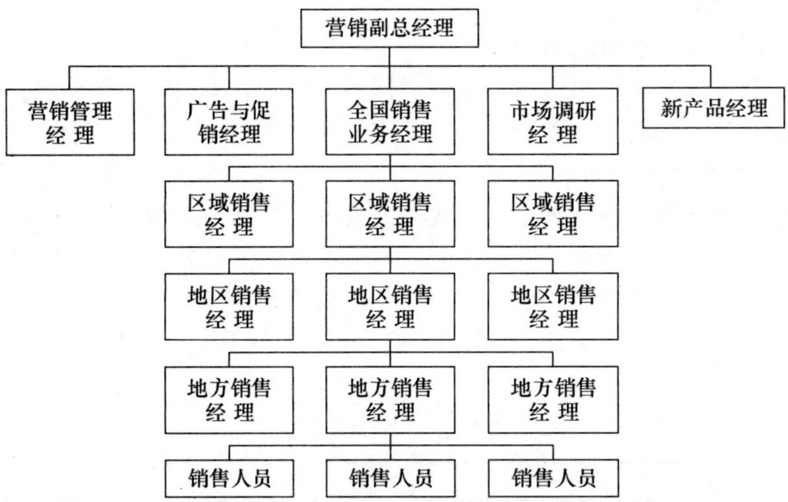

图14－3 地区型营销组织

（三）产品型营销组织

如果一个企业生产经营的各种产品之间差别很大，且产品的品种、数量又太多，超过了职能组织所能控制的范围，则企业宜建立产品型营销组织。

实行这种组织形式，最关键的是实行产品营销经理制度，即企业按产品设置专职经理，全权负责这一类产品的综合营销管理活动，甚至在这些专职经理下还可设立几个产品大类经理，在产品大类经理下再设几个品牌经理。如图14－4所示。

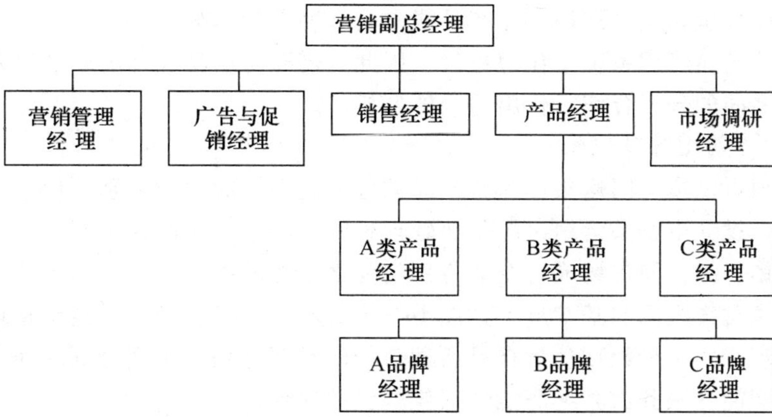

图 14－4　产品型营销组织

产品经理制度最早出现于 1927 年的宝洁公司，当时公司新推出的一种佳美牌香皂销售状况不好，于是派年轻经理尼尔 · H. 麦克利专门负责这项产品的开发和促销工作，由于他的成功表现，使得公司又增设了其他产品经理。其他公司也纷纷仿效。

产品经理的主要任务在于为他所负责的产品制定切实可行的策略和计划，并设法予以实现，同时监督执行的结果。具体包括六个方面：(1) 制定产品的长期竞争策略。(2) 编制年度营销计划并进行销售预测。(3) 与广告代理商和销售代理商共同策划广告活动。(4) 激励销售人员和经销商对产品的兴趣和支持。(5) 收集有关产品、顾客及经销商的信息。(6) 提出产品改进意见，开发新产品。

产品经理制的主要优点是：(1) 企业经营的每个产品均有专人负责，便于制订详细计划，平衡和协调任何一种产品。(2) 当市场对某产品作出反应时，产品经理可以迅速果断地作出决策。(3) 产品型营销组织是培养管理人员的最佳场所，因为产品管理涉及企业运作的全部领域，比如营销、生产、财务、法律等。

这种组织形式也存在一些缺点：(1) 由于产品经理的权力有限，这就必须依赖于其他职能部门的合作和支持。(2) 产品经理对其所主管的产品来说，可算是一位专家，但却无法成为熟悉任何职能的专家。例如，当某产品需要依赖某种专门技能如广告时，产品经理的能力就可能受到挑战。(3) 实行产品经理制，由于其层次过多，管理人员过多，管理费用（工资、办公费、出差费等）急剧增加并可能大量超支，致使企业产品成本受到冲击和影响。

为了使产品管理系统工作得更好，因此，需要对产品经理的职责以及他们同职能专家之间的分工合作，作出适当的安排。

（四）市场型营销组织

当客户可以按不同购买行为或产品偏好分为不同的用户类别，使市场呈现不同特征时，设立市场型营销组织是比较理想的。许多企业都在按照市场系统安排其市场营销组织，使市场成为企业各部门为之服务的中心。

市场型营销组织的基本形态如图 14－5 所示。一名市场主管经理管理若干细分市场经理。各市场经理负责自己所辖市场的长期计划和年度计划。而其开展工作所需的职能性服务由其他职能性组织提供并保证。

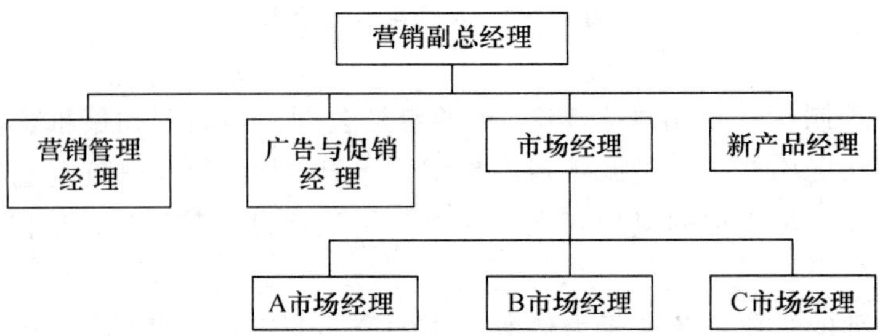

图 14－5　市场型营销组织

这种组织形式的优点在于，企业可围绕着特定客户的需要开展一体化的营销活动，而不是把重点放在彼此割裂开的产品或地区上，这有利于企业加强销售和市场开拓。其不足之处与产品型营销组织相类似。

（五）事业部管理式组织

当企业规模不断扩大，营销的产品种类日益多样化时，一些多部门的大型企业，按照产品（或服务）的类别可以设立事业部。各事业部再设置自己的职能部门和服务部门，建立自成体系的事业部营销组织结构。在这种管理体制下，企业的营销职能分散到各个事业部，即在各事业部内均设立市场营销部门。这时，总公司的领导人面临的管理决策是：总公司和事业部下属的营销部门的职责分工和权限问题。这种决策一般有四种方案，可供不同情况下采纳：①总公司不设市场营销参谋职能部门，将其职能全部下放到事业部。②总公司设立小规模的市场营销参谋职能部门。它的任务是：从全局观点出发，协助最高决策机关，对市场机会进行评估，作出切实可行的营销决策，并对事业部的营销业务予以咨询指导，帮助力量较差的事业部开展市场营销活动。③设立中等规模的营销参谋机构。它除执行上述第二项的任务外，还为总公司和事业部提供广告宣传、销售促进、销售研究、销售人员培训等工作。④总公司设立强有力的市场营销参谋职能机构，并授权他们参与各事业部的市场营销规划的制定和控制，并行使审批权力。

实行这种组织形式，总公司在市场营销方面有效控制程度应有多大，主要取决于最高决策管理者的水平、最高决策层使用市场营销导向作为经营思想的程度、总公司市场营销参谋机构的人员组成及其水平等因素。

三 市场营销组织设计

市场营销组织设计是每一位市场营销经理的根本任务之一。市场营销经理从事管理的前提是进行组织规划，包括设计组织结构和人员配备等。而一旦组织结构建立起来，又要不断地对此进行调整和发展，使之与外部环境的变化相适应。

（一）市场营销组织的目标

市场营销组织的目标大体有三个方面。

1. 对市场需求作出快速反应。市场营销组织应该不断适应外部环境，并对市场变化作出积极反应。把握市场变化的途径是多种多样的，市场营销研究部门、企业的销售人员及其他商业研究机构都能为企业提供各种市场信息。了解到市场变化后，企业的反应则涉及整个营销活动，从新产品开发到价格确定乃至包装都要作相应的调整。

2. 使市场营销效率最大化。企业内部存在许多专业化部门，为避免这些部门间的矛盾和冲突，市场营销组织要充分发挥其协调和控制的功能，确定各自的权力和责任。

3. 代表并维护消费者利益。企业一旦奉行市场营销观念，就要把消费者利益放在第一位。这里，主要由营销组织承担这项职责。虽然有的企业利用营销研究人员的民意测验等来反映消费者的呼声，但仅此是不够的。企业必须在管理的最高层面上设置营销组织，以确保消费者的利益不致受到损害。

企业营销组织的上述目标归根结底是帮助企业实现整个市场营销任务。事实上，组织本身并不是目的，更为重要的是组织要协调、指导企业获得最佳市场营销效果。

（二）市场营销组织设计的原则

1. 组织与环境相适应的原则。比起企业的其他组织机构，市场营销组织与企业外部环境尤其是市场环境存在着更加紧密的相互影响关系。设计和建立市场营销组织首先要考虑与环境的适应性问题。

2. 目标原则。市场营销组织的设计和建立，一定要服从企业目标的实现。

即营销组织机构的设置与规模，要与所承担的任务和规定达到的目标一致。

3. 责、权、利相统一原则。即每个部门的设置，在明确其任务与目标的基础上，一定要弄清楚其职能与职责范围，明确规定其应拥有的权力，并把职责、权力与经济利益联系起来。三者的有机结合，才能促使营销组织积极、主动、有效地完成各项任务。

4. 统一领导原则。无论企业的营销组织机构由多少个部门和环节组成，它必须是一个统一的有机整体，需要贯彻局部服从整体、实行统一领导的原则。因为局部业务与效益的优化，并不意味着营销整体业务与效益的优化。

企业营销机构的整体性是通过统一领导和指挥来维护的。

5. 精简原则。组织机构要根据营销业务发展与管理要求设置齐备，但要精简，使管理部门划分得当，管理层次合理。部门过多，难以控制；管理层次过多，信息交流不畅。

6. 灵活性原则。营销组织应具有一定的灵活变通性。一般来说，当企业面临的市场环境不利，营销规模与范围有所减少时，营销组织要有收缩能力，以使企业能生存下去；相反，随着市场活跃与繁荣，营销规模和范围有所扩大时，营销组织则要有扩张能力，便于企业迅速捕捉有利机会，求得更大发展。灵活并不意味着变幻无常，组织机构一经建立，应具有相对稳定性。

7. 效率原则。营销组织的设置，要求达到运转灵活、高效率。市场形势瞬息万变，营销活动要反应快捷迅速，制定决策和策略安排要果断，上下传递和拍板要敏捷，协调一致。否则，将会丧失有利的盈利机会。

（三）建立市场营销组织应考虑的因素

1. 市场特点。市场特点是建立市场营销组织时应考虑的最主要的因素。企业所面临的市场不稳定性较强时，市场营销组织多采用柔性结构；当市场较稳定、变化性不大时，多采用刚性结构。市场由几个较大的目标市场组成时，常采用按目标市场（顾客）划分的市场营销组织。市场分布的地理特点较明显时，地理因素成为划分销售人员业务区域的标准。当企业面临的市场较大时，营销组织相对要大一些。

2. 企业规模。企业规模越大，市场营销组织越复杂。大企业的市场营销组织规模较大，职能划分上较细，形成专门的部门，如市场调查部、广告部、销售部等。而且大企业市场营销组织的层次较多，人员控制幅度较大。小企业的营销组织则相对简单，往往只有一个或几个人进行营销管理活动。

3. 产品类型。产品的类型也影响到市场营销组织形式，尤其是在工作侧重上有所不同。工业品倾向于人员推销的组织，消费品组织结构则较重视分销网络等。

4. 企业所处行业和市场阶段。原材料加工企业的市场营销职能主要是存储、运输，服务业的市场营销职能主要是同顾客的沟通和形象塑造；创业阶段的市场营销组织较集权，进入正规化阶段后则多采用分权制的组织结构。

（四）建立组织职位

建立组织职位，主要考虑三个要素，即职位类型、职位层次和职位数量，以弄清楚各个职位的权力、责任及其在组织中的相互关系。

1. 职位类型。每个职位的设立都必须与市场营销组织的需求及其内部条件相吻合。通常对职位类型的划分有三种方法：

（1）划分为直线型和参谋型。处于直线型职位的人员行使指挥权，能领导、监督、指挥和管理下属人员；而处于参谋型职位的人员则拥有辅助性职权，包括提供咨询和建议等。事实上，直线型和参谋型之间的界限往往是模糊的。一个主管人员既可能处于直线型职位，也可能处于参谋型职位，这取决于他所起的作用及行使的职权。

（2）划分为专业型和协调型。显然，一个职位越是专业化，它就越无法起协调作用。但是各个专业化职位又需要从整体上进行协调和平衡，于是，协调型职位就产生了。

（3）划分成临时型和永久型。严格地说，没有任何一个职位是永久的，它只是相对于组织发展而言较为稳定而已。临时型职位的产生主要是由于在短时期内企业为了完成某项特殊任务。有时，组织进行大规模调整时也要设立临时型职位。

2. 职位层次。是指每个职位在组织中地位的高低。比如，新产品管理与销售管理的地位孰高孰低，对于不同的企业，其情况就大不一样。这主要取决于职位所体现的市场营销活动与职能在企业整个市场营销战略中的重要程度。

3. 职位数量。是指企业建立组织职位的合理数量。它同职位层次密切相关。一般来说，职位层次越高，辅助性职位数量也就越多，显然，营销经理在决策时就要依靠大批市场分析专家和数据处理专家的帮助。职位决策的目的，是把组织活动纳入各个职位。因此，建立组织职位时，必须以市场营销组织活动为基础。企业可以把市场营销活动分为核心活动、重要活动和附属性活动三种。核心活动是企业市场营销战略的重点，所以，首先要根据核心活动来确定相应的职位，而其他的职位则要围绕这一职位依其重要程度逐次排定。

（五）设计组织结构

组织结构的设计和职位类型密切相关。企业如果采用矩阵型组织，即把职能型营销组织与产品型营销组织结合起来，在原有的按直线指挥系统为职能部门组成的垂直领导系统的基础上，又建立一种横向的领导系统，组成一个矩阵，就要建立大量的协调性职位；如果采用金字塔形组织，即由经理至一般员工自上而下建立起垂直的领导关系，则又要求有相应的职能性职位。因此，设计组织结构的首要问题是使各个职位与所要建立的组织结构相适应。

从这个意义上来讲，对组织结构的分析要注重外部环境因素，强调组织的有效性。但是，市场营销经理总是希望节约成本和费用，还要考虑效率。通常，组织的效率表现为以较少的人员和上下隶属关系以及较高的专业化程度去实现组织的目标。这取决于两个因素：(1) 分权化程度。即权力分散到什么程度才能使上下级之间更好地沟通。(2) 管理宽度。即每一个上级所能控制的下级人数。

此外，市场营销组织总是随着市场和企业目标的变化而变化，所以，设计组织结构要立足于将来，为未来组织结构的调整留下更多的余地。

【案例】

伊莱克斯开拓中国市场

瑞典的伊莱克斯公司是全球最大的家用电器公司之一，其冰箱销量在欧洲排名第一，1998 年占欧洲市场份额的 18.9%。但它直到 1996 年，在收购长沙中意冰箱厂的基础上才正式在中国市场上推出冰箱产品，当时我国冰箱生产能力已经达到 2300 万台，实际产量已达 1000 万台以上，而市场需求仅为 800 万台。竞争已经进入白热化的状态，许多生产厂家（包括许多合资厂家，如阿里斯顿的一些合资厂家）被淘汰出局。品牌集中度较高，海尔、容声、美菱、新飞四大品牌的市场占有率高达 71.9%。常规而言，此时不宜进入中国市场。但出于看好中国市场前景，秉承“市场没有迟到者”的哲学，伊莱克斯还是决定进军中国市场。

伊莱克斯之所以有如此惊人之举，是因为它对中国市场进行了广泛的调查和深入细致的分析。其实，伊莱克斯在 1987 年就已经进入中国市场。伊莱克斯集团总裁认为，在开拓一个国家的市场时，必须重视当地的民俗习惯和消费方式等社会文化因素。虽然伊莱克斯有丰富经验，但对中国市场并不熟悉，所以针对中国市场制订了独特的市场开发计划，依次生产小家电、冰箱压缩机等产品，在逐步熟悉中国市场的过程中再逐步推出自己的各种产品，冰箱产品是其计划的一部分。虽然表面看来时机并不适合，但伊莱克斯自有道理。

一个市场是否适合进入，必须在对市场的本质、竞争者的情况及自身条件进行了解和分析后才能确定。经过仔细的调查分析，伊莱克斯认为，虽然当前竞争非常激烈，市场已经饱和，但市场也已经趋向成熟，消费者的需求已经趋向多元化，追求更具特色的功能、更为卓越的品质和更优质的服务成为时尚。目前的生产厂商虽然也在开发新功能产品和提高服务质量方面做了许多工作，如海尔在抗菌方面，容声、新飞在节能、环保、除臭方面，美菱在保鲜方面等各自开发出领先的产品，服务质量也有很大改善，但离消费者的需求还有很大的差距，还有很大的改善空间，这就代表着机会。凭借伊莱克斯集团雄厚的资本和多年生产经营电冰箱的技术和经验，顺利进入中国市场是完全可能的。因为对中国冰箱市场并不熟悉，所以伊莱克斯采取了较为谨慎的“以点突破，逐步推开”的战略。

确定了战略，接下来，准确的市场定位就成为成功进入市场的关键。为了寻找突破点，伊莱克斯进行了广泛的市场调查。调查中发现，经济较发达地区重点城市的收入较高的家庭比较追求高品质的生活，有崇尚国外名牌的文化。同时，中国厂家生产的冰箱噪声较大，许多消费者有所不满，但中国厂家或者技术上存在困难，或者认为解决这个问题会较大提高成本从而提高价格，一般的消费者将难以接受，因而放弃了这一潜在市场。于是，伊莱克斯决定结合自己所拥有的采用扎努西高效低噪压缩机生产“静音”冰箱的技术，选择发达地区重点城市的较高收入家庭作为目标消费群体，以“静音”冰箱为切入点，进入中国市场。

选定了突破口，营销成为成功的最后一步。营销中伊莱克斯采取了非常务实的态度，始终贯彻既定的目标，一方面谦虚地学习自己的主要竞争对手——海尔营销对中国市场消费文化的理解；另一方面作为竞争者，针对海尔的全面开花，伊莱克斯始终坚持自己的目标，注重实效。虽然其广告投资仅为海尔的1/3，但它以北京、上海以及东北、华东、华南地区的大城市为重点。如1998年北京的广告投入为10.06万元，大于海尔的9.22万元，并主要选择地方性媒体，如晨报、晚报等，以体现其地方性并降低费用。同时，伊莱克斯深谙“攻心”之道——处处体现出自己产品的优异性和为消费者着想的亲情化形象。如温情体贴的广告词“冰箱的噪音你要忍受的不是一天，而是十年、十五年”，“好得让你一生都能相依相靠，静得让你日日夜夜都觉察不到”；优质的售后服务，“一年包换，十年包修”的承诺；在“国庆”和“春节”期间，针对城市新婚家庭，推出“有情人蜜月有礼”（有的地方也称“送贴心嫁妆”）活动，向购买伊莱克斯冰箱的新婚夫妇赠送面包炉、熨斗等小家电，向普通消费者赠送一年电费、购物券等。

伊莱克斯的成功是明显的，1998 年，其冰箱在中国的销售量排名第五。短短的两年时间，从一个极不适合的进入一个巨大的成功，这不能不说是一个奇迹。[资料来源：豆丁网（http://www.docin.com/p-12937447.html）]

问题讨论

1. 试分析伊莱克斯成功的原因。

2. 根据案例中的有关资料，为伊莱克斯制订一份可行的市场营销计划和具体行动方案。

【本章小结】

市场营销计划是企业基于现有市场形势和机会的分析上，对未来一定时期市场营销活动所制定的方针及具体的策略行动方案。主要内容包括：计划提要、当前市场营销现状、机会与问题分析、目标、营销战略、战术行动方案、预计盈亏表、控制。

随着市场的不断扩大和业务的逐步增加，企业的市场营销组织结构也经历了一个长期演变的过程，这种过程通常可以划分为：单纯的销售部门、具有辅助功能的销售部门、独立的市场营销部门、现代市场营销部门和现代市场营销企业五个阶段。

市场营销部门的组织形式是多种多样的，主要有职能型营销组织、地区型营销组织、产品型营销组织、市场型营销组织、事业部管理式组织。各种组织形式各有利弊，应根据实际情况进行选择。

市场营销组织的目标包括三个方面：对市场需求作出快速反应、使市场营销效率最大化、代表并维护消费者利益。市场营销组织的设计应遵循组织与环境相适应原则、目标原则、责、权、利相统一原则、统一领导原则、精简原则、灵活性原则和效率原则。建立市场营销组织应考虑的因素主要有市场特点、企业规模、产品类型以及企业所处行业和市场阶段。建立市场营销组织职位需考虑职位类型、职位层次和职位数量，以及弄清楚各个职位的权力、责任及其在组织中的相互关系。

[思考与练习题]

1. 市场营销计划包括哪些内容?
2. 制订市场营销计划前需要收集哪些方面的资料?
3. 试分析市场营销组织的演变过程,怎样反映了企业营销观念的变化?
4. 市场营销组织有哪几种基本形式?各有什么优缺点?
5. 市场营销组织的目标是什么?
6. 设计市场营销组织应遵循的原则有哪些?

第十五章 市场营销执行与控制

【学习目的】通过学习本章内容，应该掌握：

1. 市场营销执行的技能
2. 年度计划控制的主要内容
3. 盈利能力的考察指标
4. 效率控制的主要内容

【开篇故事】动物拉车

梭子鱼、虾和天鹅三个不知什么时候成了好朋友，一天，它们同时发现一辆车，车上有许多好吃的东西。

于是它们就想把车子从路上拖下来，三个家伙一起负起沉重的担子，它们铆足了狠劲儿，身上青筋暴露，使出了浑身的力气，可是，无论它们怎样拖呀、拉呀、推呀，小车还是原地纹丝不动。

原来，天鹅使劲往天上提，虾一步步向后倒拉，梭子鱼又朝着池塘拖去，究竟谁对谁错？反正，它们都使劲了。

一个企业的营销团队有不同才能的人，如果企业没有将他们的才能用到一处，使企业的营销力量形成合力，那么，营销的效果就可想而知了。

（资料来源：http：//wenku. baidu. com/view/4cefb2d8ce2f0066f53322e8. html）

市场营销组织的建立，为企业营销计划的执行提供了可靠的保证。市场营销计划是企业为实现其战略目标，将营销战略和营销计划转化为可执行的具体营销方案的过程。营销战略和营销计划是解决企业营销活动应该“做什么”和“为什么要这样做”的问题；而市场营销执行则是要解决“由谁来做”、“在什么时候做”、“在什么地方做”和“怎样做”的问题。而市场营销控制，是指市场营销管理者经常检查市场营销计划的执行情况，看看计划与实际是否一致，如果不一致或没有完成计划，就要找出原因所在，并采取适当措施和正确行动，以保证市场营销计划的完成。

第一节　市场营销的执行

营销战略与营销执行是密切相关的。比如，当营销决策部门作出对某一处于衰退期产品进行“收割”的决策时，营销执行机构必须将这一决策转化为一系列具体的活动和行动。此外，执行与战略关系重大，还在于在执行某一战略过程中会遇到困难和问题，从而影响营销决策者对战略的选择。

一　市场营销的执行技能

美国学者托马斯·波诺玛在研究了若干个营销组织的营销执行情况后，提出了影响有效执行管理方案的四种技能：（1）发现及诊断问题的技能；（2）对问题存在的层次作出评价的技能；（3）执行计划的技能；（4）评价执行结果的技能。

（一）营销诊断技能

美国的一项研究表明，被调查的计划人员中的90%认为，企业的营销战略和战术之所以没有获得成功，是因为没有得到有效的执行。企业营销管理人员常常难以成功地把握或诊断市场营销工作执行中的问题。如前所述，战略与执行是紧密相关的。因而，当营销执行的结果达不到预期目标时，所出现问题究竟是战略战术本身有问题，还是由于正确的战略战术没有得到有效的执行，就难以诊断，如销售率低是什么原因造成的？是由于战略欠佳还是由于执行不当呢？此外，还得确定出了哪些问题、怎样修正解决等。对每个具体的问题都需要具体的管理技术和解决办法。

（二）对存在问题的层次作出评价的技能

市场营销执行中的问题可能发生在企业不同的管理层次中，因此，准确无误地判断问题来自哪一层次是营销执行的另一种重要技能。一般来说，市场营销执行中往往在三个层次上出现问题：

1. 行使基本的营销功能层次。比如，企业怎样才能从其广告代理商处获得更有创意的广告；怎样从其经销商处获得销售支持；在竞争者产品具有较高的知名度的市场上如何选择产品定位以及确定最佳的营销组合。

2. 执行营销方案层次。在这一层次上，管理者需要把所有的营销功能协调地组合在一起，构成企业的整体行动。此时出现的问题常常发生在把一种新产品引入一个新兴的市场时。

3. 执行营销政策层次，企业营销决策部门应使全体员工了解和正确认识企业的经营思想，对待所有的顾客都要用最好的态度和最好的服务；正确理解企业占主导的营销政策及具体的分配、招聘、鼓励销售的政策等。

（三）执行市场营销的技能

为了有效地执行市场营销计划，上述企业营销管理的三个层次——功能、方案、政策，都必须具有一套完整的技能。主要包括分配、监控、组织和相互影响的四种技能。

1. 分配技能。是指营销经理在功能、方案和政策三个层次上分配时间、资金和人员的能力。例如，确定究竟花多少钱用于展销会（功能层次），或如何激励销售人员（政策层次）等。

2. 监控技能。包括建立和管理一个对营销活动效果进行追踪的控制系统。控制有年度计划控制、利润控制、效率控制和战略控制四种。

3. 组织技能。常用于发展有效工作的组织中，理解正式和非正式的市场营销组织对于开展有效的营销执行活动是非常重要的。

4. 相互影响技能。是指营销经理影响他人把事情办好的能力。营销人员不仅必须有能力推动本组织的人员有效地执行理想的战略，还必须推动组织外的人或企业，如营销调研公司、广告公司、经销商、批发商等来实施理想的战略，尽管他们的目标与本企业的目标不尽相同。

（四）评价执行结果的技能

评价营销执行的结果，不能仅从销售额和利润指标来衡量，一个卓有成效的营销执行活动，应能对下述问题作出回答。

营销活动是否具有明确的目标和主题；各项营销功能的整体协调性即营销规划作为一个整体，在实施中各部门及营销人员的整体协调状况；市场营销经理同有关营销人员、顾客及商界的关系处理是否恰当；企业营销监测、控制搜集顾客及市场反应的工作效率，等等。

在企业营销管理中，要把营销战略和营销执行对营销效果产生的影响区分开来，是一个非常棘手的问题，但同时，又是一个十分重要的问题，因为对两者的划分与评价将能更有效地提高市场营销业绩。

第二节　市场营销控制的必要性

市场营销控制，概括来说，就是企业用于跟踪营销活动过程的每一个环节，确保能够按照计划目标运行，而实施的一套完整的工作程序。

一　市场营销控制的必要性

（一）环境变化的需要

控制总是针对动态过程而言的。从市场营销管理者制定目标到目标的实现通常需要一段时间，在这段时间里，企业内外部的情况可能会发生变化，尤其是面对复杂而动荡的市场环境，每个企业都面临着严峻的挑战，各种变化都可能会影响到企业已定的目标，甚至有可能需要重新修改或变动以符合新情况。高效的营销控制系统，能帮助营销管理者根据环境变化情况，及时对自己的目标和计划作出必要的修正。一般来说，目标的时间跨度越大，控制也越重要。

控制系统的作用在于：帮助管理者看到形势的变化，并在必要时对原来的计划作出相应的修正。

（二）需要及时纠正执行过程中的偏差

在计划执行过程中，难免会出现一些小偏差，而且随着时间的推移，小错误如果没有得到及时的纠正，就可能逐渐积累成严重的问题。

营销控制不仅是对企业营销过程的结果进行的控制，还必须对企业营销过程本身进行控制，而对过程本身的控制更是对结果控制的重要保证。因此，营销管理者必须依靠控制系统及时发现并纠正小的偏差，以免给企业造成不可挽回的损失。

控制与计划既有不同之处，又有密切的联系。一般来说，营销管理程序中的第一步是制订计划，然后是组织实施和控制。而从另一个角度看，控制与计划又是紧密联系。控制不仅要按原计划目标对执行情况进行监控，纠正偏差，在必要时，还将对原计划目标进行检查，判断其是否合理，也就是说，要考虑及时修正战略计划，并形成新的计划。

二　营销控制的类型

市场营销控制主要有年度计划控制、盈利能力控制、效率控制和战略控制四大类型。

（一）年度计划控制

企业在制订年度计划后，必须依赖于计划执行与控制，才能确保年度计划中所确定的销售、利润和其他目标的顺利实现。所谓年度计划控制，是指企业在本年度内采取控制措施，检查营销目标管理。一般来说，年度计划控制包括四个步骤（见图 15－1）。首先，管理者必须在年度计划中建立月份或季度目标；其次，管理者必须监督营销计划的实施情况；再次，管理者必须对营销计划实施中的较大偏差找出原因；最后，管理者必须采取修正措施，甚至调整计划，使之达到目的。

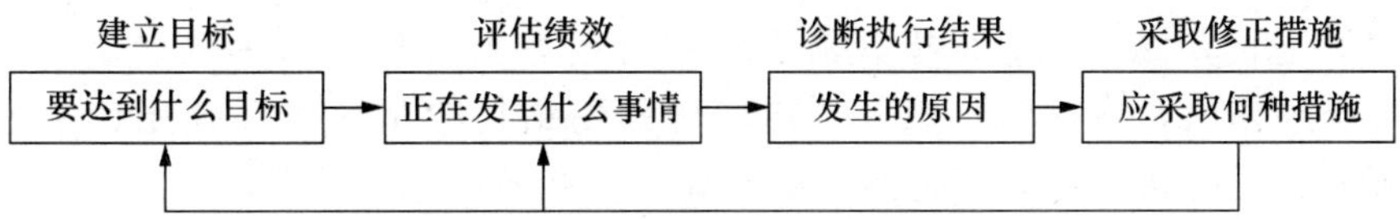

图 15－1　年度计划控制过程

企业经理可运用五种绩效工具来检查年度计划执行情况，即销售分析、市场份额分析、营销费用与销售额比率分析、财务分析和顾客满意度追踪。

1. 销售分析。销售分析是衡量和评估经理人员所制订的计划销售目标与实际销售额之间的差距。对这一分析有两种主要方法：

（1）销售差异分析。销售差异分析用来衡量在销售目标执行中不同的因素对销售绩效的不同作用。例如，某公司年度计划要求第一季度销售某种产品 4000 件，每件 1 元，销售额 4000 元。在季度末实际销售 3000 件，单价为 0.8 元，实际销售额仅 2400 元。销售绩效差异为 1600 元，即为预期销售额的 40%。那么，绩效的降低有多少是由于价格降低所造成？多少是由于销售量下降所造成？计算方法如下：

价格下降造成的差额＝（1－0.8）×3000＝600 元（占 37.5%）

销售量下降造成的差额＝1×（4000－3000）＝1000 元（占 62.5%）

由此可见，将近 2/3 的销售差额是由于没有实现销售量目标所造成的。因此，公司应进一步分析销售量减少的原因。

（2）微观销售分析。微观销售分析可以寻找企业未能达到预期销售额的产品、销售地区以及其他方面因素。例如，某公司在 A、B、C 三个地区的计划销售量分别为 1500 件、500 件和 2000 件，共 4000 件。而实际销售额分别为 1400 件、525 件和 1075 件，共完成 3000 件，差额 1000 件。那么，A 地区只完成计划的 93%，B 地区则超额完成计划的 5%；C 地区却有 46% 的计划额未完成。因此，C 地区是引起销售差距的主要原因。销售经理应进一步查明 C 地区减少销售额的原因：如该地区销售代理工作失职；或有重要的竞争者闯入该地区；或者此地区居民收入下降等，从而加强对该地区营销工作的管理。

2. 市场份额分析。公司的销售分析并不能表明公司相对于竞争者的经营状况如何。企业销售额的增加，与企业所处的整个经济环境及市场营销工作有关。只有通过市场份额分析，才能显示出企业竞争地位的变化。如果企业的市场占有率升高，表明公司营销绩效提高，在市场竞争中处于优势；反之，则表明公司在市场竞争中处于劣势。一般来说，衡量市场份额有四种不同的度量方法：

（1）总的市场份额。是指其销售额在行业总销售额中所占的比例，使用这一标准必须作出两项决策。第一，市场份额用销售数量表示还是用销售金额表示。第二，正确认定行业的范围，即明确本行业所应包括的产品、市场等。用销售数量表示的市场份额的任何变化都反映了竞争企业之间在商品销售量方面的变化，而以销售金额表示的市场份额的变化则反映了销售量和价格的综合性变化。

（2）服务市场份额。是指其销售额占其所服务市场的总销售额的比例。服务市场是指对公司产品发生兴趣并为公司市场营销努力所触及的市场。一家公司的服务市场份额总是大于其总的市场份额，其服务市场份额可接近 100%，而其总的市场份额可能很低。每家公司都应该尽力在其服务市场上独占鳌头。

（3）相对市场份额（相对于三个最大竞争者）。是指以公司销售额与三个最大竞争者的销售额总和之比。例如，某公司的市场份额为 30%，其最大的三个竞争者的市场份额分别为 20%、10%、10%，则该公司的相对市场份额是 75%（3/4）。一般情况下，相对市场份额高于 33% 的公司即被认为是实力较强的公司。

（4）相对市场份额（相对于市场领导者）。是指以公司销售额与市场领导者销售额之比。相对市场份额超过 100% 的公司就是市场领先者；相对市场份额等于 100% 的公司，则意味着该公司与市场领导者同为市场领导者。相对市场份额的增加表明企业正接近市场领导者，且该公司的市场成长速度快于市场领导者。

了解企业市场份额后，管理者必须从产品线、顾客类型、地区或其他有关方面来分析市场份额的变动情况。一种有效的分析方法是根据顾客渗透率、顾客忠诚度、顾客选择性和价格选择性四个因素，具体分析公式如下：

总的市场份额 = 顾客渗透率 × 顾客忠诚度 × 顾客选择性 × 价格选择性

其中：顾客渗透率是指向该公司购买某产品的顾客占该产品所有顾客的百分比；顾客忠诚度是指顾客从本公司所购产品与其所购同种产品总量的百分比；顾

客选择性是指该公司的顾客平均购买量与某个一般公司的顾客平均购买量之比；价格选择性是指该公司的平均价格与所有公司的平均价格之比。

3. 营销费用与销售额比率分析。年度计划控制必须考虑经济效益原则，以保证公司在实现其销售目标时的费用支出适度。市场营销费用与销售额比率是一种主要的检查方法。市场营销管理者应该密切注意这些比率，以确保营销工作能顺利进行。营销费用主要指销售队伍支出费用、广告费用、促销费用、营销调研费用及销售管理费用等。当某项费用对销售额比率失去控制时，必须认真寻找原因。

4. 财务分析。财务分析是年度计划控制中的一项重要内容。市场营销管理者在营销控制过程中，应就不同的费用对销售额的比率及其他经济指标进行全面的财务分析，以便确定公司在何处及如何获取收益。同时，利用财务分析来判别影响企业资本净值收益率的各种因素，提高资本净值报酬率。

5. 顾客满意度追踪。顾客满意度追踪可以为企业提供预警信号，使营销管理者能够及时主动掌握企业发展动态。企业一般主要利用以下系统来追踪顾客满意度：

（1）建立顾客绩效评分卡。它主要记录企业以顾客为基础的工作，包括新顾客、不满意顾客、失去的顾客、目标市场知晓率、目标市场偏好、相关的产品质量及相关的服务质量等。

（2）建立对企业绩效有重要利益及影响的群体满意度。它主要包括员工、供应商、股东、银行、分销商、零售商等。

通过上述各项分析，企业如果发现实际绩效与年度计划指标发生较大偏差时，则必须采取调整措施：调整营销计划指标，削减产量，降低价格，控制营销费用，减少投资等。

（二）盈利能力控制

盈利能力控制是企业衡量各种不同产品、地区、顾客群、分销渠道和订单规模等方面的获利能力。这方面的信息数据将帮助管理层决定哪些产品或者营销活动应该扩大、收缩或者取消，以提高企业整体竞争实力。

控制盈利能力主要从以下几个方面着手：

1. 考察盈利能力的指标。

（1）考察销售利润率。销售利润率是指企业所获利润与销售额之间的百分比。它是评估企业获利能力的主要指标之一，其计算公式为：

销售利润率 = 本期利润/销售额 ×100%

由于同一行业各个企业间的负债比率不同，而对销售利润率的评价又常需通过与同行业平均水平来比较，因此，在评估企业获利能力时最好能将利息支出加上税后利润，这样将能大体消除由于举债经营而支付的利息对利润水平产生的不同影响。销售利润率的计算公式为：

销售利润率 = 税后息前利润/产品销售收入净额 × 100%

（2）考察资产收益率。资产收益率是指企业所创造的总利润与企业全部资产的百分比。其计算公式为：

资产收益率 = 本期利润/资产平均总额 × 100%

注：由于年初和年末资产相差很大，故企业全部资产取资产平均总额。

与销售利润率一样，为了在同行业间具有可比性，资产收益率的计算公式为：

资产收益率 = 税后息前利润/资产平均总额 ×100%

（3）考察净资产收益率。净资产收益率是指企业税后利润与净资产的百分比。它是一个较为重要的指标，当前，国家对上市企业能否获取配股资格必须考察其净资产收益率。其计算公式为：

净资产收益率 = 税后利润/净资产平均余额 × 100%

（4）考察资产管理效率。可通过以下两种比率来分析：

其一，资产周转率。是指一个企业以产品销售收入净额除以资产年平均占用额而得出的全部资产周转率。其计算公式为：

资产周转率 = 产品销售收入净额/资产年均占用额 ×100%

资产周转率可以有效地反映企业全部投资的利用效率。

其二，存货周转率。是指产品销售成本与存货（指产品）平均余额之比。其计算公式为：

存货周转率 = 产品销售成本/存货平均余额

注：由于企业年初与年末的存货不同，故存货取年初和年末余额的平均数。

该指标主要考核企业存货的流动性，一般来说，存货周转次数越高，说明存货水准越低，周转快，资金使用效率高。

2. 分析营销盈利率分析。一般步骤如下：（1）确定功能性费用。主要是将营销过程的活动费用细分。（2）将功能性费用分配给各个营销实体。主要衡量伴随每一种渠道的销售所发生的功能支出。（3）为每个营销渠道编制一张损益表。通过编制的损益表，营销主管可以选择最佳营销渠道。

3. 分析市场营销成本。主要分析以下各种费用：（1）直接推销费用。主要包括直销人员的工资、奖金、差旅费、培训费、交际费等。（2）促销费用。包括广告媒体成本、促销人员工资、公关费用、产品说明书成本费等。（3）仓储费用。包括租金、维护费、折旧、保险、包装费、存货成本等。（4）运输费用。

包括托运费用、自有运输工具折旧、维护费、燃料费、牌照税、保险费、司机工资等。(5) 其他市场营销费用，包括市场营销管理人员工资、办公费用等。

营销成本连同企业的生产成本构成了企业的总成本，直接影响企业经济效益。

4. 选择最佳的调整措施。盈利能力分析的目的在于找出妨碍获利的因素，以便采取相应措施排除或削弱这些不利因素的影响。然而，不能简单化，企业还应该综合考虑全面性、长远性及竞争策略。营销利润分析只表明不同渠道、产品、地区或其他营销实体的有关利润情况。它既不证明放弃不盈利的营销实体是最佳行动方针，也不是说如果放弃了某些不重要的营销实体后就可能改善盈利情况。

(三) 效率控制

通过盈利能力分析显示，企业在若干产品、地区或者市场方面的盈利情况较差，那么，营销控制主管应该寻找出更有效的方法来管理销售队伍、广告、促销及分销等绩效不佳的营销实体活动。效率控制的目的在于评估并提高经费开支的效率及效果。

1. 销售队伍效率。企业各地区的销售经理应该了解本地区销售队伍效率的几项主要指标：(1) 每个销售人员平均每天进行的销售访问次数；(2) 每次销售人员访问的平均时间；(3) 每次销售人员访问的平均收入；(4) 每次销售人员访问的平均成本；(5) 每次销售人员访问的招待成本；(6) 每百次销售访问而订购的百分比；(7) 每一期新的顾客数目；(8) 每一期丧失的顾客数目；(9) 销售成本对总销售额的百分比。

企业通过对销售队伍效率的分析，可发现迫切需要解决的问题。例如，销售人员每天访问的次数过于频繁时，则可以缩小其事业部的销售队伍规模，而不减少销售量；每次访问所花费时间是否合适；是否在招待上花费太多；每百次访问中是否签订了足够的订单；是否增加了足够的新顾客并且保留住原有的顾客。当以上问题得到解决后，会提高销售人员的效率。

2. 广告效率。虽然企业的广告费用与销售额难以用公式表明，但营销决策者至少要掌握以下统计资料：(1) 每一种媒体类型、每一个媒介工具触及每千人（购买者）所花费的广告成本；(2) 顾客对每一媒体类型注意、联想和阅读的百分比；(3) 消费者对于广告内容和有效性的意见；(4) 广告前后对产品态度的衡量；(5) 由广告所激发的询问次数；(6) 每次调查的成本。

企业管理层可以采取一系列步骤来改进广告效率，包括做好产品定位；明确广告目标；利用电脑指导选择广告媒体；购买较好的媒体以及广告事后测验等工作。

3. 促销效率。促销是营销过程中的一项重要举措，可以帮助顾客认识产品，引起兴趣，进而促使其购买。为了提高促销效率，企业管理层应该对每一次促销活动及其成本和对销售的影响作记录，且注意下列统计资料：（1）由于优惠而销售的百分比；（2）每一销售额所包含的商品陈列成本；（3）赠券的回收率；（4）因示范表演而引起的询问次数。

同时，企业管理经理应观察不同销售促进活动的效果，然后向更高层提出最有效的促销措施。

4. 分销效率。分销效率主要是对企业存货控制、仓库位置和运输方式进行分析和改进，以达到最佳配置并寻找最佳运输方式和途径。例如，当企业遇到销售急剧增长时，分销的效率可能会下降，因为急剧增加的销售可能会导致交货时间推迟，从而引发顾客对企业有意见并最终使销售下降。企业营销决策者应向分销能力做更多的投资。

（四）战略控制

在复杂多变的市场环境中，要求定期对公司进行评价，使企业的市场营销战略与环境相适应。企业的市场营销战略是指其根据自己的市场营销目标，在特定的环境中，按照总体的策划过程所拟订的可能采用的一连串行动方案。然而，由于市场环境的可变性，使企业原先制定的目标、策略、方案失去作用。因此，在企业市场营销战略实施过程中必须进行战略控制。战略控制是指营销管理决策者采取一系列行动，使实际市场营销工作与原制定的战略尽可能保持一致，在控制中通过不断评审和信息反馈，对战略不断修正。战略控制一般可采用营销效益等级评核和营销审计两种工具。

1. 营销效益等级评核。是指通过顾客哲学、整合营销组织、足够的营销信息、战略导向和工作效率五种主要属性的考核，显示企业或事业部的营销效益。

（1）顾客哲学。主要考核：管理当局是否认识到顾客需求的重要性；管理决策者是否为细分后市场开发不同的产品和制订不同的营销计划。

（2）整合营销组织。主要考核：对于各重要的营销功能是否有高层次的营销整合和控制；营销决策者是否有效地与其他部门的决策者进行沟通合作；如何开发及制造新产品。

（3）足够的营销信息。主要考核：最近一次研究顾客、采购影响、渠道和竞争者的营销调研是何时进行的；管理决策者对于不同的细分市场、顾客、地区、产品、渠道和订单的潜在销售量和利润的了解程度如何。

（4）战略导向。主要考核：正规营销计划工作的程度如何；现有营销战略的质量；有关意外事件的考虑和计划制订情况。

（5）工作效率。主要考核：在传播和贯彻最高管理层的营销思想方面的工作效率；管理当局有效利用各种营销资源的情况；管理当局在对眼前变化作出迅速有效的反应方面的能力。

2. 营销审计。是指对企业市场营销环境、目标、战略和活动进行全面的、系统的、独立的、定期的检查，以便确定问题的范围和各项机会，并提出行动计划的建议，以提高公司的营销业绩。目的在于发现问题，拓展机会，并提出行动计划，以便提高公司的整体市场营销绩效。

[本章小结]

有效执行市场营销管理方案的四种技能：营销诊断问题的技能、对存在问题的层次作出评价的技能、执行市场营销的技能以及评价执行结果的技能。

市场营销控制是市场营销管理者对营销战略和计划的执行情况进行检查与评估，并采取修正措施以确保营销目标的实现。由于在市场营销计划的执行和实施过程中会发生许多意外情况，因此，营销部门必须连续不断地监视与控制各项营销活动，以确保公司经营的效率与效益。

市场营销控制通过对市场营销活动经常性地监督、评估，包括年度计划控制、盈利控制、效率控制和战略控制，控制其发展方向。

[思考与练习题]

1. 执行市场营销需具有哪些技能？
2. 什么是营销控制？营销控制包括哪些内容？
3. 年度计划控制包括哪些主要内容？
4. 企业如何进行盈利能力控制？

【案例】

雕牌的营销控制

“雕牌”是浙江纳爱斯集团的一个知名品牌，而纳爱斯集团更是在“中国500强企业”中排名221位，自1994年以来，纳爱斯集团完成各项经济指标已连续9年稳居全国行业榜首，是中国洗涤用品行业的“龙头”企业，已进入世界洗涤前八强。现有员工6000多人，是中国规模最大设备也是一流的洗涤用品综合生产基地。并且在全国大中城市设有销售公司并建有健全的市场网络。在湖南益阳、四川成都、河北正定和吉林四平建有四个子公司，在19个省市自治区的30家工厂进行贴牌生产加工，这其中包括宝洁、汉高、湖南丽臣等跨国公司的在华企业和国内的知名品牌。纳爱斯集团由于发展迅速，业绩突出，多年多次荣获"中国轻工优秀企业"、"中国轻工先进集体"、"中国企业500强"、"质量效益型企业"，以及"诚信示范企业"、"AAA级信用企业"、"A级纳税信誉单位"、"国家生态示范点"等多项殊荣和信誉称号。

"妈妈，我能帮你洗衣服了。"这句经典而令人眼圈发红的广告词，赚得了人们的眼泪，也使得雕牌肥皂和洗衣粉为人们所熟知，成为纳爱斯集团的两大支柱品牌之一。1992年5月，纳爱斯与香港丽康发展有限公司，合作成立"中外合资浙江纳爱斯日用化学有限公司"，6月雕牌超能皂问世，短短7年，浙江纳爱斯集团使它的雕牌洗衣皂的产销量从行业倒数第二跃至全国第一；仅仅一年，纳爱斯又把它的新产品——雕牌洗衣粉送上了行业"龙头"的宝座。纳爱斯从重新进入洗衣粉行业到获得该行业第一名仅仅用了2年时间。2001年它的销量达到89万吨，相当于所有在华跨国公司洗衣粉总量的5倍，超过国内前10家的总和。雕牌的快乐与亢奋就在2001年达到了极致："在20世纪的最后一年，我们的确腾飞了"，庄启传，浙江纳爱斯集团董事长兼总经理在2001年集团的职工代表大会上自豪地说。而这一品牌是如何运作并成功地推向市场的呢？我们说雕牌在广告战略和价位上的优势是其异军突起，后来居上的重要原因，而强大的分销体系则是雕牌得以顺利走向市场的最坚实的后盾和铺开市场的重要通道。

通过20多个贴牌生产厂商，货物被直接的销售和运送到2000多家客户手中。而这些客户大部分身处当地最大的批发市场。他们利用批发市场的客源和极其低廉的成本，或者买主自提，或者空车配货的方法，把雕牌洗衣粉迅速地销售到更深入的乡镇商店内。而对比国际客户的三级分销方式和送货下乡，雕牌的渠道通路的优势是绝对的。即便是和"奇强"的办事处模式来比较，这种直运的模式显然也是更为经济和有效。

纳爱斯集团在雕牌皂粉的分销中，采取了相当有效的铺货措施，并给予经销商以足够的优惠，如在与经销商签订合同时，都会向经销商许诺年底给予一定的返利，从经销商的角度，保证了它们在年底得到相应的回报，这在很大的程度上提高了经销商的积极性，而大力度的广告宣传也使经销商对产品的大众接收程度高枕无忧。另外，促销也是雕牌给经销商的额外安慰。在低价的基础上，100箱加赠14箱是足以让经销商惊喜的了。

纳爱斯也将市场经营工作重心放在超市、卖场上，开创城市辐射农村的新局面。因为有了多年流通网络建设的基础和经验，又实行了保证金制度，使得雕牌在市场的开拓上有足够的优势，也让雕牌皂粉走进广大的农村市场走得游刃有余。于是雕牌开始转变市场战略，走了一条中国革命取得胜利的道路——农村包围城市，在全国各地实行分公司建制，直做超市、商场，最终形成城市辐射农村的格局。推行网络扁平化管理，减少中转环节，降低经营成本。同时，继续推行经销商保证金制度。这是对品牌经营和品牌忠诚度的“试金石”。庄启传认为：不提高经营纳爱斯、雕牌两大品牌的门槛，限定条件，锁定网络；不能让经销商获利和消费者受惠，纳爱斯大业势必难成。如此一来，经销商成倍增加，市场大大拓展，为集团更大发展铺平了道路，采取了自建网络与经销商并行的营销策略。正是雕牌这种自上而下对渠道的重视和大力的投入，才能使得雕牌在竞争对手众多的激烈市场上脱颖而出，我们可以看到雕牌这种对渠道的强大的后盾支持终于有了可以预见的效果。

2004 年，纳爱斯集团的终端销售取得了喜人的成绩，而江苏分公司更是积极抢占制高点，合理安排促销，终端销售更是连创新高，实现了三级跳，销售额与去年同比递增超千万元。在时间上突出不同阶段的战略重点。

一季度：完善管理体系。针对江苏终端分布既相对集中在省会城市，又发散式分布在地县级城市的个性特点，江苏分公司狠下工夫完善管理制度和网络配送体系，规范价格体系，理清网络销售结构，调整人员配备，改变作业环境，为实现“零距离面对终端”打下了较为扎实的基础。

二季度：合理安排促销。在一季度打下坚实基础的前提下，发挥具体操作的思维空间，凭借纳爱斯和雕牌企业以及产品的知名度和消费者的认可度，迎来了终端销售的旺季。通过合理安排促销，进行错位销售，扩大排面陈列，增加销售品种，分别与苏果、大润发、时代、新一佳、北京华联等超市合作，参与洗化节活动和厂商周活动，各业务人员积极选择洗化区有利地段，布置展台和端架，极大提升了产品的形象。卖场、超市销售增长明显，同第一季度相比增长率为 51.83%。

三季度：配合超市挖潜。7、8、9 三个月更是捷报频传。通过与各大超市紧密配合，深挖潜力，销量不断攀升，有的超市由于来不及办理银行承兑汇票而直接打款购货。大润发超市安排的透明皂促销创下了单个产品店均销售 1000 箱的佳绩，有的门店在海报开档后 3 天内 1000 箱透明皂就销售一空。同时针对苏果、时代、家乐福等超市安排的促销产品也适销对路，销量提升明显，其中苏果超市与第一、二季度销售相比增长率分别为 76.09% 和 60.88%。纳爱斯、雕牌产品受到了消费者的广泛青睐，分公司三季度终端销售与第一、二季度相比分别增长124.45%和47.83%，实现了终端销售的三级跳。

同时，随着与各超市合作的层次不断提升，渠道不断拓宽，销量大幅度提升，获得了双赢，从而形成了战略伙伴关系。很多卖场、超市的采购经理通过数据分析，对我产品的市场竞争力一致看好，他们纷纷称赞我集团终端销售理念和灵活多变的操作方式适应了市场竞争环境。正如江苏一连锁超市采购总监所言："纳爱斯、雕牌产品被越来越多消费者喜欢，从纳爱斯产品的销售我们看到了民营企业的潜力所在，我们将一如既往地与纳爱斯携手共进，强强联手、实现双赢的营销理念。"

此外，委托加工、营销网络的本土化是纳爱斯集团又一个性化的分销特点。在上文中提到的包括德国汉高在内的四个洗涤剂生产厂和宝洁的两个工厂在内的遍布全国的19个省的30家企业。它们每天都在生产着雕牌的产品，也就是说，这些知名企业的在华生产商同时生产着和它们竞争市场的竞争对手的产品。有报道说，徐州汉高洗涤剂有限公司，脱离了亏损4000万元的窘迫而扭亏为盈。甘肃的"兰星"从扭亏为盈创了该厂20年来的洗衣粉生产的历史纪录。上海制皂厂等企业专程学习考察纳爱斯，学习雕牌等品牌做大做强的经验。不仅如此，这些委托加工企业，已经成为纳爱斯在全国的市场上迅速铺开的燎原之火，大大降低了运输的成本，而且为销售网络的本土化打下了坚实的基础。

纳爱斯集团看到了终端销售和渠道铺陈带给整体产品市场的巨大推动力，2004年10月31日至11月3日，纳爱斯集团召集各分公司经理、终端办负责人，区域经理，举行了为期四天的销售研讨会，共商2005年的销售政策。

在2004年，点对点、门对门的终端销售在不少区域取得显著效果，许多分公司、代理（分销）商尝到了网络细化的甜头，送货积极性高涨，同时也认识到这是今后发展的趋势。纳爱斯集团将进一步实行扁平化区域代理制，因地制宜，继续推广和加强点对点、门对门送货。终端在原有基础上又有很大提升，尤其铺货陈列、品牌形象大为改善。把终端分销放在了重中之重的位置上。（资料来源：MBA智库百科网站）

问题讨论

（1）从雕牌的案例中可以学到什么？

（2）根据案例，你认为分销体系的建立对于怎样的产品销售具有关键的作用？

（3）你认为为什么雕牌选择终端作为主要提升品牌形象的方法？

【管理篇实训内容和操作步骤】

（一）技能训练

1. 单项技能操作训练

某酒业公司主营当地品牌酒，主要销地为皖南、皖东、皖西，也欲向外地开拓市场。该公司营销部有5个营销人员（含负责人），请帮助设计营销部组织结构图。

分析：该酒业公司经营地方品牌酒，销售品种单一，范围明确，营销部人员应按区域分工，以明确职责，熟悉市场，开拓经营。

操作过程：根据以上分析，组织结构图如下：

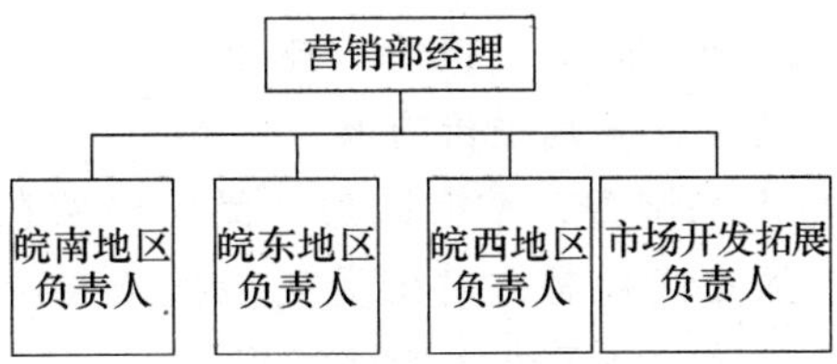

说明：营销部机构设置和人员分工一定要符合目标一致、分工协作、命令统一、权责对等、集权与分权相结合原则。

2. 综合技能操作训练

请撰写一份《××产品市场定位及说明书》

分析：产品市场定位与营销战略、策略制定关系重大。产品市场定位要充分考虑企业的优势、产品特点和消费者需求及发展趋势，并据其制定营销战略、计划与策略，通过营销说明书加以阐释，作为企业开展营销活动的依据。

操作过程：将班级学生分成若干小组（8—10人），以小组为单位。老师提供某企业的基本情况和企业优势，并组织学生对企业优势进行深入研讨，总结、分析在这一优势下如何开展营销活动，以展示自己的优势，每组据此写一份《××产品市场定位及说明书》，在班级进行讨论交流。

说明：优势为企业的长处、特点，是企业营销与发展的基础。产品定位与发挥企业优势必须一致，营销说明书与产品定位一致并具有可操作性。

（二）职业能力开发

1. 开发你的市场调研能力

● 目标：该项目训练帮助你掌握市场调查计划的操作技能。

● 内容：拟一份市场调查计划。

● 步骤：(1) 确定市场调查项目。(2) 确定资料来源。(3) 确定调查对象。(4) 确定调查人员。(5) 安排调查时间。(6) 安排调查地点。(7) 拟订调查方法。(8) 选择调研工具。(9) 进行费用预算。(10) 安排调查分工。(11) 进行实际调研。(12) 撰写调研报告。

2. 开发你的产品开发与管理能力

● 目标：该项目训练帮助你掌握开发新产品创意的技能。

● 内容：对某传统产品进行创新，以开发新产品。

● 步骤：(1) 将班级同学分成若干小组（10—12人），以小组为单位。(2) 对传统产品优缺点进行分析讨论，特别要挑出其毛病。(3) 对传统产品毛病进行分析，提出解决的思路。(4) 形成新产品开发创意，并根据创意进行设计。

3. 开发你的价格制定与调整能力

● 目标：该项目训练帮助你掌握报价的技巧。

● 内容：对某新产品设计谈判报价方案。

● 步骤：(1) 进行市场调查，掌握同类产品价格信息。(2) 充分掌握该产品的成本。(3) 分析、预测谈判对方可接受的价格预期。(4) 分析谈判中讨价还价的能力和策略。(5) 确定高于可售价格的报价。

第十六章　市场营销理念新进展

【学习目的】 通过学习本章内容，应该掌握：

1. 当代市场营销理念的相关概念
2. 现代营销理念与传统营销理念的区别
3. 各种现代营销理念的内涵
4. 各种现代营销理念的产生背景
5. 各种现代营销理念的应用

【开篇故事】

故事发生在天堂门口，一位中国老太太和美国老太太相遇了。上帝让她们都说件自己一生最高兴的事情。中国老太太高兴地说："我攒了一辈子的钱，临死前终于住上了几天新房子，我这一辈子活得也值啊！"轮到美国老太太时，她也高兴地说："我住了一辈子的漂亮新房子，在我去世之前终于把买房子的贷款还清了。"

点评： 理念的不同带来的是行为和结果的大相径庭。两位老太太去世前都没有留下任何债务负担，但美国老太太的消费观念使她提前享受到漂亮的房子、良好的生活环境，而中国老太太则恰恰相反。

以经济全球化、产品知识化、消费个性化、信息网络化为特征的新的市场角逐使中国企业面临着巨大的机遇和挑战。中国市场的供求关系也因此发生了根本性的变化，商品供大于求的现象极为普遍，来自企业本身和行业竞争的压力使中国企业不得不树立现代化的市场营销理念，以使企业摆脱困境，并实现企业的成长。新的环境使得市场营销理论和实践都发生了重大变化。新的科技革命已将人类物质文明推向一个新的高度，从而使人类有更多的时间从事创造性的思维活动。新的管理技术使管理工作更加科学、有效。企业要在这样的环境中生存与发展就需要改变传统的营销理念，接受新的营销理念，才能适应环境。不断创新营销理念成为中国企业提高市场营销竞争力的有效途径。

当代营销理念的形成是营销理念发展史上一次根本性的变革，是营销理念发展创新的一项伟大成果。其发展成果主要表现为以下三个方面：第一，表现为从“以产品为中心”向“以消费者为中心”的根本性转变。旧的营销理念是以生产商的生产能力为出发点，其宗旨是如何实现卖方产品的价值；当代营销理念则是以消费者的个性化需要为出发点，其宗旨是通过满足消费者个性化需求来实现企业经营目标。第二，表现为从“由内向外”到“由外向内”的营销导向的转变。旧营销理念下的企业从自身出发，关心如何扩大生产、如何将已生产出来的产品销售出去，以此来实现盈利；当代营销理念则是从市场出发，通过市场调研，发现目标顾客，明确市场需求，了解行业环境与竞争者动向，决定自身的生产经营活动，根据目标顾客的特征制定与之相适应的营销策略，从而实现企业的经营目标。第三，表现为从片面追求价格竞争向重视非价格竞争的转变，从同行业内同类产品之间恶性的价格竞争发展到以产品特色为主的非价格竞争。旧营销理念下各企业关注的是如何最大限度地降低产品的价格，以价格取胜；而现代营销理念更注重造就产品的特色，如以质量为主、以服务为主。第四，表现为当代营销理念本身的进步与完善，从市场营销理念对消费者利益、企业利益和社会利益三者间矛盾的回避，到追求消费者利益、企业利益和社会利益三者目标的统一，社会营销理念丰富和发展了市场营销理念，形成了与当前市场经济相吻合的科学、合理的营销理念。

第一节　服务营销观

一　服务营销产生的背景

服务营销于20世纪60年代兴起于西方。美国约翰·拉思摩尔（John Rathmall）教授于1996年首次对无形服务与有形实体产品进行区分，提出要以非传统的方法研究服务的市场营销问题。1974年由拉思摩尔所著的第一本论述服务市场营销的专著面世，标志着服务市场营销学的产生。在该著作中，作者明确指出，仅把市场营销学的概念、模型、技巧应用于服务领域是行不通的，而必须建立以服务为导向的理论架构。

服务营销也称为有形商品的无形性营销。在目前信息技术与网络技术极其普遍、信息快速传播的条件下，不同企业生产的同类或近似产品，其设计、功能、生产能力不相上下的情况下，一些有形产品其有形部分的属性如品质、功能、特性等方面的差异较小。因此顾客对商品的判断和选择，不再仅仅依据商品的有形属性，而在相当大的程度上取决于其无形属性的一面。其无形属性就是附加于商品有形属性中的服务。

二 服务营销的内涵

理论界普遍认同服务营销是识别、建立、维护和发展与客户及其他利益相关人的互动关系的活动，并通过互惠互利形成长期的相互依存关系，发展客户与企业及其产品之间的联系，以实现客户价值，帮助企业开拓市场，增强企业的核心竞争力。从营销的角度来看，服务营销有三个层次的含义，第一个层次是研究服务作为一种特殊产品如何营销的问题；第二个层次是研究服务行业如何营销的问题；第三个层次是研究实体产品或无形产品营销过程中，如何将服务结合起来，从而使企业获得竞争优势的问题；第三个层次是服务营销的目的所在。服务营销的核心理念是顾客满意度和顾客忠诚度，通过取得顾客的满意和忠诚来促进相互有利的交换活动，最终实现营销业绩的提升和企业的快速成长。

三 服务营销的特征

服务产品与有形的工业产品和消费品是有区别的。为了将服务产品同有形产品相区别，许多市场营销专家从产品特征的角度来探讨服务的本质。

（一）不可感知性

不可感知性是指服务产品与有形工业品或消费品相比，服务的特质及组成服务的元素大多是无形的，让人无法触摸与感受。服务产品的这种看不见摸不着的特征就是不可感知性。例如，搬家公司、心理咨询部门等服务行业，消费者向其购买的产品绝不会像购买一件服装、一把雨伞那样的有形物品，其产品是无形的。

（二）不可分离性

不可分离性是指服务产品的服务过程与消费过程同时进行、不可分割的特征。一件消费品或工业品从生产到流通到消费往往要经过一系列的中间环节，生产过程、流通过程及消费过程在时间上依次进行，相互之间有一定的时间间隔。服务产品与消费品、工业品之间的这种特征差异性主要来源于服务产品不是一个具体的有形物品，而是一种活动。

（三）差异性

差异性是指服务产品的构成及其质量水平经常变化，很难统一界定。服务行业是以“人”为服务对象的产业，一方面，由于服务人员自身因素的影响，即同一服务人员在不同时间提供的服务也可能出现不同的水准。如厨师烧出的每桌菜肴经常有程度不等的差异。另一方面，由于顾客直接参与服务过程，顾客自身的因素（如知识水平、兴趣、爱好）也直接影响服务产品的质量与效果。

（四）不可储存性

不可储存性是指服务产品不可能像有形的消费品和工业品一样储存以备出售。因为服务产品是无形的而且消费与服务同时进行，根本无法储存。因此，服务产品的不可储存性特征要求服务企业必须解决由缺乏库存所引致的产品供求不平衡问题，避免生产出来的服务不能被及时消费掉的现象发生，提高服务企业有效地弹性处理被动服务需求的能力。

（五）缺乏所有权

缺乏所有权是指服务产品在服务的生产和消费过程中不存在所有权转移的问题。服务产品的前述特征（如无形的、不可储存性）决定了服务产品在完成交易后便不复存在，消费者没有也不可能“实质性”地拥有服务产品。比如，顾客在接受美容厅的美容按摩服务后，除了变得容光焕发、肌肤爽快外，并没有拥有任何东西，也没有发生任何所有权转移问题。

四　服务营销应注意的问题

服务营销观认为，服务营销应注意如下问题：

（一）注重“人”在服务营销中的作用

这里所说的“人”有两个方面的含义。一是指消费者；二是指提供服务的服务人员。对销售者而言，主要是注重对服务产品购买者行为的洞察与掌握。即了解服务产品的特征如何影响消费者的购买行为，消费者对服务产品的特质、优缺点及潜在的购买风险的评价，由此制订出有效的服务营销计划。对服务人员而言，由于服务过程是服务人员与顾客直接接触的过程，服务的好坏不仅与顾客的行为密切相关，而且更重要的是取决于服务人员的素质。因此，提高服务质量，提高服务人员与消费者接触的水平至关重要。

服务质量由服务软件与服务硬件两方面构成。服务软件是指服务人员的态度、举止、言谈等行为要素；服务硬件是指服务产品的性能水平及技术水平；服务接触是指服务人员与顾客沟通的效果、服务员工对顾客心理及行为变化的把握与认识等。

（二）注重“时间”的重要性

在服务营销过程中，由于服务产品的生产与消费是同时进行的，而且是由顾客同服务人员面对面依次进行的，如果顾客多于服务人员或服务人员技术不熟练就必然会导致顾客等候消费的现象。等候时间过长对视时间为金钱的现代顾客而言，无疑会引起顾客的不快，使其对企业的服务质量及形象产生怀疑。因此，掌握服务时间的节奏，安排合理的服务人员规模，提供及时、快捷的服务，在服务营销活动中是至关重要的。

（三）注重分销渠道的特殊性

服务产品的特殊性决定了它在分销活动中的特性。服务企业不可能通过物流渠道把产品从工厂运到顾客的手中，而是借助传媒渠道（如广播、电视、招牌、张贴画）或是把生产、零售和消费地点有机衔接起来推广产品。因此，服务产品没有独立的分销渠道，它是附属在服务活动之中的。

（四）注重对传统市场营销组合理论的发展

提出了7P组合的新思路。我们在前面界定了服务产品的基本特征，只是表明服务产品较之工业品与消费品在这些方面具有较强的倾向。而事实上有形产品和无形服务都是产品，都能为消费者提供利益和满足感，只不过服务产品是一种特殊的产品罢了。所以，传统的营销理论和原则在服务市场领域依然具有一定的适应性，但仅限于传统的4P理论尚不能满足服务这一特殊产品的需要。为此，在传统的产品、价格、分销渠道和促销组合之外，又增加了实物证据（Physical evidence）、人（People）和服务过程（Process），形成了7P服务营销组合理论。实物证据因素的提出，主要是针对服务产品无形、不可感知的特征的。其基本思路是：借用一些有形产品作为佐证来弥补服务由于无形而使顾客对服务缺乏“实质”性感受的弊端，以增强顾客对服务的印象。

第二节 关系营销观

一 关系营销的内涵

关系营销是以管理企业的市场关系为出发点，以建立和管理“关系”为基础，旨在替代传统营销理念的一种理论。其核心思想是建立并发展良好的关系，保持顾客忠诚度。在关系营销中，互动与合作存在于各个层次，顾客是否购买取决于在互动关系中双方相互的影响程度，双方不是分离而是相互依赖。从这一角度来看，关系营销的目的就是要发现、建立、保持和强化与顾客的关系。

关于关系营销的概念，目前理论界主要有三种观点：一是认为关系营销是买卖之间依赖关系的营销。二是根据谢尔思（Shelth）、古门森（Gummensson）、格鲁诺斯（Gronroos）等著名营销学专家的观点，所谓关系营销，是识别、建立、维护和巩固企业与客户及其他利益相关人的关系的活动，并通过企业努力，以成熟的交换及履行承诺的方式，使活动涉及各方面的目标在关系营销活动中实现。这一观念强调的重点是需要企业与客户及其他利益相关者之间建立起相互信任的合作关系。三是关系营销是个人和群体通过交换产品和价值的同时创造双方更加亲密的相互依赖关系，以满足社会需要和诉求的一种社会管理的过程。

综合上述观点可知，关系营销的内涵是：强调与顾客建立、维持和发展良好的长期合作关系，并努力提高顾客的满意度与忠诚度；以更广阔的视角、更长远的眼光来认识与企业有相关利益关系的各方（包括竞争者、供应商、顾客、公众、政府等），并与企业的外部市场和内部市场建立紧密的长期关系；坚持质量、服务顾客和营销活动三要素有机结合的理念，为顾客提供高质量商品的同时提供个性化的服务。建立有利的商业关系需要企业与顾客及其他利益相关人（包括供应商、分销商及其他合作者）之间，建立相互信任的关系，它强调的是不仅要争取顾客和创造市场，更重要的是维护和巩固已有的关系。

二 关系营销观不是庸俗的关系学

关系营销观由于涉及“关系”二字，所以很容易与当前社会上所流行的“庸俗关系学”相混淆。人们往往错误地认为，关系营销观就是强调在营销活动中通过吃、喝、玩等手段拉关系，相互利用，开展非正当的交易活动。这种视关系营销观为庸俗关系学的认识，是对关系营销观的扭曲。那么，关系营销观是如何与顾客及其他方面建立长期合作关系的呢？弗兰克·索尼伯克提出的密切合作的十条准则，解开了人们对关系营销观的困惑。

这十条准则是：

1. 诚恳守信、坦诚相待；
2. 互相尊重、和谐一致、富有人情；
3. 共存共荣，双方从合作关系中获得成功与利益；
4. 在建立合作关系之前就要有明确的奋斗目标；
5. 深入了解对方的文化背景，做到知己知彼；
6. 经常沟通，及时解决问题，消除误会；
7. 致力于长期合作，强调合作关系的建立不是基于短期优势，而是基于长期机会；

8. 双方都要为最佳合作状态而努力；

9. 双方共同决策，不可强加于人；

10. 力求关系的长期延续。

第三节　绿色营销观

一　绿色营销观产生的背景

（一）“绿色时代”的兴起

现代产业的高速发展和都市规模的不断扩大，给人类带来了日益丰富的产品和发达的物质文明，但全球环境都在不断恶化——地球资源迅速减少，臭氧层惨遭破坏，“三废”物质排放大量增多，耕地面积急剧减少等，引起了全球的普遍关注。90年代以来，世界范围内的环保浪潮一浪高过一浪。1992年在里约热内卢举行的联合国环境与发展大会上通过了《21世纪议程》，标志着世界已进入保护环境、崇尚自然、促进持续发展的“绿色时代”。

（二）“绿色消费”的兴起

随着全球环境保护意识的增强，世界各国经济都在实施可持续发展战略，强调经济发展应与环境保护相协调。受其影响，消费者的消费环保意识也日益加强。有资料显示，77%的美国人表示某家公司的环境信誉会影响其购买决定，40%的欧洲人更喜欢购买“绿色产品”而不是传统产品。为了限制和拒绝有公害产品进入市场，国际社会开始用法律手段保护环境。1989年重新修订了《蒙特利尔公约》，我国政府相继颁布了《环境保护法》、《中国21世纪议程》等。这些绿色法律、法规的公布，对企业进入市场进行了严格的界定和限制。国际市场因此而进入“绿色消费”时代，为了顺应“绿色消费”趋势，为了提高收益并赢得社会信誉，“绿色营销”应运而生。

二　绿色营销的内涵与应用

绿色营销是指企业在整个营销过程中充分体现环保意识和社会责任感，向消费者提供科学的、无污染的、有利于节约资源和符合良好社会道德准则的商品和服务，并采用无污染或少污染的生产和销售方式，引导消费者以环境保护者的身份和态度进行消费，并满足消费者身心健康的需求。绿色营销旨在使企业以环境保护观念作为其经营哲学思想，以绿色文化为其价值观念，以消费者的绿色消费为中心和出发点，采取满足消费者绿色消费需求的营销策略。绿色营销理念要求企业在营销中，要以可持续发展为目标，注重经济与生态的协同发展，注重可再生资源的开发利用，减少资源浪费，防止环境污染。绿色营销强调消费者利益、企业利益、社会利益和生态环境利益四者利益的统一。

（一）绿色市场

面对绿色环境，企业市场分析的重点放在研究消费者的绿色需求，捕捉企业发展的绿色商机上。绿色信息的收集是绿色市场分析的关键。绿色信息的收集主要包括绿色消费信息、绿色科技信息、绿色法规信息、绿色组织信息、绿色产品信息和绿色市场信息等。通过对这些内容的收集，并结合自身的情况，研究信息的真实性和可行性，为企业及时抓住绿色商机，开展有效的绿色营销决策服务。

（二）绿色产品

绿色产品的开发过程是企业履行环保义务的关键所在，也是绿色营销的支撑点。绿色产品是指对社会、对环境改善有利的产品，或称无公害产品。近几年来，越来越多的企业发现，“绿色产品”的问世不仅可以遏制破坏环境的行为，而且可以节省开支，增强竞争力。

绿色产品与传统产品比较，具有以下特征：（1）产品必须是安全、卫生、有利于人体健康的；（2）使用该产品不会造成环境污染，最好有利于改善环境；（3）产品可使用替代原材料，降低消耗，节省能源；（4）产品易回收处理，具有多用功能；（5）产品效率更多，寿命更长。

为确保绿色产品名副其实，还应加强对产品制造、包装、服务等环节的“绿色化”管理工作。真正实现绿色制造、绿色包装、绿色服务的完整绿色产品营销体系。

绿色制造，就是保证产品生产过程的洁净性、无公害性。具体包括：（1）避免使用有毒有害的原料及中间产品，减少生产过程的各种危险性因素；（2）少废、无废的工艺和高效的设备；（3）物料的再循环使用；（4）简便可靠的操作与控制、完善的管理等。

绿色包装，是指在产品包装、装潢设计时，应尽量降低商品包装及其残余物对环境的影响，符合“可再循环”、“可生物分解”的要求。

绿色服务，是指企业在商品的售前、售中、售后服务过程中，以节约资源、减少污染的原则为服务导向。它是“绿色产品”整体不可分割的一部分。主要起到引导消费者在商品的消费过程中，促进人与自然、人与环境的和谐，改善人类的生存环境的作用。

（三）绿色价格

价格是市场的敏感因素，实施绿色营销不能不研究绿色产品价格的制定。一般来说，绿色产品价格普遍高于非绿色产品的价格。原因是：（1）绿色产品品质高于非绿色产品，更符合现代消费者的需求，消费者一般认为绿色产品具有更高的价值，愿意为此支付较高费用。（2）企业为生产、经营绿色产品，对环境进行了治理。增加了为改善环境而支付的研制经费，生产制造成本及实施绿色营销的管理成本与销售费用。国外研究表明，绿色产品价格中包括了环境使用费用，因而要高于非绿色产品价格，一般比非绿色产品价格高出20%—200%。在不同国家和地区，绿色产品价格上扬的幅度是不同的。这不仅取决于绿色产品品质较高的幅度和环保费用支出的多少，还主要取决于消费者对绿色产品价值的理解。但是，绿色产品价格的上升只会是暂时现象。随着科学技术的发展和各种环保措施的完善，绿色产品的制造成本会逐步下降，趋向稳定。同时，随着人们环保意识的增强，消费者经济收入的增加，消费者对商品可接受的价格观念会逐步与消费观念相协调。因此，从长远来看，绿色营销不仅能使企业盈利，更能在同行竞争中取得优势。

（四）绿色促销

绿色促销，就是通过绿色促销媒体，传递绿色信息、指导绿色消费、启发绿色需求，最终促成购买行为的各项促销活动的总称。主要促销活动有：（1）绿色广告：通过广告传递绿色信息，引导消费者接受产品的绿色功能定位，营造市场营销的绿色氛围，激发消费者的购买欲望。（2）绿色推广：通过绿色营销人员在销售现场实地讲解、示范产品的绿色功能，回答消费者绿色咨询，宣讲绿色营销的发展趋势，培育和激励消费者的绿色消费欲望。同时，兼顾采用试销、馈赠、竞赛、优惠等手段，刺激消费者产生购买行为。（3）绿色公关：企业的公关人员组织一系列公关活动（包括环保公益活动、环保联谊活动、赞助活动、新闻报道活动等），广泛与社会公众接触，强化“绿色企业”的公众形象，为绿色营销建立广泛的社会基础，促进绿色营销业的发展。

（五）绿色营销渠道

绿色营销渠道，是绿色产品以生产者转移到消费者所经过的通道。绿色产品品质与非绿色产品品质是不同的，但又很难从外观上予以区分。因此，选择专门的分销渠道，是实现绿色产品市场流通无污染、维护消费者利益的有效途径之一。主要包括以下策略：（1）认真选择绿色信誉度高，可提供多项专门服务的中间商来经销企业的产品，不断发现规范、高效的营销伙伴，逐步建立稳定的营销网络。（2）尽可能建立短渠道、宽渠道，减少渠道资源消耗，降低渠道费用。（3）为了真正实现绿色营销，从绿色交通工具的选择、绿色仓库的建立，到绿色装卸、运输、储存、管理办法的制定与实施，认真做好绿色营销渠道的系列基础工作。

第四节 概念营销观

任何一种商品实质上都包含一种或多种为消费者所需要或能使消费者获得某种满足的功能概念。概念营销，就是将产品（服务）的特点与消费者的需要紧密衔接，并以一个特定的概念向消费者宣传产品所包含的功能、时尚、文化、科技知识及其对消费者生活产生的影响，从而引起消费者的共鸣，刺激购买欲望，最终产生购买行为的目的。

一 概念营销观的产生背景

（一）产品的日益同质化

伴随市场竞争的加剧及技术的进步，各种同类产品的功能与性能的同质化倾向日益接近，彼此间的物质性差异越来越小。在这产品均质化的情况下，消费者也从过去的注重产品实体功能转为看重产品功能以外的更多方面。消费者需求从物质开始转向精神，购买行为更多地受到观念价值的支配。因此，为了吸引消费者注意，使消费者满意，用满足消费者精神需求的“概念”来包装、宣传、销售产品成为企业力促产品区别于竞争对手，在同质化产品中独树一帜的一条营销思路。

（二）消费者“非行家购买”特征的日益凸显

消费者购买商品种类的大量化与消费者商品知识有限化的矛盾，导致消费者购买往往呈现“非行家购买”特征。尤其随着技术的进步、经济的发展，生命科学、生物工程、超导技术等尖端科学在产品生产中的应用，更让消费者难以读懂面对的各类全新的产品。消费者“非行家购买”的特征在知识经济环境下显得尤为突出。“非行家购买”往往是与“消费的可诱导性”相对应的，“非行家购买”特征越明显，消费者的消费可诱导性越强。因此，概念营销以推出一个概念为突破口，引导消费者从不知到了解，进而喜欢的良性循环过程，从而实现了以“生产消费者所喜欢的”的传统做法向“使消费者喜欢我所生产的”转变的创造性营销突破。

二 概念营销的内涵

概念营销，就是将产品（服务）的特点与消费者的需要紧密衔接，并以一个特定的概念向消费者宣传产品所包含的功能、时尚、文化、科技知识及其对消费者生活产生的影响，从而和消费者引起共鸣，刺激购买欲望，最终产生购买行为的营销活动。

概念通俗的说法又称为商品或服务的“卖点”，是指商品或服务具备了前所未有、别出心裁或与众不同的特征。这些特征一方面可能是产品或服务与生俱来的；另一方面可能是通过营销策划人员的想象力、创造力产生的，也可以说是“无中生有”的。不论它从何而来，只要能使之落实于营销的战略战术中，并转化为消费者能够接受、认同的利益和效用，就能达到产品畅销、建立品牌的目的。这也是概念营销最初的引入和使用形式。

目前，人们都在说产品要有特色才能快速制胜，何为特色，特色在于何处，概念就是最好的特色，也是最为丰富的特色、最能区别于其他竞争产品的特色。都说“服务”要流行走俏，可是服务种类那么多，提供商又那么多，如何才能使得服务差异化，从概念上产生差异不愧是一种好的选择。

三 概念营销的应用

采用概念营销作为主要的营销手段，就一定要打造出具有差异化的概念。通过借助全新概念，可以为传统的老产品创造独特卖点，带来新的商机，产生“点石成金”的奇效！

概念营销观实施的关键是率先推销一个概念，并让消费者认同这一概念。其实施的思路包括两个途径：

1. 从研究消费者心理入手，创造符合消费者需求的新概念。消费者心理需求及其观念的变化，直接影响消费者的消费行为。洞察消费者的需求变化，捕捉消费者的消费心态，从中寻找顺应消费趋势与消费能力的促销新概念，是概念营销的基本思路之一。比如，随着科学知识的普及，消费者生态环境意识的加强，绿色消费渐成时尚，因此，绿色概念成为许多产品市场营销的亮点。

2. 以技术创新为基础，以创意为先导建立引导消费需求的全新概念。发现概念是创造市场的前提。概念营销建立在技术创新与艺术构想之上，靠的是科技的进步与智慧的大脑。实践证明，几乎每一次技术进步都会引出新的应用概念，而这些概念物化出的产品又会创造出巨大的市场需求。例如，近十年来，电子技术的不断进步，创造出巨大的个人电脑、移动电话、VCD、DVD、互联网络等方面的市场需求。又比如，上海日化公司利用新技术开发出一种新的洗涤用品——柔软剂，并同时创立了现代洗衣三部曲——“去污、漂清、柔软”的消费新概念，突破了消费者洗衣仅仅需要“去污、漂清”的传统认识。从而引导了洗涤与柔软相配合的消费方式，开辟洗衣新潮流。由此可见，企业只有不断开发新产品、发挥艺术想象，才能推出为广大消费者所接受的全新概念，最终实现创造需求、创造市场的目的。

第五节 体验营销

一 体验营销产生的背景

1998 年，美国战略地平线 LLP 顾问公司的创始人约瑟夫·派恩和詹姆士·吉尔摩在《哈佛商业评论》中“体验式经济时代来临”一文中将经济价值演进的四个阶段分为货物、商品、服务与体验。其中它们将体验经济定义为：“在生产行为上以提升服务为首，并以商品为道具；消费行为则追求感性与情景的诉求，创造值得消费者回忆的活动，并注重与商品的互动。”并且它们认为，随着“体验”变成可以销售的经济商品，“体验消费”旋风开始席卷全球产业，体验式经济时代已来临。从此体验经济的概念引起了人们的广泛关注。

20 世纪 90 年代末，当“体验经济”一词刚刚在国外提出的时候，我国就开始有人关注“体验经济”了，并对体验经济进行了一些初步研究。随后国内的学者也从不同的方面对体验营销进行了研究，与国外学者相比，国内学者更多地集中在营销策略和在现阶段如何实施等方面。

体验营销产生的基础主要表现为高科技引发复杂产品的出现，体验是一种强烈的感觉，眼见为实的消费心理，消费惯性的存在。随着生活水平和生活质量的提高，现代社会中人们消费的观念不再停留于仅仅获得更多的物质产品以及获得产品本身；相反，消费者购买商品越来越多的是出于对商品象征意义和象征功能的考虑，即人们更加注重通过消费获得追求个性化的满足。

二 体验营销的内涵

体验营销是伴随着社会的进步、经济的发展而产生和发展的。哥伦比亚大学商学院教授施密特提出了体验营销的概念，他在 1999 年出版的《体验式营销》专著中这样写道，“那是一种为体验所驱动的营销模式，很快将取代传统的营销和经营方法”，并称其为体验式营销。也是首次构建了体验经济与营销的基本理论框架。他指出，体验式营销站在消费者的感官、情感、思考、行动、关联五个方面，重新定义、设计营销的思考方式。而且他还提出在当前的消费趋势中，体验（情感/精神需求）逐渐成为顾客的主流需求，所以品牌必须满足顾客的体验需求，消费者在消费前、消费时、消费后的体验，才是研究消费者行为与企业品牌经营的关键。

体验营销，是企业以商品为载体、以服务为舞台、以满足消费者的体验需求为目的而开展的一系列营销活动。体验营销主要是通过引导、说服消费者尝试体验企业产品，从而增强其体验的消费者对企业产品的直观认识和感知，达到促进产品销售的目的。体验营销自始至终都以为顾客营造有回味的体验作为其工作重点，通过满足消费者的体验需求来实现其盈利目标。归纳地说，体验营销，就是企业以满足消费者的体验需求为目标，以服务产品为舞台，以有形产品为载体，生产经营高质量的体验产品，通过对事件和情景的安排和特定体验过程的设计，让消费者沉浸于体验过程中，引爆他们心中的欲望，产生美妙而深刻的印象，并获得最大程度上的精神满足的过程。

三 体验营销与传统营销的区别

与传统营销相比，体验营销的创新在于：传统营销更多专注于产品的特色与利益，体验营销则把焦点集中在顾客“体验”上。

体验营销不同于传统营销，它们的区别主要表现为：

（一）核心理念的不同

传统营销过分强调产品的功能利益，而忽视顾客所需要的感受和体验。体验营销的核心理念是：不仅为顾客提供满意的产品和服务，还要为他们创造有价值的体验。它通过实施“全面客户体验”，以体验为桥梁，真正实现所有顾客的理想和价值的过程。其实质就是要帮助所有顾客真正地达到自我实现这样的崇高境界。体验营销的三大主导性特征：以顾客忠诚为最终目的，以顾客需求为出发点，以顾客沟通为手段。在体验营销中，企业要满足顾客的需要，尤其是个性需要，就是健全与顾客的双向互动沟通，尽可能地收集顾客信息。

（二）对顾客认识不同

传统营销认为，顾客是理性的，把顾客购买过程视为一个非常理性的分析、评价、决策过程；体验营销则认为，消费者既是理性的又是感性的，消费者的购买行为既可能是理性的过程，也可能是在情景刺激下而产生的冲动型行为。传统营销更加注重产品和服务本身的特色以及它们给消费者带来的功效，顾客被动地接受企业的产品或服务，企业营销行为实际上是产品导向；而在体验营销中，顾客既是体验的接受者又是体验的参与实施者，真正体现了顾客导向的理念。

菲利普·科特勒认为：“体验营销正是通过让顾客体验产品、确认价值、促成依赖后自动贴近该产品，成为忠诚的客户。”这表明体验营销的目的是通过为顾客提供专门为其设计的产品体验，让顾客“确认价值”，进而使顾客对其体验的产品形成一种依赖，从而为公司赢得忠诚的顾客。

体验营销的宗旨是通过提升顾客价值来达到顾客满意和顾客忠诚。体验一方面可以满足顾客的情感需求；另一方面通过顾客的参与，使公司的产品和营销活动能更好更迅速地吸收潜在消费者的意见，从而更能满足顾客的个性化需求，因此体验营销能够增加顾客利益。体验可以增进顾客对企业所提供的产品和服务的了解提高顾客对企业产品让渡价值的可信度，从而在一定程度上可以提高顾客的“感知价值”。体验是一种营销者与顾客之间的沟通和互动的过程，体验营销正是通过体验这一过程来提高顾客价值，同时达到企业营销的目标。

第六节　整合营销

一　整合营销产生的背景

整合营销是在20世纪90年代初出现的由美国的舒尔兹教授倡导的一个新营销概念，在不断创新、扩展演变中逐渐形成。可以说整合营销是欧美90年代以消费者为导向的营销思想在传播领域的具体体现。

（一）整合营销的内涵

狭义上的整合营销理念主要是指制造商和经销商在营销思想上的整合，两者共同面向市场，协调使用各种不同的传播手段，发挥不同传播工具的优势，联合起来向消费者开展营销活动，并寻求调动消费者购买积极性的一切因素，达到刺激消费者产生购买意向，进而发生购买行动的目的。广义上的整合营销理念指的是以整合企业内外部所有资源为手段，重组、再造企业的生产行为与市场行为，充分调动一切积极因素，谋求产品价值链的最优化。整合营销理念把产品价值链上的供应商、生产商、分销商和顾客视做一个系统，通过整合实现顾客价值最大化和供应商、生产商、分销商经济效益最大化。从这个角度来看，整合营销可以视为对产品价值链的整合。

整合营销以整合为中心，讲求系统化管理，强调协调与统一，同时注重规模化与现代化。具体表现为广告、促销、人员推销、直销、宣传与公关、客户服务、赞助、展会、包装、商品交易、口头传播、体验营销、电子营销等多种方式的整合。也可以理解为企业营销过程、营销方式以及营销管理等方面的整合，企业内外的商流、物流、资金流和信息流的整合。整合营销通过对品牌进行计划、实施和监督的一系列营销工作，加强客户关系，以统一的目标和统一的传播形象，传递一致的产品信息，实现与消费者的双向沟通，通过各种手段的整合达到最好地在消费者心中树立品牌形象的目的。

（二）整合营销的应用

整合营销理念会根据环境的变化进行即时性的动态修正与完善，企业各相关交易方和利益相关方在交互过程中实现价值增值。

企业内部的整合营销是将企业文化、信念渗入企业的每一个部门、每一个员工的思想领域，通过协调各部门的有机联系、调动每一个员工的潜力，以营销为中心整合企业的经营活动，以为顾客提供高效、优质的服务，塑造顾客对企业及其产品或服务的满意度和忠诚度。同时整合营销理念还将营销活动视为企业内部经营管理的一项重要功能，也坚持以市场为导向开展经营活动，进行整合创新。在企业内部营销整合基础上再进行企业外部的营销整合，即与企业处于同一产品价值链上游的原材料供应商以及处于价值链下游的各分销商和消费者之间的整合。

企业外部营销整合以顾客为中心，强调企业与外部的协作，促使产品价值链上的所有部门和企业都为顾客利益共同工作，以实现顾客价值最大化。同时，对产品价值链上的企业、原材料供应商、各分销商的资源和工作进行整合，从整体上实现经济效益最大化。

企业采用整合营销理念要真正重视消费者，了解消费者要满足其需要与欲求所愿付出的成本、购物的便利性等问题。企业内部的各个部门需要相互合作，营销活动并非是一个部门的工作，它关系到整个公司的运作。其具体措施首先需要进行市场调查，包括企业战略制定过程中对企业的优势、劣势、机会和威胁的分析（简称 SWOT 分析），进行市场定位，从而才能制定出符合企业发展的低成本的整合营销策略，在这一过程中还应注意营销团队的建设与管理问题，营销活动的最后开展工作都要靠这支队伍去实施。在这一过程中可以借鉴国外的先进经营管理经验，特别是跨国公司的整合营销，站在巨人的肩膀上继续攀升。

第七节　全球营销

一　全球营销产生的背景

全球营销理念（global marketing concept）始于 20 世纪 90 年代，它是将一组国家市场视为一个单位，把具有相似需求的潜在购买者群体归入一个全球细分市场，在成本低、文化不冲突的情况下就可以制订谋求标准化的营销计划。全球营销理念是营销理念在全球经济一体化进程中不断更新、演化而形成的。全球营销理念更多地强调企业通过全球性的协调，使其在世界各地的营销活动一体化，以获得全球化竞争优势的营销理念。全球营销追求的是运作的全球化、协调的全球化和竞争的全球化。全球营销更注重分析各个市场的共性，它是注重分析各个市场个性的国际市场营销理念的发展。

二　全球营销的内涵

全球营销理念以全球市场为导向，以大市场营销为出发点，以国际市场营销为基础，把视野从国内市场或某国市场乃至于数国市场开阔到全球市场，以全球的眼光分析国际经济事物，实施全球化经营战略，在全球范围内统一安排研究与开发、生产与销售、财务与人事，实现生产资料与营销要素的最优配置。全球营销更注重分析各个市场的共性，从一般营销策略转向全球无差异性营销策略。面对全球经济一体化，企业通过满足全球大市场的需求，追求规模经济效应，将营销策略重心从差异性和集中性策略转向全球无差异性策略，以创造全球品牌为核心，打造统一的、具有共同需求的“无国际”的产品和服务，制定统一的标准化营销策略，以同样的战略原则和市场定位，同时满足全球范围内不同市场的需要。

以全球营销为理念进行指导营销活动的企业通常称为全球公司，它的营销活动则为全球营销，它的市场范围是整个世界。实施全球营销导向策略的公司能够更有效地追求规模效益，以最为合理的价格销往全球市场。实施全球营销有利于在世界范围内构成对同一产品具有相似需求的极大细分市场，从而企业试图在全球范围实施标准化过程中获取规模化的利润。

三　全球营销的应用

传统营销理念中的企业竞争观念以击败对手为主导，而全球营销理念更倾向于与竞争对手联盟，与竞争对手共生营销，同时与企业的其他利益相关方（包括供应商、客户、公众、社会、政府等）结成战略联盟，形成以共同发展为导向的协作经济群体，集中有效资源，创造更多的市场价值。同时企业通过建立战略联盟可以把企业的外部资源纳入自己的产品价值创造链中创造竞争优势，以实现竞争中的发展，合作中的共同繁荣。

经济全球化是当今世界经济发展的最重要趋势，现代化大生产本身的客观规律必然要求实现全球化分工。加入世界贸易组织后，我国市场同世界市场接轨，企业要在全球范围内展开对资源、市场、人才、资金等要素的竞争，竞争范围扩大的同时也带来了潜在市场需求量的提升。对我国企业特别是中小型企业而言，这是难得的扩张市场份额和提高企业实力的机遇。这就要求我国中小型企业具有全球营销理念，着眼于全球的“潜在市场需求”，创造新的市场。在这一经济规律的驱动下，各国企业和产品纷纷走出国门，在世界范围内同各国产品与服务进行竞争、寻求自身的发展机会。特别是实力雄厚的跨国公司，早已把全球市场置于自己的营销范围内，以一种全球营销理念来指导公司的营销活动。如可口可乐公司在世界几十个国家布有生产工厂，并且在100 多个国家拥有市场，成为一家全球性的公司。海尔是我国企业界较早具有这一意识的公司，他们明确提出要实现“海尔的国际化和国际化的海尔”。所谓“海尔的国际化”就是通过大规模出口和在境外设厂让海尔迅速走向世界各国。正由于海尔集团采用全球营销理念，在 1998 年我国出口严重滑坡的情况下，海尔出口同比增长 36%。所谓“国际化的海尔”就是让海尔在世界各国本土化。海尔现在已不单单是中国海尔，还有美国海尔，其中美国海尔是海尔按照三位一体（即设计中心、营销中心、生产制造中心都在美国）的原则成立的本土化海尔，美国海尔的设计中心设在波士顿，营销中心设在纽约，而生产制造中心设在南卡罗莱纳州，让美国人来经营美国海尔，让美国资源来“养育”美国海尔。

第八节 其他营销理念

一 隐性营销

隐性营销是针对常规性显性营销、直接推销产品的营销而言的，具体包括事件行销、公共关系、软文、CIS、赞助、娱乐文化营销等。国内隐性营销的发展始于 2003 年罗永泰在隐性需求的基础上概括出了隐性营销的概念。所谓隐性营销是基于知识经济的发展和人们需求层次的提高，组织为了实现顾客认知和学习能力及道德责任意识的重新配置，满足消费者的隐性需求，通过隐性传播方式与多样化的传播媒介，树立组织的良好形象，潜移默化地影响消费者的决策，实现组织产品向消费者转移的过程。

中国业界的数据表明，广告人的人均广告经营额与公关人的人均公关经营额差距十几倍。随着经济发展中的产品相对过剩，市场营销地位也日益显著，于是人们在营销活动日益频繁的环境下追求与众不同的营销方式和营销手段来躲避竞争对手的效仿、关注以及消费者的猜疑。隐性营销就是在企业和利益相关方不知不觉的情况下融入人们的心理，使消费者产生购买行为的营销理念。正如奥格威所说的：最高明的广告是看起来不像广告的广告。而隐性营销的目标正是如此。

与传统营销相比，隐性营销不是向所有消费者都进攻性地“大声广播”，而是透过传统的广告只向特定的少量消费者“低声耳语”，使产品信息进入消费者的视野范围。隐性营销的主要目标就是找到合适的人来谈论产品或服务，使消费者看不出是企业所发起的。隐性营销的关键是要创造一种正面口碑的环境，消费者愿意自发传播产品或服务信息。隐性营销追求的效果是消费者喜欢产品和品牌，并乐于把它介绍给朋友，而且期望他们像他一样，也喜欢这一品牌的产品和服务。企业的产品和服务的相关信息正是借助这一效果从小范围的消费者扩散到大众消费者。隐性营销可采取的具体措施有病毒营销、常人营销、名人口碑、诱导营销、电子游戏营销和歌曲营销。它们都具有各式各样的伪装，如病毒营销可能是借助某个文件从而悄悄地接近消费者，多数情况下消费者可能根本感受不到营销中的商业气息。

1. 产品个性化。是指在产品的结构设计、外观设计、形象、包装设计、使用功能等方面最大限度地满足最多的顾客的心理诉求和对产品各个方面的个性化需求。“量身定做”就是个很好的应用实例，目前使用最为广泛地莫过于电器的外观颜色和形状设计。二三十年前汽车的外观颜色只有一种，发展到今天只要你能说得出来的颜色生产厂家就能够生产出来，这在以前是多么不可想象的一件事，其他的电器产品也是如此。

2. 服务个性化。服务的个性化是产品增值的重要方式，直接体现了产品的附加值。服务个性化追求的是产品功能以外的难以被同质化的价值。随着生活水平的提高，产品的使用功能不再能满足人们对消费品的需求，人们开始享受购物过程中的服务和体验，微笑服务在这一过程中慢慢普及。更为明智的企业在提供基本服务的过程中还提供其他企业没有涉及而且对消费者而言的无偿服务，从而在日益激烈的竞争环境下获得竞争优势，抓住潜在的消费者。由于产品的同质化是必然趋势，要想在如此剧烈的竞争战场中获胜，寻找个性化的服务无疑是获取此战争胜利的重要砝码。

3. 营销模式个性化。是指针对不同的消费者人群提供不同的富有个性化的营销模式。直销是个性化营销过程中最直接也是最为常用的模式之一，特许加盟和终端直营也是目前企业界常用的模式。营销模式的个性化使用每种营销模式的创始者都取得了巨大的成功，有的甚至创造了奇迹，如国内 80 年代的“太阳神”口服液，它的个性化源于它的轰炸式的广告；90 年代末的天年的保健品，它的个性化源于它的会议营销模式，会议营销在当时为市场营销开辟了新的途径，它面对的是更为细分的个性化的服务团体。

二 注意力营销

黑格尔有句名言：“绝对的光明与绝对的黑暗效果都一样：什么也看不见。”“注意力经济”最早由迈克尔·H. 戈德哈伯（Michael H. Goldhaber）于 1997 年在美国著名的 *Hot Wired* 上发表了一篇题为《注意力购买者》的文章中提出来的。他指出：按照经济学的理论，注意力经济研究的主要课题应该是如何利用稀缺资源，而在信息社会中信息非但不是稀缺资源，相反是过剩的，相对于过剩的信息，只有一种资源是稀缺的，那就是人们的注意力。戈德哈伯还指出，目前正在崛起中的以网络为基础的“新经济”从本质上讲就是“注意力经济”，在这种经济形态中，最重要的资源既不是传统意义上的货币资本，也不是信息本身，而是注意力。注意力营销就是在注意力经济背景下对注意力的营销活动。

注意力营销产生的背景主要是科学技术迅猛发展的大环境下信息量的急剧扩大，使得注意力成为稀缺资源，企业间的竞争——营销战争转化为争夺“眼球”的战争，吸引注意力和保持注意力成为企业的首要目标和重大使命。特别是在网络经济时代，一条原则似乎已经得到确认：注意力为王，注意力衡量网站价值，注意力的数字化形态——点击率被各家网站视为命根子。因为按注意力经济的逻辑，一家网站一旦有了足够的眼球和注意力，广告商和投资商才会纷纷过来，才能带来收入。

注意力营销被视为企业成长的未来竞争力，所以企业充分调动各种营销要素，最大限度地跟踪、捕捉消费者的注意力，企业的一切营销活动都围绕着“如何获取注意力”而展开。吸引媒体注意力成为企业进行注意力营销活动的重要一环，媒体的传播功能非常强大，而且现在的媒体都是线下实体媒体与网络媒体同时运作的。但是，由于注意力难以数字化衡量的特征，所以企业在实施注意力营销投资的过程中应把握好一个度，以免浪费在没必要的领域。

三　蓝海营销

蓝海营销是指企业不以竞争对手为标杆，而是采用完全不同的一套战略逻辑，通过打破产业界限，创造新市场，创造新需求，引导顾客消费，变市场驱动为驱动市场，通过这种创新创造企业的价值进行营销的活动。

传统营销理念是按照竞争导向的思维方法来划分细分市场，在已有的市场上追求竞争优势。蓝海营销追求的是价值创新，并不是按照顾客的常规需求，迎合顾客的喜好，而是更多地通过创造新产品、新服务来引导顾客，并通过一系列的传播、培训和教育使顾客认知和接受新产品和新服务。其实，蓝海营销创造了更多的顾客价值，它的出现提高了消费者的消费观念和对新产品的需求欲望，开拓了消费者的视野，丰富了社会整体形象，更体现了对消费者个性化的尊重。

蓝海营销理念有利于构建企业的核心竞争力，拓展企业的市场空间，在很大程度上避免激烈的市场竞争。人们在这个方面有一种共识：要想获得竞争优势，仅仅局限于满足消费者的现实需求是不够的，要比消费者自己更早地洞察他们还未表现出来的深层需求。企业通过这种思维，就能发现许多市场空白，并将其视为本企业的发展方向，从而大大降低此市场空间中的竞争压力。菲利普·科特勒曾指出：企业的营销能力有三种层次，最低层次是反应式营销，中间层次是预见性营销，最高层次是创造性营销。科特勒的话告诉我们，企业应当了解市场、发现市场，发挥主观能动性，创造需求以创造新的市场。企业只有打破传统的营销观念，才能获取更多的市场机会，才能在市场竞争中成长发展。

【案例】

一位巴士售票员的服务技巧

钱怡以前是隧道六线空调巴士的售票员。她所在的巴士常用一串串塑料制成的常青藤和向日葵花挂在车窗边，黄花分外抢眼。一圈圈用闪光纸做成的花环悬挂在车厢四周，色彩缤纷，格外夺目。车厢是浓缩的社会，要当好新风全都也实属不易。

有一次，一位乘客上车后顺手把旅行包放在坐椅上。钱怡走过去递上了一只方便钩，对他说："先生，请你把行李挂在扶手上。"想不到，这一句很善意的话竟成了该乘客爆发无名火的导火线。"噢！五星级卖票员就这样限制人身自由、侵犯人权啊！"他竟接二连三地口出脏言，后在众乘客的指责下才收敛。临下车时，还狠狠地把那只方便钩朝钱怡扔了过去。售票员遇上这种人岂能不生气？然而，遇到的多了，钱怡就采用逆向考虑：也许是那位乘客遇上了不称心的事，也许是他今天身体欠佳，恰好地被我撞上了。

还真的是无巧不成书，第二天那位乘客又上了钱怡值勤的车，还带着自己的孩子。上车后彼此认出了对方，钱怡依然是微笑服务。那乘客有些尴尬，付了车费就往里走，由于车厢挤，那孩子就站在了钱怡的身边。一个念头从钱怡心头闪过，现在是学校上课的时间，那孩子怎么不去上学？钱怡关心地问："小朋友，你怎么不去上学？"小男孩回答说："昨天晚上我生病发烧，还没有好，爸爸带我去东方医院看病。"知道这一情况后，钱怡立即在车厢里动员给那位小朋友让座。真诚的服务感动了那位乘客，一路上频频为钱怡传递车票和找零，下车时还向钱怡道谢。后来又向车队写了感谢信，信中写道："心中有乘客，新风满车厢，感谢3052号车的服务员小姐。"

今年三十出头的钱怡，已经有了十多年的售票员经历。在平凡的工作岗位上，她逐渐地形成了一种充满温馨的服务理念；让每一位需要帮助的乘客都能得到满意的服务，让每一位走进车厢的乘客都有一种回到家的感觉。

有一次，一位神情呆滞的中年妇女上了车，当时车厢很挤，钱怡见她脸色不好，就安排她坐自己的工作座位。那位妇女开始没有言语，车在行驶中她突然哭起来，车厢里的乘客纷纷关注，以为是出了事故。这时候，钱怡站起，不知她碰上了什么为难事，会在公共场所痛哭。钱怡就安慰她，不要想不开，有什么事情可以慢慢解决。在钱怡和热心乘客的劝说下，那位妇女终于说出了事情的原委。原来，她因为与婆婆发生争吵，遭丈夫打骂而萌发了轻生的念头。于是，钱怡递上了手帕，耐心地劝说开导，使那位妇女终于打消了轻生的念头。

一次，一位乘客认定车票定价是1元，钱怡居中解释说："过江车的票价是1.2元，是政府规定的。"那位乘客很不乐意，买票时故意把一元钱的硬币掉在地上让钱怡捡。当时，车辆正在行驶，钱怡小心翼翼地俯下身体，十分困难地从角落里捡起来，车上的乘客纷纷指责那位乘客。而钱怡没有卷入纷争，她在考虑这样一个问题：乘客对票价的不了解，是我们宣传不够；乘客的情绪不好，也许是与车厢的气氛不佳有关系。于是，她每每在发车之前都要特意加上一句亲切的服务用语："乘客们，欢迎你们乘坐隧道六线。本车有多种服务项目，非常乐意为大家服务，请多多关照。"

还有一次，一位民工在车上随地吐痰，钱怡想，指责批评乘客的效果肯定不会理想，弄不好还会引起矛盾。于是，她来了个"冷处理"，从包中拿出餐巾纸，将一块递给了那位乘客，另一块擦去了地上的痰迹。第二天，钱怡还在车上增添了免费提供餐巾纸和增设废纸篓的服务项目。

为了搞好服务工作，钱怡不但学习英语，还学习过哑语。一次，钱怡在值勤中发现，有一位老年乘客每到一站就向车窗外探头张望，他是一位聋哑人。钱怡就拿出笔来用纸条同他交流，可他又不识字，好不容易比划了半天，也没有搞清楚他要在哪里下车，幸好他从身上找到了那张认路的小纸条，钱怡才算是帮他落实了顺道的乘客，在他下车后帮他找地址。回家以后，钱怡的心里很不安，她责怪自己不懂哑语，就下决心一定要学会哑语。经过一段时间的刻苦练习，钱怡已经能够熟练地打出部分手语。有一次，两位聋哑青年用手势问钱怡："南浦大桥在哪里下车？"钱怡也用手势做了回答。聋哑青年在下车时用哑语手势向钱怡表示："你很了不起，谢谢你，我们爱你！"［资料来源：《服务营销案例》，百度文库（http：//wenku.baidu.com/view/aaaa4f2e453610661ed9f48c.html.2010.7）］

问题讨论

1. 钱怡在与顾客接触中运用了哪些营销理念？
2. 钱怡是怎样处理问题顾客的？怎样使问题顾客也获得良好的服务感知？

3. 钱怡做好服务的意义何在？

【本章小结】

本章市场营销理念新进展讲述了现代比较流行的营销理念，具体包括：服务营销、关系营销、绿色营销、概念营销、体验营销、整合营销、全球营销、隐性营销、注意力营销、蓝海营销，并讲述了每种现代营销新理念的内涵、产生背景以及每种现代营销类型与传统营销的区别，应用过程中应注意的问题，它未来的发展趋势等，为读者系统地了解现代营销理念提供了借鉴与思考。

【思考与练习题】

1. 服务的基本特征表现在哪些方面？
2. 概念营销产生的基本背景是什么？
3. 绿色营销的基本内涵是什么？
4. 全球营销环境下企业应注意的事项。
5. 你身边的哪些品牌对你进行过隐性营销？
6. 体验营销与传统营销有何区别？
7. 现代营销理念进展的重要性体现在哪些方面？联系实际，通过你曾经进行过的体验营销评论体验营销的效果。

第十七章　网络营销

【学习目的】通过学习本章内容，应该掌握：

1. 网络营销的原理及其在市场营销活动中的应用
2. 网络营销的发展趋势
3. 网络营销的基本原理和基本方法
4. 网络营销的组合策略，掌握网络营销管理的基本技能

【开篇故事】神秘大盗“卧底”行窃

2004 年 8—10 月期间，网游《大话西游Ⅱ》（网易运营）中多位玩家相继发现自己的装备被盗。

在确认了玩家所遭遇的情况属实之后，2004 年 11 月 9 日，网易公司向广州市公安局网监处报案。经初步估算，游戏玩家损失金额至少约为 1500 元。

警方通过侦察逐步锁定了目标，在嫌疑人进行线下交易时将其擒获。据后者交代，2004 年他经短期聘用成为当年网易《大话西游Ⅱ》2 周年庆祝活动的工作人员。通过接待游戏玩家拿到玩家资料 30 多张。于是他伪造玩家的身份证，将假的身份证复印件传真回网易公司，以安全码被盗为由，骗取了新安全码，他拿着新的安全码在广州的数个网吧里将那些玩家的“装备”分别卖出，获利人民币 3750 元。经网易公司估算，被盗装备的价值折合人民币为 4605 元。

2005 年 12 月 25 日，广州市天河区法院宣判其盗窃罪成立，判处罚金 5000

元。被告不服，提出上诉。2006 年 3 月底，广州市中级人民法院二审决定驳回上诉，维持原判。

点评：网游装备等同于有形产品，有其自身价值。

第一节　网络营销概述

一　网络营销的产生与发展

（一）网络营销的含义

网络营销目前并没有统一的定义，与许多新兴学科一样，由于研究人员对网络营销的研究角度不同，对网络营销的理解和认识也有较大差异，因此当看到不同书籍中对网络营销的概念有不同的描述时也不足为怪。

网络营销概念的同义词包括：网上营销、互联网营销、在线营销、网络营销等。这些词汇说的都是同一个意思，笼统地说，网络营销就是以互联网为主要手段开展的营销活动。

狭义的网络营销是指组织或个人基于开放便捷的互联网络，对产品、服务所做的一系列经营活动，从而达到满足组织或个人需求的全过程。

比较一致认可的定义是："网络营销是企业整体营销战略的一个组成部分，是为实现企业总体经营目标所进行的，以互联网为基本手段营造网上经营环境的各种活动。"这是 8 + 8 网络营销公司对网络营销的定义，被各种网络营销教材和网络营销论文广泛引用。

（二）网络营销的产生

20 世纪 90 年代初，互联网的飞速发展在全球范围内掀起了互联网应用热，世界各大公司纷纷利用互联网提供信息服务来拓展公司的业务范围，并且按照互联网的特点积极改组企业内部结构和探索新的管理营销方法，网络营销应运而生。

网络营销的产生有其在特定条件下的技术基础、观念基础和现实基础，是多种因素综合作用的结果。

1. 网络营销产生的技术基础。网络营销产生的技术基础是互联网的崛起。现代电子技术和通信技术的应用与发展，实现了网上资源和网络信息的共享以及商业交易与互动沟通，是网络营销产生的技术基础。互联网是一种集通信技术、信息技术、计算机技术为一体的网络系统。简单地说，互联网就是众多计算机及其网络，通过电话线、光缆、通信卫星等连接而成的一个计算机网。它将入网的不同类型的网络和不同机型的计算机互联起来，构成一个整体。

2. 网络营销产生的观念基础。网络营销产生的观念基础是消费观念的改变。消费观念的改变是互联网的用途由学术研究向商业应用转变的重要基础。满足消费者的需求，无论在何时何地，都是一个企业的经营核心。

当代消费者心理变化与以往相比呈现出一种新的特点和趋势。

（1）个性消费的回归。在过去相当长的一个历史时期内，工商业都是将消费者作为单独个体进行服务的。在这一时期内，个性消费是主流。近代工业化和标准化的生产方式才使消费者的个性湮没于大量低成本、单一化的产品洪流之中。另外，在短缺经济或近乎垄断的市场中，消费者可以挑选的产品本来就很少，因而个性不得不被压抑。但当市场经济发展到今天，多数产品无论在数量还是品种上都已极为丰富，消费者能够以个人心理愿望为基础挑选和购买商品或服务。

（2）消费的主动性增强。在社会分工日益细分化和专业化的趋势下，消费者对购买的风险感随选择的增多而上升，而且对单向的“填鸭式”营销沟通感到厌倦和不信任。在许多日常生活用品的购买中，尤其在一些大件耐用消费品的购买上，消费者会主动通过各种可能的途径获取与商品有关的信息并进行分析比较。这些分析也许不够充分和准确，但消费者却可从中获得心理上的平衡，以减轻风险感或减少购买后产生后悔感的可能，增加对产品的信任和争取心理上的满足感。消费主动性的增强来源于现代社会不确定性的增加和人类追求心理稳定和平衡的欲望。

（3）追求购物的方便和追求购物的乐趣。一部分工作压力较大、紧张度高的消费者会以购物的方便性为目标，追求时间和劳动成本的尽量节省，特别是对于需求和品牌选择都相对稳定的日常消费者，这点尤为突出。然而另一些消费者则恰好相反，由于劳动生产率的提高，人们可供支配的时间增加，一些自由职业者或家庭主妇希望通过购物来消遣时间，寻找生活乐趣，保持与社会的联系，减少心理孤独感。因此他们愿意多花时间和体力进行购物，而前提必须是购物能为他们带来乐趣，能满足心理需求。这两种相反的心理将会在今后较长时间内并存和发展。

3. 网络营销产生的现实基础。网络营销产生的现实基础是竞争的加剧。随着市场竞争的日益激烈化，为了在竞争中占优势，各个企业不断地推出各种营销手段来吸引顾客。而开展网络营销，不仅可以节约大量的、昂贵的店面租金，减少库存商品资金占用，消除经营规模的限制，而且可以更好地满足消费者的需要。这些都可以使企业经营成本和费用降低，增强企业的竞争能力。

（三）网络营销的内容

网络营销的主要内容包括：

1. 网上市场调查。主要利用互联网的交互式信息沟通渠道来实施调查活动。它包括直接在网上通过问卷进行调查，还可以通过网络来收集市场调查中需要的一些二手资料。利用网上调查工具，可以提高调查效率和调查效果。互联网是信息海洋，因此在利用互联网进行市场调查时，重点是如何利用有效工具和手段实施调查和收集整理资料；获取信息不再是难事，关键是信息的处理、分析和利用。

2. 网上消费者行为分析。互联网用户作为一个特殊群体，有着与传统市场群体截然不同的特性，因此要开展有效的网络营销活动，必须深入了解网上用户群体的需求特征、购买动机和购买行为模式。互联网作为信息沟通工具，正成为许多兴趣、爱好趋同的群体聚集交流的地方，并且形成了一个个特征鲜明的网上虚拟社区，了解这些虚拟社区的群体特征和偏好是网上消费者行为分析的关键。

3. 网络营销策略的制定。不同企业在市场中处在不同地位，在采取网络营销实现企业营销目标时，必须采取与企业相适应的营销策略，因为网络营销虽然是非常有效的营销工具，但企业实施网络营销时是需要投入的和有风险的。同时企业在制定网络营销策略时，还应该考虑到产品生命周期对网络营销策略制定的影响。

4. 网上产品和服务策略。网络作为有效的信息沟通渠道改变了传统产品的营销策略，特别是渠道的选择，在网上进行产品和服务营销时，必须结合网络特点重新考虑产品的设计、开发、包装和品牌的传统产品策略。

5. 网上价格策略。网络作为信息交流和传播的工具，从诞生开始就实行自由、平等和信息免费的策略，因此网上市场的价格策略大多采取免费或者低价策略。所以，制定网上价格营销策略时，必须考虑到互联网对企业定价影响和互联网本身独特的免费思想。

6. 网上渠道选择与直销。互联网对企业营销影响最大的是对企业营销渠道的影响。某些公司借助互联网的直接特性建立的网上直销模式，改变了传统渠道中的多层次的选择和管理与控制问题，最大限度地降低了渠道中的营销费用，从而获得巨大成功。但企业建设自己的网上直销渠道必须进行一定投入，同时还要改变传统的经营管理模式。

7. 网上促销与网络广告。互联网作为一种双向沟通渠道，最大优势是沟通双方可以突破时空限制直接进行交流，而且简单、高效、费用低廉。因此在网上开展促销活动是最有效的。但网上促销活动的开展必须遵循一些网上信息交流与沟通规则，特别是遵守一些虚拟社区的礼仪。

网络广告作为最重要的促销工具，主要依赖互联网的第四类媒体的功能。目前网络广告作为新兴的产业得到迅猛发展。网络广告作为在第四类媒体发布的广告，具有传统的报纸、杂志、无线电广播和电视等传统媒体发布广告无法比拟的优势，即网络广告具有交互性和直接性。

8. 网络营销管理与控制。网络营销作为在互联网上开展的营销活动，必将面临许多传统营销活动无法碰到的新问题，如网络产品质量保证问题、消费者隐私保护问题，以及信息安全问题等。这些问题都是网络营销必须重视和进行有效控制的问题，否则网络营销效果会适得其反，这是由于网络信息传播速度非常快，而且网民对令其反感的问题反应比较强烈而且迅速的缘故。

二 网络营销与电子商务

（一）电子商务的定义

欧洲议会关于“电子商务”给出的定义是：“电子商务是通过电子方式进行的商务活动。它通过电子方式处理和传递数据，包括文本、声音和图像。它涉及许多方面的活动，包括货物电子贸易和服务、在线数据传递、电子资金划拨、电子证券交易、电子货运单证、商业拍卖、合作设计和工程、在线资料、公共产品获得。它包括产品（如消费品、专门设备）和服务（如信息服务、金融和法律服务）、传统活动（如健身、体育）和新型活动（如虚拟购物、虚拟训练）。”

权威学者的定义：美国学者瑞维·卡拉科塔和安德鲁·B. 惠斯顿在《电子商务的前沿》一书中提出：“广义地讲，电子商务是一种现代商业方法。这种方法通过改善产品和服务质量，提高服务传递速度，满足政府组织，厂商和消费者的降低成本的需求。”这一概念也用于通过计算机网络寻找信息以支持决策。

现在比较认可的定义是：电子商务是指采用数字化电子方式进行商务数据交换和开展商务的业务活动。电子商务（EC）主要包括利用电子数据交换（EDI）、电子邮件（E-mail）、电子资金转账（EFT）及互联网的主要技术在个人间、企业间和国家间进行无纸化的业务信息的交换。

（二）电子商务与网络营销的两者关系

从时间上来讲，电子商务概念的出现要早于网络营销。电子商务最早产生于

20世纪60年代，90年代得到长足发展。电子商务产生和发展的重要条件主要是计算机的广泛应用。而网络营销是随着现代科学技术的发展、消费者价值观的变革与日趋激烈的市场竞争等诸多因素、出现并迅速崛起的，网络营销发展的最重要条件是：消费者价值观念的变革。

从字面意义上讲，网络营销的概念要比电子商务的概念大。网络营销是指企业整体营销战略的一个组成部分，是为实现企业总体经营目标所进行的，以互联网为基本手段营造网上经营环境的各种活动。电子商务通常是指是在广泛的商业贸易活动中，在互联网开放的网络环境下，买卖双方不相谋面的情况下，实现交易达成的一种新型的商业运营模式，旨在网络销售中获得商业盈利。

从包含的各个体系来说，网络营销和电子商务是交叉存在的。电子商务涵盖的范围很广，一般可分为B2B、B2C、C2C、B2M四类电子商务模式。其中企业对企业、企业对消费者两种模式发展最早，另外还有消费者对消费者的模式。网络营销包含网络调研、网络广告、网络公关、整合营销等内容，每个内容都可以单独或者整合应用到电子商务中去。同样，电子商务也离不开这些网络营销手段。

所以，从这个层面上来说，电子商务是形式，网络营销是手段。

（三）网络营销的分类

目前行业内对于网络营销的分类真是五花八门，各言其是。主要分类有以下四种：

1. 从网络营销的范围分，可以分以下几类：

（1）广义的网络营销。笼统地说，网络营销就是以互联网为主要手段（包括互联网企业内部网、EDI行业系统专线网及第一网站制作互联网国际互联网）开展的营销活动。

（2）狭义的网络营销。狭义的网络营销是指组织或个人基于开放便捷的互联网络，对产品、服务所做的一系列经营活动，从而达到满足组织或个人需求的全过程。

（3）整合网络营销。2002年，资深网络营销实践者敖春华提出整合网络营销概念：网络营销是企业整体营销战略的一个组成部分，是为实现企业总体经营目标所进行的，以互联网为基本手段营造网上经营环境的各种活动。这个定义的核心是经营网上环境，这个环境可以理解为整合营销所提出的一个创造品牌价值的过程，整合各种有效的网络营销手段以创造更好的营销环境。

2. 从网络营销建设的不同标准，可分为初级型网络营销、展示型网络营销、潜力型网络营销、收益型网络营销和完美型网络营销。

3. 从网络营销的新旧形式，可分为传统型的网络营销、与市场营销结合的网络营销和与手机相结合的网络营销。

4. 网络营销按前期推广，可以分为口碑营销、网络广告、媒体营销、事件营销、搜索引擎优化（SEO）、E－mail 营销、数据库营销、短信营销、电子杂志营销、病毒式营销、问答营销、针对 B2B 商务网站的产品信息发布以及平台营销等。

（四）网络营销的常用方法

常用的网络营销方法除了搜索引擎注册之外，还有：关键词搜索、网络广告、TMTW 来电付费广告、交换链接、信息发布、寓含网络整合营销、邮件列表、许可 E－mail 营销、个性化营销、会员制营销、病毒性营销等。下面简要介绍 10 种常用的网络营销方法及效果。

1. 搜索引擎。搜索引擎（search engine）是指根据一定的策略，运用特定的计算机程序收集互联网上的信息，在对信息进行组织和处理后，并将处理后的信息显示给用户，是为用户提供检索服务的系统。搜索引擎整合营销（SEM）中的 PPC 竞价广告和搜索引擎优化，现阶段在中国 PPC 推广主要是百度和 Google 的竞价排名推广，是一种按照点击付费的推广方式，搜索引擎优化是通过对网站进行符合搜索引擎标准的方法进行优化，从而提高在百度、Google 等搜索引擎上的自然排名，并获得流量，以达到推广的目的的一种推广方式，搜索引擎作为网民上网常用的功能，在未来的网络营销中将占据主流。

2. 交换链接。交换链接或称互惠链接，也称为友情链接、互换链接等。是具有一定互补优势的网站之间的简单合作形式，即分别在自己的网站上放置对方网站的 LOGO 或网站名称并设置对方网站的超级链接，使得用户可以从合作网站中发现自己的网站，达到互相推广的目的。

交换链接的作用主要表现在几个方面：获得访问量，增加用户浏览时的印象，在搜索引擎排名中增加优势，通过合作网站的推荐增加访问者的可信度等。更重要的是，交换链接的意义已经超出了是否可以增加访问量，比直接效果更重要的在于业内的认知和认可。

3. 许可 E－mail 营销。基于用户许可的 E－mail 营销比传统的推广方式或未经许可的 E－mail 营销具有明显的优势，比如可以减少广告对用户的滋扰，增加潜在客户定位的准确度，增强与客户的关系，提高品牌忠诚度等。开展 E－mail 营销的前提是拥有潜在用户的 E－mail 地址，这些地址可以是企业从用户、潜在用户资料中自行收集整理，也可以利用第三方的潜在用户资源。比如国内的 51mymail、拓鹏数据库营销都是属于此类。

4. 会员制营销。会员制营销就是企业通过发展会员，提供差别化得服务和精准的营销，提高顾客忠诚度，长期增加企业利润。已经被证实为电子商务网站的有效营销手段。国外许多网上零售型网站都实施了会员制计划，几乎已经覆盖了所有行业。国内的会员制营销还处在发展初期，不过已经看出电子商务企业对此表现出的浓厚兴趣和旺盛的发展势头。

5. 病毒性营销。病毒性营销（viral marketing，也可称为病毒式营销）。并非真的以传播病毒的方式开展营销，而是一种常用的网络营销方法，常用于进行网站推广、品牌推广等，病毒性营销利用的是用户口碑传播的原理，在互联网上，这种“口碑传播”更为方便，可以像病毒一样迅速蔓延，因此病毒性营销（病毒式营销）成为一种高效的信息传播方式，而且，由于这种传播是用户之间自发进行的，因此几乎是不需要费用的网络营销手段。

第二节　网络营销环境分析

企业的营销观念，消费者的需求和购买行为，都是在一定的经济社会环境中形成并发生变化的。因此，对网络营销环境进行分析是十分必要的。要进行网络营销环境的分析，首先必须掌握构成网络营销环境的五要素。

一　构成网络营销环境的五要素

互联网络自身构成了一个市场营销的整体环境，从环境构成上来讲，它具有以下五个方面的要素：

1. 提供资源信息是市场营销过程的关键资源，是互联网的血液，通过互联网可以为企业提供各种信息，指导企业的网络营销活动。

2. 全面影响力环境要与体系内的所有参与者发生作用，而非个体之间的互相作用。每一个上网者都是互联网的一分子，他可以无限制地接触互联网的全部，同时在这一过程中要受到互联网的影响。

3. 动态变化整体环境在不断变化中发挥其作用和影响。不断更新和变化正是互联网的优势所在。

4. 多因素互相作用。整体环境是由互相联系的多种因素有机组合而成的，涉及企业活动的各因素在互联网上通过网址来实现。

5. 反应机制。环境可以对其主体产生影响，同时，主体的行为也会改造环境。企业可以将自己企业的信息通过公司网站存储在互联网上，也可以通过互联网上的信息自己决策。

因此，互联网已经不只是传统意义上的电子商务工具，而是独立成为新的市场营销环境。而且它以其范围广、可视性强、公平性好、交互性强、能动性强、灵敏度高、易运作等优势给企业市场营销创造了新的发展机遇与挑战。

二 网络营销环境分析

（一）互联网营销环境特点

相对于现实的市场营销环境，它又具有以下独特之处：

1. 泛联性。目前全球几乎所有的国家和地区都已接入了互联网，企业通过互联网可以与全球市场进行联系，从而大大削弱了商业活动的地理空间限制。

2. 可视性。互联网以数字化的方式全面地反映着现实世界，使市场营销者能轻松地直接进入所选择的环境。

3. 实时交互性。互联网使得市场营销者能与其环境进行实时信息沟通，高效率地完成全部信息交换过程，拓展了市场营销的时间概念。

4. 能动性。上网用户既是网络环境的接受者，又是网络环境的创造者，环境与其主体密不可分，同时大量的智能信息处理软件使互联网能够主动为用户服务。

5. 敏感性。互联网是一个迅速变化的空间，各种各样的用户需求都可能在其中出现，但它总能迅速地作出反应，由另一些用户提供答复或者解决问题的途径。

因此，互联网营销环境缩短了市场营销者与顾客之间的距离，信息的广泛直接交流不仅提高了营销效率，也使市场营销者对其环境的适应能力得到加强，但同时也使企业的市场竞争环境变得更加复杂多变，市场竞争强度将大幅度提高。

（二）网络营销外部环境分析

1. 网上人口环境。从企业营销的角度看，市场是有现实或潜在需求且有支付能力的消费者群。网络营销企业，一方面，可以直接收集一手资料，通过网民数量、结构等内容的分析发现营销机会；另一方面，也可以收集二手资料了解网络营销人口环境，从而制定行之有效的营销策略。近年来，中国网上人口环境出现两大特征：

（1）互联网用户数量保持大幅度增长态势。根据中国电子商务研究中心（CNNIC）2010 年 1 月 15 日发布的《第 25 次中国互联网络发展状况统计报告》显示，截至 2009 年年底，中国网民规模达到 3.84 亿人，较 2008 年增长 28.9%。在总人口中的比重从 22.6% 提升到 28.9%，互联网普及率在稳步上升。从绝对规模上看，2009 年网民增长 8600 万，由于中国网民基数庞大，虽然增长率降到了 28.9%，但是网民规模增长依然旺盛。

（2）网民的结构发生变化。截至2009年年底，随着手机网民的增长，出现了逐渐增大的只使用手机上网的群体，这一群体在2009年年末已经占到网民整体的8%。而其他使用有线（固网）接入互联网的用户占92%，其中有97.9%使用宽带，即目前有3.46亿网民使用宽带上网，占整体网民的90.1%，年增长7598万用户。

2. 法律和政策环境。网络营销、电子商务的法律环境一直是人们关注的焦点。一方面，网络营销的各个环节与问题需要相关的法律法规加以规范；另一方面，政策法律的每一项措施也都左右着网络营销、电子商务的发展前程。

从国际上看，经济合作发展组织（OECD）形成了一批对于电子商务实际运作具有指导性意义的文件。主要有：《OECD电子商务部长级会议结论》、《全球电子商务行动报告》、《OECD国际电子商务行动计划》和《国际组织和地区性组织电子商务活动和计划报告》。渥太华会议是迈向全球电子商务的里程碑，推动了电子商务的全面发展，促进了国际政策的进一步协调，为各种经济体充分利用新的电子平台提供了广阔的空间。

从国内看，中国香港2000年颁布了《电子交易条例》；中国台湾2001年制定了“电子签章法”；《中华人民共和国电子签名法》在2005年4月1日起正式实行。赋予电子签名与手写签名或盖章具有同等的法律效力，届时消费者可用手写签名、公章的“电子版”、秘密代号、密码或人们的指纹、声音、视网膜结构等安全地在网上“付钱”、“交易”及“转账”。明确了电子认证服务的市场准入制度，对中国电子商务的发展会产生重大的影响。

3. 第三方认证环境。数字证书机制已在国内网上银行领域普及化。主要是通过数字证书来完成交易实体的身份鉴别，以PKI技术（公钥基础设施，英文名称public key infrastructure；简称PKI，由公开密钥密码技术、数字证书、证书认证中心和关于公开密钥的安全策略等基本成分共同组成管理密钥和证书的系统或平台）为基础的信息安全机制。

在互联网这种开放的、不设防的、复杂的信息交互环境中，第三方认证机构为信息交互双方承担了网上信息安全的部分责任，对交易双方起到规避风险的作用。例如，在出现网银交易纠纷时，第三方认证机构可以为当事人双方提供相应的具有法律效力的证明，其中包括：签发此张客户证书的CA证书（Certificate Authority，简称CA）；在交易发生时，该客户证书在或不在CA的证书废止列表内的证明；对证书、数字签名、时间戳的真实性、有效性进行的技术确认等。

4. 电子支付环境。互联网还给营销带来了全新的资金流转环境，这就是电子支付。所谓电子支付是指网上交易的当事人，包括消费者、厂商和金融机构，使用安全电子支付手段通过互联网进行货币支付或资金流转。

5. 虚拟营销环境。互联网所提供的网络信息服务基本上可以分为三类：固定信息服务，包括电子邮件(E-mail)、新闻组（Newsgroup）和文件传输（FTP）服务等；在线实时通信，包括远程登录（Telnet)、网上聊天室、在线交谈、多人在线实时交谈系统（IRC）和视频会议（CU-See Me)、网络电话等；检索服务，包括互联网（WWW)、使用者查询（Finger）等。

6. 电子邮件营销环境。电子邮件营销环境的恶化是中国网络营销乃至全球网络营销发展历程中最令人遗憾的事情。基于用户许可的、规范的电子邮件营销一直是网络营销中最有效的方式之一，然而这种有效的网络营销手段正在逐渐丧失其威力，甚至有遭到灭顶之灾的可能。

7. 搜索引擎营销环境。搜索引擎在网络营销中的作用，在2004年被推到至高无上的地位，这种情况反映了搜索引擎营销服务市场发展达到了空前的热度。搜索引擎营销市场的形成和高速发展的首要原因，得益于互联网泡沫破裂后人们对于网络营销的期望从概念向实际收益转变的历史机遇。

（三）网络营销内部环境

内部环境因素包括企业、供应商、营销中介、顾客、竞争者和公众等。营销部门的工作就是通过创造顾客价值和满意度来吸引顾客并建立与顾客的联系。要实现这一任务，企业就必须把各因素联系起来，形成基本的营销系统。

1. 企业内部结构分析。互联网条件下，企业营销能力实际上就是企业适应环境的能力，企业营销能力的高低很大程度上取决于营销组织结构的状况，主要取决于营销组织结构是否能适应市场的需求，是否具有较高的战斗力。由此，互联网要求企业的组织结构必须具有以下基本特点：

(1) 扁平化。扁平化是网络经济下企业组织变革最显著的特征。适合工业革命需要的组织结构都是一种金字塔式的层级结构，这种组织结构的优点是分工明确，等级森严，便于控制，但是，这种组织结构在网络经济下暴露出越来越多的弊端。不同机构之间互相推诿责任，管理效率低下；组织内部信息传递不畅等。为了克服传统组织的这些缺点，组织开始出现扁平化的趋势。组织结构的扁平化改变了传统命令链的多层级和复杂性，精简了结构层次，从而有利于信息的传递，保证信息传递的有效性和不失真，大大提高了组织效率。

(2) 网络化。企业组织结构的网络化主要体现在四个方面：一是企业形式集团化。二是企业经营方式连锁化。三是企业内部组织网状化。四是信息传递网络化。随着网络技术的飞速发展和计算机的广泛应用，企业信息传递和人际沟通已经逐渐数字化、网络化。不同部门、员工之间通过先进的通信技术进行信息沟通和及时有效的交流，可增进员工之间的了解，提高其学习能力，并增强部门之间的协同能力，有利于企业处理复杂的项目，形成竞争优势。

（3）虚拟化。网络经济下，企业组织要想具备竞争力，必须要有快速而强大的研发能力，有随市场变化而变化的生产和制造能力，有广泛而完善的销售网络，有庞大的资金力量，有能够生产出满足顾客需求的产品的质量保证能力和管理能力等，只有集上述各种功能优势于一体的组织才具有强大的市场竞争能力。

2. 营销中介。是指在促销、分销以及把产品送到最终购买者方面给企业以帮助的那些机构。包括互联网接入服务商（Internet Server Provider，英文缩写ISP）、网络中间商（如网络批发商、网络零售商、经纪人和代理商）、第三方物流提供商、认证中心、网上金融提供商等。

3. 竞争者分析。在网络环境下，企业所要做的并非仅仅迎合目标客户的需要，而且要通过有效的网络手段，为顾客提供更方便的查询，更低廉的价格，更安全的交易和支付，更快捷的配送，更良好的今后支持等服务，从而使企业的产品和竞争者的产品在消费者的心中形成明显的差异，以取得竞争的优势。目前网络竞争者面临的竞争环境更加激烈，主要体现在以下三个方面：

（1）识别竞争者的难度加大。在覆盖全球的网上虚拟市场中，竞争对手数量大大增强，而且有着更大的隐蔽性。同时，由于高新技术的应用，行业边界也日益模糊，使竞争的面更宽，竞争对手也更加难以识别。

（2）企业竞争的国际化进程加快。互联网的应用加速了世界经济一体化的进程。企业间竞争的国际化日益明显。互联网贸易不受时间、地域的限制，不论企业的大小、强弱，为每个竞争者提供大量机会，同时也带来了竞争加剧的威胁。

（3）合作发展比竞争更重要。网络经济条件下，企业如何通过网络组成合作联盟，并以联盟所形成的资源规模创造竞争优势，将是未来企业经营的重要手段。如何运用网络与众多竞争者建立多元化、动态化的竞争与合作关系，既是企业生存与发展能力的一种体现，也是取得整体竞争优势的关键。

第三节　网络消费者购买行为分析

一　网络消费者心理变化趋势和特点

（一）个性化消费的回归

个性化消费是部分消费者的一种心理需求，个性化消费往往是一种差异化的标签形式。在过去相当长的一个历史时期内，工商业都是将消费者作为单独个体进行服务的。在这一时期内，个性消费是主流。只是到了近代，工业化和标准化的生产方式才使消费者的个性被湮没于大量低成本、单一化的产品洪流之中。另外，在短缺经济或近乎垄断的市场中，消费者可以挑选的产品很少，个性被压抑。

但当消费品市场发展到今天，多数产品无论在数量上还是在品种上都已极为丰富，消费者能够以个人心理愿望为基础挑选和购买商品和服务。他们不仅能作出选择，而且还渴望选择。他们的需求更多，变化也更多。消费者开始制定自己的准则，他们不惧怕向商家提出挑战，消费者所选择的已不单是商品的使用价值，而且还包括其他延伸物，这些延伸物及其组合各不相同。消费者对商品和服务的要求将会越来越多，从产品设计到产品包装，从产品使用到产品的售后服务，不同的消费者将有不同的要求。这些要求还会越来越详细、专业，越来越个性化。现代顾客追求时尚，表现时尚；追求个性，表现自我；追求实用，表现成熟；注重情感，容易冲动。这些要求是传统的营销媒体所难以实现的。传统的强势营销以企业为主动方，轰炸式的传统广告和高频的人员推销是其主要特征；而网络营销是种“软营销”，其主动方是消费者，营销者通过网络礼仪的运用从而获得一种微妙的营销效果。

（二）消费需求的差异性

不仅消费者的个性化消费使网络消费需求呈现出差异性。不同的网络消费者因所处的时代、环境不同而产生不同的需求，不同的网络消费者在同一需求层次上的需求也会有所不同。所以，从事网络营销的厂商要想取得成功，必须在整个生产过程中，从产品的构思、设计、制造到产品的包装、运输、销售，认真思考这种差异性，并针对不同消费者的特点，采取有针对性的方法和措施。

（三）消费行为的理性化

首先，富裕的消费者从“招摇”的消费转向了“开明”的消费，质量和价值将成为他们主要的考虑因素；即在公平价格上的高质量，尤其是品牌。他们想用最可能低的价格买到质量最好的产品，因此，价格仍然是影响消费心理的重要因素，即使在发达的营销技术面前，价格的作用仍然不可忽视。

其次，明智的购买者希望全面了解产品，包括其对个人和社会的效益。通过产品和服务的信息交流，消费者对价值的追求得到最大的满足。购买者获取信息的方式在某种程度上能改善购买经历，因此获取信息的过程也产生价值。信息是经济活动中主要的价值创造者，有了它，购买者将越来越倾向于在更充分了解信息的情况下作出决定。购买者想要的产品不仅要表现其功能，而且还要让他们了解相关的信息和知识，并且符合他们关于价值的新想法。一个实时的信息系统是把以知识为基础的价值交付给未来消费者的唯一载体，以此满足消费者对“高价值”的追求和继续节俭的愿望。

（四）注重技术的购买行为

随着知识、信息和电子技术的快速进步，产品更加复杂，购买者更加老练，产品生命周期更短。人们期盼实时交付，并在任何时间、任何地点都能得到，大量的消费者希望能够在家里通过“电子小屋”购买产品和服务。随着“键盘文化”的发展，更多的人越来越依赖电子手段获取产品、服务和娱乐。现代电信系统对于有效的市场竞争至关重要。时间和便利性已是关键因素，对未来的消费者来说，时间是最宝贵的通货。企业必须利用最尖端的技术方式，以最快的速度提供产品和服务。对真正的成功者来说，不论他的生存条件如何，都不会自我磨灭。

（五）消费主动性增强

消费主动性的增强来源于现代社会不确定性的增加和人类追求心理稳定和平衡的欲望。网上消费者行为往往比较自主，独立性强。消费主动性增强来源于社会不确定性和人类追求心理稳定和平衡的欲望。消费者不仅对购买的风险感随选择的增多而上升，而且对单向的“填鸭式”的营销沟通感到厌倦和不信任。消费者会主动通过各种可能的途径获取与商品有关的信息并进行分析比较，从中获得心理上的平衡，减轻风险感和购后产生后悔感的可能，增强对产品的信任和争取心理上的满足。现代化的顾客不仅需要了解信息，常常还要作为整个营销过程中的一个积极主动因素去参与产品设计、制造、运送等，充分体现现代顾客个性化服务双向互动的特性。公司要实现个性化的顾客服务，应将它的主要顾客的需求作为产品定位的依据纳入产品设计、制造、改进的过程中。让顾客了解整个过程实际上就意味着企业和顾客之间“一对一”关系的建立，这种关系的建立为小企业挑战大企业独霸市场的格局提供了有力的保障。

（六）消费心理稳定性减小，转换速度加快

现代社会发展和变化速度极快，新生事物不断涌现，消费心理受这种趋势带动，稳定性降低，在心理转换速度上趋向与社会同步，在消费行为上则表现为产品生命周期不断缩短，产品生命周期的缩短反过来又会促使消费者的心理转换速度进一步加快。

（七）网络消费的层次性

网络消费本身是一种高级的消费形式，但就其消费内容来说，仍然可以分为由低级到高级的不同层次。在网络消费的开始阶段，消费者侧重于精神产品的消费，到了网络消费的成熟阶段，消费者在完全掌握了网络消费的规律和操作，并且对网络购物有了一定的信任感后，消费者才会从侧重于精神消费品的购买转向日用消费品的购买。

（八）网络消费者的需求具有交叉性

在网络消费中，各个层次的消费不是相互排斥的，而是具有紧密的联系，需求之间广泛存在着交叉的现象。

二 网络消费者的需求特征

（一）注重价值导向

由于消费水平的提高，消费者不仅考虑产品或服务的功能，还追求其附加价值；同时，他们强调物有所值，不盲目地追求品牌和档次，其特征集中表现为“交叉购买”。

（二）信息索取趋于多、捷、便

互联网的运用和发展，正逐步减少和消除因信息不对称和高昂的信息成本给消费者带来的困扰和不便。消费者几乎足不出户便可以最快捷、最便宜的方式，获得所需的大量资料，消费者更追求消费过程的方便和享受。今天，现实消费过程出现了两种追求趋势：以方便性购买为目标，人们追求的是时间和劳动成本的尽量节省。由于劳动生产率的提高，自由支配时间增多，他们希望通过消费来寻找生活的乐趣。

（三）追求个性化、独特化

个性化已逐渐成为现代人性格的一大特征。目前，许多消费者已进入明显的个性化消费阶段，过去那种“忠诚度同质化”的状况正逐步淡化。消费者的个性化消费使网络消费需求呈现出差异性。不同的网络消费者因其所处的时代环境不同，也会产生不同的需求。

从事网络营销的厂商，要从产品的构思、设计、制造、包装、运输、销售等方面认真思考这些差异性，并针对不同消费者的特点，采取相应的措施和方法。

（四）积极主动，并更加内行和自信

由于消费者能接触到更多的信息和有更多的选择机会，他们不再被动地接受他人的观点和信息，不再消极地购买和消费，而要求积极掌握主动权，需要被关注、被倾听。消费者选择商品趋于理性化，他们会利用在网上得到的信息对商品进行反复比较，以决定是否购买。

（五）主张创新而不是单纯选择

不断发展的IT技术及数字媒体给消费者建造了全新的创新舞台。他们不会仅满足于对现有产品或服务作出选择，创新才是追求的永恒目标。

（六）关注和重视社会利益

社会文明程度的不断提高，使消费者在满足个体消费需求的同时，更注重保护生态环境，防止污染，节省及再利用资源。

（七）价格仍是影响消费者心理的重要因素

从消费的角度来说，价格不是决定消费者购买商品的唯一因素，但却是消费者购买商品时肯定要考虑的因素。网上购物之所以具有生命力，重要的原因之一是因为网上销售的商品价格普遍低廉。尽管经营者都倾向于以各种差别化来减弱消费者对价格的敏感度，避免恶性竞争，但价格始终会对消费者的心理产生重要影响。由于消费者可以通过网络联合起来与厂商讨价还价，产品定价逐步由企业定价转变为消费者引导定价。

（八）消费的主动性增强

在社会化分工日益细化和专业化的趋势下，消费者消费的风险感随着选择的增多而上升。在许多大额或高档的消费中，消费者往往会主动通过各种可能的渠道获取与商品有关的信息并进行分析和比较。或许这种分析和比较不是很充分和合理，但消费者能从中得到心理的平衡以减轻购买前的风险感或恐惧感，避免购买后产生后悔感，增加对产品的信任度和心理上预期的满足感。消费主动性的增强来源于现代社会不确定性的增加和人类追求心理稳定和平衡的欲望。

三 网络消费者购买过程

网上购物是指用户为完成购物或与之相关的任务而在网上虚拟的购物环境中浏览，搜索相关商品信息，从而为购买决策提供所需要的必要信息，并实现决策的购买过程。电子商务的热潮使网上购物作为一种崭新的个人消费模式，日益受到人们的关注。消费者的购买决策过程，是消费者需要、购买动机、购买活动和买后使用感受的综合与统一。网络消费者的购买过程可分为唤起需求—收集信息—比较选择—购买决策—购后评价五个阶段。

（一）唤起需求

网络购买过程的起点是诱发需求。在传统模式下，诱发需求可能是内部和外部的刺激所引起的，如一个人每天都要吃饭，就是由于其内部的生理需要产生的压力引起的，这个压力就是内部刺激。外部刺激来自于外部的环境。例如，人们想吃某种食品，不一定是由于饥饿，而是由于闻到了食品的诱人香味而产生的食欲。此外，企业的广告、海报以及我们看到其他的消费者正使用这种产品，都是外部刺激。这种内外部的刺激会诱发消费者的需求。在网络营销中，消费者需求的产生多源于视觉和听觉的刺激。网络的特性使文字表述、图片统计、声音配置成为诱发消费者购买的直接动因。由于消费者的行为具有可诱导性，因此，网上商店在站点设计、网页制作方面应注意突出自身站点特色，主题鲜明，在结构和背景上体现出自己独特的一面，体现自身的企业文化和经营理念。同时，注意信息的丰富、有趣和及时更新，以吸引顾客浏览、驻留，提高网上消费者的满意度。运用体验式营销将消费者的感觉和感受结合起来，在网页中将文字、图像、动画、音乐等多种元素融合，使得网络购物更加具有吸引力。

（二）收集信息

消费者信息收集是指消费者识别和获取可以解决自身问题的相关信息的行为。消费者收集信息时，希望最大限度地获取能够解决问题的产品信息。网上信息收集的快捷与简便是消费者选择上网的主要原因之一。较之传统模式，网上消费不仅选择范围广泛，而且消费者的主动性可以得到最大限度的发挥。消费者一方面可以根据自己了解的信息通过互联网跟踪查询；另一方面，消费者还可以在网上发布自己对某类产品或信息的需求信息，得到其他上网者的帮助。网上零售商可以通过开设消费论坛、建立网上虚拟展厅等一系列措施，使消费者对产品的各个方面有着较为全面的了解，满足消费者的信息需求，促进购买行为的产生。网上零售商应该拥有一个速度较快的服务器，很难想象出网络消费者会对一个服务速度很慢的网站产生兴趣。因此，提高服务器的速度在消费者信息收集过程中非常重要，如果消费者通过某个网上零售商的网站收集到很多有价值的信息，并且收集的速度很快、效率很高，消费者自然而然地会提高对该零售商的评价，他们的购买过程也会加快。

（三）比较选择

通过信息收集，消费者将会形成若干可能采用的方案，接着，消费者将根据一定的评价标准并利用一定的选择方法，对这些方案进行评价和选择。传统消费模式下，消费者可以通过对产品的触摸、闻、嗅、试听、试穿等实体性接触来比较评判，但在网络消费中，消费者对商品与服务的比较只能依赖于商家的描述，且这种描述也多限于文字和图片方面。这种局限性是决定网上销售的产品种类的直接原因。商家提供的产品或服务描述若不能吸引人，可能很难赢得顾客，但若这种描述过分夸张以致带有虚假的成分，则可能永久地失去顾客。因此，把握好产品信息描述的“度”，是摆在厂商与网页制作者面前的一道难题，而判断这种信息的可靠性与真实性，则是留给消费者的难题。

（四）购买决策

经过方案评价和选择，消费者将形成对某一产品的购买意向，也就是有了购买某一产品的意愿和打算。但是，有了购买意向，并不表示消费者就一定下决心进行购买。在消费者下定决心购买某一产品时，还可能受到许多其他因素的影响。消费者信息安全是消费者考虑的比较多的一个问题。对于通过网络购物来说，消费者的口碑或者说商家的信誉是非常重要的。如果消费者普遍对该网站销售的产品比较满意，消费者会通过网络发表自己的意见，这些意见和建议对其他消费者制定最终的购买决策影响非常大。同时，网络消费者还非常担心自己私人资料的泄露，以及付款方式是否方便和可靠等，如果这些相关的问题网上的销售商不能很好地解决，无疑都会影响到消费者的购买决策。因此，对于网上的销售商来说，应在技术上确保消费者的个人信息安全，这样既保护了消费者的权益，也提高了自身的信誉。

同时，网上企业还要做好与银行的协调工作，确保网上支付的安全可靠，从而使消费者放心地通过银行卡进行网上支付，提高消费者的购物效率，也突出了网上购物的优势。

（五）购后评价

消费者购买了产品之后，整个购买过程并没有结束，而是进入了购后时期。在这一时期，消费者将会使用和消费产品，并在使用和消费过程中感知到是否满意。购后评价决定了消费者本人及其他消费者今后的购买动向。在网络环境下，消费者会把自己的网络购物体验在网络上进行反映，网络空间中信息传递的速度与广度无法衡量。如果消费者的评价是好的，可能会令厂商获益匪浅，但若消费者购后产生不满意感，他很可能会通过网络将它表达出来，在广大网民心中产生不良影响，打消很多潜在的消费者的购买欲望。因此，售后服务对于网上商店来说同样重要，这是提高网上商店信誉的一个重要途径。

网上商店应具有完善的售后服务体系，厂商应密切关注消费者的购后感受，充分利用网络在沟通厂商与消费者信息上的便利性，及时采取措施弥补产品或服务的不足，以最大限度地降低消费者的不满意感。同时，对消费者购后感受信息的收集，还可了解消费者的新需求，及时捕捉市场机会，提高新产品开发的适用性与实效性。虽然通过互联网销售产品，仍存在着许多制约因素，但这并不影响网络购物的迅猛发展。伴随着经济的不断发展、个人电脑的普及和使用电脑人口的增加，网络购物的地位及其占有量将不断增加。

第四节　网络营销策略组合

随着互联网广泛的信息技术和市场营销相互结合、相互作用，形成了网络营销的产品、价格、促销和渠道组合。

一 产品策略

在基于互联网的网络营销中，企业的产品和服务要有针对性，其产品形态，产品定位和产品开发要体现互联网的特点。

（一）产品形态

在互联网上，信息产品和有形产品的销售是不一样的。信息产品直接在网上销售，而且一般可以试用，而有形产品只能通过网络展示，尽管多媒体技术可以充分生动地展示产品的特色，但无法直接尝试，而且要通过快递公司送货或传统商业渠道分销。因此，网络营销的产品和服务应尽量是信息产品和服务标准化的产品，在购买决策前无须尝试的产品，才能有利于在网上销售。

（二）产品定位

在消费者定位上，网络营销的产品和服务的目标应与互联网用户一致，网络营销所销售产品和服务的消费者首先是互联网的用户，产品和服务要尽量符合互联网用户的特点。在产品特征定位上，互联网用户的收入水平和受教育水平都较高，喜欢创新，对计算机产品和高技术产品情有独钟，因此，要考虑产品和服务是否与计算机有关，是否属于高技术。

（三）产品开发

由于互联网体现的信息对称性，企业和顾客可以随时随地进行信息交换。在产品开发中，企业可以迅速向顾客提供新产品的结构、性能等各方面的资料，并进行市场调查，顾客可以及时将意见反馈给企业，从而大大地提高企业开发新产品的速度，也降低了开发新产品的成本。通过互联网，企业还可以迅速建立和更改产品项目，并应用互联网对产品项目进行虚拟推广，从而以高速度、低成本实现对产品项目及营销方案的调研和改进，并使企业的产品设计、生产、销售和服务等各个营销环节能共享信息，互相交流，促使产品开发从各方面满足顾客需要，以最大限度地实现顾客满意。

二 价格策略

1. 国际化。由于互联网营造的全球市场环境，企业在制定产品和服务的价格时，要考虑国际化因素，针对国际市场的需求状况和产品价格情况，以确定本企业的价格对策。

2. 趋低化。由于网络营销使企业的产品开发和促销等成本降低，企业可以进一步降低产品价格。同时由于互联网的开放性和互动性，市场是开放和透明的，消费者可以就产品及价格进行充分的比较、选择，因此，要求企业以尽可能低的价格向消费者提供产品和服务。

3. 弹性化。由于网络营销的互动性，顾客可以和企业就产品价格进行协商，也就是可以议价。另外，企业也可以根据每个顾客对产品和服务提出的不同要求，来制定相应的价格。

4. 价格解释体系。企业通过互联网向顾客提供有关产品定价的资料，如产品的生产成本、销售成本等，建立价格解释体系，为产品定价提供理由，并答复消费者的询问，使消费者认同产品价格。

此外，网络营销中提供产品和服务的价格依然要根据产品和服务的需求弹性来制定，同时又要考虑网络营销的特点。企业在网上可以向顾客提供价格更低的产品和服务，但向顾客提供更多的方便和闲暇时间是不可忽视的重要因素。

三　促销策略

网络促销的目的是使促销更合理，消费者可以通过互联网主动搜索信息，企业可以把注意力更集中于目标顾客。

1. 企业要为顾客提供满意的支持服务。随着市场的发展和竞争的加剧，消费者变得越来越挑剔，企业间的竞争也从产品延伸至服务。无论是售前还是售后的服务，都变得日益重要，能否为顾客提供满意的支持服务往往成为决定企业胜负的关键。网络营销在提供支持方面具有优越性。通过互联网，全球的消费者也能与企业联系和交流，顾客可直接向企业咨询有关产品和服务的问题，同时企业应用文字、图片和图像等技术向顾客展示产品和服务的内容，解释、答复顾客的咨询，使整个售前和售后服务及时、清晰。

2. 企业要为每个消费者提供不同的产品和服务。通过网络营销，企业可以较低的成本，让消费者提出自己的要求，然后根据不同的要求提供不同的产品和服务。虽然每个消费者的需求都存在差异，但企业能分别予以满足，必然能提高顾客的满意程度，从而增加了产品和服务的销售。

3. 企业要与顾客和上下游企业建立伙伴关系。合作是相互的，企业要想从顾客那里获得信息，也应该为顾客提供帮助，不仅为顾客提供产品和服务，还要帮助顾客实现这些产品和服务的价值。同上下游企业建立伙伴关系，其目的也是促进企业间的合作，开展更大规模的市场营销活动，进而为顾客提供更完善、更便利的服务，也给合作的企业带来竞争优势。

网络促销的方式有拉销、推销和链销：

1. 拉销。网络营销中，拉销就是企业吸引消费者访问自己的 Web 站点，让消费者浏览产品网页，作出购买决策，进而实现产品销售。网络拉销中，最重要的是企业要推广自己的 Web 站点，吸引大量的访问者，才有可能把潜在的顾客变为真正的顾客。因而企业的 Web 站点除了要提供顾客所需要的产品和服务外，还要生动、形象和个性化，要体现企业文化和品牌特色。

2. 推销。网络营销中，推销就是企业主动向消费者提供产品信息，让消费者了解、认识企业的产品，促进消费者购买产品。有别于传统营销中的推销，网络推销有两种方法：一种方法是利用互联网服务商或广告商提供的经过选择的互联网用户名单，向用户发送电子邮件，在邮件中介绍产品信息；另一种方法是应用推送技术，直接将企业的网页推送到互联网用户的终端上，让互联网用户了解企业的 Web 站点或产品信息。

3. 链销。网络营销中，互动的信息交流强化了企业与顾客的关系，使顾客的满意程度增大是企业开展网络链销的前提。企业使顾客充分满意，满意的顾客成为企业的种子顾客，会以自己的消费经历为企业做宣传，向其他顾客推荐企业的产品，使潜在顾客成为企业的现实顾客，从而形成口碑效益，最终形成顾客链，实现链销。企业以种子顾客带动潜在顾客，扩大企业的销售。

四　渠道策略

（一）会员网络

网络营销中一个最重要的渠道就是会员网络。会员网络是在企业建立虚拟组织的基础上形成的网络团体，通过会员制，促进顾客相互间的联系和交流，以及顾客与企业的联系和交流，培养顾客对企业的忠诚，并把顾客融入企业的整个营销过程中，使会员网络的每一个成员都能互惠互利，共同发展。

（二）分销网络

根据企业提供的产品和服务的不同，分销渠道不一样。如果企业提供的是信息产品，企业就可以直接在网上进行销售，需要较少的分销商，甚至不需要分销商。如果企业提供的是有形产品，企业就需要分销商。企业要想达到较大规模的营销，就要有较大规模的分销渠道，建立大范围的分销网络。

（三）快递网络

对于提供有形产品的企业，要把产品及时送到顾客手中，就需要通过快递公司的送货网络来实现。规模大、效率高的快递公司建立的全国甚至全球范围的快递网络，是企业开展网络营销的重要条件。

（四）服务网络

如果企业提供的是无形服务，企业可以直接通过互联网实现服务功能。如果企业提供的是有形服务，需要对顾客进行现场服务，企业就需要建立服务网络，为不同区域的顾客提供及时的服务。企业可以自己建立服务网络，也可以通过专业性服务公司的网络实现为顾客服务的目的。

（五）生产网络

为了实现及时供货，以及降低生产、运输等成本，企业要在一些目标市场区域建立生产中心或配送中心，形成企业的生产网络，并同供应商的供货网络及快递公司的送货网络相结合。企业在进行网络营销时，根据顾客的订货情况，通过互联网和企业内部网对生产网络、供货网络和送货网络进行最优组合调度，可以把低成本、高速度的网络营销方式发挥到极限。

【案例】

高利润引来“职业秒杀人”

人才市场报记者　邵丽蓉

“秒杀”，从一个网游术语到网络促销方式，如今不仅能让网购者用低价获得心仪的物品，更催生了一批职业“秒杀人”。据悉，经验老到者可月入万元。

小文除了公关助理的身份外，还有一个兼职身份——职业秒杀人。小文说，接触秒杀是在一年前，当时无意中发现一个购物网站，每天午市、晚市都会推出数款1—5折不等的低价商品，但数量不多，需要抢购。于是，她特地给手机设定了闹铃时间，提醒自己每天两次守在电脑前等待抢购。“实在太便宜了，抢着抢着就上瘾了，一天不抢就难受。几个月后，我成了一名兼职的秒杀人。”说起秒杀经历，小文甚是兴奋。“秒杀”真的能有不菲收入？

99元的机票、10元的品牌运动衫、1000元的笔记本电脑……几个主流网购平台如淘宝、京东、卓越亚马逊、当当网等都会不定期推出大型秒杀活动，这些都成为秒杀高手的赚钱途径。秒杀高手专门帮一些普通网友代理秒杀，只要客人看中某件秒杀商品，他们就能帮忙抢到手。在今年“十一”黄金周，小文通过秒杀特价机票大赚了一把。

“从9月6—24日，淘宝每天推出5次机票秒杀活动，几十元就能买到不少国内热门航线的机票。不过这可不是一般人能秒到的，时间一到，往往不到10秒钟就被抢购一空，太刺激了。”小文说：“我帮人代秒，蹲了几个晚上，成功秒杀到了15张，300多元一张手续费，一下子就赚了4500元。”

记者在网上查到30多家专门代人秒杀的网店，网店声称秒杀代理人的成功率要比普通菜鸟高得多，且承诺秒杀不到绝不收费。网店老板透露，这类网店每家都有十几个全职或兼职的秒杀高手。这是看得见的，而看不见的幕后高手更是多如牛毛。正因为有不错的利润，秒杀人队伍这两年迅速扩大。而在淘宝网上，一些热门的网店更是每周都有秒杀新品活动。其中，既有电子产品、服饰、大型电器，也有家居用品，且价格远远低于市场价，一般定价比市场价的五折还要低。铺天盖地的秒杀活动，催生了不少职业代理秒杀团队。（凤凰网：《新闻晨报》2010 年 11 月 2 日）

问题讨论

1. 如何评价“秒杀”这一网络促销方式?
2. 网络促销与传统促销有什么不同?

【本章小结】

网络营销作为一种全新的营销方式，具有传播快、范围广、信息量大、交流方便、反馈迅速、边缘成本低、变化多等特点。正是因为网络营销既新鲜又迅猛，很多时候都没有先例可循。因此，企业管理者应该在熟悉各种营销手段的基础上，根据自己的产品、市场环境、竞争态势等，结合网络营销的特点，充分利用互联网这一新的销售手段和媒体，制定适合网络市场的营销策略，整合产品、渠道、价格以及促销策略，使之相互交叉，从而顺利地进入网络这一营销新领域，在竞争中发展壮大。

【思考与练习题】

1. 可以从哪几个方面对竞争对手的网站进行分析?
2. 如何准确、客观地进行网络产品定位?
3. 举例说明网络营销的特点。
4. 网络消费需求的特征有哪些?
5. 结合实际例子谈谈 E - mail 营销的优点。

参考文献

1. ［美］菲利普·科特勒、凯文·莱恩·凯勒：《营销管理》，上海人民出版社 2006 年版。

2. 吴健安、郭国庆、钟育赣：《市场营销学》第三版，高等教育出版社 2003 年版。

3. 邝鸿：《现代市场营销大全》，经济管理出版社 1990 年版。

4. 郭国庆、杨学成：《市场营销学概论》，高等教育出版社 2007 年版。

5. 郭国庆、陈凯：《市场营销学通论》第三版，中国人民大学出版社 2005 年版。

6. 曲丽、王宝国、孙玺：《市场营销学》，清华大学出版社 2009 年版。

7. 郭松克：《市场营销学》，暨南大学出版社 2008 年版。

8. 苗月新：《市场营销学》，清华大学出版社 2004 年版。

9. 吴晓云、许晖：《市场营销管理教程》第二版，天津大学出版社 2004 年版。

10. 彭代武：《市场营销学》，高等教育出版社 2004 年版。

11. 张征宇：《市场营销学》，西南财经大学出版社 2006 年版。

12. 郭国庆、汪晓凡：《市场营销学通论》第四版，中国人民大学出版社 2009 年版。

13. 郭小平、祝君红：《创业营销》，清华大学出版社 2009 年版。

14. 杨慧、吴志军：《市场营销学》第二版，经济管理出版社 2001 年版。

15. 苏亚民：《现代营销学》，对外经济贸易出版社 1991 年版。

16. 纪宝成：《市场营销教程》，中国人民大学出版社 1989 年版。

17. 周建民：《市场营销学》，甘肃人民出版社 1998 年版。

18. 郭国庆：《市场营销学通论》第四版，中国人民大学出版社 2009 年版。

19. ［美］查尔斯·W. 小兰姆：《营销学经要》，杨洁等译，东北财经大学出版社 2000 年版。

20. ［美］菲利普·科特勒：《市场营销管理》第九版，赵平等译，清华大学出版社 2005 年版。

21. 吴世经、曾国安：《市场营销学》第三版，西南财经大学出版社 2005 年版。

22. 杨慧、张湘赣：《市场营销学》，湖南大学出版社 2009 年版。

23. ［美］阿尔文·C. 伯恩斯、罗纳德·F. 布什：《营销调研》第二版，中国人民大学出版社 2001 年版。

24. 陆军、周安柱、梅清豪：《市场调研》，电子工业出版社 2003 年版。

25. 费明胜、郝渊晓：《市场营销学》，华南理工大学出版社 2005 年版。

26. 何永祺、张传忠、蔡新春：《市场营销学》第二版，东北财经大学出版社 2006 年版。

27. 晁钢令：《市场营销学》第二版，上海财经大学出版社 2009 年版。

28. ［美］菲利普·科特勒、凯文·莱恩·凯勒：《营销管理》第四版，清华大学出版社 2009 年版。

29. 刘威：《品牌战略管理实战手册》，广东经济出版社 2004 年版。

30. 连漪：《市场营销管理》，国防工业出版社 2004 年版。

31. 余明阳、姜炜：《品牌管理学》，复旦大学出版社 2006 年版。

32. 舒咏平、吴希艳：《品牌传播策略》，北京大学出版社 2007 年版。

33. 彭诗金：《市场营销学》，中国铁道出版社 2010 年版。

34. 马刚、李洪心、杨兴凯：《客户关系管理》，东北财经大学出版社 2006 年版。

35. 丁兴良：《大客户销售策略与项目管理》，机械工业出版社 2006 年版。

36. 周清如：《客户关系管理与价值创造》，上海交通大学出版社 2006 年版。

37. 王永贵：《客户关系管理》，清华大学出版社 2008 年版。

38. 吴健安：《市场营销学》第二版，高等教育出版社 2004 年版。

39. 符国群：《消费者行为学》，高等教育出版社 2006 年版。

40. ［美］菲利普·科特勒：《营销管理》，上海人民出版社 2003 年版。

41. 迈克尔·波特：《竞争优势》，华夏出版社 2001 年版。

42. 晁钢令：《市场营销学》，上海财经出版社 2003 年版。

43. 方光罗：《市场营销学》第二版，东北财经大学出版社 2004 年版。

44. 兰苓：《市场营销学》，机械工业出版社 2008 年版。

45. 吴宪和：《市场营销学》，上海财经大学出版社 2002 年版。

46. 吴泗宗：《市场营销学》第二版，清华大学出版社 2005 年版。

47. 张小兰：《企业战略联盟论》，西南财经大学出版社 2008 年版。

48. 仇向洋：《营销管理》，石油工业出版社 2003 年版。

49. 吴泗宗、盛敏：《市场营销学》第三版，清华大学出版社 2008 年版。

50. 万后芬、汤定娜、杨智：《市场营销教程》，高等教育出版社 2003 年版。

51. 甘碧群：《市场营销学》第三版，武汉大学出版社 2002 年版。

52. 杨慧、张湘赣：《市场营销学》，湖南大学出版社 2009 年版。

53. 中国营销传播网（http：//www. emkt. com. cn/）。

54. 中国市场营销网（http：//www. ecm. com. cn/）。

55. 《现代营销》（http：//www. xdyx. com. cn/）。

56. 《中国经营报》（http：//www. cb. com. cn/）。

57. 《商业时代》杂志社（http：//www. ectime. com. cn/）。

58. 中国管理传播网（http：//manage. org. cn/）。

59. ［美］A. 帕拉苏拉曼、德鲁佛·格留沃：《市场调研》第二版，中国市场出版社 2009 年版。

60. ［美］唐·E. 舒尔茨：《整合行销传播》，中国物价出版社 2000 年版。

61. 常永胜主编：《营销渠道：理论与实务》，电子工业出版社 2009 年版。

62. ［美］科兰等：《营销渠道》第七版，蒋青云等译，中国人民大学出版社 2008 年版。

63. 卜妙金、张传忠、常永胜：《分销渠道管理》第二版，高等教育出版社 2007 年版。

64. ［美］佩尔顿、戴维·斯特拉顿、詹姆斯·R. 伦普金：《营销渠道：一种关系管理方法》第二版，张永强、彭敬巧译，机械工业出版社 2004 年版。

65. ［美］弗里德曼：《创建销售渠道优势》，中国标准出版社 2000 年版。

66. ［美］克里斯托弗、亚德伦·培恩：《关系营销》，中国经济出版社 1998 年版。

67. 庄贵军：《中国企业的营销渠道行为研究》，北京大学出版社 2007 年版。

68. 庄贵军、周筱莲、王桂林：《营销渠道管理》，北京大学出版社 2004 年版。

69. 李先国：《分销》，企业管理出版社 2003 年版。

70. 李先国：《分销渠道管理》，清华大学出版社 2007 年版。

71. 张传忠：《分销渠道管理》，广东高等教育出版社 2004 年版。

72. 徐蔚琴、谢国娥：《营销渠道管理》，电子工业出版社 2001 年版。

73. 吕一林:《营销渠道决策与管理》,中国人民大学出版社 2005 年版。

74. 张继焦、葛存山:《分销链管理》,中国物价出版社 2003 年版。

75. 胡春:《市场营销渠道管理》,清华大学出版社、北京交通大学出版社 2006 年版。

76. 杨春富:《营销渠道管理》,东南大学出版社 2006 年版。

77. 李飞:《分销渠道设计与管理》,清华大学出版社 2003 年版。

78. 苗月新、王俊杰、李凡:《营销渠道概论》,清华大学出版社 2007 年版。

79. 杨东龙:《渠道无疆》,中国经济出版社 2003 年版。

80. 王国才、王希凤:《营销渠道》,清华大学出版社 2007 年版。

81. 冯丽云:《分销渠道管理》,经济管理出版社 2002 年版。

82. 王方华、奚俊芳:《营销渠道》,上海交通大学出版社 2005 年版。

83. 张广玲、邬金涛:《分销渠道管理》,武汉大学出版社 2005 年版。

84. 李政权:《成就优势渠道》,东方出版社 2005 年版。

85. 罗伯特·罗森布罗姆:《营销渠道管理》第七版,机械工业出版社 2006 年版。

86. [美] 特劳特、瑞维金:《新定位》,李正栓、贾纪芳译,中国财政经济出版社 2002 年版。

87. [美] 唐·E. 舒尔茨等:《促销管理的第一本书》,黄漫宇译,中国财政经济出版社 2005 年版。

88. [美] 科特勒、阿姆斯特朗:《市场营销原理》,郭国庆等译,清华大学出版社 2007 年版。

89. 史光起:《颠覆——中国市场营销与管理规则》,清华大学出版社 2010 年版。

90. 中国电子商务研究中心(CNNIC):《第 25 次中国互联网络发展状况统计报告》,2010 年 1 月。

91. 胡子超:《网络购物行为的影响因素分析》,《科技创业月刊》2006 年第 8 期。

92. 何佳讯:《中国企业国际营销进展:阶段特征与战略转变》,《国际商务研究》2005 年第 2 期。

93. 王晓茜:《海尔国际营销战略分析》,《辽宁经济职业技术学院学报》2005 年第 4 期。